The Turning Period
of China's Income Distribution

转折期的中国收入分配

中国收入分配相关政策的影响评估

中国发展研究基金会

中国发展出版社
CHINA DEVELOPMENT PRESS

图书在版编目（CIP）数据

转折期的中国收入分配：中国收入分配相关政策的影响评估/中国
发展研究基金会著 . —北京：中国发展出版社，2012.7
ISBN 978 - 7 - 80234 - 805 - 9

Ⅰ. 转…　Ⅱ. 中…　Ⅲ. 收入分配—研究—中国　Ⅳ. F124. 7

中国版本图书馆 CIP 数据核字（2012）第 152262 号

书　　　名：转折期的中国收入分配：中国收入分配相关政策的影响评估
著作责任者：中国发展研究基金会
出 版 发 行：中国发展出版社
　　　　　　（北京市西城区百万庄大街 16 号 8 层　100037）
标 准 书 号：ISBN 978 - 7 - 80234 - 805 - 9
经 　销 　者：各地新华书店
印 　刷 　者：北京科信印刷有限公司
开　　　本：700 × 1000mm　1/16
印　　　张：23. 25
字　　　数：331 千字
版　　　次：2012 年 8 月第 1 版
印　　　次：2012 年 8 月第 1 次印刷
定　　　价：45. 00 元

咨 询 电 话：（010）68990642　68990692
购 书 热 线：（010）68990682　68990686
网　　　址：http：//www. develpress. com. cn
电 子 邮 件：fazhanreader@ 163. com

　　收入分配是经济理论与经济政策的中心议题。改革开放以来，中国取得了举世瞩目的经济增长成就，也经历了收入差距的显著扩大。收入差距过大，以及由此引发的一系列经济和社会挑战，已成为中国当前公共政策领域的焦点话题。从中国经济与社会中长期发展的需要来看，中国在"十二五"以及更长时期内，必须正视和解决收入分配差距过大的问题，这不仅是增进社会公平的需要，也是实现增长方式转变和经济可持续发展的需要，还是促进社会团结与合作、凝聚发展新共识的需要。

　　鉴于收入分配问题的重要性，中国发展研究基金会将其列入 2011 ~ 2012 年度重点研究计划。收入分配是一个庞大的议题，目前国内外关于中国收入分配现状、成因、影响和对策的讨论可谓汗牛充栋，因此基金会决定另辟蹊径，以政策评估的方式，对过去十多年里出台的具有再分配含义的重要政策从收入分配的角度进行考量，争取通过研究视角的切换，为我国下一步收入分配制度改革提供针对性的借鉴。这一想法得到了国务院发展研究中心原主任、中国发展研究基金会理事长王梦奎同志的肯定和支持，他欣然担任课题的总顾问，并对课题的设计给予了宝贵的指导意见。

　　这项研究也得到了相关领域专家的积极支持和响应。2011年4月，基金会召开专家论证会，在此基础上成立了由国务院发展研究中心、中国社会科学院、北京大学、清华大学、北京师范大学、中国人民大学、世界银行专家组成的课题组。课题组还邀请中国社会科学院学部委员赵人伟教授、北京师范大学李实教授，法国巴黎经济学院院长、前世界银行首席经济学家弗兰索瓦·布吉尼翁，美国杜兰大学教授诺拉·拉斯蒂格担任课题的技术顾问。

　　截至2012年2月，10个首批委托的分课题均出色地完成了分报告，包括："中国收入差距的现状、趋势及其影响因素"（李实）、"区域发展战略与中国区域收入差距演变"（李善同）、"农村扶贫政策与居民收入分配"（汪三贵）、"中国农村土地流转制度与收入分配"（姚洋）、"农产品价格调整的收入分配效应"（罗楚亮）、"户籍制度与人口流动政策对收入分配的影响"（都阳）、"税制改革对居民收入分配的影响"（刘佐）、"我国转移支付制度的现状和问题"（岳希明）、"教育改革对收入分配的影响"（赖德胜）、"拉丁美洲的市场、国家与包容性增长"（诺拉·拉斯蒂格）。这十份报告均汇集在本书中。在课题组讨论过程中，我们深感有必要进一步扩大研究的范围，所以又设立了"社会保障体系建设对居民收入分配的影响"（白重恩）和"劳动工资制度改革对收入分配的影响"（王德文）两个分课题，相关成果预计年内可与读者见面。

　　围绕收入分配这一概念复杂、影响因素多样、因果链条漫长的议题开展政策评估，其挑战性是可想而知的。由于不同的政策作用范围和对象均有所差异，要建立严格意义上的、基于计量分析的政策与收入分配结果之间的关系十分困难。幸运的是，参与课题研究的都是这一领域资深的专家，他们在处理相关政策议题上有丰富的积累，他们巧妙地利用理论、经验、分析技术以及有限的数据，为我们构建了相关政策与分配结果之间的关联。这样的分析和讨论，在很大程度上是探索性的，但却是非常必要和有益的尝试。令人高兴的是，这些探索性的工作也为课题带来了一系列具有创新性的发现。

课题组认为，当前中国已经进入了一个收入分配转折期。新世纪以来，收入分配差距仍在持续扩大，但是收入差距的扩大速度正在减缓并趋于稳定。通过对 2007 年收入分配差距指数的分解可以发现，中国收入差距的 2/3 来自城乡差距和地区差距。但令人高兴的是，我国地区收入差距从 2005 年左右开始持续下降，城乡收入比也于 2010 开始连续两年下降，这两种差距都回到了 2002 年左右的水平。但是，农村内部差距和城镇内部收入差距近年来仍在持续扩大。进入收入分配转折期，就意味着在今后一段时期，影响收入差距的下行力量和上行力量并存，前者逐渐占据主导地位，总体收入差距在该时期内将趋于稳定，然后逐步走向下降。到达收入分配转折期，并不意味着很快会迎来库兹涅茨拐点，即收入差距到达某一高点后随即稳步进入下降通道。转折期是一个过程，我们不能指望收入差距下降会很快地、自动地到来，其持续时间在很大程度上取决于背后的经济和社会结构变迁以及政策和制度的调整，而灰色收入以及腐败带来的严重收入分配不公问题，则会给收入分配走势带来新的不确定性。

总的来说，决定收入分配步入转折期的基本经济因素有三方面：一是劳动力供求态势的转变，二是城市化步入中后期，三是经济结构的战略性调整和产业的梯度转移。但是，这三个方面的转变只是为收入差距缩小提供了潜在的机遇，而能否利用这种机遇，取决于我们的制度和政策能否因势利导，释放这种潜能。

课题研究表明，我国从 20 世纪 90 年代末（特别是 21 世纪）以来采取的多项制度改革和政策，起到了一定的抑制收入差距扩大的效果。长期以来，制度性因素在收入差距扩大的过程中起支配性作用，包括城乡分割的制度安排、东部优先的区域发展战略、国有经济在要素市场的过度垄断，等等。而最近 10 多年来采取的区域均衡发展战略、新农村建设、扶贫战略、社会保障体系建设、户籍制度改革与积极劳动市场政策、农产品价格放开、土地流转政策、农业税和所得税改革、公共财政体制改革以及教育普及政策，在很大程度上是对过去非均等化政策的一种纠偏，许多政策都产生了积极的遏制收入差距扩大的效果，对此本书的摘要和具体章节有详细的介绍。但是，我们也注意到，包括户籍制度改革、农村土地制度、社保体系、要素市场化等领域的改革还远未到位，还有很大的改进空间。

基于课题的研究以及对我国收入分配总体趋势的判断，课题组对我国未来的收入分配改革提出了一系列针对性的建议，包括收入分配体制改革应将初次分配作为主要着力点、深化国有企业和垄断行业改革、深化户籍制度改革和促进劳动力市场整合、完善城乡土地制度、深化流动体制改革、实施人力资本战略、完善中央－地方转移支付关系、推进结构性减税改革，等等。这些建议是基于课题组专家多年来对相关领域的研究和审慎思考而提出来的，富有启发性和借鉴价值。

尽管课题所取得的成果是丰硕的，但我们也意识到，由于数据的局限和研究视角的关系，还有许多与收入分配相关的重要议题没有深入涉及，譬如财产差距问题、土地开发收益的分配问题、行业收入差距问题、中等收入群体规模估计等，这种遗憾只能留待日后时机成熟时再弥补。

　　这一课题所取得的重要进展，离不开课题组专家和顾问的辛勤努力和智力投入。赵人伟教授和李实教授对课题研究框架的设计与各阶段的成果提供了宝贵的、建设性的意见。联合国驻华系统总协调罗黛琳女士对课题非常重视，联合国开发计划署（UNDP）驻华代表处慷慨资助了课题关于国际经验的研究和交流活动，还邀请联合国系统的专家对课题最终成果的完善提供了宝贵的建议，罗黛琳女士还为本书撰写了序言。中国发展研究基金会副秘书长赵树凯、方晋多次参与了课题的讨论。基金会项目主任俞建拖承担了课题具体的组织工作和本书的编撰工作。中国发展出版社社长包月阳先生、副总编尚元经先生为本书的出版提供了大力支持。UNDP驻华代表处的侯新岸女士、余华先生、卢亦斌先生也为课题的开展提供了多方支持。作为课题组的组长，在此向所有课题组成员和给予课题支持的机构和个人表示衷心的感谢。

卢迈

中国发展研究基金会秘书长

2012年6月

序言

中国在过去的几十年里保持了高速的经济增长，使得数以亿计的人口摆脱了绝对贫困，中国在实现千年发展目标方面为世界做出了杰出的典范。

然而，经济快速发展的同时也造成了区域、城乡之间贫富差距的日益加剧。中国政府认识到这是影响中国长期稳定和繁荣的主要挑战，所以采取了一系列社会经济政策，使发展的成果能够惠及全体人民。

2011年是国民经济和社会发展第十二个五年规划的开局之年，"十二五"期间政府将转变经济发展方式作为主线，其中改善民生和共同富裕已经成为各项工作指导思想的重要部分。在这种背景下，由中国发展研究基金会发起的中国收入分配政策研究可以使我们更好地理解中国收入分配的状况和产生收入分配不公的原因。

该研究阐述了专家组对中国收入分配研究的主要发现以及减少收入分配不公的政策建议。研究系统地评估了改革开放以来尤其是新世纪以来收入分配对社会经济发展各领域和各地区的影响，同时也做了相应的国际比较研究。

　　作为联合国系统的主要发展机构，联合国开发计划署与中国的合作已经超过 30 年。联合国开发计划署非常荣幸地与中国发展研究基金会合作支持这一项重要的研究。我们相信这项研究在如何使经济发展的成果惠及全体人民以及在应对贫困、不公平以及环境问题等方面为政府提供有用的建议。

　　我想借此机会对参与该研究的所有专家学者和中国发展研究基金会表示诚挚的感谢，希望这项研究在成为有用的政策建议的同时也能成为一个建立社会共识的工具。

（Renata Lok Dessallien/罗黛琳）

联合国驻华协调员

联合国开发计划署驻华代表

2012 年 6 月于北京

目录

"中国收入分配相关政策的影响评估"课题成果摘要

中国发展研究基金会课题组[①]

改革开放以来，中国取得了举世瞩目的经济增长成就，也经历了收入差距的显著扩大。1978年，中国居民收入基尼系数不超过0.3，到1993年突破了0.40，并于2007年达到0.48。巨大的收入分配差距，已经成为中国居民过度储蓄和消费不足的重要原因，从而有碍经济结构调整和发展方式转变。不仅如此，过大的收入不平等也侵蚀社会公正，不利于促成社会各阶层的团结和形成新的发展共识。因此，收入分配已经成为中国当前公共政策领域中具焦点性的议题。

从20世纪90年代末开始，特别是2003年以后，中国政府采取了一系列的政策，这些政策旨在使发展更加平衡、协调和可持续，并促进发展成果的更广泛和公平地共享。这些政策措施包括：以西部大开发、东北老工业基地振兴和中部崛起为核心的区域发展战略；社会主义新农村建设；社会福利体系的扩大和普及；农村扶贫战略；以基本公共服务均等化为导向的财政体制改革；积极的劳动力市场政策；户籍制度改革；农村土地制度改革；教育

① 本报告是中国发展研究基金会"中国收入分配相关政策的影响评估"课题的综述性报告，反映了各课题分报告和课题组内部讨论的主要成果和结论。报告由俞建拖执笔，各课题组成员和顾问都为报告的形成做出了重要贡献。卢迈秘书长、李实教授、赵人伟教授对本报告的撰写和修改提供了重要的建议，UNDP和UNICEF的专家也为报告的修改提供了宝贵的建议，在此对所有参与课题研究和讨论的人士表示衷心的感谢。

改革与发展政策；农产品价格政策等。这些政策措施在一定程度上缓解了收入差距不断扩大的趋势。

鉴于收入分配问题对当前我国经济和社会发展的极端重要性，中国发展研究基金会于2011年4月启动了一项政策评估研究，基于代表性的数据以及经验观察，分析了我国近10年收入分配走势与现状，重点分析了相关政策对收入分配的影响，以期为我国的收入分配改革提供针对性的建议。

我国近10年的收入分配走势与政策成效

1. 新世纪以来，我国收入分配差距仍在继续拉大，但快速扩大的势头得到了一定程度的遏制。在中国收入分配差距中，城乡差距和地区差距已经占据支配性地位，城乡差距的影响尤其突出。2007年城乡差距对总体收入差距的贡献占50%左右。可喜的是，近年来城乡和地区差距都有不同程度的缩小，为收入分配的改善带来了一线曙光。但是，农村内部和城镇内部差距仍在扩大，特别是后者，成为拉大收入分配差距的重要因素。

（1）城乡差距。城乡收入比从2000年的2.78倍快速扩大至2003年的3.23倍，此后小幅扩大到2007年的3.32倍并连续三年保持稳定，2010年起该指标连续两年下降，2011年底为3.13倍，回到2002年的水平。

（2）地区差距。2000～2003年，省际未按人口加权的人均GDP基尼系数从0.347上升到0.357，此后逐渐下降至2010年的0.264，低于20世纪90年代中期的水平。此外，按照1978年不变价格计算的地区人均GDP基尼系数、按现价计算的地区人均消费基尼系数也回落到21世纪初的水平。

（3）农村内部差距。从2000年的0.35小幅扩大至2009年的0.39，但是由于近两年来农村低收入人群的收入增长快于高收入人群，收入差距扩大的趋势预期会有所缓解。

（4）城镇内部差距。2000～2009年间，城镇内部的收入差距从0.32上升至0.36，但是这一结果存在着明显的低估问题。一些修正后的结果显示，现在城镇内部收入差距超过了0.4，成为当前收入分配领域中的最突出的挑战。城镇内部收入的扩大中，由于房地产价格过快上涨造成的财产性收入差距急剧扩大与行业垄断和部门分割造成的行业收入差距扩大是两个关键因素。

（5）总体收入差距。我国居民总体收入基尼系数从2001年的0.45左右上升至2007年的0.48。2007年以后尚没有最新的有代表性的全国收入调查数据。课题组综合分析认为，最近3~4年全国收入分配差距可能略有上升，处于一个相对稳定状态。但是，"灰色收入"问题还在相当程度上存在，腐败带来的部分人群的巨额"黑色收入"更是不容忽视，这些因素都给总体收入差距的变化带来新的不确定性。

2. 在中国居民收入差距扩大的过程中，历史形成的政策因素和制度障碍所产生的作用是主要的，也是主导性的。在中国收入分配格局中，城乡差距和地区差距（尤其是前者）长期占据支配性地位。城乡差距过大与长期存在的城乡二元的制度安排密切相关，地区之间的收入差距及其扩大在很大程度上也是体制性因素和政策性因素造成的。除此之外，由于要素市场改革不彻底和体制原因造成的行业垄断因素，对收入分配差距的扩大也起了重要作用。以金融业为例，金融行业的职工平均工资2003年比城镇平均工资高49%，到2009年要高87%。分析表明，垄断行业与竞争性行业的工资差距中，有2/3要归因于垄断因素的作用。不仅如此，城镇内部社会保障制度的分割也造成了不同人群之间收入差距的扩大。

3. 均衡性的区域协调发展战略对抑制地区间差距扩大起到了明显的作用。得益于西部大开发、中部崛起以及东北振兴这三大区域发展战略，顺应我国产业结构梯度转移的趋势，我国中部、西部和东北地区的固定资产投资、基础设施建设、工业发展以及对外开放水平也不断加速，2005年之后尤其明显。由于这些变化，2006~2010年，中部、西部和东北地区的GDP平均增长速度分别达到13.2%、13.9%和13.6%，均高于同期东部的平均增长速度（12.3%），地区发展差距明显缩小。

4. 农村扶贫开发显著地缩小了贫困农村和普通农村的发展差距，贫困农村内部收入差距仍在扩大。2002～2009 年，全国扶贫重点村农户和重点县农户的收入明显快于全国农村的平均水平，重点村和重点县农户平均收入与全国农村平均收入之比分别上升了 5 个百分点和 3 个百分点。更重要的是，扶贫项目的实施，还显著提高了贫困地区农户的生产能力和参与市场的机会，并减少了农户的脆弱性。但是，在扶贫重点县内部，20% 最高收入组农户与 20% 最低收入组农户的收入比从 2002 年的 4.6 扩大到 2009 年的 5.5。可见虽然低收入群体也从农村扶贫投资项目（包括基础设施类项目）中受益，但高收入群体对扶贫项目的利用能力更强。从总体上看，农村扶贫资金的使用有助于缓解全国收入差距扩大的趋势，并显著地促进了减贫。此外，参与开发式扶贫项目的农户收入增长明显快于非项目户，对贫困地区农户实施的补贴也略微降低了总体的农村收入不平等指数。

5. 户籍制度放松和促进劳动力流动的政策，对于降低农民工内部以及城镇劳动力市场的收入差距具有积极的影响。随着我国劳动力市场供求态势的改变，加上政策放松带来的城乡人口流动性的进一步提高，农民工收入在过去 10 余年间出现了趋同现象。调查表明，收入最高与最低的 10% 农民工的收入比从 2001 年的 5.9 倍下降到 2010 年的 3.8 倍，下降幅度达到 35.9%；农民工工资的基尼系数同期下降了 20%。在控制了劳动力的年龄、教育水平和工作经验等因素后，因为农民工身份带来的农民工与城镇本地工人工资差距在 2001 年为 11%，到 2010 年逐步下降到 5%。现有统计中，由于没有把农民工这一群体进行充分考虑，会导致对收入分配差距的高估。

6. 农产品价格的放开有助于缩小农村内部的地区差距和城乡差距。根据对 2003～2009 年省份面板数据的分析，平均而言，农产品生产价格总指数上升 1 个百分点，农业经营收入将上升 0.63%，农村人均纯收入将上升 0.27%，并使城乡收入差距缩小 0.37%。种植业产品生产价格指数具有大体相当的效应，对城乡差距缩小的作用则更为显著，该指数每 1% 上升带来城乡收入比 0.6% 的下降。分析还表明，2000～2009 年，如果全国各省份的农民经营收入都增加 1%，全国省际农村居民的纯收入的基尼系数将减少 0.55% ~ 0.65%。因此，农产品生产价格总指数和种植业产品生产价格指数的上升，有助于缩小农村内部差距和城乡差距。但是，粮食零售价格指数的上升对农民增收以及缩小城乡差距的作用则比较有限，该指数在较大程度上受到流通环节的影响，由此所导致的价格指数上涨并未能够促成农村居民收入增长，还可能推动物价总水平的明显上升。

7. 农村土地流转总体上有助于缩小城乡收入差距，但可能使农村内部收入分配更加不平等。计量分析显示，中国过去较为平等的土地分配，有助于缩小农村内部收入分配差距。2002 年我国《土地承包法》的出台，推动了农村土地的加速流转。基于 1993 ~ 2008 年农村固定观察点的调查数据分析表明，人均土地流转量每增加一单位，人均农业收入就增长 5%，人均非农业收入增长 22%。土地的流转促进了农村居民收入水平的提高，从而有利于缩小城乡收入差距。但是，土地流转对非农收入的影响更显著，而非农收入差距对农村内部收入差距的贡献不断上升，这可能会导致农村内部收入差距的扩大。

8. 免费九年制义务教育的实施对于缩小西部地区的城乡差距具有直接作用，而高等教育制度改革在一定程度上具有拉大收入差距的作用。2006 年义务教育经费保障新机制率先在西部地区实施，并于 2008 年覆盖全国。据统计，同时享受"两免一补"（寄宿生生活费补助）的贫困家庭学生，小学生平均每年减负 510 元，初中生达 620 元。计量分析表明，这一政策对缩小西部地区的城乡差距具有显著作用，但对全国总体城乡差距的影响有限。高等教育改革使农村和贫困地区学生的大学入学率较改革前明显增加，对改善分配具有积极意义。但是一些案例研究也表明，农村和贫困学生进入重点高校的比例却在下降，由于名牌大学和非名牌学校的教育回报率存在显著差异，可能拉大收入分配差距。此外，由于中高端劳动力短期性的过剩供给、对劳动者保护措施的不完善以及劳动力市场的分割，我国人力资本存量的提高并没有带来劳动收入在 GDP 比重的提高。

9. 中央对地方的财政转移支付改革总体上促进了地方政府财政能力的均等化，但还有较大的政策改进空间。旨在促进地方政府财力均等化的政策不直接影响居民的收入分配，但为居民收入分配提供改善的财政基础。分税制改革以来，我国税收返回占中央对地方的税收返还和转移支付的比重从1996年的72.9%下降到2010年的15.5%。按照可比标准，专项转移支付比重同期由18.3%上升到39.3%，一般性转移支付从8.8%上升到45.2%。对省际人均财力的指数分解显示，税收返还具有拉大地区财力差异的作用，但其影响在2004年以后已经非常有限，降低税收返还的比例本身具有重要的均等化效果。专项转移支付和一般性转移支付都促进了省际间的财力均等化，两者对财力均等化的作用基本相当。2009年，专项转移支付和一般性转移支付每增加1个百分点，分别带来地方财力基尼系数0.17和0.14个百分点的下降。

10. 农村税费改革和收入所得税起征点具有直接的收入均等化效应。与财产和资本相关的税收改革的再分配效应有待进一步观察。农业税费的取消，每年减少农民负担1300多亿元，人均减负140余元。2011年9月，个人收入所得税起征点从2000元上升到3500元，使全国工薪收入纳税人数将从8400万人减少到2400万人，在一定程度上有助于提高中低收入人群的可支配收入。但是，由于以上两项改革所涉及的税收的绝对数额相对较小，对缩小总体收入差距的效应不是很显著。在财产和资本相关的税收方面，2008年暂停征收利息税使中高收入阶层更受益；房产税的改革还处于试点阶段，目前对收入再分配的作用有限，但预期在未来可以发挥重要作用。

11. 随着我国进入城镇化中期以及刘易斯拐点的到来，加上一系列有利于公平分配的政策的推动，我国的收入分配变化可能已经迎来一个转折期。导致当前收入分配差距扩大缓解的因素中，既有农产品价格上涨、经济刺激政策带来农民工就业扩张和工资上升等临时性因素，更有劳动力供求态势逆转带来劳动者工资上升、人口流动和城市化程度不断提高等长期性因素，后者为收入分配状况的改善提供了有利的基础性条件。未来几年里，收入分配差距的扩大可能进一步趋缓甚至出现短暂的下降。转折期的到来,并不意味着中国收入分配差距到了库兹涅茨拐点并步入逐渐下降的通道,而是指抑制收入差距扩大的有利因素和不利因素并存,有利因素在逐渐加强,不利因素在逐渐削弱,但收入差距可能在一段时期内继续保持在高位。这一转折期的长短不仅取决于不利的制度因素在多大程度以及以多快的速度被消除,从而充分发挥经济社会结构和劳动力市场供求格局改变对改善收入分配的潜在作用,还取决于政府的收入分配和再分配政策的力度。

对下一步收入分配制度改革的建议

从全球范围来看,在过去 20 年里,许多主要经济体都经历了收入差距扩大,但近 10 年来拉丁美洲国家收入分配差距却有所缩小,有关经验值得借鉴。在有可比数据的 17 个拉丁美洲国家中,有 13 个国家的基尼系数在过去 10 年下降了,13 个国家的基尼系数平均每年减少 1%。对阿根廷、巴西、墨西哥和秘鲁四个国家的案例分析表明,由教育普及和劳动力市场整合带来的劳动收入不平等下降,对带动各国总体收入差距下降具有最明显的促进作用。此外,政府对弱势群体的转移支付对收入不平等的降低也产生了积极的作用,这对中国未来的政策设计也具有积极的借鉴意义。

根据对国内政策的评估以及国际的相关经验,我们对下一步中国收入分配体制的改革有以下建议。

第一,收入分配制度改革要高度重视初次分配。居民收入来源中初次分配占主要地位,初次分配的不平等对总体不平等具有支配性作用,应是政策的着力点。但是,强调初次分配改革的重要性,是需要政府打破阻碍市场有效运行的各种体制和政策障碍,推动市场的整合,而不是直接干预市场运行甚至直接管制要素、商品和劳务的价格。针对不同收入人群,政策上应各有侧重:对于低收入群体,重点在"多予",使再分配政策发挥更重要作用;对于中等收入群体,重点在"少取",提高中等收入家庭的劳动收入和经营性收入比重；对于高收入群体，应发挥税收的再调节作用。

第二，深化国有企业和垄断行业的改革。在金融、铁路、民航、矿产资源、电力和能源等垄断性行业，进一步放宽对民营企业的准入限制，促进市场竞争。对于因经济战略需要保持国有企业垄断地位的行业，要提高该领域国有企业分红的比例，用以支持普惠性社会福利体系的建设和其他公共服务领域的投入，使国有企业的收益更大程度地惠及全民。

第三，进一步推进户籍制度改革，促进城市化发展和劳动力市场的整合。大幅度降低特大城市和大城市的户籍门槛，优先并分步骤解决已经进城的具有稳定就业和缴纳社会保险人员的落户问题。加快推进新进城农民工及其家庭与原有城市户籍居民的基本公共服务和福利安排均等化，实施更加积极的劳动力市场政策，促进劳动力的自由流动，减少劳动力市场的分割。

第四，完善城乡土地征收补偿制度。对于城镇地区和农村的土地征用，要使土地增值收益公平分配，使失地居民生活和就业有长期保障，探索建立"规则公正透明、参照标准科学、收益补偿动态化"的按因素补偿机制。但对于补偿制度的具体形式，不同地区可以根据自身的情况有所差异。

第五，深化流通体制改革，为农民增收创造空间。积极推进流通领域的税费改革，大幅度取消流通环节的收费项目和罚没条款。对少数数额巨大、来源稳定、公共性明显的收费项目，应使之转化为税收。大力发展物流业，降低农产品在流通环节的成本，为农产品价格的调整以及农民的增收预留空间。

第六，实施人力资本发展战略。制定并实施到 2020 年的综合性儿童早期发展战略，加强对 6 岁以前儿童的营养投入，全面普及 3 年学前教育。巩固"两免一补"的成果，并提高贫困农村地区"一补"的标准，缩小城乡和地区在义务教育阶段教育质量和营养水平的差异。大力发展职业教育，加强职业教育与普通教育互联互通，并将之与产业结构转型升级紧密结合。继续推进高等教育体制改革，创新高等教育投融资模式和办学模式，扩大高校在人才培养和科学研究的自主权。

第七，优化中央－地方的财政转移支付制度。制定基本公共服务的明确范围和标准，明确中央和地方各级政府的公共服务责任划分。按照基本公共服务均等化的要求，根据具体转移支付项目的性质，对现行一般性转移支付和专项转移支付进行重新划分和界定，使各级政府基本公共服务的提供责任和财政能力相匹配和协调。在专项转移支付中，要加大对经济欠发达地区、贫困和弱势人群的转移支付力度。

第八，结构性减税与增税并举，降低经济总体税负。积极落实对中小企业的结构性减税，全面推行增值税和营业税改革。扩大房地产税的试点，更多利用市场手段对房地产市场进行调控，抑制城镇财产性收入差距的过快上升。在保证总体税负有所下降的前提下，适时开征环境税，并提高与能源、矿产资源，以及水资源利用相关的税收标准。

第九，从预算管理体制改革入手，加强反腐败的制度建设和力度。加快推进中央和地方政府部门的预算公开制度，扩大预算公开的范围和内容，提高提高预算透明度。扩大参与式预算试点，建立公民参与、监督预算的民主政治进程，健全多种多样的民主理财制度。推行绩效预算，从中央和地方政府重大公共项目开始，做好绩效评估和全流程审计监督，严格基于绩效基础上的问责机制。在预算管理体制改革的基础上，进一步推进政务公开，深化政府行政审批制度改革，加强行政机关和国有企业事业单位财务管理，加大对腐败行为的惩治力度。

中国收入差距的现状、趋势及其影响因素[①]

李　实

（北京师范大学经济与工商管理学院）

导　论

　　中国经济改革和开放对社会经济发展产生了前所未有的影响。经济的高速增长，城乡居民生活水平的不断提高和贫困人口的大幅度下降，都是令世人称赞的成就。然而，中国收入差距的不断扩大引起了社会公众的普遍担忧，收入分配不公问题成为当前社会问题中的焦点议题。不可否认，在过去收入分配变化过程中，收入差距扩大有其合理的成分，也有不合理的成分。在看到合理的成分的同时，也能够清楚地认识到不合理的成分，我们才能找到解决问题的有效办法。

　　由于导致收入差距扩大的原因极其复杂，在收入分配研究上同样存在着各种各样的困难，从而在如何判断和解释当前的收入差距及其背后原因问题上，当前理论界存在着较大的分歧。首先，在如何判断收入差距扩大这一问题上存在着不同看法。例如，有的看法认为收入差距的扩大被人为地夸大，收入分配不公问题被恶意地炒作；有的看法则认为实际的收入差距被严重低估，实际收入差距的基尼系数要大于估计的基尼系数。其次，在看待收入差

---

　　①　这是为中国发展研究基金会的"中国收入分配相关政策影响评估"课题撰写的分报告。

距扩大的原因上，有的看法则不加分析地将收入差距扩大原因简单地归结为市场化改革，甚至认为改革开放是带来收入分配不公的罪魁祸首；也有人认为收入分配中存在的很多问题在于改革的不到位和不彻底，在于市场化改革的不彻底。最后，在如何认识收入差距扩大的合理性上，有人认为拉开的收入差距是完全必要的，是市场化改革的成果，是效率优先原则的体现，不存在分配不公的问题；也有人认为收入分配不公问题极为严重，违反了社会主义的基本分配原则，它不仅影响到效率，而且影响到经济的长期可持续发展和社会稳定。

收入分配问题涉及各种利益关系，它的变化牵动着各方利益，是一个社会中最为敏感的"神经"，因而对收入分配的状态加以规范判断是可以理解的。但是，任何的规范判断都应该建立在实证分析的基础上。基于这一考虑，本文将首先对过去近10年的收入分配状况加以描述，然后对导致收入差距扩大和产生收入分配不公的主要原因进行分析和讨论，最后提出一些政策建议。

收入分配基本状况

改革开放以来，中国居民收入分配格局和收入差距出现了显著的变化。在分配机制方面，市场作用的范围不断扩大，力度不断增强，但是由于劳动力市场和资本市场的分割性，市场化的分配机制对收入差距的影响是多种多样的，缩小收入差距的效应与扩大收入差距的效应交织在一起。除了市场分配机制之外，其他非市场的收入分配的影响因素也对收入分配结果和收入差距变动发生作用。仅从收入差距变化的趋势来看，在过去近10年中，可以说中国居民的收入差距仍处于不断扩大过程中，虽然扩大幅度要小于20世纪90年代。我们不妨对城乡之间收入差距、农村内部收入差距、城市内部收入差距以及全国收入差距的变化及其特点加以回顾。

一、城乡之间收入差距

进入 21 世纪以来，中国城乡居民的收入都出现了快速增长。在 2000 ～ 2010 年间，城镇居民人均实际可支配收入增加了 2.37 倍，年均增长率为 9.04％；农村居民人均纯收入增加了 2.17 倍，年均增长率为 8.04％。然而，过去 10 多年（从 2000 年开始至今）可以分为 3 个时期，即前期 4 年、中期 6 年、后期 2 年。可以明显看出，第一个时期出现了城乡居民收入差距快速扩大，中间 6 年是缓慢扩大时期，后期 2 年略有缩小。总的来讲，后两个时期的居民收入增长明显快于前一个时期，特别是农村居民收入增长逐步赶上了城镇居民收入增长，从 2010 年开始超过了城镇居民收入增长。由于不同时期城乡居民收入的增长幅度是不一致的，城乡之间居民收入差距出现变化，出现了快速扩大—缓慢扩大—略有下降的过程。而城乡之间居民收入差距的扩大幅度在很大程度上取决于农民收入的增长幅度。从图 1 不难看出，2000 年以来农民与城镇居民之间的收入绝对额的差距逐年扩大。按当年价计算，2000 年城镇居民的人均收入比农民高出近 4500 元，2005 年高出 7238 元，2010 年高出 13190 元。也就是说，在此期间，城乡之间居民收入的绝对额差距上升了近 2.93 倍，即使扣除物价因素的影响，这一差距也扩大到 2.3 倍以上。

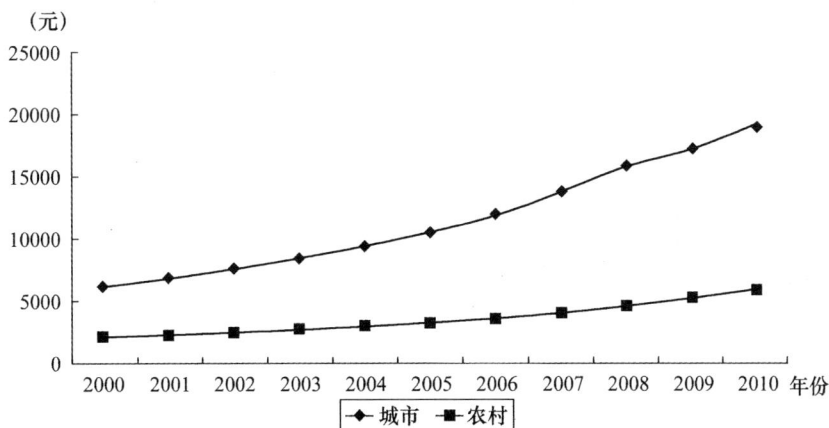

图 1　2000 ～ 2010 年中国城乡居民人均收入的绝对差距变化

注：根据不同年份《中国统计年鉴》中城乡居民人均收入的数据绘制。

城乡之间居民收入比率的变动也反映了其相对收入差距的变化。图 2 显示了城乡之间居民收入比率的变化。在 2000～2010 年间，该比率在第一个时期出现了快速上升过程。例如，城乡之间相对收入差距在 2000～2003 年间出现了明显扩大，城乡居民收入比率从 2000 年的 2.78 倍上升到 2003 年的 3.23 倍。随后，城乡之间收入差距出现了小幅度的扩大，这一过程持续了 4 年，城乡居民收入比率从 2003 年的 3.23 倍扩大到 2007 年的 3.32 倍。在中后期 3 年中，城乡之间居民收入差距处于相对稳定状态，两者收入比率基本上在 3.3 倍水平，2010 年出现了一度下降并持续到 2011 年[①]。由于这次下降主要是由农产品价格上升带来的，因此很难把它认为是城乡居民收入差距的变化进入到了一个新的时期，或者出现了一个持续的下降趋势[②]。

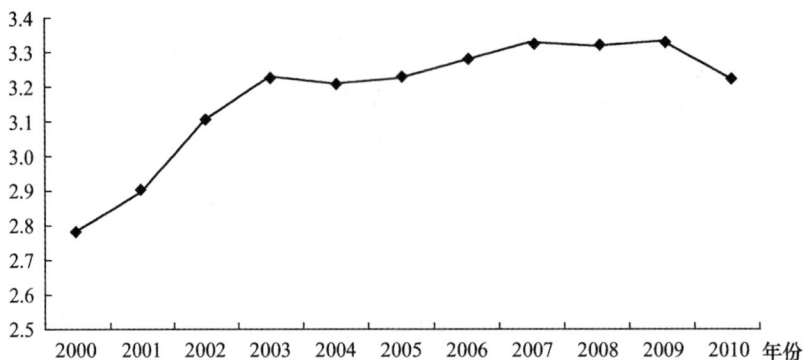

图 2　2000～2010 年中国城乡居民人均收入的相对差距变化

注：根据不同年份《中国统计年鉴》中城乡居民人均收入的数据绘制。

城乡之间收入差距的不断扩大还表现在高收入人群集中在城市，而贫困人口主要集中在农村这样一个现实。根据北京师范大学收入分配课题组收集到的 2007 年的居民收入调查数据，在全国收入最高的 10% 人群中，96% 是

---

① 最新的数据表明，2011 年城乡居民人均收入增长率分别为 8.4% 和 11.4%，这意味着城乡居民收入比率相对于 2010 年会略有下降。

② 2009 年和 2010 年农村居民人均纯收入分别增长了 8.6% 和 10.9%，其中人均农业纯收入分别增长了 5.3% 和 11.1%。这意味着农产品价格的上升幅度超过了农业投入品价格的上升幅度，农民从价格上涨得到了实惠。假定 2010 年人均农业纯收入增长率与 2009 年相同，那么该年的农村居民人均纯收入的增长率为 9.1%，比实际增长率低近 2 个百分点。

城镇居民，4% 是农村居民；而在收入最低的 10% 人群中，城镇居民不到 1%，农村居民占 99% 以上，形成了一种巨大的反差。[①] 有证据表明，与过去相比，这种富人和穷人在城乡之间的分化程度在不断地加大。[②]

城乡之间居民收入差距的扩大很大程度上取决于农民收入的增长幅度，因为城镇居民的收入增长一直保持在很高的水平上，与宏观经济的增长率基本上保持同步，[③] 而农民收入的增长与农产品价格的变动和农民外出打工的机会变化是密切相关的。当农产品价格上升以后，农民收入增加，城乡之间的收入差距缩小；如果农产品价格不变或者下降，城乡之间的收入差距就会进一步扩大。而且，如果农民从农业中获得的收入减少，可以从非农就业中获得弥补，这在一定程度上缓解农民收入下降的压力。从我们所观察到的事实来看，近几年农民外出务工收入是其非农就业收入的主要增长源。但是，如果农民外出务工受到限制，其外出务工收入不足以弥补农业收入的下降，那么农民收入的下降就成为必然。

我们注意到，2002 年以来城镇居民的人均收入一直是农村居民的 3 倍以上，这是一个相当高的比率。对此，理论界是有争论的。一部分学者认为存在着高估的问题，因为城乡居民的收入没有根据其货币购买力换算成可比的收入。还有一些学者认为，这个比率还不足以反映城乡之间的真实收入差距，部分的原因是城镇居民的可支配收入没有涵盖城市居民所享有的各种各样的实物性补贴，而对农村居民来说，这些补贴是可望而不可即的。比如说，城镇居民中很多人是享受公费医疗的，而农村居民却没有这种待遇；城镇的中小学能够获得国家大量的财政补贴，而农村的学校得到的补贴非常

---

① 在 2002 年调查数据中，全国收入最高的 10% 人群中，93% 是城镇居民，7% 是农村居民；而在收入最低的 10% 人群中，城镇居民只占 1.3%，农村居民占 98.7%（见 UNDP 和中国发展研究基金会：《中国人类发展报告 2005》）。

② 根据中国社会科学院经济研究所收入分配课题组 1995 年的住户调查数据，全国收入最高的 10% 人群中，城镇居民与农村居民各自所占的比重分别为 76.2% 和 23.8%（见赵人伟、李实，1997）。

③ 在 1997~2007 年间，中国经济 GDP 的年平均增长率为 9.4%，同期城镇居民人均可支配收入的年平均增长率为 9.2%，而农民人均纯收入的年平均增长率仅为 5.3%。

少，往往主要靠农民集资办学；城镇职工享受养老金保障、失业保险、最低生活费救济，而这些对农村劳动力来说却是一种奢侈的期望。对于这两种不同的看法，我们需要对城乡收入差距做进一步估计。这里需要简单说明的是，如果把这些非货币性收入考虑进去，估计出来的城乡收入差距要大得多①。

由此看来，中国的城乡之间收入差距处于相当高的水平，它构成了中国收入分配格局中的一个最为重要的特点，同时也是中国收入差距持续扩大的一个最为重要的推动因素。

二、农村居民收入差距

改革开放以来，农村居民收入差距基本上呈现出一种不断扩大的趋势。这并不排除个别年份出现小幅度缩小，如1994年比1995年农村的基尼系数下降了一个百分点，1997年又比1996年下降了一个百分点。但是，根据国家统计局的估计，从2000年开始，农村收入差距处于相对缓慢扩大时期，农村居民收入差距的基尼系数从2000年的0.35上升到了2009年的0.39，上升了4个百分点，平均每年上升了0.4个百分点。

根据北京师范大学收入分配课题组2007年的住户调查数据，我们可以计算不同收入组居民的相对收入份额，从而可以看出收入差距的扩大对高收入组和低收入组居民产生的不同影响。从表1中的估计结果可以看出，2007

---

①　这种估计结果没有考虑城乡居民享受的社会福利的差别。在造成收入差距低估的因素中，一个非常重要的因素是由城乡居民收入定义的不同而引起的城乡之间收入差距的低估。如果将居民个人收入定义为"明收入"和"暗收入"两部分，那么我们现在估计的城乡之间的收入差距和全国收入差距都是就"明收入"而言的，而没有充分考虑到"暗收入"的部分。"暗收入"主要是指居民享受的各种实物性补贴和社会保障项目的货币价值。不言而喻，"暗收入"在城乡居民之间的差异是非常大的。从城乡居民收入定义的一致性和可比性来说，在估算城乡之间和全国的收入差距时，只考虑"明收入"是不够的，还应该对"暗收入"进行估算并将其放入居民个人总收入。按照这个思路，李实、罗楚亮（2007）对2002年的城乡居民的"暗收入"进行了估计，并在此基础上重新估算了城乡之间的收入差距和全国收入差距的基尼系数。在考虑公共医疗、养老、教育补贴等社会福利项目后，2002年城镇居民的人均"暗收入"大约为4200元，而农村居民为250元。如果将这部分收入分别记入城乡居民的平均收入中，那么城乡之间的收入比率会上升到4.35:1。

（基尼系数）

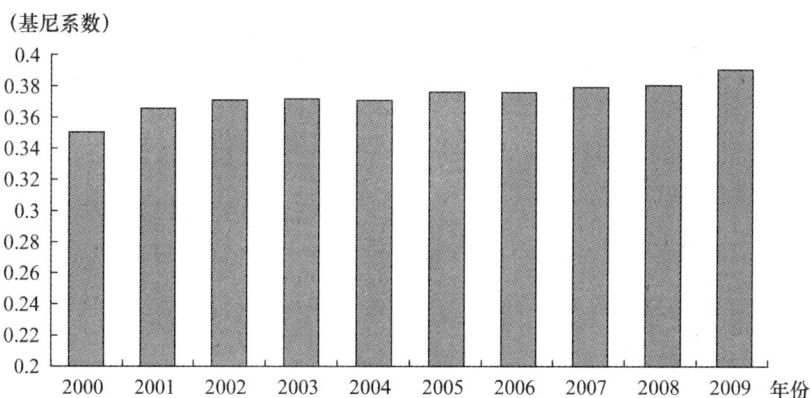

图3　2000～2009年中国农村内部居民收入差距变动

资料来源：张东生主编：《中国居民收入分配年度报告（2010）》，经济科学出版社2010年版。

年农村中最富的1%人群占有农村居民总收入的份额接近10%，最富的5%人群占有的份额超过20%，最富的10%人群占有的份额是33%，而最穷的5%人群占有农村居民总收入的份额不足1%，最穷的10%人群占有的份额不过2.2%。由此看来，最富的5%人群的平均收入是最穷的5%人群的近20倍，最富的10%人群的平均收入是最穷的10%人群的近15倍。

表1　　　　　　2007年全国、城镇、农村不同收入组的收入份额　　　单位：%

收入组	最高收入组收入份额			最低收入组收入份额		
	全　国	城　镇	农　村	全　国	城　镇	农　村
1%	6.1	4.4	9.6			
5%	19.8	14.8	19.8	0.6	1.2	0.9
10%	31.9	24.4	33.1	1.7	3.0	2.2
25%	57.2	46.1	55.0	6.2	10.3	8.3
50%	81.0	71.8	78.5			

资料来源：CHIP2007。

这一时期农村居民收入差距的扩大并不表现在不同区域农村间的收入分配差距的扩大，而主要为地区内部收入差距的扩大。至少从2005年开始，农村内部东、中、西部之间收入差距不仅没有扩大，还有一定幅度缩小。

2005 年中部地区与东部地区农民收入之比为 1∶1.60，2010 年为 1∶1.49；2005 年西部地区与东部地区农民收入之比为 1∶1.98，2010 年为 1∶1.88[①]。应该看到，地区差距的大小与区域划分有着直接的关系，也就是说划分的区域单位越小，区域之间表现出来的收入差距也就越大[②]。

农村居民收入差距的扩大与近年来农民收入结构的变化有着直接的关系。从 90 年代末期开始，农民收入结构的一个显著变化是包括外出打工收入在内的工资性收入占农户纯收入的比重呈现上升趋势，而农业经营收入所占的比重呈现下降的趋势。国家统计局农村住户调查数据显示，2000 年工资性收入占农民家庭纯收入的比重达到 31%，2005 年这一比重上升到 36%，2009 年上升为 40%，9 年间上升了 9 个百分点（《中国统计年鉴 2010》）。与此同时，农业经营收入占农民家庭纯收入的比重出现了大幅度下降。到了 2000 年，这一比重下降为 48.4%，到了 2005 年，这一比重又下降了 3.2 个百分点，仅为 45.2%，2009 年下降为 39%。这两种变动趋势会拉大务农户（纯农户）与非农户之间的收入差距，从而影响到农村内部收入差距的扩大。从这个意义上讲，农村收入差距的扩大更多的是与农村经济的发展过程联系在一起的，是发展过程中必然出现的一种现象。

值得庆幸的是，在过去两年中，农村中的低收入户的工资性收入的增长幅度超过了高收入户。2002～2005 年间，农村低收入户的人均工资性收入的名义增长率为 42.5%，而高收入户的名义增长率为 29.5%。这也导致了农村低收入户的人均纯收入中工资性收入所占的比重由 2002 年的 26.4% 上升到 2005 年的 30.2%，而这一期间高收入户的这一比重几乎没有什么变化。这一结果也是抑制农村内部收入差距扩大的一个重要因素。

---

① 这些比例是根据相关年份的《中国统计年鉴》中的数字计算出来的。

② 以 2005 年为例，如果将农村地区划分为东、中、西、东北四大地区，那么最富裕的东部地区与最贫穷的西部地区的人均纯收入的比率为 1.98 倍；而最富裕的省份（浙江，不包括直辖市）与最贫穷的省份（贵州）的人均纯收入的比率为 3.55 倍。不难想象，最富裕的县与最贫穷的县之间人均纯收入的差距会更大。

三、城镇居民收入差距

城镇居民收入差距的扩大开始于 20 世纪 80 年代中期，这也是城镇经济改革的起步阶段，因而城镇居民收入差距的扩大更多的是与城镇经济改革和企业工资制度改革联系在一起的。然而，从国际比较的角度来看，80 年代末中国城镇居民的收入差距仍处在较低的水平。[①]

城镇居民收入差距的急剧扩大发生在 90 年代。私营个体经济的快速成长，外资企业的不断增加，加上 90 年代中期开始的企业改制过程，一方面在催生着企业家阶层，另一方面扩大着下岗失业人群。这势必构成了城镇内部收入差距扩大的一个制度性解释。按照国家统计局的估计，1994 年城镇的基尼系数为 0.30，到 2001 年城镇居民收入差距的基尼系数已达到 0.32，2005 年达到 0.34。然而，在 2005 年以后，城镇内部收入差距的基尼系数几乎没有发生变化，2009 年的基尼系数仍为 0.34（见图 4）。这样一个统计结果是值得商榷的，因为它与人们的实际感受相差太远。

如表 1 所示，2007 年城镇中最富的 1% 人群占有的城镇总收入的份额是 4.4%，最富的 5% 人群占有的份额是 14.8%，最富的 10% 的人群占有的份额是 24.4%。与之相比，最穷的 5% 人群得到的总收入份额仅为 1%，最穷的 10% 人群得到了份额不过是 3%。如果将同等比例的最富和最穷的人群相比，不难算出城镇中最富的 5% 人群的平均收入是最穷的 5% 人群的近 15 倍，最富的 10% 人群的平均收入是最穷的 10% 人群的近 8 倍。

然而，正如大部分学者所认为的那样，城镇居民的实际收入差距也许要高于多数研究文献所估计出来的差距。这是因为在住户抽样调查时，由于高收入户大多不愿意参与和配合调查，他们在调查样本中往往不具有足够的代

---

① 从国家统计局的估计结果来看，到 80 年代末城镇居民收入分配的不均等程度大大高于改革初期，基尼系数上升了近 50%（任才方、程学斌，1996 年）。即使把实物收入和各种实物性补贴计算在内，收入分配的不均等程度并没有发生明显的改变。比如，国家统计局估算的 1988 年城镇居民货币收入的基尼系数为 0.23；中国社会科学院经济研究所收入分配课题组估算的个人可支配收入（包括了货币收入和实物性收入）的基尼系数也是 0.23（赵人伟、格里芬，1994 年）。

（基尼系数）

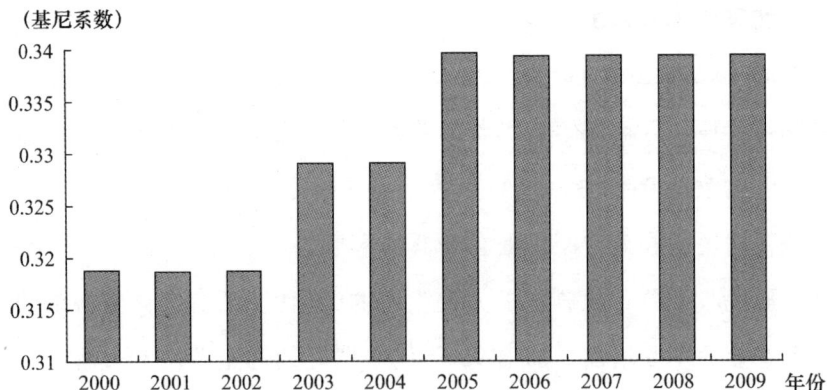

图 4   2000～2009 年中国城镇居民收入差距变动

资料来源：张东生主编：《中国居民收入分配年度报告（2010）》，经济科学出版社 2010 年版。

表性，从而造成收入差距的低估。而且，近年来这种情况变得越来越严重，因为高收入人群随着收入的不断提高，他们参与住户调查的机会成本随之提高，也就越没有动力参加抽样调查和充当住户样本，造成了样本代表性的偏差。那么，它存在多大程度的低估呢？这又是一个难以回答的问题。由于这种低估主要来自于其抽样过程中难以抽到高收入人群的样本，带来高收入样本偏低，从而导致收入差距的低估。为了解决这个问题，一些学者做了不同的尝试，试图解决低估问题。根据李实、罗楚亮（2011）做出的尝试，修正抽样偏差后，2007 年城镇居民收入差距的基尼系数大约上升到 0.42，大大高于国家统计局估计的 0.34。假定国家统计局的估计结果中的低估问题主要出现在过去 10 年，低估程度是一个渐进化的过程，那么我们可以做一个大致的推断，把过去 10 年对低估修正后得出的基尼系数的变化趋势描绘出来。如图 5 所示，虚线为修正后的城镇内部收入差距的基尼系数，它明显高于国家统计局的估计结果，它是一个不断上升的趋势。按照这种趋势，过去 10 年中中国城镇居民收入差距扩大幅度与 20 世纪 90 年代相差不大。在 90 年代，基尼系数上升了大约 7 个百分点，如果按照我们的修正结果，在过去 9 年中基尼系数上升了 10 个百分点。但是，两个时期的基尼系数上升的百分比的差别不大。

（基尼系数）

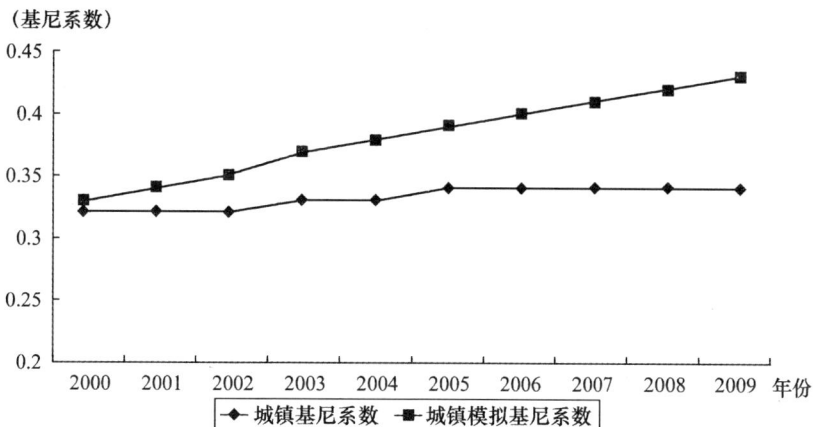

图 5　2000～2009 年中国城镇居民收入差距的估计基尼系数

四、全国居民收入差距

对于全国的收入差距及其变化，由于国家统计局很少计算全国样本的基尼系数，我们只能根据一些研究课题的估计结果来加以讨论。世界银行利用国家统计局的抽样住户调查数据，对 1981～2001 年的全国收入分配的基尼系数进行了估计。他们的估计结果显示，在 80 年代初期全国的基尼系数曾经出现过几年的下降。由于农村经济改革和农产品价格上调带来的农民收入的大幅度上升，不仅导致了城乡之间收入差距的缩小，也导致了全国收入差距的下降，基尼系数从 1981 年的 0.31 下降为 1983 年的 0.28（见图 6）。从 80 年代中期开始，全国的收入差距基本上处于一种不断扩大的过程，1986 年超过了 0.3，1993 年超过了 0.4，2001 年接近 0.45[①]。

2002 年以后，虽然有一些不同的估计结果，但是都不具有权威性和可信度。北京师范大学收入分配课题组利用 2007 年的调查数据，对当年收入

---

①　中国社会科学院经济研究所收入分配课题组的估计结果也呈现出相同的变化趋势。他们在 1988 年做了第一次住户抽样调查，在将城镇住户的实物收入和住房补贴以及农户的自有住房的归算租金纳入到个人可支配收入后，估计出来的全国的基尼系数为 0.382（赵人伟、格里芬主编，1993）。从全国样本的 10 等分组的各自平均收入来看，1988 年的最高收入组获得的收入份额是最低收入组的 7.3 倍（Khan et al，1992）。该课题组在 2002 年又进行了一次全国住户的抽样调查，调查结果显示该年的全国基尼系数接近 0.46。

差距进行了估计。在考虑了各种可能的导致估计偏差的因素后，估计出全国收入差距的基尼系数为 0.48（Li，Luo and Sicular，2011）。对于最近 3～4 年收入差距的变化，虽然有学者认为会进一步扩大，但我们的基本判断是全国收入差距处于一个相对稳定状态。

（基尼系数）

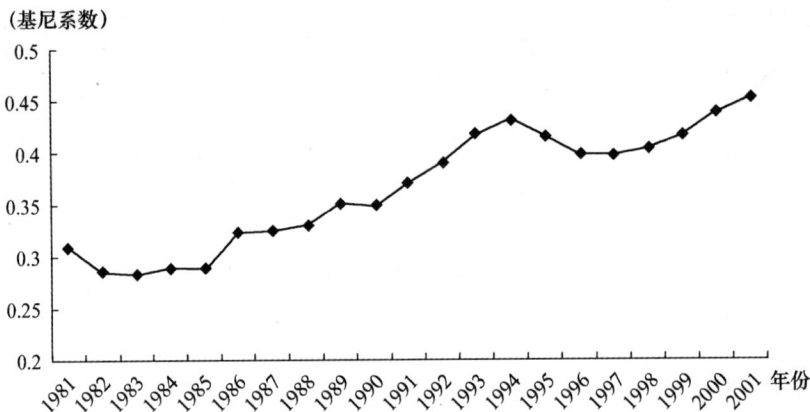

图 6　全国收入差距的基尼系数（世界银行的估计）

资料来源：Martin Ravallion and Shaohua Chen，"China's（Uneven）Progress Against Poverty"，World Bank，June 16，2004。

如果进行不同收入组的收入份额比较，我们可以从表 1 中看到，2007 年收入最高的 1% 人群组获得了全社会总收入的 6.1%；最高的 5% 人群组获得了总收入的近 20%；最高的 10% 人群组获得了总收入的近 32%。10 等分组中最高的 10% 人群组的平均收入是最低的 10% 人群组的 25 倍。

五、收入差距会出现下降趋势吗

面对上述情形，特别是近两年城乡之间收入差距和农村内部收入差距有所缩小的迹象，我们是否可以断定我国收入差距出现了"库茨涅兹转折点"呢？"库茨涅兹转折点"意味着收入差距出现了由不断扩大向不断缩小趋势的转变。从一些导致收入变化的因素来看，给出肯定的判断还为时过早，因为导致收入差距缩小的一些因素或者不具有长期持续性，或者其影响作用还不足以大到抵消导致收入差距扩大的因素的作用。

在过去两年中导致收入差距缩小的主要因素有三个：

一是农产品价格大幅度上升。这带来了农民农业收入的快速增长，导致城乡之间收入差距缩小，也成为全国收入差距缩小的主要因素。

二是包括农民工在内的非技术工人或蓝领员工工资的较高幅度的提高。蓝领工人工资的快速提高，一方面使得农民工工资上升，提高了农村居民的收入，有助于缩小城乡之间收入差距甚至全国收入差距；另一方面也对提高城镇中低工资和低收入人群的收入与缩小城镇内部收入差距起到了积极作用。

三是农村的公共政策对收入分配的影响逐渐显现。从 2003 年以来，中国政府出台了一系列惠农政策措施。根据农户的受益方式，政府的惠农政策可分为两大类，一类是以直接增加农民收入为目的的补贴政策，主要包括粮食直接补贴、良种补贴、农机具购置补贴等；另一类是以构建农户社会安全网为目的的公共服务性政策，主要包括新型合作医疗、教育"两免一补"、农村低保政策等。毋庸置疑，这些惠农政策对于增加农民收入、抑制城乡之间收入差距的扩大发挥了一定的作用。更为重要的是，这些惠农政策对于缩小农村内部收入差距、缓解农村贫困也起到了积极的作用。一些相关研究表明，农民从农业中获得收入对农村内部收入差距扩大起到抑制作用。因而，对农业加以补贴，包括粮食补贴和农业生产资料价格补贴，使得那些从事农业生产经营的农户从中获益，使得他们的收入有更快的增长速度，缩小农村内部收入差距，降低其陷入贫困的风险。

从长期来看，我国农产品价格出现温和上升的势头不是不可能的，但是其大幅度上升的势头不具有持续性。农产品价格的持续快速上升会带来许多副作用，它会引发失控的通货膨胀，会带来城镇居民实际收入水平的下降，会带来工资上涨的压力，因此从宏观调控的角度出发，对农产品价格的持续快速上升是不可容忍的。而且，从农产品价格变化的市场规律来看，农产品价格的大起大落更具有客观性。

同样，这两年以农民工为主体的蓝领工人工资的快速提高也受到了一些短期因素的影响。在政府经济刺激计划的作用下，近期的投资结构和产业结构出现了明显的变化，并且引发了就业结构的变化。例如，在 2007～2010 年间，城镇单位就业人员增加了 8.5%，而建筑业增加了 20.6%，房地产业增加了 27.1%，租赁与服务业增加了 25.4%。这些行业对农民工都有着较大的需求，构成了拉动农民工工资上升的主要因素。而这些行业的扩张是与政府的经济刺激计划分不开的，具有很强的经济周期性，其持续性是有问题的。

　　然而，还应该看到一些导致收入差距扩大的因素。一是城镇房地产价格上升使得高收入人群的财产性收入大幅度上升，加大了高收入人群和低收入人群的收入差距。二是较高的通货膨胀，特别是食品价格拉动的物价上涨，往往对穷人和低收入居民更加不利，他们的实际购买力下降幅度超过高收入居民。这是因为穷人和低收入居民具有更高的恩格尔系数。三是城市化进程在吸收农村剩余劳动力的同时，也在推高高收入人群的收入水平。这是因为城镇经济规模扩大会提高资本收益，也会大幅度增加对高技术和高学历员工的需求，从而带动这些人群的工资水平快速上升；城镇经济中新兴行业的高速发展，对特殊人才需求的急剧增加，也会提升他们的工资水平。四是行业之间收入差距持续扩大，垄断行业高收入问题更为严重。例如，金融行业的职工平均工资与城镇平均工资相比，在 2003 年高出 49%，在 2009 年高出 87%；金融行业的职工平均工资与制造业相比，在 2003 年高出 64%，在 2009 年高出 125%。垄断行业工资的过快增长，虽然反映了这些部门员工人力资本的提高，而更多地反映了这些部门垄断利润的快速增加和利润向工资的转移过程。一些研究表明，垄断行业与竞争行业收入差距中的 2/3 来自于垄断本身。五是社会保障制度的分割造成不同人群之间收入差距的扩大。这方面一个最明显的例子就是不同种类的退休金制度带来了老年人退休收入的巨大差异。在城镇中，退休保障制度可谓是"百花齐放，花香不一"，公务员退休保障制度是最"香"的一种，其次是事业单位人员的退休保障，还有企业单位退休制度，最差的是无就业人员的养老保障制度。六是腐败收入带来的收入差距和社会不公问题愈发严重。由于受到统计数据的限制，我们还很难对腐败收入的规模及其导致的收入差距做出准确的估计，但是并不妨碍我们对腐败规模和程度有一个大致的估计。过去几年中对贪腐官员的"捕获量"有增无减，在一定程度上意味着腐败的范围在扩大；被"捕获"贪官的人均腐败收入额也在直线上升，在一定程度上意味着腐败的力度在增加。

如何理解不断扩大的收入差距

从理论上说，影响收入差距变动的原因是多方面的，既有结构性的原因，也有深层次的原因。结构性的原因是指总体收入差距的构成部分变化带来的扩大效应。例如，如果将全国的个人收入差距分解为三部分——城镇内部、农村内部和城乡之间收入差距，从结构上就可以从中发现每一部分的变化对全国收入差距扩大的影响。同样地，全国收入差距也可以分解为地区内部的差距和地区之间的差距，或者不同人群组内的差距和组间的差距，从中发现组内差距和组间差距对总体收入差距的影响程度。

一、城乡收入差距扩大带来的影响

中国的城乡之间收入差距不仅意味着其自身的巨大差别，而且对全国总体收入差距也带来了很大影响。中国社会科学院经济研究所收入分配课题组根据泰尔指数的可分解性质，对 1988 年、1995 年和 2002 年的全国收入差距进行了分解分析；北京师范大学收入分配课题组对 2007 年全国收入差距进行了分解分析。分解的结果表明，城乡之间收入差距对全国收入差距有很强的解释力，并且其解释力不断增强。在 1988 年，城乡之间收入差距对全国收入差距的解释力为 37%，1995 年为 41%，2002 年上升到 46%，2007 年进一步上升到 51%（Li，Luo and Sicular，2011）。相比而言，农村内部的收入差距由于其相对稳定性，加上农村人口比重的下降，它对全国收入差距的解释力出现了明显下降，从 1988 年的 54% 下降到 1995 年的 44%，2002 年进一步下降到 36%。这意味着在 2007 年全国收入差距的一半来自于城乡之间的收入差距，这也意味着城乡之间收入差距的迅速扩大构成了全国收入差距扩大的主要推动因素（见李实等，2008）。

对城乡之间收入差距也可以采取另一种分解分析。简单说，这种分解分析是建立在个人收入函数的估计结果之上的，其基本方法是根据解释变量的系数估计值来对相关的不平等指数（如基尼系数、泰尔指数）进行分解，将收入分配的不平等分解到每一个解释变量上，从而可以看出收入差距在多大程度上能够由这些影响因素解释。[①] 当个人收入函数中城乡虚拟变量与其他许多解释变量一起引入时，城乡虚拟变量系数估计值对全国收入差距的基尼系数的解释能力，在 1995 年为 30%，2002 年上升到 35%（见岳希明等，2008）。这一结果表明，即使控制了城乡之间的人力资本的差异和家庭结构的差异后，城乡之间仍然存在着巨大的收入差距。而且，这一差距是家庭和个人社会经济特征变量无法解释的。

城乡之间收入差距本身需要更多的解释，但是至少有一点是显而易见的，即它更多的是与发展程度有关，越是在落后地区，城乡之间收入差距越大。西部地区内部的城乡收入差距明显高于全国平均水平，更大大高于东部地区。

二、地区收入差距扩大带来的影响

地区收入差距扩大究竟对全国收入差距带来多大影响呢？中国社会科学院经济研究所收入分配课题组的研究结果显示，从三大地区分类来看，在 1988 年，三大地区之间收入差距解释了全国收入差距的 10.5%，到了 1995 年这一比例上升到 14%，2002 年基本上保持不变。这表明地区之间收入差距对全国收入差距的影响在 20 世纪 90 年代上半期更为明显。

他们的另一项研究成果是对影响城镇居民收入差异的因素进行分解分

---

① 关于这种分解方法的讨论，请参阅邓曲恒等（2007）。

析，这是建立在个人收入函数的估计结果之上的一种分解分析。在引入性别、年龄、教育、党员身份、职业、就业单位所有制、行业、省份等解释变量后，在 1988 年、1995 年和 2002 年的调查样本中这些变量解释了城镇居民个人收入差异的 32%～42%，而省份虚拟变量独自解释了其中的 10～12 个百分点（邓曲恒等，2005）。也就是说，在个人社会经济特征能够解释的个人收入差异中，仅仅地区变量解释大约 1/3，成为个人特征变量中解释力最强的一个变量。

不难理解，地区之间收入差距对全国收入差距的影响在很大程度上取决于地区的界定，界定的地区范围越大，测算出来的地区之间的收入差距对全国收入差距的影响越小。例如，根据我们对 2005 年全国 1% 人口抽样调查数据的分析，在农村内部，如果将地区划分为三大地区，那么地区之间个人劳动收入差距可以解释农村内部个人收入差距的 8% 左右；如果将地区界定为省份，那么省份之间差距可以解释农村内部个人劳动收入差距的 15% 左右；如果将地区细分到地、市级，那么农村内部地、市之间差距可以解释农村内部个人劳动收入差距的 22% 左右。[①]

同样，利用 1995 年和 2002 年的住户调查数据，一些最新的研究结果表明，在此期间虽然城镇内部个人劳动收入的地区差异变化不太明显，但是地区之间收入差距的市场分割效应（segmentation effect）却在增加（Démurger, et al, 2006）。例如，东部地区与中部地区之间的实际劳动收入差异中分割效应解释的比例，在 1995 年为 35%，到 2002 年为 41%。

三、部门收入差距扩大带来的影响

从 20 世纪 80 年代末开始，部门之间和行业之间的职工工资差距不断扩大，成为城镇内部收入差距扩大的一个重要推动因素。在行业之间工资差距

---

① 见北京师范大学经济与工商管理学院课题组受国家统计局人口就业司的委托完成的 2005 年全国 1% 人口抽样调查合作课题的总报告《缩小收入差距，建立公平的分配制度》（2007 年）。

的扩大过程中，尤其值得注意的是垄断行业与竞争性行业之间的工资差距的扩大。图7描述了20世纪90年代以来几个带有垄断性质的行业与具有很强竞争性的制造业之间的职工平均工资的相对水平的变化趋势。图中的制造业的平均工资被设定为1，其他行业的平均工资被设定为制造业平均工资的倍数。

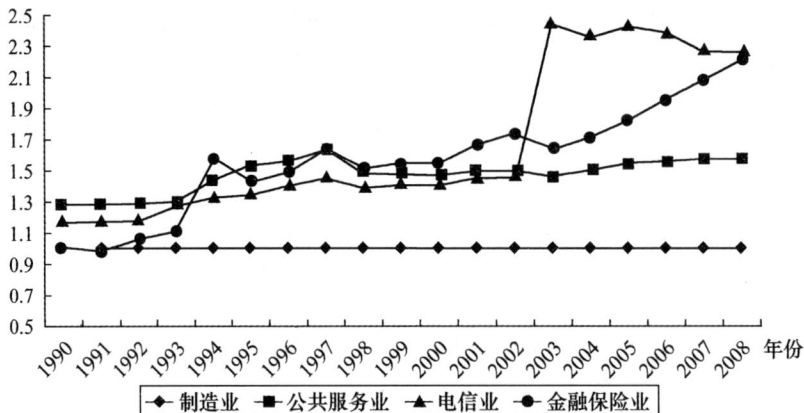

图 7　垄断行业与制造业职工平均工资的差异

资料来源：根据相关年份的《中国劳动统计年鉴》中行业平均工资数据绘制。

从图7中不难看出，几个具有垄断性质的行业的平均工资与制造业相比，显示了非常明显的增长势头，与制造业工资水平之间的差距越来越大。以金融、保险业为例，在1990年它的平均工资与制造业的平均工资大体相当，到了2002年它的平均工资大大高于制造业的平均工资，前者比后者高出74%，2008年高出一倍以上。[①] 电信行业的平均工资的增幅更大，在1990年它仅比制造业平均工资高出不到20%，到2005年比制造业平均工资高出1.6倍，到2008年比制造业平均工资高出1.3倍。

如果将垄断行业与竞争行业之间的工资收入差异进行分解分析，那么我

---

①　在过去几年中，一些垄断性部门的平均工资都有大幅度的增长，如"十五"期间电力、煤气、供水、铁路、通信行业的平均工资的年增长率比"九五"期间高出3~5个百分点；"十五"期间金融、保险业平均工资增长率高达20%左右，党政机关和社会团体的平均工资的增长率超过了18%，都大大高于"九五"期间的水平。（见孔泾源编《中国居民收入分配年度报告2005》第11页。）

们会发现这一差距扩大的背后并不是前者员工人力资本等个人特征变化引起的，主要是由部门分割和行业垄断造成的。在 1995 年两类部门之间工资收入差异的 90% 可以归结为分割效应，到了 2002 年分割效应解释了其工资收入差异的 120% 左右（Démurger, et al, 2006）。

更值得注意的是，近几年行业垄断带来的部门之间工资收入差距扩大的问题并没有得到有效遏制。2005 年 1% 人口抽样调查数据的分析结果显示，垄断部门与竞争部门之间员工人力资本差异只解释了二者工资差异的一部分，大概其工资差异的 60% 是无法解释的，这部分往往被理解为是由于部门分割、歧视等因素造成的。[①]

四、受教育机会差异带来的影响

20 世纪 90 年代以来，教育在收入分配中的影响作用变得越来越重要。一方面，个人教育收益率一直处于不断上升的状态，另一方面受教育机会的不平等状况并没有得到实质性的改变[②]。个人教育收益率的上升，一方面表明了劳动力市场对个人受教育投资回报的增加，另一方面意味着不同文化程度人群之间的收入差距扩大。为了说明这个情况，我们首先看一下 20 世纪 90 年代以来城镇居民个人教育收益率的变动情况。图 8 给出了 1990～2002 年城镇居民个人教育收益率的估计值。

不难看出，城镇个人教育收益率的上升趋势是非常明显的，从 1990 年的 2.4% 上升到 1995 年的近 5%，2002 年又进一步上升到近 8%。而且，近几年个人教育收益率又有进一步上升的趋势，根据对 2005 年全国 1% 人口抽样调查数据的初步分析，城镇职工的个人教育收益率已经达到 12%（北京师范大学经济与工商管理学院课题组，2007）。

---

① 见北京师范大学经济与工商管理学院课题组受国家统计局人口就业司的委托完成的 2005 年全国 1% 人口抽样调查合作课题的总报告《缩小收入差距，建立公平的分配制度》（2007）。

② 我们的抽样调查数据显示，在 1995 年 16～60 岁城镇居民受教育年限差异的基尼系数为 0.159，2002 年为 0.157，二者的变化非常小。

(%)

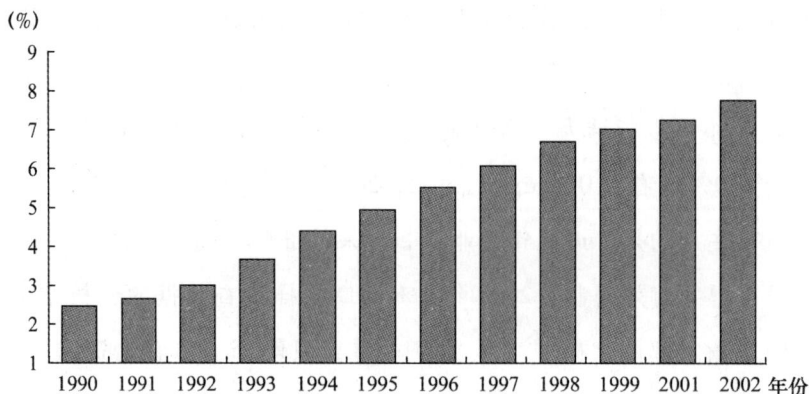

图 8　城镇居民个人教育收益率

注：1990～1998 年的数据来自于李实、丁赛（2004），2001 年和 2002 年的数据来自于 2002 年的住户收入调查数据的估计结果，1999 年的数据是李实、丁赛（2004）的估计值和 2002 年调查数据的估计值的平均数。

更需要指出的是，城镇个人教育收益率存在着显著的递增性，而且其递增幅度是不断上升的。也就是说，高等教育的收益率要明显高于中等教育和初等教育的收益率，而且其差别变得越来越大（Zhang and Zhao，2002；李实、丁赛，2004）。这表明大学及大学以上文化程度人群组与其他文化程度人群组之间的收入差距出现了不断拉大的趋势。

正是由于受教育水平或者说人力资本因素在个人收入中的作用变得越来越重要，随着教育收益率的不断提高，不同文化程度人群组之间的收入差距也变得越来越明显。1995 年、2002 年、2007 年的住户调查数据表明，城镇居民中大学及大学文化程度以上人群组与初中文化程度人群组的平均收入之比，1995 年为 1.42∶1，2002 年上升为 1.89∶1，2007 年进一步上升为 1.91∶1；大学及大学文化程度以上人群组与小学文化程度人群组的平均收入之比，1995 年为 1.53∶1，2002 年上升为 2.21∶1，2007 年进一步上升为 2.31∶1。

另外，建立在城镇个人收入函数估计结果基础上的不平等指数的分解结果也同样表明，个人受教育水平的差异成为导致个人收入差距的越来越重要的因素。从 1988 年、1995 年和 2002 年的数据分析结果来看，在个人特征变量能够解释的个人收入差异中，教育变量所解释的份额分别为3.8%、6.7%和15.6%（邓曲恒等，2005）。教育水平的差异不仅在解释城镇居民的收入差距方面变得越来越重要，而且对于城乡居民的收入差异具有更强的解释力。

五、一些深层次原因

正如我们以前的研究所表明，中国作为一个转型中的发展中国家，其收入差距变动既受到发展过程和转型过程的影响，也受到体制因素和政策因素的影响（赵人伟、李实，1997；李实、赵人伟，1999），而对任何一个方面的忽视或者轻视都是片面的。

在对各种原因加以梳理后，我们可以认为，在中国居民收入差距扩大的过程中，政策因素和制度障碍所产生的作用是主要的，也是主导性的。这是因为在制度因素和政策因素所造成的不公平收入差距扩大的几种成分中，最重要的是城乡之间的收入差距。如前面所分析的，城乡之间的收入差距在全国收入差距中占有相当大的比重，而且这一比重又是不断上升的。从原因上来分析，中国城乡之间的收入差距是由来已久的问题，在传统的计划经济时期就已显现出来。它是与传统的"重工轻农"和"重城轻乡"的发展战略的选择密不可分的。在农村改革开放初期，市场机制的引入，一度使得城乡之间的收入差距出现较大幅度的下降。[①] 然而，随着后来城乡体制分割性的日益严重，这包括对农村劳动力流动的限制，对农村劳动力非农就业的歧视、公共财政资源和社会资源向城镇的过度倾斜，从而导致城乡之间居民收入差距越来越大。这一点在20世纪90年代后期以来表现得尤为明显。这样看来，城乡之间的收入差距及其扩大在很大程度是制度性和政策性因素造成的。

---

① 城乡居民的人均收入比率从1978年的2.6∶1下降到1983年的1.8∶1（见《中国统计摘要2005》，第102页）。

同样地，地区之间的收入差距及其扩大在很大程度上也主要是体制性因素和政策性因素造成。在西部大开发政策实施之前，包括政府投资在内的大量的投资资金流入一些较为发达的地区，加上外资的涌入，导致了发达地区与落后地区的经济增长上的差异。然而，在地区经济发展不平衡的过程中，中央政府与地方政府之间的财政分配体制受到地方利益格局的制约，并没有起到有效的再分配功能，以缩小地区之间可支配财力的差别（黄佩华、迪帕克，2003；贾康，2004）；再加上地方政府的地方保护主义政策，生产要素的自由流动的障碍，特别是劳动力就业的自由选择受到不同程度的限制。这些因素都在不同程度上阻碍了市场机制对地区之间收入差别的调节作用，使得地区之间经济发展水平的差异和居民水平的差距不仅没有出现缩小的迹象，反而变得越来越大。

城乡之间收入差距和地区之间收入差距在很大程度上反映了经济资源配置和分配机制上存在的问题。正如一些研究成果所显示的，如果资源的配置是高度集中的，资源的分配是自上而下的，那么处于分配体制最顶端的部门和地区往往会受益最多，而处于分配体制最边缘的部门和地区往往受益最少。①

在过去几年中，由于垄断部门收入的过快增长所导致的全社会收入差距扩大的问题，从另一个侧面说明在一些部门延迟市场化改革只会造成部门之间收入差距的扩大。在生产领域中打破垄断、引入竞争一直是市场化改革的一个主要目标。然而，在实际推进过程中，由于受到部门利益的制约，市场化改革的进展在部门之间出现明显的不平衡。一些部门不愿意放弃自身的垄断利益，利用部门的影响力来延迟市场化改革的进程，或者只是选择更加有利于部门利益的"改革方式"，极力抵制不利于部门利益的改革方式。而且，在现行的分配体制下，垄断部门的垄断收益和企业利润很容易被转化为部门职工的收入和福利（Knight and Li, 2005）。其结果是垄断部门的职工收

---

① 对政治集权和分配体制集中化程度与地区收入差距之间关系的有益探讨，参阅陈志武（2006）。

入增长大大超过了一般竞争部门，导致全社会收入差距的扩大。在这个问题上还应该看到，政府机构和事业单位在工资决定上已出现了与垄断部门相似的特点，即工资水平不是决定于效率的高低，而是可支配财政收入的多少、部门创收的多少和单位小金库的丰满度。[①]更应该看到的是，一些垄断性部门为了维护其高收入水平，设置行业进入壁垒，从而导致了部门之间和行业之间劳动力市场的严重的分割性[②]。

不可否认，市场机制也会带来不公平的收入差距扩大。对于中国这样一个处于市场经济初级阶段的国家来说，市场的缺失和扭曲在范围和程度上都大大超过了市场经济较为成熟的国家。加上政府在治理市场经济方面缺少经验，以及少数政府管理部门出于部门利益的考虑，不是去完善市场机制，而是利用市场的扭曲去谋求部门利益和个人私利。于是，市场扭曲往往成为寻租者寻租的条件，成为管理部门获利的途径。在这种情形下，市场机会与暴利机会相伴而生，由此而产生的收入差距扩大往往是难以被人们所接受的，也被认为是收入分配不公的一个重要来源（李实、赵人伟，2007）。

从市场的结构上来看，暴利机会和不合理的高收入主要出现在生产要素市场中的交易过程中。众所周知，中国的生产要素市场的发育程度距离规范的市场经济的要求相差更远，除了劳动力市场存在着种种的制度性限制和歧视之外，资本、土地和自然资源的使用和配置基本上受控于政府部门，其市场价格难以形成，其交易价格往往是扭曲的，无法发挥有效地调节资源配置的机制作用。一方面，在生产要素市场缺失或扭曲的情况下，要素的价格往往被人为地压低，而能够以低价获得要素的部门和企业会轻而易举地从中获

---

　　① 党政机关和社会团体的工资增长速度虽然赶不上垄断部门，但是明显快于一般部门。比如，在1990年，党政机关和社会团体的平均工资比城镇职工的总体平均水平低1.3%，到了2003年前者比后者高出13%。又如，与制造业平均工资相比，党政机关和社会团体的平均工资在1990年仅高出2%，到2003年高出27%（见《中国统计年鉴2004年》中行业职工工资的数据）。

　　② 我们课题组的一项研究结果表明，相对于1995年而言，2002年垄断性部门和党政机关与竞争性部门之间职工平均工资的差距出现了大幅度扩大，而且我们的分解分析表明由市场分割所解释的差距扩大部分出现了明显上升的趋势（Démurger et al, 2006）。

得高额收益和利润。另一方面，获得低价生产要素的过程，既是一个寻租的过程，也是一个权钱交易的过程，更是一个滋生腐败的过程。由此可见，由于生产要素市场缺失和扭曲所带来的暴利机会，并由此产生的收入差距的扩大，其根本原因是生产要素市场改革的不到位。

总之，在个人收入差距扩大的诸多因素中，传统计划体制遗留下来的一些制度和政策，在部门利益和地方利益驱使下新形成的有悖于市场体制规则的制度和政策，政府对市场缺失和市场扭曲采取的不作为态度，对资本节制和劳动保护的不足，成为最重要的因素。市场化改革进程所引发的收入差距的扩大，既有公平的成分，也有不公平的成分，而后者又是与政府的不当行为、过度作为和不作为行为密不可分的。

提高收入分配的公平性

对于中国这样一个发展中国家来说，由于其巨大的人口规模，明显的自然条件和发展水平的地区差异，加上处于经济发展的初期阶段和社会经济体制的转型期，在短期内大幅度地缩小收入差距是不现实的。对于这样一种不容乐观的收入分配格局，我们应该有什么判断呢？在未来5年收入差距会发生什么变化呢？

第一，客观地说，收入差距还将继续扩大下去，而扩大幅度的大小将取决于政府的收入分配和再分配政策的力度。

第二，我国收入分配问题亟待解决，应该成为各级政府刻不容缓的任务，任何拖延都可能给社会和经济发展带来意想不到的后果。这是因为我国收入不平等程度已达到很高水平，基尼系数超过0.5以后，一方面它会带来社会不稳，另一方面会使得政府调节收入分配的努力更加困难，需要付出更大甚至极大的努力才有可能扭转收入差距扩大的趋势。更为重要的是，在收入分配极为不平等的社会中，利益集团反对改变分配格局的力量会更加强大。

第三，除了过大的收入差距，我国收入分配中分配不公的问题尤为突出，公众对收入分配的怨气不断增加，进一步增加了收入分配带来的社会不稳定的风险。应该看到，我国出现的收入差距扩大与收入分配不公问题涉及经济与社会的方方面面，反映了经济发展方式中的问题，也反映了经济与政治体制中的问题，任何单一的政策都难以发挥有效的作用。因此，需要从全局出发，综合考虑，制定一套完整、有效的收入分配与再分配政策体系。

结合我国具体的政治和社会体制特点与收入分配特点，收入分配与再分配政策体系应该包括三大板块政策内容：收入初次分配政策、收入再分配政策和相关配套政策。

具体来讲，收入初次分配政策又将如何选择呢？从我国的实际情况出发，当前初次分配政策取向还是要解决市场扭曲和市场不完善的问题。所谓市场扭曲，主要是就劳动力市场和资本市场而言的。现在劳动力市场存在着各种各样的分割，存在着工资的扭曲，存在对农民工的歧视，存在着对女性劳动力的歧视，存在着劳动力流动的障碍，存在着同工不同酬的现象。解决城乡收入差距问题，当务之急是应该从体制上解决劳动力市场的分割问题。我们现在对农民工的歧视，对农民工户口的限制，实际上反映了我们劳动力市场的分割问题。这是和一个市场经济国家的基本经济原则相悖的。所以从这个角度来说，我们最大的政策应该是怎样消除现存的分割的劳动力市场，也就是说形成一个一体化的劳动力市场，能够使得农民有更多的进城机会，能够有更多在城里找到工作的机会，而且是一个平等的就业和公平的收入待遇的机会。建立公平、有效的劳动力市场秩序和环境，无疑对缩小初次分配中收入差距过大问题起到重要作用。

我们的资本市场也是一个不完善的市场，还缺少竞争性，从而造成了很多中小企业难以得到相应的贷款，而中小企业的发展对于扩大就业和缩小收入差距都发挥着积极作用。

此外，资源价格的扭曲问题也是导致初次分配不合理的一个原因，一些部门和行业之所以保持其垄断地位，很大程度上是和资源价格的扭曲相关的。因此，从完善市场的角度、打破垄断的角度，来考虑相关的政策措施。

特别地，政府应该出台切实可行的法规，来解决垄断行业工资过高的问题，想办法打破垄断，制定更加合理的资源价格。

还有，提高劳动报酬份额的最有效措施是加强对劳动力的培训，因为低工资的就业者大多是人力资本相对不足、教育水平偏低、没有技能的群体。提高这个群体工资水平的办法，一方面是减少对他们的就业歧视、工资歧视和社会保障方面的歧视，另一方面是提高他们的人力资本和工作技能。

为了缩小城乡之间的收入差距，让农民收入尽快增长，适度地提高农产品价格应该成为初次分配政策的一种选择。以往经验表明，当农产品价格上升较快时，城乡之间收入差距会有所缩小，农村内部收入差距会有所缩小。当然，提高农产品价格相对于对城镇居民征收"食品消费税"，会影响到城镇居民特别是低收入居民的实际生活水平。但是，这个问题可以通过政府的价格补贴的办法加以解决。

对于当前流行的提高最低工资标准的做法，我认为还是采取谨慎的态度。从一些城市的做法来看，提高最低工资标准形成了一种政治运动，甚至不顾及当地的实际就业情况。有些城市把提高最低工资标准作为一项政治任务来完成，这就会不可避免地带来许多副作用。确定最低工资标准是一项复杂的工作，并且需要加以细致研究后才可以落实。首先，要研究最低工资变动对就业或失业的影响，对于我国这样一个劳动密集型产业为主体的经济来说，工资变动必然会影响到劳动力需求，从而影响到就业，而最低工资标准上升一般也会降低对低端劳动力的需求。其次，需要考虑最低工资标准与实际工资分布之间的关系。也就是说，需要搞清楚一个城市有多大比例劳动力的实际工资是低于最低工资的。如果这个比例比较低，提高最低工资标准对就业产生的负面作用就会较小；反之，亦然。最后，需要研究企业特别是中小企业的利润率分布情况，这是因为利润率较高的企业可以承受最低工资所带来的劳动力成本上升的压力，而利润率较低的企业则具有较小的承受能力。对于那些无力应对劳动力成本上升压力的企业来说，唯一可行的办法是减少用工量，其结果则是减少劳动力的需求，带来失业的问题。总之，在提高最低工资时，最应该注意的是它带来的失业效应。

现在还有一种流行的看法，认为实行工资的集体谈判可以缩小初次分配中的收入差距。对此，我也是有疑问的。我认为，在我国建立有效的工资谈判（协调）机制，还是缺乏应有的政治制度保障，或者说缺少应有的制度环境。有什么样的工资协调机制，关键取决于工人有什么样的组织。一些地方采取的工资谈判的做法，背后都是政府在组织和推动，有一些企业是愿意配合的，但愿意配合的大多是一些规模比较大的企业、利润率比较高的企业，或者国有企业。而对于那些无法负担劳动力成本上升的企业来说，工资谈判的办法又会起到什么作用呢？也许带来的后果是更多的企业破产和更多的工人失业。

相比来说，我国的收入再分配政策有更大的运作空间。一是我国收入再分配的力度是非常有限的。这表现为收入再分配前后收入差距的变化不明显，而在许多其他国家收入差距经过再分配（税收和转移支付）后会有大幅度缩小。二是收入再分配政策与刺激内需的宏观经济政策具有互补性，也就是说向穷人和低收入人群增加转移收入会提高社会的消费倾向，提高内需能力和水平。三是政府财政收入和非财政收入的高速增加为向低收入人群增加转移支付提供了条件。在政府的支出结构上，应当将社会保障和收入再分配放在重要的位置上，财力适当向社会保障与收入再分配倾斜，增加社会保险、社会救助、社会福利和慈善事业相衔接的社会保障体系的资金投入。在财政支出结构调整中，财政支出要逐步退出竞争性经济领域，尽可能多地安排对社会保障的补助支出和针对低收入人群、贫困人口的转移性支出，逐渐提高社会保障的补助支出占财政支出的比重。通过社会保障预算，统筹全国社会保障事业，建立社会保险基金、社会救助基金。

最后，对于当前收入分配问题的复杂性，仅仅依赖于初次分配政策和再分配政策是不够的，还需要一些其他的配套政策。这些配套政策主要是为了遏制权力寻租和腐败带来的收入分配不公问题。例如，完善收入监管制度；

完善税收监管制度；健全政府权力的监督机制；实行政府官员收入和财产的公布制度；改革资源价格形成机制；推进土地制度改革。收入分配体制改革与政府体制转型密切相关。权力过度集中而又缺乏民主监督，极易导致腐败和各种各样的寻租行为，腐败收入和各种形式的灰色收入就会应运而生，其结果是带来收入分配的不公问题。我们应该看到，消除腐败收入和限制灰色收入会极大地提高整个社会的收入分配的公平性，但是它对收入差距的缩小是相对有限的。改革以来，尽管权力和腐败对居民收入差距的影响可能并不是很大，但对社会所造成的负面影响则是最为严重的。因此，应当加快政府转型步伐，减少权力与经济利益合谋的机会，而防止权力的私利化的最有效手段是政府决策的公开化和透明化，以及对公权力的全面的监督。因此，解决收入分配不公问题，不仅是一个收入再分配问题，而且涉及经济、社会和政治的各个层面。这不仅需要经济体制和社会管理体制的深化改革，更需要加快政治体制改革的步伐，包括推进民主化进程。

参考文献

［1］北京师范大学经济与工商管理学院课题组．缩小收入差距，建立公平的分配制度．（受国家统计局人口就业司的委托完成的 2005 年全国 1% 人口抽样调查合作课题的总报告）

［2］Brandt, Loren and Carston A. Holz. 2004. Spatial price differences in China: Estimates and implications. Unpublished manuscript.

［3］蔡昉．收入分配差距缩小的条件成熟了吗．在北京师范大学组织的国家社会科学基金重大项目"实施扩大就业的发展战略研究"开题论证会暨劳动经济学学科建设研讨会上的发言稿，2008 年 3 月 30 日

［4］陈志武．国有制和政府管制真能促进平衡发展吗．经济观察报，2006 年 1 月 2 日

［5］邓曲恒，李实，岳希明，魏众．中国城镇职工工资收入差异：基于回归方程的分解分析．课题组研究报告，2007

［6］Démurger, Sylvie, Martin Fournier, Li Shi and Wei Zhong（2006）．"Economic liberalization with rising segmentation on China's urban labor market"．Paper presented in the Asian Economic Panel Meeting, in Seoul, March 20 ~ 21 2006.

［7］国家统计局农村社会经济调查总队．中国农村住户调查年鉴．北京：中国统计出版社，2001

［8］黄佩华，迪帕克．中国：国家发展与地方财政．北京：中信出版社，2003

［9］贾康．地方财政问题研究．北京：经济科学出版社，2004

［10］江小娟，李辉．我国地区之间实际收入差距小于名义收入差距——加入地区间价格差异后的一项研究．经济研究，2005（9）

［11］Knight, John and Shi Li. 2005. Wages, Firm Profitability and Labor Market Segmentation in Urban China, (with John Knight), China Economic Review. 16（2005），pp. 205～228.

［12］孔泾源．中国居民收入分配年度报告 2005．北京：经济科学出版社，2005；Li Shi, Luo Chuliang and Terry Sicular, 2011.

［13］李实，丁赛．中国城镇教育收益率的长期变动趋势．中国社会科学，2003（6）

［14］李实，岳希明．中国城乡收入差距调查．财经，第 3/4 期合刊

［15］李实，佐藤宏主编．经济转型的代价——中国城市贫困、失业和收入差距的经验分析．北京：中国财政经济出版社，2004

［16］李实，赵人伟．市场化改革与收入差距扩大．洪范评论，2007（3）

［17］李实，史泰丽，Bjorn Gustafsson 主编．中国居民收入分配研究Ⅲ．北京：北京师范大学出版社，2008

［18］Ravallion, Martin and Shaohua Chen, "China's（Uneven）Progress Against Poverty", World Bank, June 16, 2004.

［19］史泰丽，岳希明，B. Gustafsson，李实．中国城乡之间收入差距分析．载李实，史泰丽，Gustafsson 主编．中国居民收入分配研究Ⅲ．北京：北京师范大学出版社，2008

［20］World Bank, Sharing Rising Incomes：Disparities in China. The World Bank. Washington D. C. 1997.

［21］岳希明，史泰丽，李实，B. Gustafsson．中国个人收入差距及其变动的分析．载李实，史泰丽，Gustafsson 主编．中国居民收入分配研究Ⅲ．北京：北京师范大学出版社，2008

［22］张东生主编．中国居民收入分配年度报告（2010）．北京：经济科学出版社，2010

［23］赵人伟，李实．中国居民收入差距的扩大及其原因．经济研究，1997（9）

［24］赵人伟，李实，李思勤主编．中国居民收入分配再研究．北京：中国财政经济出版社，1999

［25］赵人伟．对中国收入分配改革的若干思考．经济学动态，2002（9）

［26］中国发展研究基金会，UNDP．中国人类发展报告 2005．北京：中国对外翻译出版社，2005

［27］中国发展研究基金会．在发展中消除贫困．北京：中国发展出版社，2007

［28］Zhang, Junsen and Yaohui Zhao, Economic Returns to Schooling in Urban China, 1988～1999. Project Paper. 2002.

区域发展战略与中国区域收入差距演变

李善同　吴三忙　李　雪

（国务院发展研究中心发展战略和区域经济研究部课题组）

中国是一个发展中大国，各地区之间资源禀赋、地理位置存在着很大的差异，经济、文化水平参差不齐，不同区域如何发展始终是整个国家在发展中需要重点关注的问题之一。改革开放以来，中国区域发展战略如何演变，区域发展战略变化对区域收入差距产生成了怎样的影响，是本报告关注的核心问题。本报告在对我国区域发展战略进行系统分析的基础上，通过采用多种测度指标对中国的区域收入差距进行了较全面的分析，最后提出了促进中国区域协调发展的政策建议。

我国区域发展战略回顾

改革开放以来，我国区域发展战略的演变大体经历了两个不同阶段，即改革开放初期至20世纪90年代中期推行的向沿海地区倾斜的不平衡发展战略阶段和从20世纪90年代中后期，特别是进入新世纪以来的推进区域协调发展战略阶段。不同的区域发展战略对我国区域差距的演变产生了重要影响。

一、改革开放初期至20世纪90年代中后期：实施沿海地区率先发展的不平衡发展战略

党的十一届三中全会做出了将全党的工作重点转移到以经济建设为中心

的社会主义现代化建设上来的重大决策，我国经济社会发展进入一个新的阶段。当时，区域发展战略要优先解决的问题是，如何通过扩大开放，加快发展。根据邓小平同志关于"让一部分地区、一部分人先富起来，逐步实现共同富裕"的战略思想，国家投资布局和区域政策强调效率目标，向条件较好的沿海地区倾斜，推动沿海地区率先发展，实行不平衡的发展政策，具体体现在以下三个方面。

第一，区域经济发展指导方针的转变。从"六五"计划开始，我国生产力布局和区域经济发展的指导方针，由过去主要强调备战和缩小地区差别，逐步转移到以提高经济效益为中心，向沿海地区倾斜。《国民经济和社会发展第六个五年计划》明确指出：要积极利用沿海地区的现有基础，"充分发挥它们的特长，带动内地经济进一步发展"；1988 年，中共中央、国务院还提出了以沿海乡镇企业为主力、"两头在外，大进大出"为主要内容的沿海地区经济发展战略。

第二，国家投资布局重点逐步东移。1978～1995 年，沿海地区吸引外资占全国吸引外资总额的 84.7%，基本建设投资占全国的比重也明显提高，沿海地区的生产总值年均增长 11.6%，比内地高 2.1 个百分点。

第三，实施沿海对外开放政策。党的十一届三中全会确定了我国实行对外开放、对内搞活经济的重大战略方针。1979 年 7 月，中共中央、国务院正式批准广东、福建两省，在对外经济活动中，实行特殊政策、灵活措施。1980 年以来，国家又相继设立了深圳、珠海、汕头、厦门和海南 5 个经济特区，1984 年以后，国家又决定进一步开放大连等 14 个沿海港口城市，设立了大连、秦皇岛等 14 个经济技术开发区，实行类似经济特区的政策。之后，国家又相继把长江三角洲、珠江三角洲、闽南厦漳泉三角地区、辽东半岛、胶东半岛等开辟为沿海经济开放区，并设立了福建台商投资区。1990 年 6 月，中共中央、国务院正式批准上海市开发和开放浦东新区，实行某些经济特区的优惠政策。由此就形成了一条从南到北沿海岸线延伸的沿海对外开放地带（魏后凯，2009）。

二、20 世纪 90 年代中后期开始特别是进入新世纪后：区域协调发展战略全面实施

20 世纪 90 年代中期，针对地区差距带来的突出矛盾，根据邓小平同志关于"两个大局"的构想，党中央审时度势，统揽全局，适时做出了完善区域发展战略的重大决策。1995 年 9 月，中共十四届五中全会通过的《中共中央关于制定国民经济和社会发展"九五"计划和 2010 年远景目标的建议》，明确把"坚持区域经济协调发展，逐步缩小地区发展差距"作为今后 15 年经济和社会发展必须贯彻的重要方针之一。1997 年 9 月，江泽民同志在中共十五大报告中特别强调，要"从多方面努力，逐步缩小地区发展差距"，"促进地区经济合理布局和协调发展"。特别是从 20 世纪末开始，国家先后制定和实施了西部大开发战略（1999 年）、振兴东北地区等老工业基地战略（2002 年）和促进中部地区崛起战略（2004 年）等，将缩小区域差距、促进区域协调发展放到了区域政策的更加重要和更加核心的位置上，并初步形成了"东、中、西、东北"四大板块各有侧重的区域发展总体战略，即"深入推进西部大开发，全面振兴东北地区等老工业基地，大力促进中部地区崛起，积极支持东部地区率先发展，实现相互促进、共同发展"。

为推进实施西部大开发战略，国务院及有关部门先后制定实施了一系列政策措施，包括：《国务院关于实施西部大开发若干政策措施的通知》（2000 年 10 月）、国务院西部开发办《关于西部大开发若干政策措施的实施意见》（2001 年 8 月）、《国务院关于进一步推进西部大开发的若干意见》（2004 年 3 月）、国务院西部开发办等《关于促进西部地区特色优势产业发展的意见》（2006 年 5 月）、《国务院关于应对国际金融危机保持西部地区经济平稳较快发展的意见》（2009 年 8 月）。同时，国务院还先后同意或批复了《西部地区人才开发十年规划》（2002 年 2 月）、《西部大开发"十一五"规划》（2007 年 2 月）、《广西北部湾经济区发展规划》（2008 年 2 月）、《关中—天水经济区发展规划》（2009 年 6 月），发布了《关于推进重庆市统筹城乡改革和发展的若干意见》（2009 年 1 月）以及支持新疆、西藏、宁夏、青海、广西、甘肃等省区发展的意见，批准重庆市和成都市为全国统筹城乡综合配套改革试验区（2007年6月），设立了广西钦州保税港区、重庆两江新区和两路寸滩保税港区，等等。

实施西部大开发战略以来，国家在西部地区投入了大量的资金。2000～2010年，西部大开发累计新开工重点工程143项，投资总规模达2.9万亿元。截至2008年底，国家在西部地区累计造林4.03亿亩，其中退耕地造林1.39亿亩。2009年，国家在西部地区下达中央基本建设投资1589亿元，占投资总额的43.2%；中央财政对西部地区转移支付10058亿元，占中央对地方转移支付总额的44.1%。

2002年11月，中共十六大报告明确提出："支持东北地区等老工业基地加快调整和改造，支持以资源开采为主的城市和地区发展接续产业。"2003年10月，中共中央、国务院联合发布了《关于实施东北地区等老工业基地振兴战略的若干意见》，提出经过一段时期坚持不懈的努力，"将老工业基地调整改造、发展成为技术先进、结构合理、功能完善、特色明显、机制灵活、竞争力强的新型产业基地，使之逐步成为我国经济新的重要增长区域"。为促进东北等老工业基地振兴，国务院及有关部门先后制定实施了一系列政策措施，包括：2006年8月，继上海洋山、天津东疆保税港区之后，国务院正式批准设立大连大窑湾保税港区；2007年8月，国务院正式批复了《东北地区振兴规划》，提出经过10～15年的努力，实现东北地区的全面振兴；2009年，国务院先后批复了《辽宁沿海经济带发展规划》和《中国图们江区域合作开发规划纲要——以长吉图为开发开放先导区》，并发布了《关于进一步实施东北地区等老工业基地振兴战略的若干意见》；2010年4月，经国务院同意，国家发展改革委正式批复沈阳经济区为国家新型工业化综合配套改革试验区。为振兴东北老工业基地，近年来国家有关部门在项目投资、财税、金融、国有企业改革、社会保障试点、资源型城市转型试点、对外开放和基础设施建设等方面制定实施了一系列的政策措施，见专栏1。

专栏1　　2002 年以来国家层面实施或者批复的东北地区重要的区域政策

（1）粮食直补、良种补贴和农机具购置补贴；

（2）加快东北地区中央企业调整改造的指导意见；

（3）免征农业税改革试点；

（4）吉林省完善城镇社会保障体系试点实施方案；

（5）黑龙江省关于完善城镇社会保障体系试点实施方案；

（6）加强东北地区人才队伍建设的实施意见；

（7）东北老工业基地企业所得税优惠范围；

（8）调整部分矿山油田企业资源税税额；

（9）东北地区扩大增值税抵扣范围若干问题（后来废止）；

（10）落实振兴东北老工业基地企业所得税优惠政策；

（11）振兴东北老工业基地高技术产业化项目；

（12）吉林省三地采煤沉陷区投资计划；

（13）落实东北地区扩大增值税抵扣范围政策的紧急通知；

（14）东北地区军品和高新技术产品生产企业实施扩大增值税抵扣范围；

（15）第二批中央企业分离办社会职能工作；

（16）东北地区电力工业中长期发展规划；

（17）东北等地国债投资计划；

（18）企业资产折旧与摊销政策执行口径；

（19）做好第二批中央企业分离办社会职能工作；

（20）东北地区扩大增值税抵扣范围明确；

（21）东北地区老工业基地土地和矿产资源若干政策；

（22）促进东北老工业基地进一步扩大对外开放；

（23）东北地区棚户区改造工作；

（24）东北地区开展厂办大集体改革试点；

（25）辽宁省外商投资优势产业目录；

（26）豁免东北老工业基地企业历史欠税；

（27）东北地区振兴规划；

（28）国务院关于松花江、辽河和海河流域防洪规划的批复；

（29）东北老工业基地部分财税政策延伸至蒙东地区；

（30）豁免内蒙古东部地区企业历史欠税；

（31）促进资源型城市可持续发展的若干意见；

（32）大连、哈尔滨、大庆等20个城市为服务外包示范城市；

（33）确定第二批资源枯竭城市名单；

（34）中央财政下达资源枯竭城市年度财力性转移支付资金；

（35）在绥芬河设立综合保税区；

（36）东北资源型城市首批专项投资计划；

（37）辽宁沿海经济带发展规划上升为国家战略；

（38）进一步实施东北地区等老工业基地振兴战略的若干意见；

（39）中国图们江区域合作开发规划纲要。

　　"促进中部崛起"的提法最早在2004年1月中央经济工作会议出现；2004年3月，温家宝总理在《政府工作报告》中正式提出"促进中部地区崛起"。为促进中部崛起，国务院及有关部门先后制定实施了一系列政策措施，包括：2006年2月，温家宝总理主持召开国务院常务会议，专门研究促进中部地区崛起问题；2006年4月，中共中央、国务院发布了《关于促进中部地区崛起的若干意见》，提出将中部地区建设成为全国重要的粮食生产基地、能源原材料基地、现代装备制造及高技术产业基地和综合交通运输枢纽（即"三基地一枢纽"）；2006年5月，国务院办公厅又发布了《关于落实中共中央国务院关于促进中部地区崛起若干意见有关政策措施的通知》，提出了56条具体落实意见；2007年1月，国务院办公厅下发了《关于中部六省比照实施振兴东北地区等老工业基地和西部大开发有关政策范围的通知》，明确中部六省中26个城市比照实施振兴东北地区等老工业基地有关政策，243个县（市、区）比照实施西部大开发有关政策；2007年12月，国家发展改革委又发文批准武汉都市圈和长株潭城市群为全国资源节约型和环境友好型社会建设综合配套改革试验区；2009年9月，国务院通过了《促进中部地区崛起规划》，12月又正式批复《鄱阳湖生态经济区规划》；2010年1月，国务院又正式批复了《皖江城市带承接产业转移示范区规划》。

区域协调发展战略实施效果分析

一、中西部地区基础设施不断完善

加快欠发达地区基础设施建设是促进区域协调发展的重要前提。伴随着西部大开发、全面振兴东北地区等老工业基地、大力促进中部地区崛起等战略的实施，西部地区、东北地区和中部地区基础设施不断完善。如1999年实施西部大开发战略，西部地区公路交通建设加快。1999年，我国全社会公路建设完成投资2189亿元，其中西部地区完成投资591亿元，占27.0%。而2008年，我国全社会公路建设完成投资6881亿元，其中西部地区完成2299亿元，占33.4%。与1999年相比，西部地区公路建设投资额增加了2.9倍，占全国公路建设完成投资的比重增加了6个百分点。与1999年相比，2008年西部地区公路总里程是西部大开发之前的2.67倍。1999年底，全国高速公路里程11605公里，其中，西部地区高速公路里程2529公里，占21.8%；2009年底，全国高速公路里程65056公里，其中，西部地区18589公里，占28.6%。与1999年相比，2009年西部地区高速公路里程是西部大开发之前的7.4倍，占全国高速公路总里程的比重增加了6.8个百分点。实施"中部崛起"战略以来，中部地区的交通等基础设施建设也不断完善，2004年中部地区公里里程占全国的比重为23.9%，到2009年提高到26.9%，其中高速公路占全国的比重由1999年的24.0%，更是提高到2009年的26.7%（见图1）。

(公里)

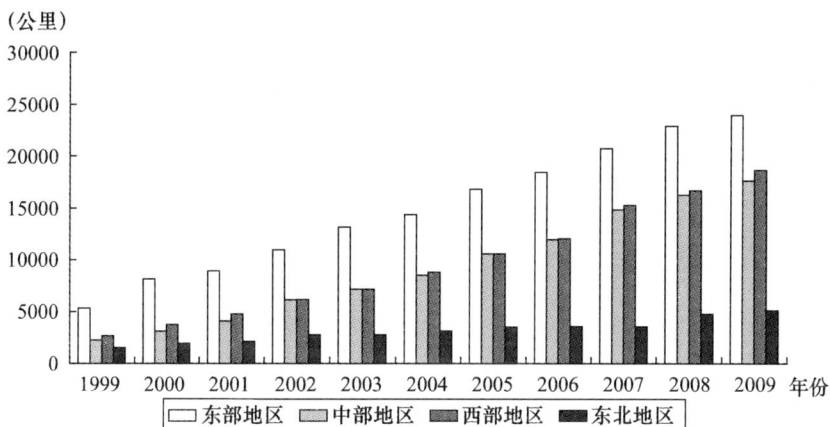

图1　各地区高速公路发展情况

二、中西部地区固定资产投资快速增长

投资、消费和出口是拉动经济增长的"三驾马车"。西部大开发、东北等老工业基地振兴和中部崛起战略规划中都明确提出要加大投资力度。图2表明，西部地区固定资产投资规模与中部地区基本持平，显著低于东部地区，但略高于东北地区。从图3可以发现，自1999年实施西部大开发战略以来，西部地区固定资产投资规模占全国固定资产投资的比重一直处于持续增加状态，其比例由1999年的18.7%上升到2010年的23.2%。相反，东部地区的这一比例则由1999年的55.9%下降为2010年的42%。这表明，西部

(亿元)

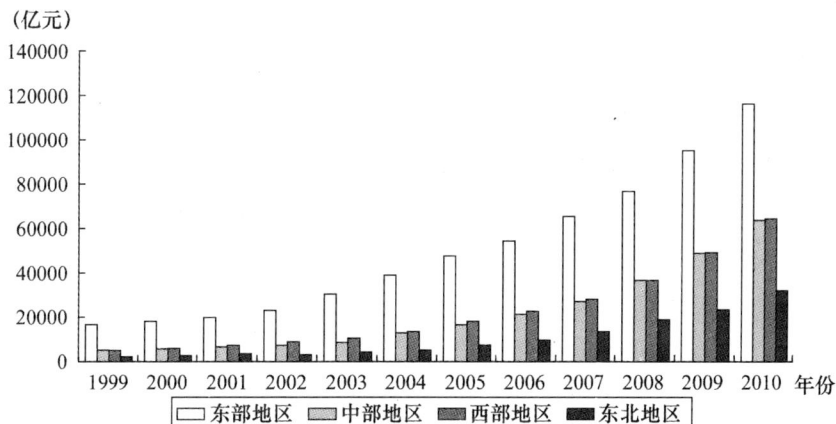

图2　各地区固定资产投资变化情况

(%)

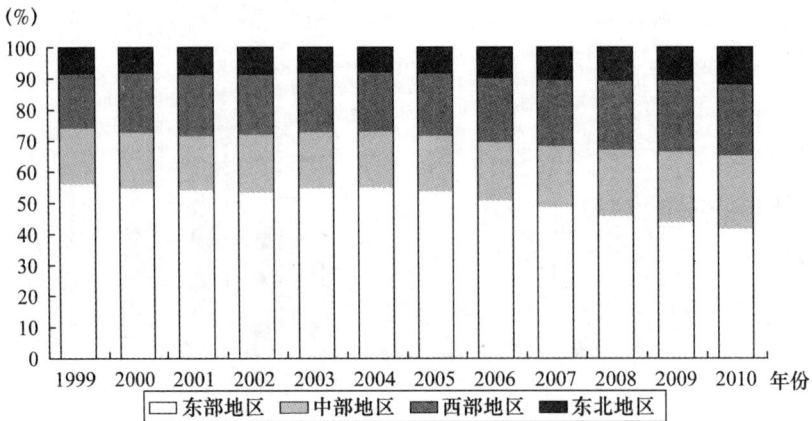

图3　各地区固定资产投资占全国比重变化情况

大开发战略在拉动西部地区固定资产投资方面的政策倾斜效应是比较明显的；而东北地区固定资产投资规模占全国固定资产投资的比重也一直处于持续增加状态，其比例由2002年的8.42%上升到2010年的11.7%；在中部崛起战略的推动下，中部地区固定资产投资规模占全国固定资产投资的比重也一直处于持续增加状态，其比例由2004年的17.9%上升到2009年的23%。

三、中西部地区工业化快速推进

从1999～2009年，伴随着区域协调发展战略的实施，中西部地区工业快速推进，西部地区工业增加值占全国工业增加值的比重由1999年的14.5%上升到2009年的17.0%，西部地区工业增加值占生产总值的比重由1999年的32.2%上升到2009年的39.2%，提高了7个百分点；中部地区工业增加值占生产总值的比重由1999年的32.3%上升到2009年的43.5%，提高了11.2个百分点。而同期，全国和东部地区分别提高了3.2和5.6个百分点（见图4）。

四、中西部地区对外开放水平显著提高

区域协调发展战略实施以来，中西部地区对外开放水平显著提高。

(%)

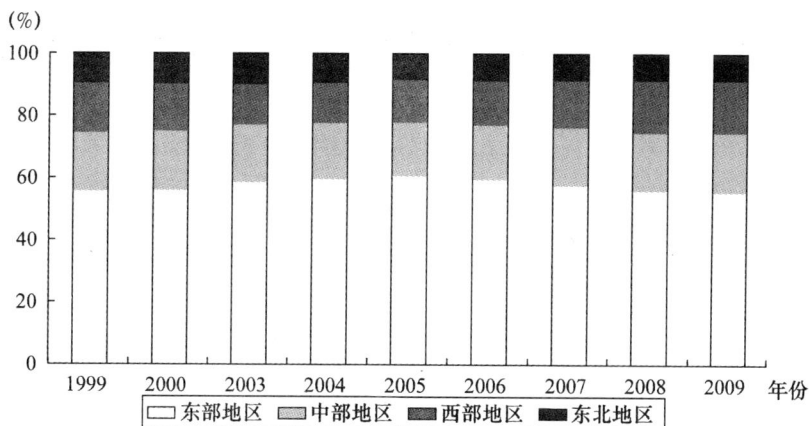

图4　各地区工业增加值占全国比重变化

(各地区工业增加值占比)

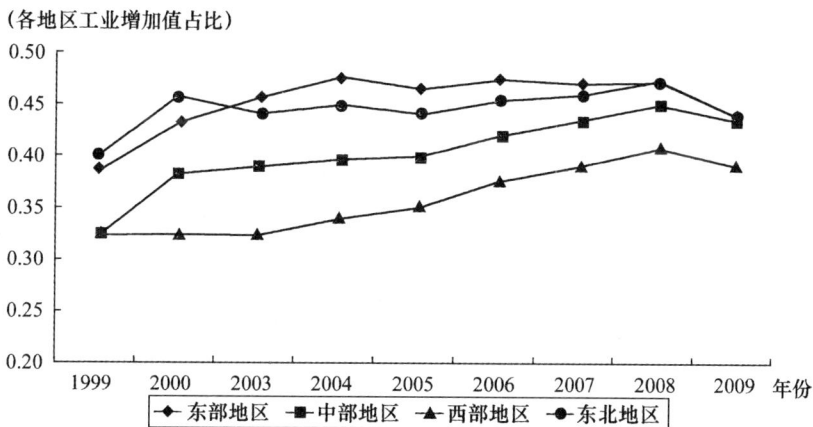

图5　各地区工业发展情况

2000~2008年，西部地区出口额年均增长26.4%，在全国四大区域中最高，比全国平均水平高出1.6个百分点。2008年，西部地区出口额占全国的比重达到4.5%，分别比1999年和2004年提高0.5和1个百分点。西部地区实际利用外商投资占全国的比重近年来也迅速提高，由1999年的6.4%提高到2009年的7.3%。中部地区出口额占全国的比重由2000年的3.7%上升到2009年的4.2%。中部地区实际利用外商直接投资占全国的比重近年来也迅速提高，由2004年的6.7%提高到2009年的7.7%（见图6）。

(%)

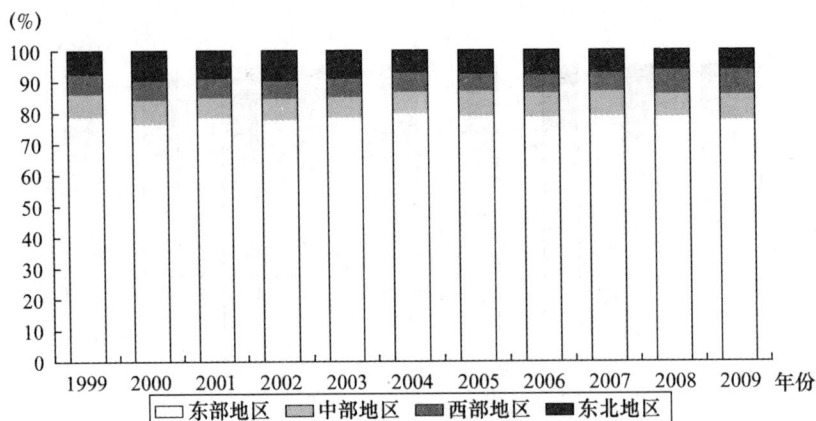

图6　各地区外商投资比重

五、中西部地区经济快速增长

改革开放以来，非均衡发展战略对于促进中国经济的发展起着十分重要的作用。通过创立特区、优先开放沿海城市、设立经济技术开发区和高新技术开发区等，我国在东部沿海地区培育了长三角、珠三角、京津冀等三大具有较强国际影响力的增长极（见图7）。2010年人均GDP前十位的省份中，有8个来自东部沿海，人均GDP前五位的省份全部来自东部沿海。东部地

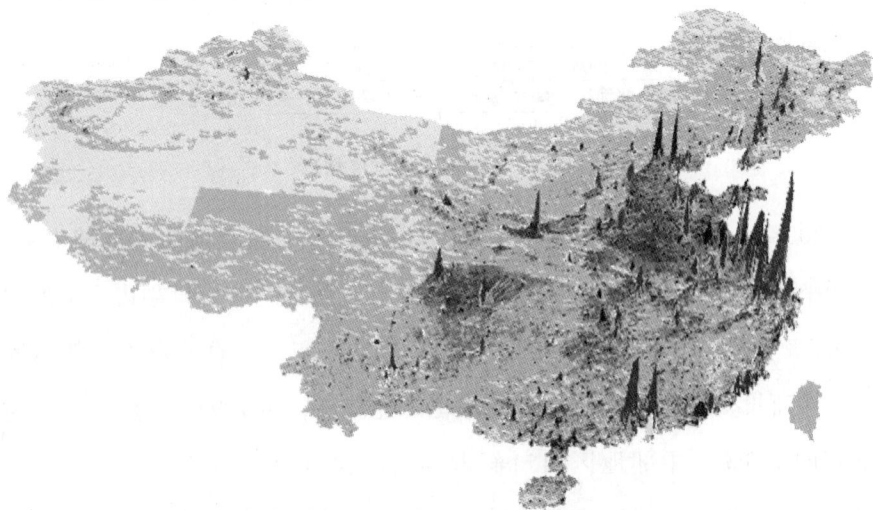

图7　2000年经济密度（浅灰）和人口密度（深灰）叠加图

区的快速发展，对于带动区域经济发展、吸纳就业和流动人口、提升国家整体实力和竞争力起到了重要作用，同时也成为中国经济的领航者。

然而观察近些年各地区的经济增长速度，可以发现经济增长出现了一些与以前不同的特点。

首先，从四大板块的 GDP 增长速度来看，自改革开放初期开始一直到"十五"期末，东部地区一直都是四大板块中的佼佼者，1978~2005 年东部地区 GDP 年均增长速度接近 12%，比东北地区、中部地区以及西部地区分别高 2.9、1.6 和 2.1 个百分点。然而自 2006 年开始，东部地区 GDP 的增长速度不再处于四大板块之首，2006~2010 年东部地区经济增速低于其他地区 1~2 个百分点。与此同时，西部地区一跃成为四大板块中增长最快的区域（见图 8）。

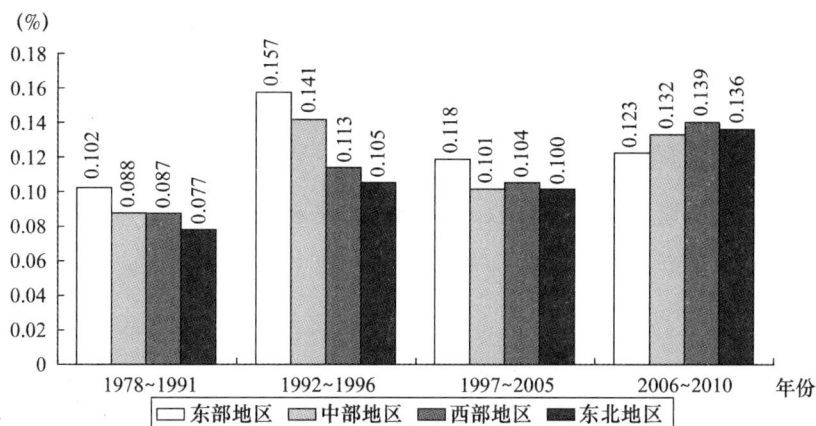

图 8　1978~2009 年四大区域 GDP 增长率

其次，从人均 GDP 的增长速度来看，人均 GDP 的变化趋势与 GDP 的变化趋势基本类似，不过出现上述类似转折性的变化要比 GDP 更早。2005 年开始东部地区的人均 GDP 增长速度就开始出现下滑的趋势，2007 年以来东部地区的人均 GDP 增长速度则是处于四大板块之末。2007~2009 年东部地区的人均 GDP 增长速度比东北地区、中部地区以及西部地区低 2~3 个百分点。与东部地区正好相反的是西部地区，"十一五"期间其人均 GDP 增长速度比其他三大区域高 1~3 个百分点。

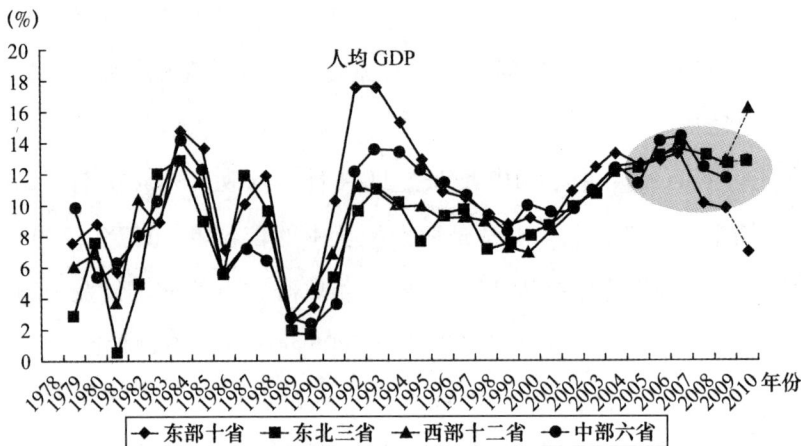

图 9　1978~2010 年各地区 GDP 和人均 GDP 的增长速度

注：2010 年的人均 GDP 数据由于采用的是新的人口普查的数据，因而缺乏一定的可比性。

资料来源：CEIC，何建武计算并做图，人均 GDP 增长速度来源 GDP 平减指数。

不同发展阶段四大区域增长的变化与我国的改革开放历程及区域政策有显著关系。改革开放初期的十几年间（1978~1990 年），始发于农村地区的改革开放政策迅速缩小了地区收入差距。实施家庭联产承包责任制等制度创新所产生的改革红利令偏重农业的中西部获得了实惠。这一时期，我国当时经济发展水平最高的 3 个直辖市和工业基础较好的东北地区经济增长率很低，而经济欠发达的中西部及部分东部沿海（如浙江、福建）地区经济增长速度最快。因此，四大地区之间的增长速度没有显著差别。

1990~2000 年，东部地区经济增长速度显著快于其他地区。改革开放以后，由于沿海地区投资环境优越、劳动力资源丰富，又较早享受对外开放的政策，因此东部地区的平均发展速度普遍高于其他地区，特别是 90 年代以后这种趋势更加明显。

2000 年以后，受益于西部大开发、东北振兴以及中部崛起等区域发展政策，地区发展差距加大的趋势得到扭转甚至缩小。2000 年以后，中国经济较落后地区的经济增长显著，不仅部分低收入地区如内蒙古、山西、西藏、青海的增长速度高于全国平均水平，其他人均 GDP 较低地区的增长率与全国平均水平的差距也比 20 世纪 90 年代缩小很多。特别是 2005 年以后，中西部地区进一步加快发展，增长速度已经超过了东部沿海地区。

改革开放以来我国区域差距演变与分解

中国省级统计数据相对较为完善，许多学者从各个方面对区域差距进行了深入的研究。但这些研究大多使用中国经济普查以前的数据。2008 年中国进行了第二次全国经济普查，并根据经济普查结果对全国及各省的经济数据进行了历史调整。总体来看，2008 年普查对经济数据调整的幅度比较大，例如普查前，2008 年全国 GDP 统计数据为 30.06 万亿元，普查后为 31.4 万亿元，增加了 1.34 万亿元。许多省份的数据调整幅度也较大，如重庆、宁夏、内蒙古普查后的 2008 年 GDP 数据比普查前分别调高了 13.68%、9.60% 和 9.46%，而河南、广西和河北 GDP 数据则分别调低了 2.11%、2.10% 和 1.09%。经济普查以后的数据更加真实、全面地反映了中国各省的经济发展情况。本研究采用经过历史调整以后的各省数据，来分析我国居民收入差距的变化。

一、省际居民收入差距的变化趋势

1. 用最大最小值之比度量的居民收入差距

最大最小值之比（Max/Min, or MMR）是一个非常直观、有效地反映地区差距情况的指标，我们先用最大最小值之比对省际收入差距状况做一简单的分析。图 10 描绘了用各省现价人均 GDP、居民消费水平和城乡居民收入的最大最小值之比度量改革开放以来各省之间收入水平的差距变化情况。

由图 10 可见，人均 GDP 最大值与最小值之比呈现波动中下降趋势：从 1978 年的 14.27 下降到 1990 年的 7.30，然后又扩大到 2004 年的 13.88，但之后，最大最小值之比出现大幅下降趋势，到 2010 年降至 5.54。与人均

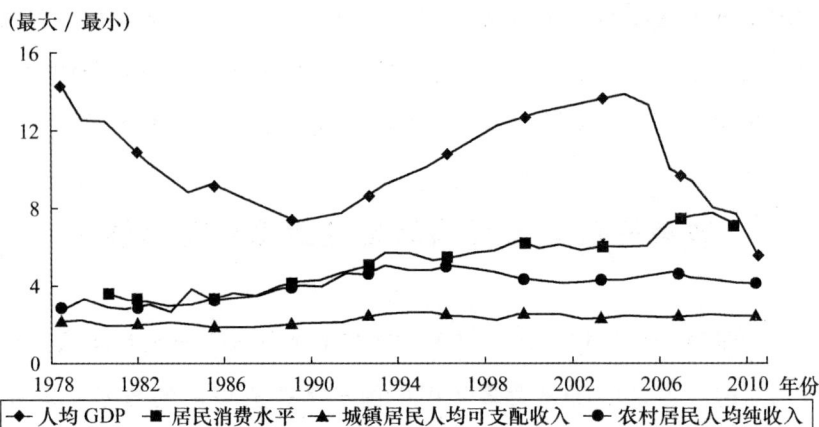

（最大／最小）

图 10　用最大最小值之比表示的省际收入差距（现价）

GDP 差距的变化趋势有所不同，自 20 世纪 80 年代以来，省际居民消费水平的最大最小值之比基本保持阶段性缓慢上升的趋势：由 1980 年的 3.55 上升至 1994 年的 5.67，之后 10 年间这一比值基本稳定在 5.7 左右；从 2005 年开始，最大最小值之比进入缓慢上升阶段，到 2008 年，人均居民消费的最大最小值之比达 7.8；之后，这一比值开始下降，2009 年人均居民消费的最大最小值之比比 2008 年降低 0.52。

与人均 GDP 和居民消费水平最大最小值之比衡量的省际居民收入差距变化情况相比，各省之间城镇居民可支配收入和农村居民人均纯收入的最大最小值之比相对稳定。由图 10 可见，改革开放以来，城镇居民可支配收入的最大最小值之比一直保持在 2.0 左右的水平；不同省份间农村居民的收入差距相对较大，但变动也较为平稳，1986～1996 年农村居民收入差距持续缓慢扩大，但 1996 年以后变化较小，且呈现略微减小趋势，由 1996 年的 4.97 下降至 2010 年的 4.08。

2. 用 Gini 系数和Theil_L指数度量的居民收入差距

虽然用最大最小值之比可以直观地反映地区收入差距的变化，但其仅仅考虑了两个极端的情况，不能反映所有省份之间地区收入水平的分布情况，为此，我们采用 Gini 系数和Theil_L指数做进一步的分析。

（1）以人均 GDP 衡量的省际差距。

图 11 和图 12 分别表示了按现价人均 GDP 和 1978 年不变价人均 GDP 计算地区收入差距的结果。20 世纪 80 年代现价人均 GDP 的地区差距显著缩小（图 11），未用人口加权 Gini 系数从 1978 年的 0.357 下降到 1990 年的 0.276，降低了 22.7%。同一期间人口加权的 Gini 系数和 Theil_L 指数则分别降低了 12% 和 33.4%。用 1978 年不变价计算的结果显示的趋势相同，但是下降幅度有所不同，1990 年与 1978 年相比，未加权 Gini 系数和 Theil_L 指数分别降低了 6.1% 和 6.3%，加权 Gini 系数则略微增加了 0.9%。

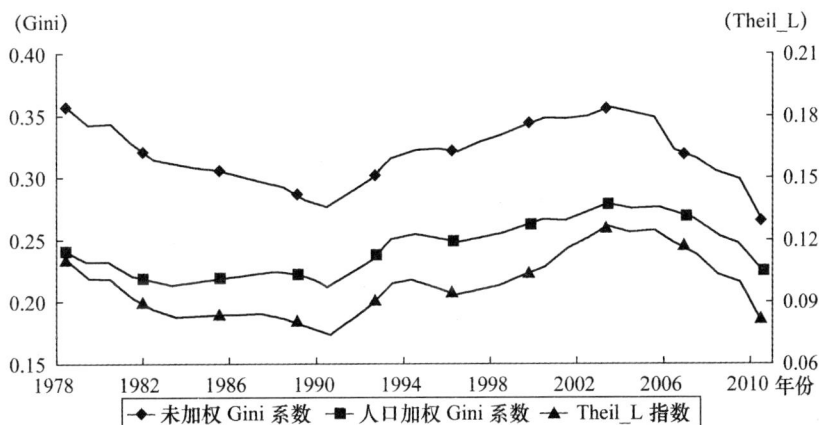

图 11　用现价人均 GDP 计算的 Gini 系数和 Theil_L 指数

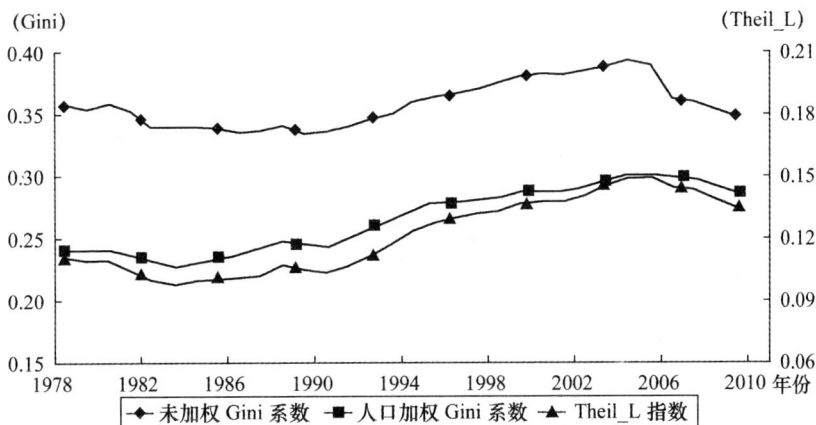

图 12　用 1978 年不变价人均 GDP 计算的 Gini 系数和 Theil_L 指数

20 世纪 90 年代尤其是 90 年代前半期省际收入差距快速增长的趋势非常明显。从现价人均 GDP 地区差距的变化看，未加权 Gini 系数从 1990 年的 0.276 增长到 2000 年的 0.347，增加了 25.7%，平均每年增长 2.3%。同一时期加权 Gini 系数和 Theil_L 指数分别增加了 25.8% 和 46.3%。以不变价计算的地区差距增长幅度小一些，未加权和加权 Gini 系数分别增加了 13.5% 和 18.8%。

2000 年以后，省际收入差距呈现先扩大后缩小的趋势。从现价人均 GDP 差距的变化看，2000 ~ 2003 年，省际地区差距继续扩大，未加权 Gini 系数从 0.347 增长到 0.357，加权 Gini 系数和 Theil_L 指数分别增长了 5.1% 和 17.4%。不变价 GDP 地区差距的增长幅度也与现价人均 GDP 呈现基本一致的变化趋势，未加权 Gini 系数和加权 Gini 系数分别增加了 1.7% 和 2.8%。从 2003 年、2004 年开始，省际地区差距开始缩小。按现价人均 GDP 计算，2010 年未加权 Gini 系数、加权 Gini 系数和 Theil_L 系数分别为 0.264、0.225 和 0.081，比 2003 年分别下降 25.6%、19.3% 和 35.5%。不变价人均 GDP 地区差距的变化幅度略微小一些，其 2009 年未加权 Gini 系数、加权 Gini 系数和 Theil_L 指数分别比 2004 年减小了 11.3%、4.7% 和 9.4%。

（2）以消费水平衡量的省际差距。

图 13 表示了按现价人均居民消费计算地区收入差距的结果。由图 13 可以看出，省际差距总体上呈现逐渐扩大的趋势。未加权 Gini 系数、人口加权 Gini 系数和 Theil_L 指数分别由 1984 年的 0.172、0.130 和 0.030 上升到 2009 年的 0.264、0.210 和 0.074。

不同时期居民消费省际差距呈现不同的变化趋势：20 世纪 80 年代中期到 2005 年左右，省际差距呈现波动中上升趋势，之后，省际差距出现下降趋势。其中，1984 ~ 2004 年，人均居民消费水平的未加权 Gini 系数从 0.172 增加到 0.288，之后开始减小，到 2009 年这一系数为 0.264，比 1984 年增加了 0.093 个单位；而人口加权 Gini 系数和 Theil_L 指数在 1984 ~ 2006 年间，一直在波动中不断上升，分别从 0.130 和 0.030 增加到 0.224 和 0.081，之

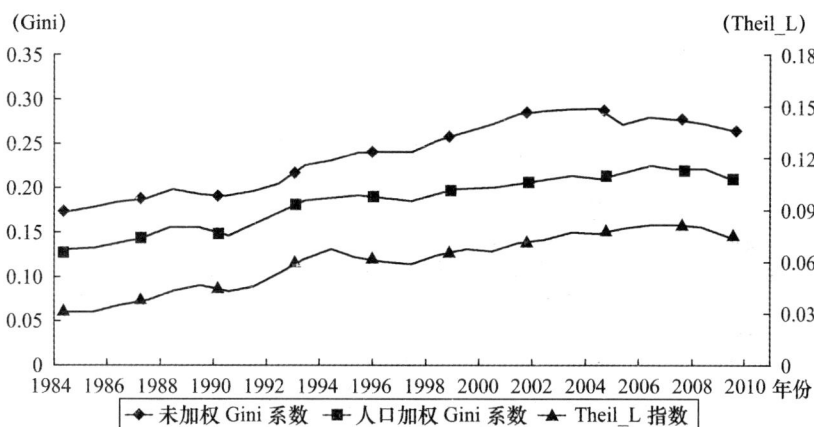

图13　用现价人均居民消费计算的 Gini 系数和Theil_L指数

后开始减小，到 2009 年分别为 0.210 和 0.074，比 1984 年分别增加了 0.080 和 0.044 个单位。

（3）以人均居民收入衡量的省际差距。

由于我国城乡二元经济结构的存在，国家统计局将城镇和农村居民家庭收入数据分别汇总和公布，所以无法通过既有统计获得全国居民家庭收入分布数据，故本研究将分别考察城镇居民收入差距和农村居民收入差距。

1）城镇居民收入差距。

图 14 表示了按现价城镇居民人均可支配收入计算地区收入差距的结果。改革开放之后，我国城镇居民收入差距不断扩大，收入不平等程度逐渐增加，未加权 Gini 系数、人口加权 Gini 系数和Theil_L指数分别由 80 年代的 0.085、0.079 和 0.010 上升到 0.134（2010 年）、0.128（2009 年）和 0.026（2009 年）。这说明，我国城镇收入差距总体上呈现逐渐扩大的趋势。不过，不同时期的城镇居民收入差距呈现不同的变化趋势：20 世纪 80 年代到 90 年代中期，城镇收入差距呈现上升趋势；从 90 年代中期至今，城镇收入差距出现平稳阶段性下降的走势。

在 20 世纪 90 年代中期，未加权 Gini 系数、人口加权 Gini 系数和Theil_L指数分别为 0.142、0.158 和 0.040（1994 年），比 80 年代分别增长

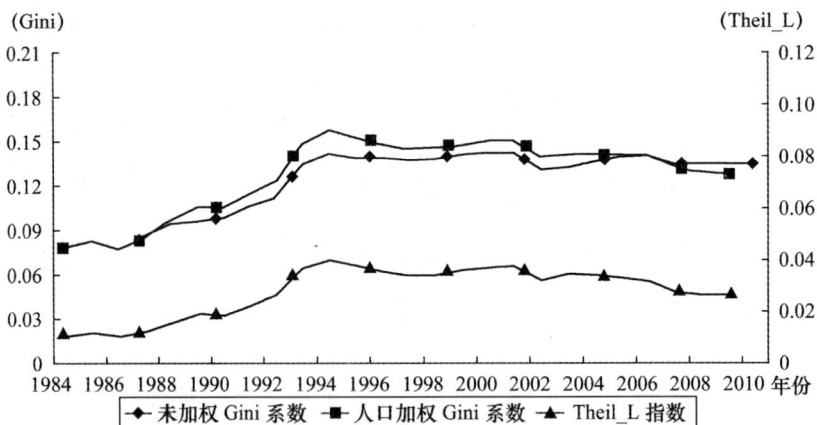

图 14　用现价城镇居民人均可支配收入计算的 Gini 系数和 Theil_L 指数

了 0.66 倍、1 倍和 3 倍，达到改革开放以来城镇居民收入差距最大值，说明城镇居民家庭收入在 20 世纪 90 年代中期达到较大程度不平等。而之后，各指标却有了阶段性下降的趋势：1994～2000 年，加权 Gini 系数和 Theil_L 指数分别由 0.158、0.040 下降到 0.151 和 0.037，而同期未加权 Gini 系数基本稳定在 0.142 左右；2000 年以后，城镇收入差距进入下一个下降阶段，到 2006 年，未加权 Gini 系数、人口加权 Gini 系数和 Theil_L 指数分别为 0.140、0.140 和 0.032；从 2007 年开始，各指标继续减小，说明我国城镇居民收入差距在缩小。

　　2）农村居民收入差距。

　　图 15 表示了按现价农村居民人均纯收入计算地区收入差距的结果。由图 14 和图 15 可以看出，与同期城镇居民收入差距相比，我国地区间农村居民收入差距相对较大，且呈现出相对较为平稳的增长趋势。

　　从 20 世纪 80 年代到 90 年代中期，我国地区间农村居民收入差距大体呈现逐渐扩大的趋势，未加权 Gini 系数、人口加权 Gini 系数和 Theil_L 指数分别由 1984 年的 0.191、0.116 和 0.021 上升到 1994 年的 0.231、0.182 和 0.052，分别是 1984 年的 1.21 倍、1.57 倍和 2.47 倍；从 1994 年开始到 20 世纪末，农村居民收入差距略有减小，到 1998 年，未加权 Gini 系数、人口

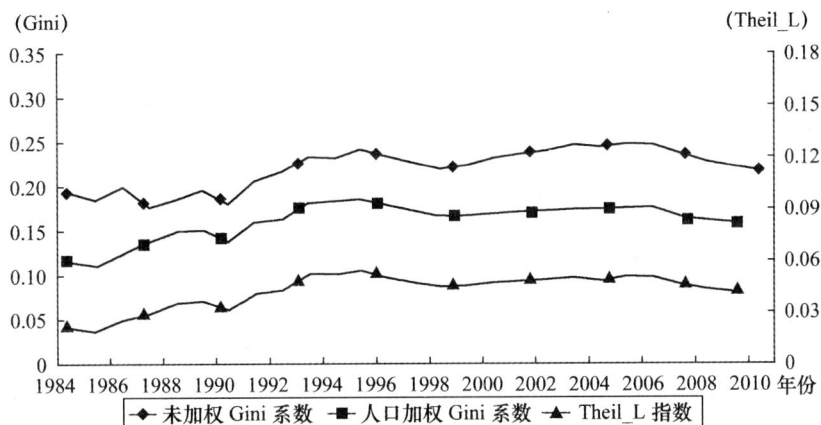

图15　用现价农村居民人均纯收入计算的 Gini 系数和Theil_L指数

加权 Gini 系数和Theil_L指数分别为 0.221、0.166 和 0.044；从 20 世纪末到 2006 年，农村收入差距又开始逐渐扩大，到 2006 年，未加权 Gini 系数、人口加权 Gini 系数和Theil_L指数分别为 0.247、0.177 和 0.051，基本接近 1994 年的水平；2006 年以后，农村居民收入差距呈又一阶段性下降趋势。

　　3）居民收入城乡差距变化趋势。

　　为了进一步考察我国居民收入差距的变化趋势，我们用Theil_L指数分解的方法将全国居民收入差距分解为城市—城市之间的差距、农村—农村之间的差距和城乡收入差距。在这里，我们将每个省划分为城镇和农村两个部分，总共相当于全国共有 62 个计算单元，这 62 个单元中含有 31 个城镇和 31 个乡村地区，再用Theil_L指数进行组间分解。图 16 是居民消费水平差距的城乡分解结果，图 17 则是考虑居民收入水平的城乡分解结果。

　　从分解结果看，城镇与城镇之间居民消费水平和收入差距增加速度较快，但占总差距的比重仍然很小。1984 年，城镇与城镇之间居民消费水平的Theil_L指数为 0.002，反映出当时各个城市之间消费差距很小。2009 年，这一指数值上升为 0.019，是 1984 年的 9 倍，但 2009 年城镇消费水平的差距只占总差距的 8.2%。与此类似，城镇与城镇之间的居民收入（图 17）Theil_L指数从 1984 年的 0.002 增加到 2009 年的 0.012，占总差距的比重则

(Theil_L 指数)

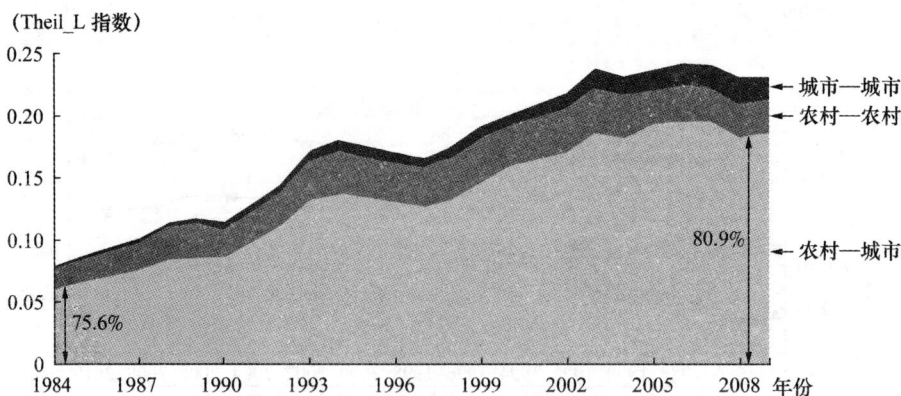

图 16　消费差距的城乡分解（现价农村和城市居民消费水平）

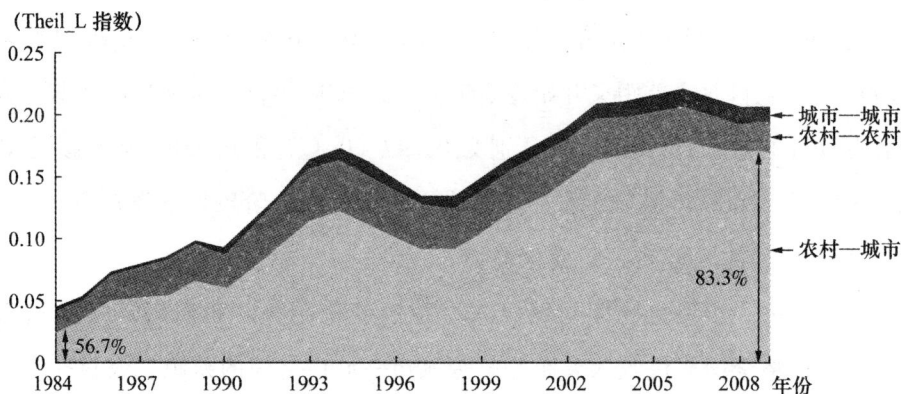

(Theil_L 指数)

图 17　城乡居民收入水平的城乡分解（现价）

从 4.5% 增加到 6%。农村与农村之间的地区差距也有所增加，但也只占总体差距的较小比重。农村之间消费水平的 Theil_L 指数从 1984 年的 0.017 增加到 2009 年的 0.025，但只占总体差距的比重则从 21.4% 下降到 10.9%（图 16）。在此期间，农村之间居民收入差距的 Theil_L 指数则从 0.017 增加到 0.022，占总体差距的比重从 38.8% 大幅度降到 10.7%。

无论从绝对值上还是从占总体差距的比重上，我国居民收入城乡差距的增长都非常显著。2009 年与 1984 年相比，城乡之间消费水平的 Theil_L 指数从 0.06 增长到 0.187，增加了 2.1 倍，占总体差距净增加量的 80.9%。同期城乡之间居民收入差距的Theil_L指数从0.025增长到0.172，占总体收入差距净增加量的90.6%。

具体从Theil_L指数绝对值来看，消费水平城乡差距和居民收入城乡差距呈现基本一致的变化趋势：总体上城乡差距扩大，不同时期呈现先升后降再升再降的阶段性走势。20世纪80年代中期到90年代中期，城乡差距在波动中扩大，用消费水平和居民收入衡量的城乡之间Theil_L指数分别由1984年的0.060和0.025增加到1994年的0.138和0.123；从1994~1998年，城乡之间Theil_L指数略有下降，到1998年，用消费水平和居民收入衡量的城乡之间Theil_L指数分别为0.134和0.092；之后，一直到2006年，城乡差距呈现持续扩大趋势，到2006年，用消费水平和收入水平衡量的城乡之间Theil_L指数分别为0.196和0.178；从2006年以后，城乡差距又略有减小。从城乡差距占总体差距的比重来看，城乡差距的增长更为明显。2009年与1984年相比，城乡之间消费水平的差距占总差距的比重由72.9%增加到81.9%，而城乡之间收入水平的差距占总体差距的比重也从56.7%提高到83.3%。

（4）省际居民收入差距总体趋势。

虽然不同指标计算的我国省际居民收入差距有所差别，但综合多种指标的计算结果，改革开放以来中国省际收入差距总体上呈现逐渐扩大的趋势，其变化大致可以划分为4个阶段：20世纪80年代中期到90年代，尤其是90年代前半期，省际居民收入差距迅速扩大；从90年代中期开始到1998年左右，多数指标反映的省际居民收入差距有所减小；之后一直到2005年左右，多数指标反映的省际居民收入差距开始进入下一阶段扩大时期，但差距扩大的速度较为缓慢，且2006年以后开始出现差距略微减小的态势。此外，省际城乡收入差距是影响我国总体收入差距的重要因素。通过对省际居民收入差距的城乡分解可以看出，我国省际居民收入城乡差距的增长非常显著，其总体上不断扩大，不同时期呈现先升后降、再升再降的阶段性走势，具体变化趋势与上述我国总体省际收入差距基本一致。

二、省际居民收入差距的空间分解

为了考察中国省际收入差距的空间分布情况，我们采用对Theil_L指数进行组间分解的方法来进行分析，具体按东部地区、中部地区、西部地区和东北地区四大区域以及四大区域间进行分解。

1. 以人均 GDP 衡量的省际差距的空间分解

图 18 是人均 GDP 省际差距的区域分解结果。由图 18 可以看出，四大区域之间的差距对省际差距的贡献占很大比重，从改革开放初期的 40% 上升到 2010 年的 65% 左右，可以说，省际差距主要是由四个区域之间的差距造成的，其次是东部内部的差距。由图 18 还可以看出，1978～1990 年间，中国省际差距的缩小主要是由于东部地区内部差距的显著减少。1978 年，东部地区内部 Theil_L 指数为 0.055，占全国总体 Theil_L 指数（0.110）的 49.8%。而到 1990 年，东部地区内部 Theil_L 占总体 Theil_L 指数的 26.6%，下降了 23.2 个百分点。在此期间，全国 Theil_L 指数绝对值降低了 0.037，而东部地区内部 Theil_L 指数绝对值降低了 0.035，占全国 Theil_L 指数减少量的 96%。由此可见，东部地区内部差距的变化在很大程度上解释了全国地区差距的变化。

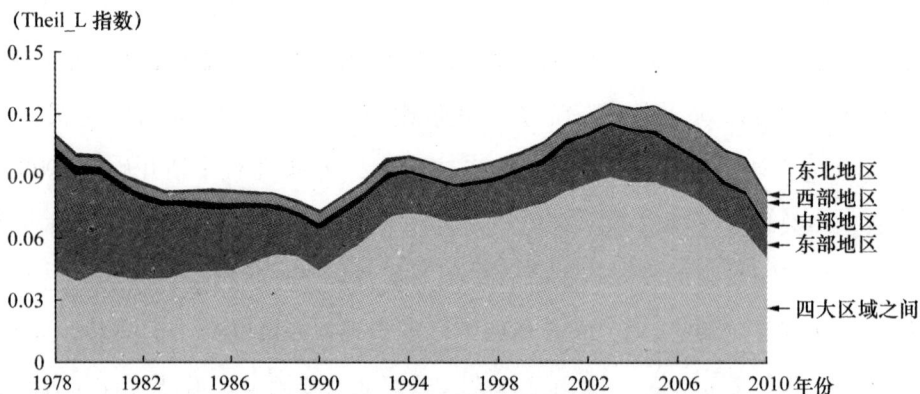

图 18　人均 GDP 省际差距的四大区域分解（现价）

由图 19 可以看出，改革开放以来四大区域之间的差距对省际差距的贡献总体上呈现出先增后减的趋势：1978～1996 年，四大区域之间的差距占省际差距的比重由 40.36% 上升到 73.59%，之后，这一比重开始缓慢减小，到 2010 年，四大区域之间的差距对省际差距的贡献有所减小，达到 63.24%，反映了四大区域之间的差距呈减小态势；东部地区内部差距对省际差距的贡献一直处于减少趋势，从改革开放初期的 49.85% 降低到 2010 年的 15.97%；与此相反，西部地区内部差距不断扩大，其对省际差距的贡献由 1978 年的 4.79% 增加到 2010 年的 17.30%，比改革开放初期增长了 2.5 倍；中部地区内部差距不断缩小，其对省际差距的贡献由 3.06% 减小到 1.53%；而东北地区内部差距变化不大，其对省际差距的贡献略有减小。

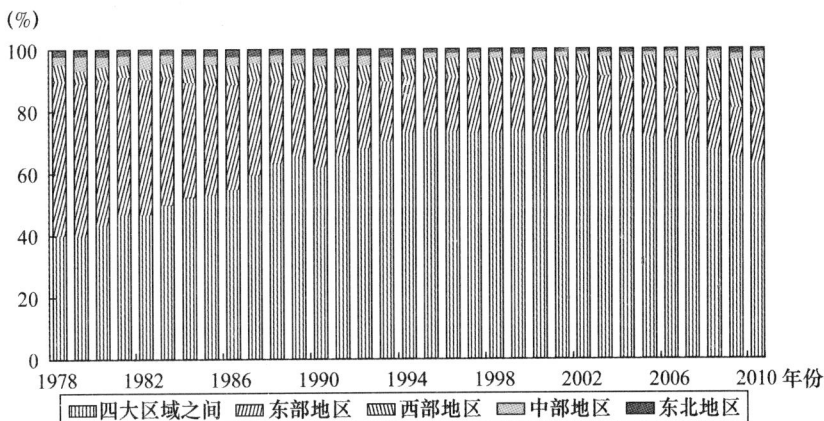

图 19 人均 GDP 各区域内部及区域之间差距对省际差距的贡献变化

图 20 和图 21 显示了 1978～1990 年间各省份人均 GDP 发展水平在全国的分布情况。1978 年，东部地区发展水平差异很大，东部地区 10 个省份中，只有北京、天津、上海和江苏属于人均 GDP 较高的地区，浙江、山东、海南和福建省却排在 16～24 位，处于全国 31 个省区的中下游水平。而西部的青海名列第七。1990 年，广东、浙江、山东、海南和福建省的排名均有显著上升，东部地区除河北、福建和海南以外都属于人均 GDP 较高的地区，因而内部地区差距显著缩小。西部的新疆在前十位之中，青海和西藏在中间的十位之中。但是到 2000 年，西部没有一个省区进入前十名之列。

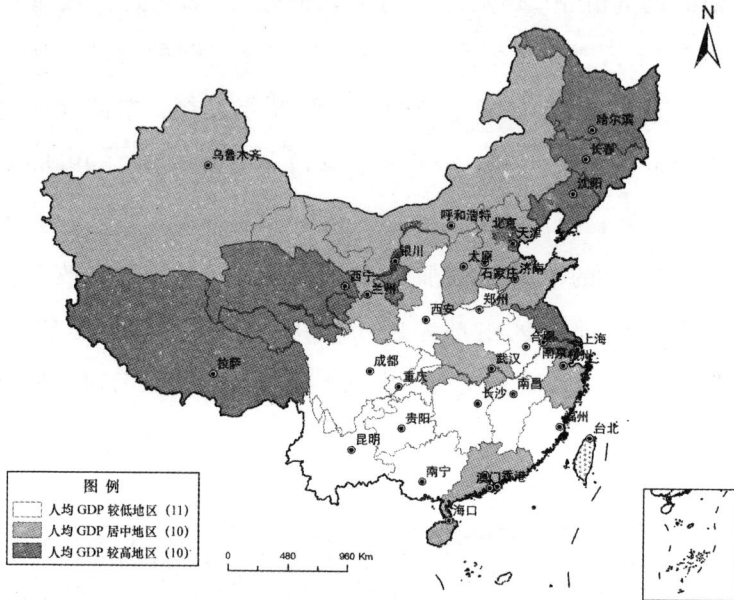

图 20　1978 年中国各省区人均 GDP 分布情况（现价）

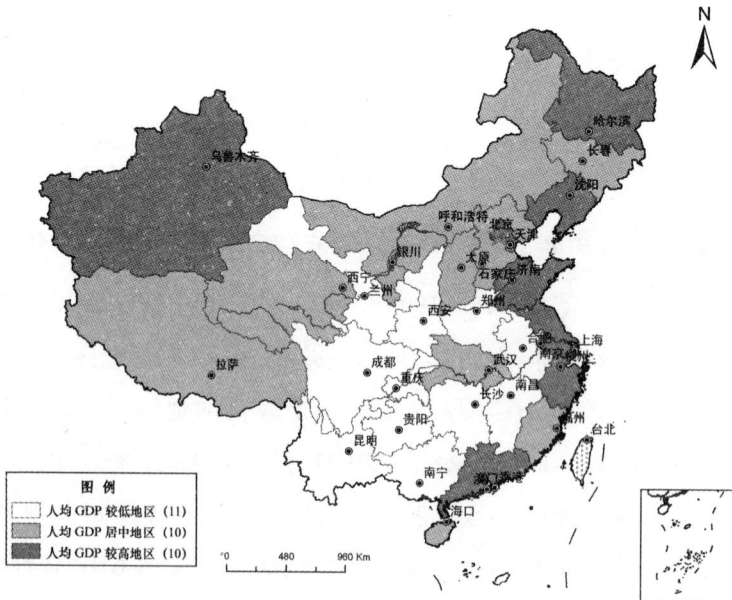

图 21　1990 年中国各省区人均 GDP 分布情况（现价）

　　1990 年以后，省际差距扩大主要是由于四大区域之间的差距不断扩展造成的。在这期间，中国的改革开放进程进一步加快，已经较为发达的东部地区经济增长速度普遍快于全国平均水平，到 2000 年，除河北和海南以外所有东部地区都已经处于全国人均 GDP 最高的 1/3 地区（见图 22）。因而东部地区与其他地区的差距逐步拉大。从 1990～2010 年，四大区域内部的差距变化较小，但反映四大区域之间差距的组间 Theil_L 指数增加值（从 0.045 增长到 0.051）占同期全国 Theil_L 指数增加值（从 0.073 增长到 0.081）的 76.4%。

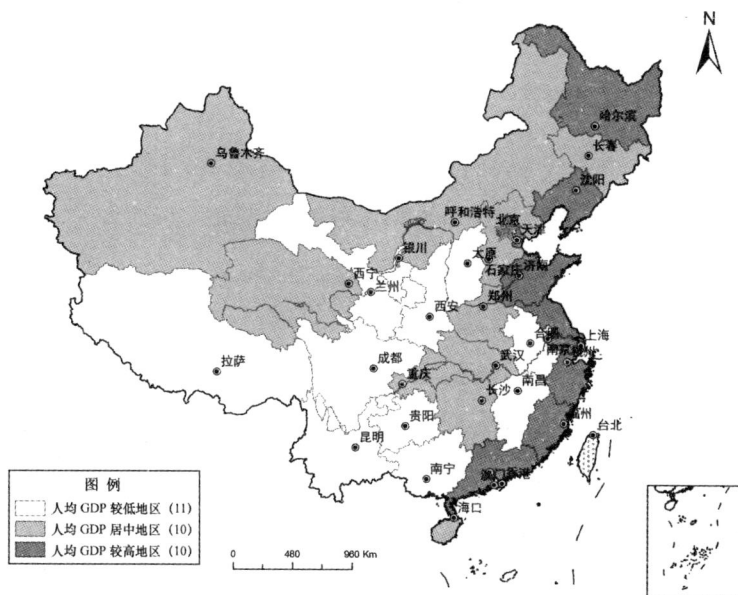

图 22　2000 年中国各省区人均 GDP 分布情况（现价）

　　综上所述，中国目前省际差距主要是四大区域之间，特别是东部与其他地区之间的差距造成的。2010 年四大区域之间的差距占总差距的比重为 63.2%，东部地区内部差距所占的比重为 16%，西部地区内部差距所占的比重为 17.3%，中部和东北合计只占 3.5%。

　　2. 以消费水平衡量的省际差距的空间分解

　　图 24 是人均居民消费省际差距的区域分解结果。由图可以看出，四大

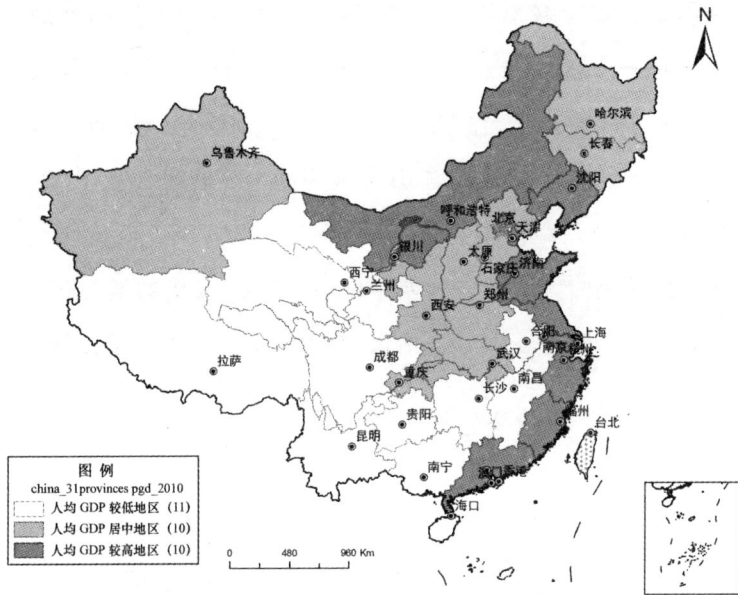

图 23　2010 年中国各省区人均 GDP 分布情况（现价）

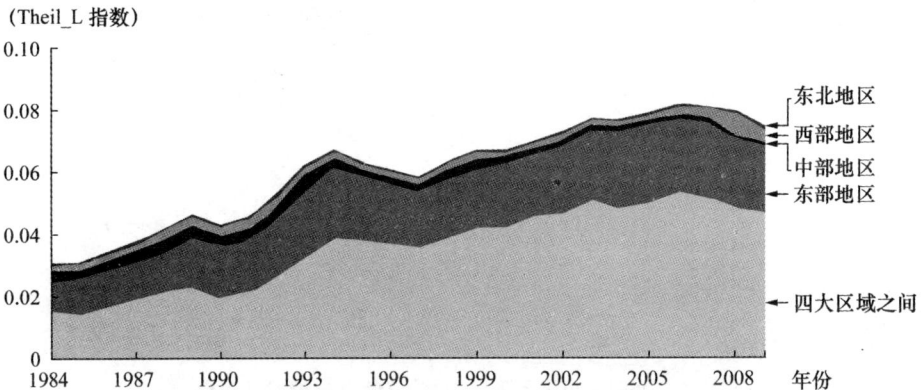

图 24　人均居民消费省际差距的四大区域分解（现价）

区域之间的差距对省际差距的贡献仍占很大比重，区域间差距是造成省际差距的重要组成部分。

　　四大区域之间的差距自 20 世纪 80 年代中期以来，总体上是不断扩大的，同时在不同时期又呈现出不同程度的波动性：1984～1989 年，四大区域之间Theil_L指数绝对值从 0.015 增加到 0.023，1990 年略有下降，1994 年增长到 0.038；从 1995 年开始，四大区域间的差距进入下一个扩大阶段，到 2006 年，Theil_L指数绝对值达 0.053，占全国总体Theil_L指数的 65.2%；之后，四大区域之间的差距略有减小，到 2009 年，Theil_L指数绝对值为 0.046。东部地区内部差距变化趋势与四大区域之间的差距变化趋势基本一致，但相对较为平稳，Theil_L指数绝对值基本稳定在 0.019 左右。中部地区内部差距变化呈现较为明显的减小趋势，Theil_L指数绝对值由 1984 年的 0.003 减小到 2009 年 0.001，仅占全国总体Theil_L指数的 1.35%。西部地区内部差距变化在 2006 年以前较为平稳，Theil_L指数绝对值基本稳定在 0.002 左右，而之后，区域内部差距出现较为明显的扩大趋势。东北地区内部差距与其余三大区域内部差距以及区域间差距相比较小，2009 年其 Theil_L指数绝对值仅占全国总体Theil_L指数的 1.3%。

由图 25 可以看出，20 世纪 80 年代中期以来，四大区域之间的差距对省际差距的贡献总体上呈现增长的趋势，其占省际差距的比重由 1984 年的 48.5% 上升到 2009 年的 62.3%；东部地区内部差距对省际差距的贡献相对较为平稳，其占省际差距的比重基本维持在 30% 左右；西部地区内部差距对省际差距的贡献在 20 世纪 90 年代中期以前基本维持在 7% 左右，之后有所减小，直到 2002 年以后，其占省际差距的比重开始增大；中部地区内部差距对省际差距的贡献呈现较为明显的减小趋势，其占省际差距的比重由 1984 年的 10.84% 减小到 2009 年的 1.35%；与其余三大区域内部差距以及

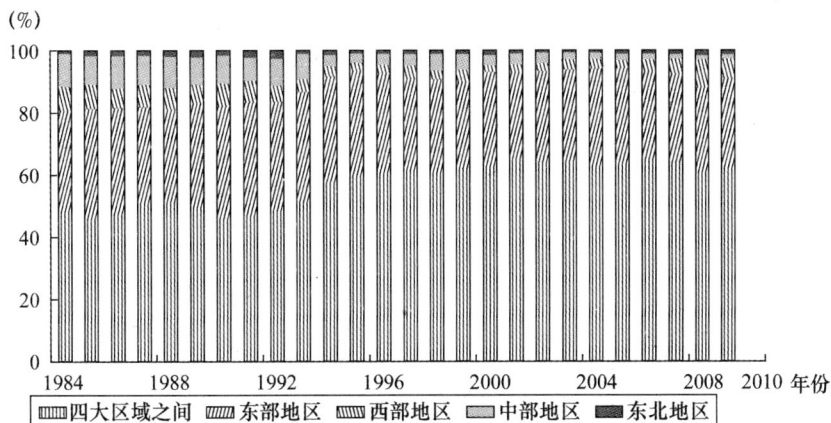

图25　人均居民消费各区域内部及区域之间差距对省际差距的贡献变化

区域间差距相比，东北地区内部差距对省际差距的贡献最小。

图 26 和图 27 显示了 20 世纪 80 年代中期到 90 年代中期各省人均消费水

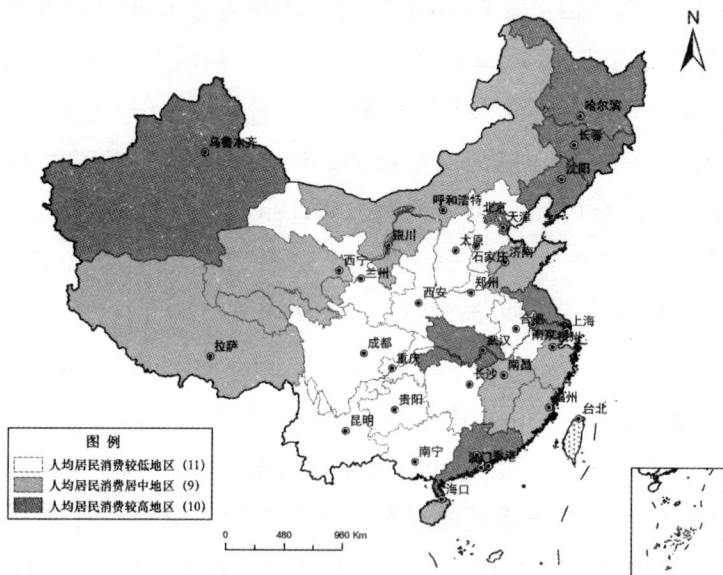

图 26　1984 年中国各省区人均居民消费分布情况

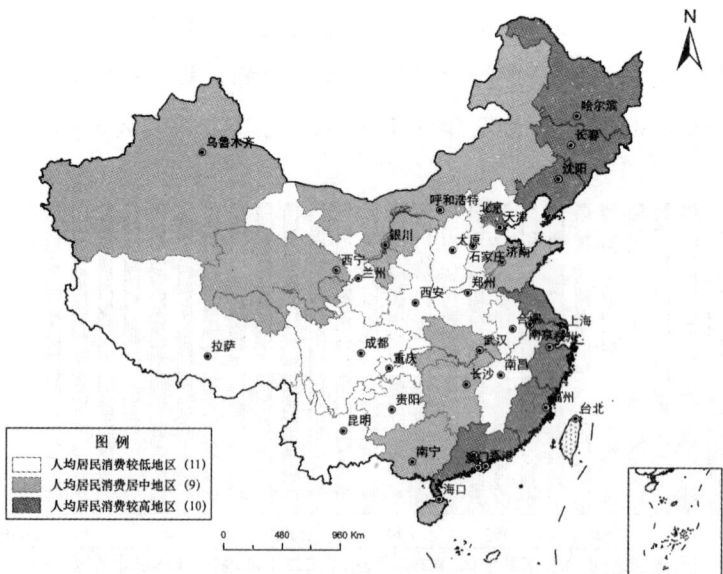

图 27　1994 年中国各省区人均居民消费分布情况

平在全国的分布情况。1984 年，东部地区发展水平差异很大，东部地区 10
个省份中，只有北京、天津、上海和江苏属于人均居民消费水平较高的地
区，浙江、海南、山东、福建排在 13～17 位，处于全国 31 个省区的中游水
平，而西部的新疆名列第八。1994 年，人均居民消费排名较高的省份开始
向东南沿海集聚，除上海、北京、天津、江苏等以外，福建、浙江、广东也
跃居人均居民消费较高地区，而海南、山东、河北处于 31 个省区的中游水
平。

20 世纪 90 年代中期以后，省际差距扩大仍然主要是由于四大区域之间
的差距不断扩展造成的。东部地区内部差距变化不大，到 2000 年，除海南
以外所有东部地区都已处于全国人均居民消费最高的 1/3 地区；而中西部地
区大多处于人均居民消费中下游水平（图 28 和图 29）。

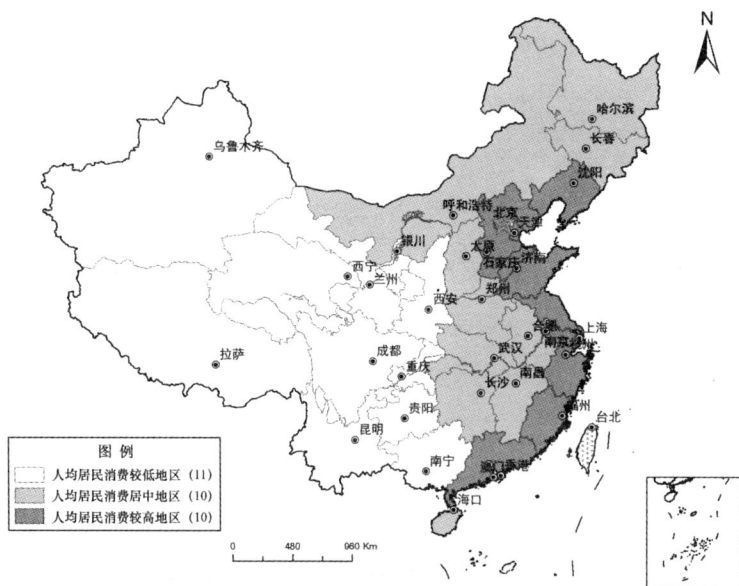

图 28　2000 年中国各省区人均居民消费分布情况

综上所述，中国目前省际居民消费差距主要是四大区域之间，特别是东
部与其他地区之间的差距造成的。2009 年四大区域之间的差距占总差距的
比重为 62.3%，东部地区内部差距所占的比重为 29.3%，西部地区内部差

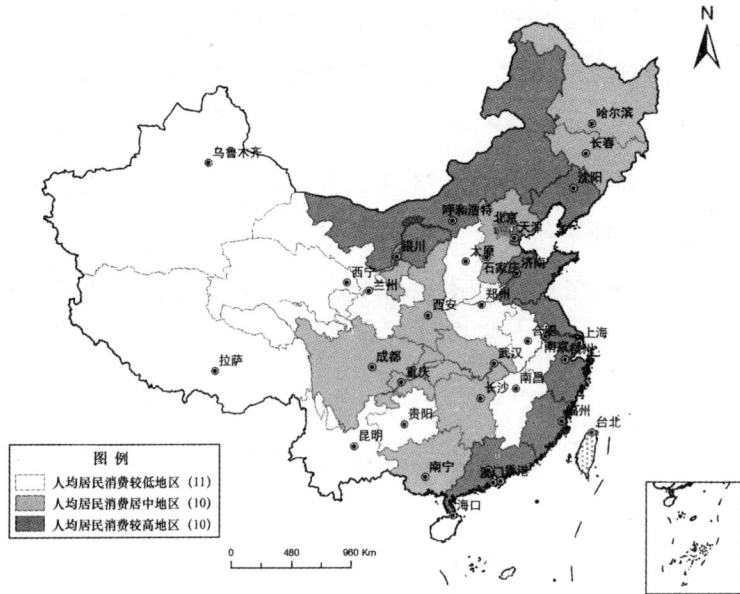

图 29　2009 年中国各省区人均居民消费分布情况

距所占的比重为 5.7%，中部和东北合计只占 2.7%。

3. 以人均居民收入衡量的省际差距的空间分解

（1）城镇居民人均可支配收入省际差距空间分解

图 30 是城镇居民人均可支配收入省际差距的区域分解结果。由图 30 可以看出，四大区域之间的差距占省际差距的比重从 20 世纪 80 年代中期的

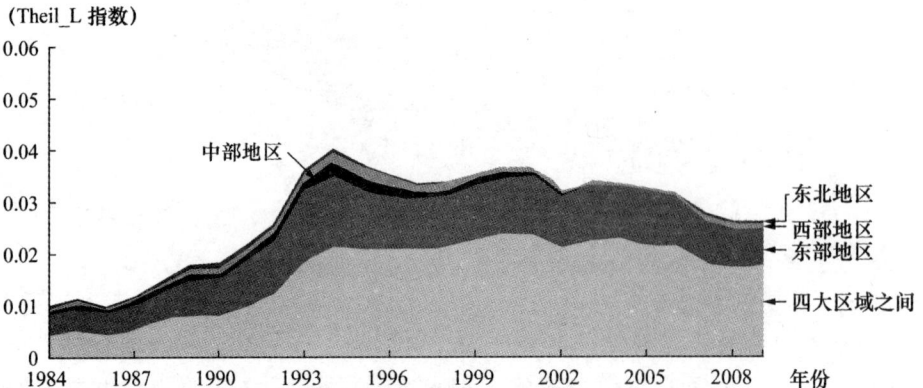

图 30　城镇居民人均可支配收入省际差距的四大区域分解（现价）

38.1%上升到 2009 年的 67.6%，可以说，省际差距主要是由四个区域之间的差距造成的，其次是东部内部的差距，尤其是 20 世纪 90 年代以前，东部地区占全国省际差距的比重达 40% 左右。

四大区域之间的差距自 20 世纪 80 年代中期以来，呈现缓慢增长、快速增长、稳定增长、缓慢减小的趋势：1984 ~ 1990 年，四大区域之间的差距略有上升，Theil_L指数绝对值从 0.004 增加到 0.008；从 1991 年开始，四大区域间的差距进入快速扩大阶段，到 1994 年，Theil_L指数绝对值达 0.022，占全国总体Theil_L指数的 53.6%；之后，四大区域之间的差距基本维持在 0.02 左右，略有扩大，到 2001 年，Theil_L指数绝对值达 0.024；从 2002 年开始，四大区域之间的差距略有缩小。东部地区内部差距在 1994 年以前，一直持续扩大，Theil_L指数绝对值从 1984 年的 0.004 增长到 0.013；之后，差距开始缩小，到 2009 年，Theil_L指数绝对值降低到 0.007。中部地区内部差距和西部地区内部差距变化趋势与东部地区内部差距变化基本一致，Theil_L指数绝对值均在 1994 年达到最高值。东北地区内部差距与其余三大区域内部差距以及区域间差距相比相对较小。

由图 31 可以看出，20 世纪 80 年代中期以来，四大区域之间的差距对省际差距的贡献总体上呈现增长的趋势；东部地区内部差距和中部地区内部差

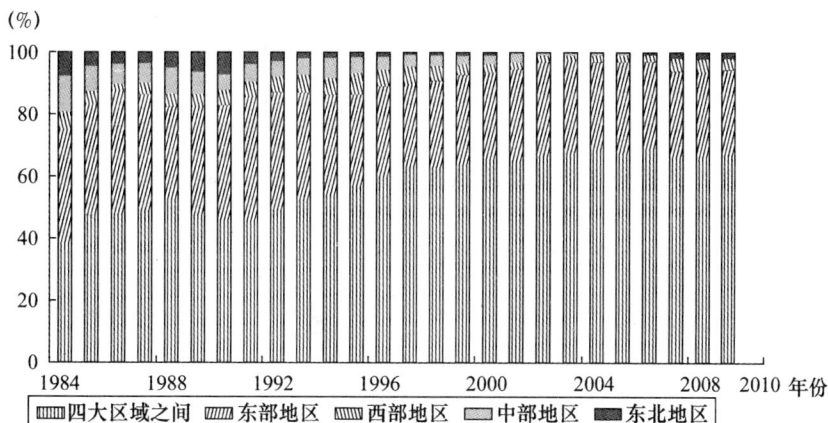

图 31　各区域内部及区域之间城镇居民收入差距对省际差距的贡献变化

距对省际差距的贡献均呈现缩小趋势，其占省际差距的比重分别从 1984 年的 37.3% 和 11.2% 减小至 2009 年的 27.1% 和 0.3%；东北地区内部差距在 90 年代以前对全国省际差距的贡献维持在 6% 左右，之后其Theil_L指数占全国Theil_L指数的比重持续减小；西部地区内部差距对全国省际差距的贡献相对较小，总体上呈现先增后减又增的趋势：从 80 年代中期到 90 年代中期，Theil_L指数占全国Theil_L指数的比重持续上升，1995 年，这一比重为 6.82%，为历史最高值；之后，Theil_L指数占全国Theil_L指数的比重开始下降，到 2003 年，这一比重为 1.395，为历史最低值；从 2005 年开始，Theil_L指数占全国Theil_L指数又略有上升，到 2009 年，这一比重达 3.17%。

　　图 32 和图 33 显示了 20 世纪 80 年代中期到 90 年代中期各省城镇居民人均可支配收入在全国的分布情况。1984 年，东部地区发展水平差异很大，东部地区 10 个省份中，北京、天津、山东、上海、浙江和广东属于城镇居民人均可支配收入水平较高的地区，海南、江苏、福建排在 12～18 位，而

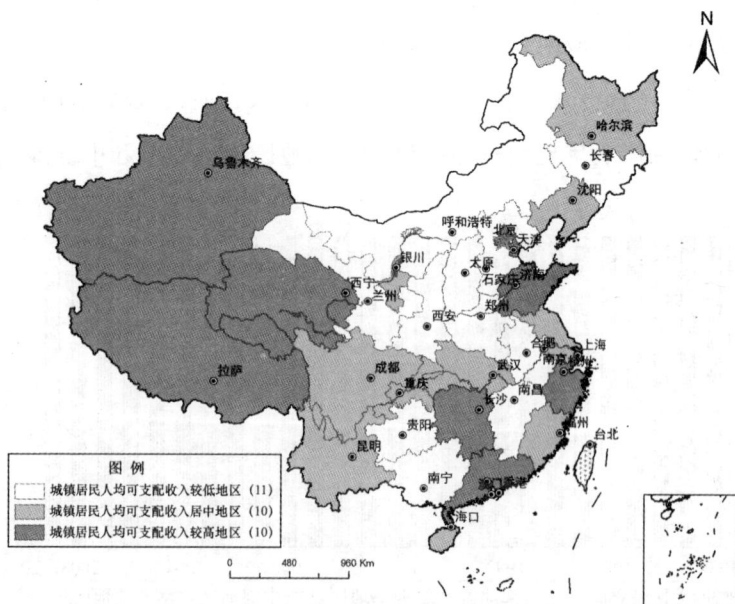

图 32　1984 年中国各省区城镇居民人均可支配收入分布情况

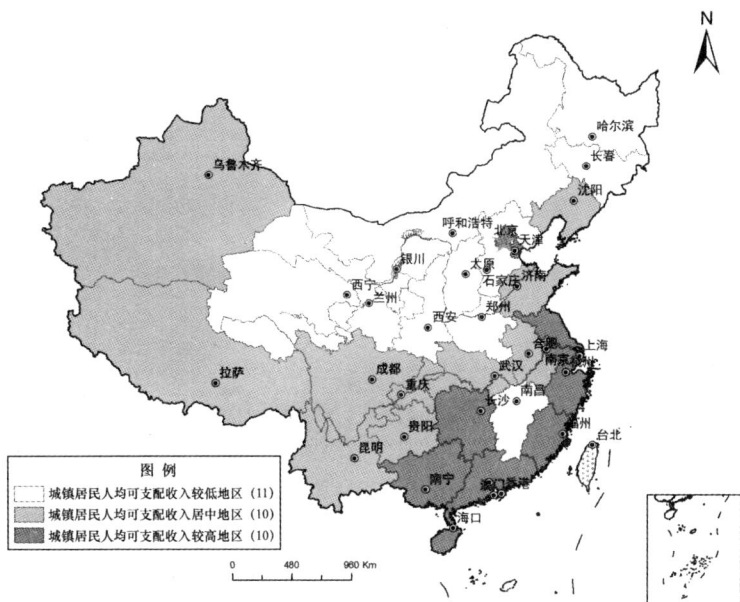

图 33   1994 年中国各省区城镇居民人均可支配收入分布情况

河北省属于城镇居民人均可支配收入水平较低地区，位列 31 个省区的下游水平。1994 年，城镇居民人均可支配收入排名较高的省份开始向东南沿海集聚，除山东、河北以外，其余 8 省均属于城镇居民人均可支配收入较高地区。

20 世纪 90 年代中期以后，省际差距扩大仍然主要是由于四大区域之间的差距不断扩展造成的。东部地区内部差距变化不大，到 2000 年、2009 年，除河北和海南以外所有东部地区都已处于全国城镇居民人均可支配收入最高的 1/3 地区；而中西部地区大多处于城镇居民人均可支配收入中下游水平（图 34 和图 35）。

综上所述，中国目前省际城镇居民人均可支配收入差距主要是四大区域之间，特别是东部与其他地区之间的差距造成的。2009 年四大区域之间的差距占总差距的比重为 67.6%，东部地区内部差距所占的比重为 27.1%，西部地区内部差距所占的比重为 3.2%，中部和东北合计只占 2.1%。

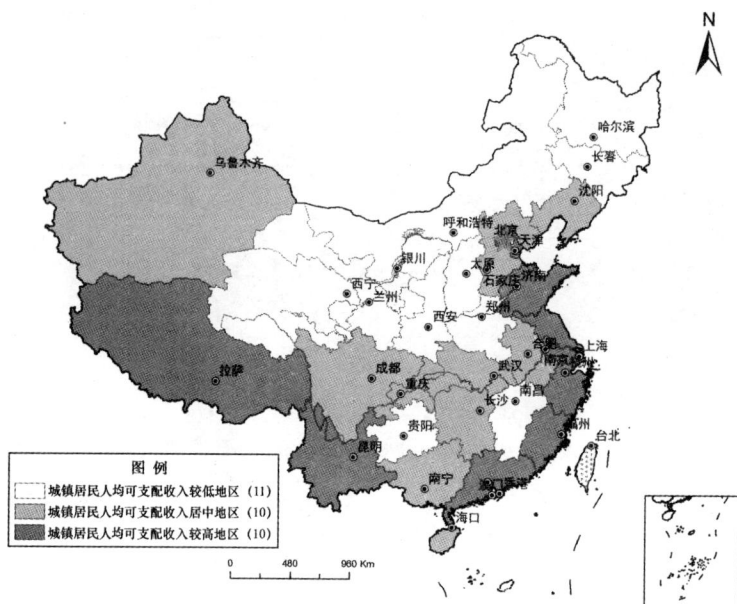

图 34 2000 年中国各省区城镇居民人均可支配收入分布情况

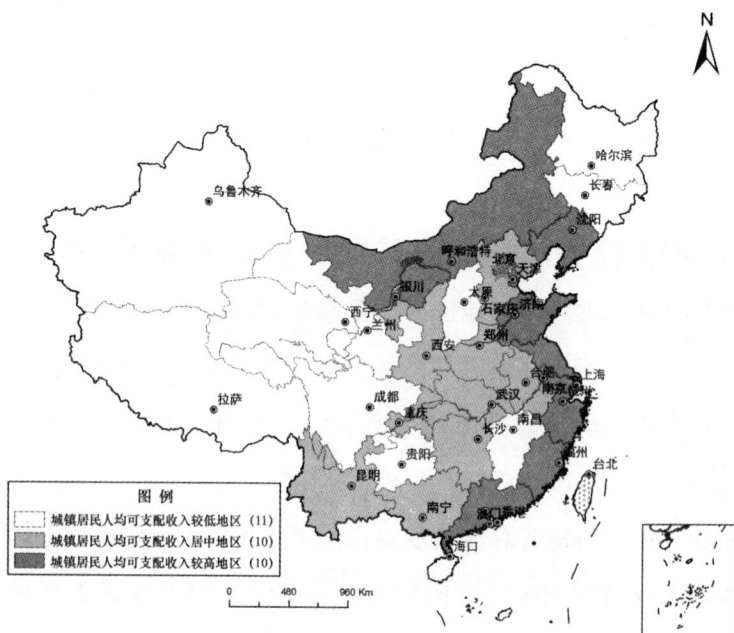

图 35 2009 年中国各省区城镇居民人均可支配收入分布情况

（2）农村居民人均纯收入省际差距空间分解。

图36是农村居民人均纯收入省际差距的区域分解结果。由图36可以看出，四大区域之间的差距是造成省际差距的主要原因，其占全国省际差距的比重由20世纪80年代的65.9%上升到2009年的70.3%，其次是东部地区内部的差距。

（Theil_L 指数）

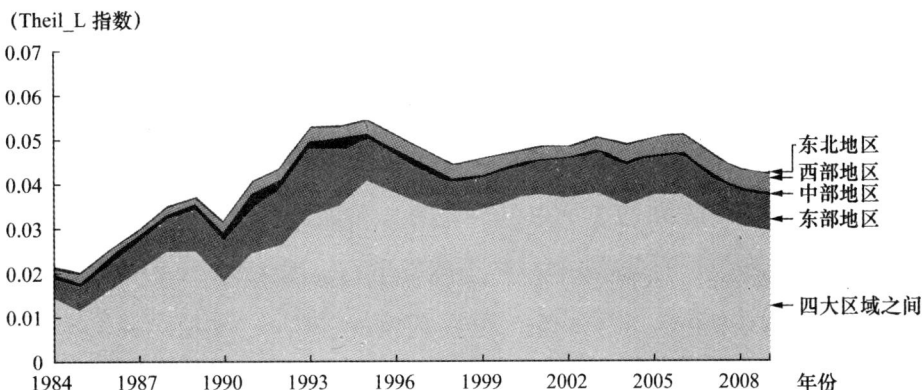

图36　农村居民人均纯收入省际差距的四大区域分解（现价）

四大区域之间的差距自20世纪80年代中期以来，呈现持续扩大、下降稳定、再下降的趋势：1984~1995年，四大区域之间的差距呈较快扩大趋势，Theil_L指数绝对值由0.014上升到0.040（1985年和1990年除外）；从1990年开始，四大区域间的差距开始有所缩小，到1998年，Theil_L指数绝对值为0.033，之后直到2006年，Theil_L指数绝对值基本稳定在0.035左右；从2007年开始，四大区域间的差距呈现减小态势。东部地区内部差距在1993年以前，一直持续扩大，Theil_L指数绝对值从1984年的0.004增长到0.015；之后，差距开始缩小，到2009年，Theil_L指数绝对值降低到0.008。中部地区内部差距变化趋势与东部地区内部差距变化基本一致。西部地区内部差距从80年代中期以来，一直呈现扩大趋势，Theil_L指数绝对值从1984年的0.002增长到2009年的0.004。

由图 37 可以看出，四大区域之间的差距对省际差距的贡献在 20 世纪 90 年代以前略有上升，到 1988 年，四大区域间的差距占省际差距的比重达 69.7%，到 1990 年这一比重略有下降；1990～1995 年，四大区域之间的差距对省际差距的贡献持续扩大；1996～2003 年，四大区域间的差距占省际差距的比重基本维持在 75.8% 左右，之后，这一比重开始减小，反映了四大区域之间的差距呈减小态势。东部地区内部差距对省际差距的贡献在 90 年代中期以前呈略微扩大趋势，而从 1993 年开始，东部地区内部差距占省际差距的比重在波动中有所减小，到 2009 年，这一比重为 18.4%，与 1984 年基本持平。西部地区内部差距对省际差距的贡献总体上略微有所提高，到 2009 年，其占省际差距的比重为 10%。与此相反，中部地区内部差距不断缩小，其对省际差距的贡献由 5.5% 下降到 1% 左右。东北地区内部差距对省际差距的贡献略有减小，尤其是 90 年代中期以后，其占省际差距的比重仅为 0.3% 左右。

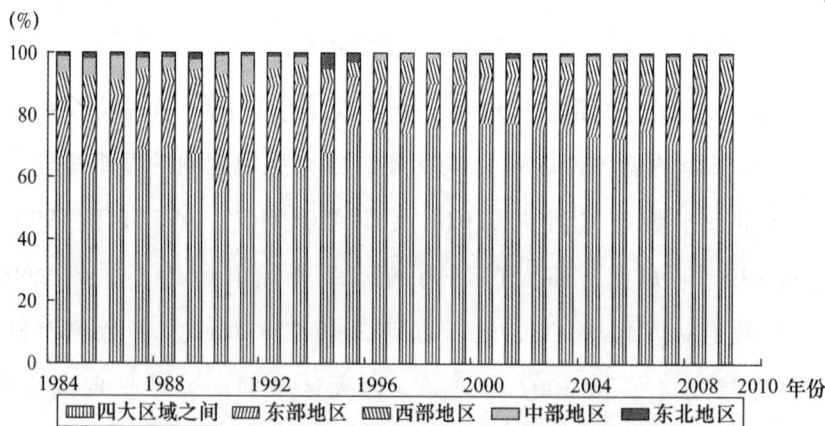

图 37   各区域内部及区域之间农村居民收入差距对省际差距的贡献变化

图 38 和图 39 显示了 20 世纪 80 年代中期到 90 年代中期各省农村居民人均纯收入在全国的分布情况。1984 年，东部地区除海南省以外，其余各省份均属于农村居民人均纯收入较高和居中地区；东北三省农村居民人均纯收入较高，吉林、辽宁和黑龙江分别列居全国第 4、5、9 位；中西部省

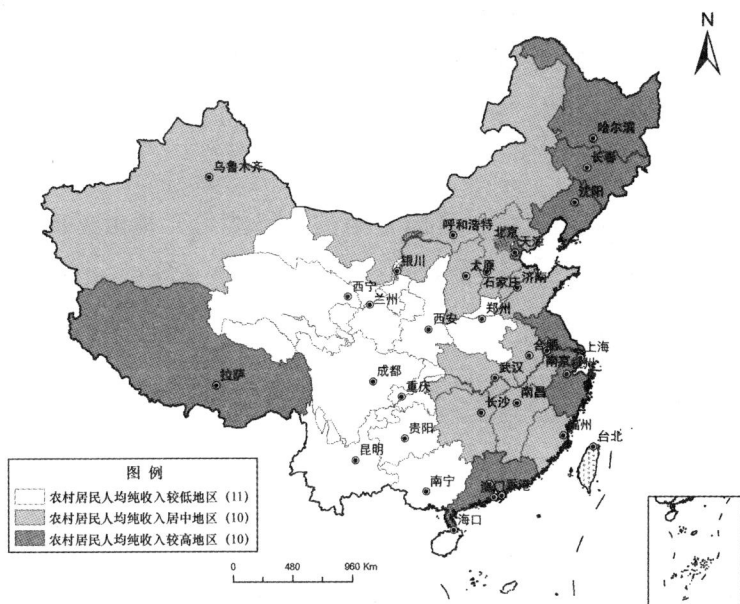

图38　1984年中国各省区农村居民人均纯收入分布情况

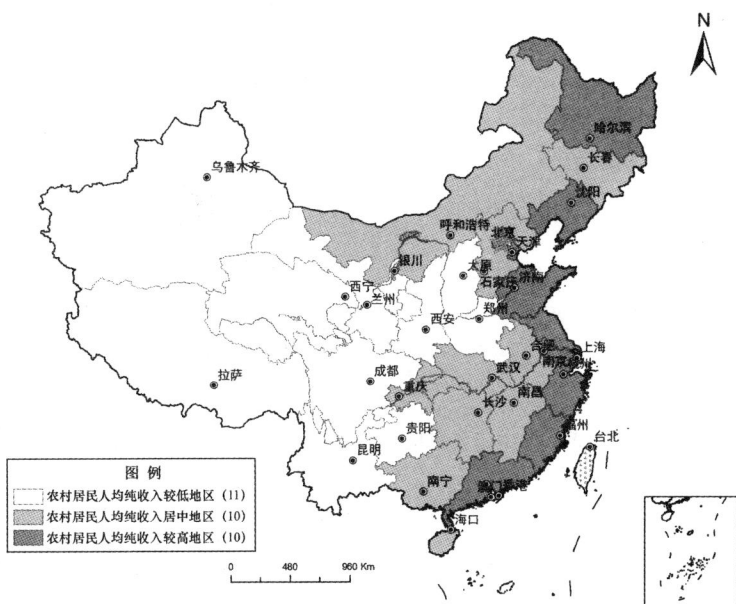

图39　1994年中国各省区农村居民人均纯收入分布情况

份大多属于农村居民人均收入较低地区，而西藏位列全国第八。1994 年，农村居民人均纯收入排名较高的省份进一步向东部沿海集聚，除河北、海南属于全国人均纯收入第二梯队以外，其余 8 省均列农村居民人均纯收入较高地区。

20 世纪 90 年代中期以后，省际差距扩大仍然主要是由于四大区域之间的差距不断扩展造成的。东部地区内部差距变化不大，到 2000 年，除海南以外所有东部地区都已处于全国农村居民人均纯收入最高的 1/3 地区；而中西部地区大多处于农村居民人均纯收入中下游水平（图 40 和图 41）。

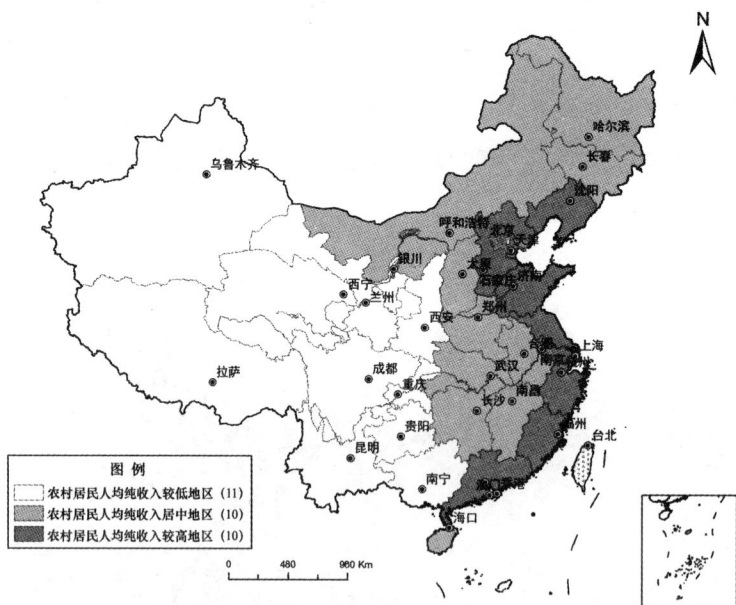

图 40　2000 年中国各省区农村居民人均纯收入分布情况

综上所述，中国目前省际农村居民人均纯收入差距主要是四大区域之间，特别是东部与其他地区之间的差距造成的。2009 年四大区域之间的差距占总差距的比重为 70.3%，东部地区内部差距所占的比重为 18.4%，西部地区内部差距所占的比重为 10%，中部和东北合计只占 1.3%。

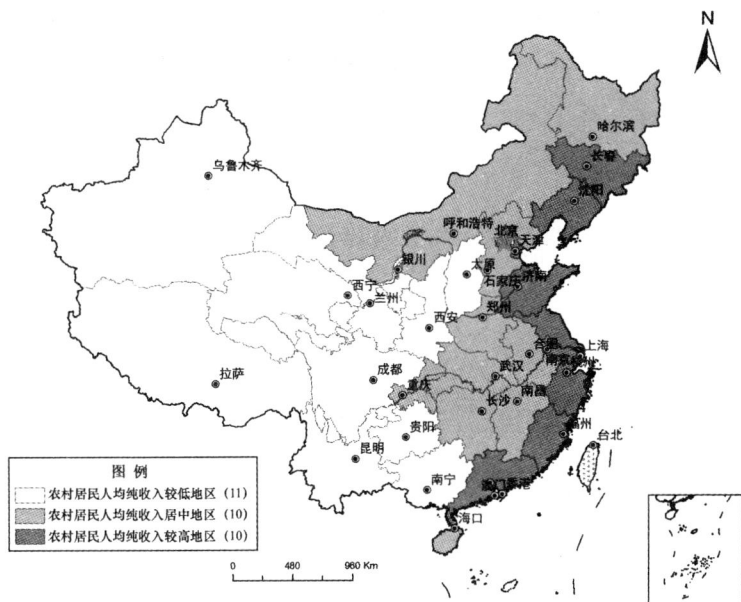

图41   2009年中国各省区农村居民人均纯收入分布情况

中国地区经济增长因素分解

一、中国经济增长绝对收敛分析

1. 绝对收敛检验方法：β 收敛检验方法

β 收敛指初期人均产出水平较低的经济系统趋于在人均产出增长率、人均资本增长率等人均项目上比初期人均产出水平较高的经济系统以更快的速度增长，即不同经济系统间的人均产出增长率与初始人均产出水平负相关。Barro et al（1992）使用新古典模型的框架，对美国相连的 48 个州的收敛性进行了研究，所用的数据包括 1840～1988 年的人均收入和 1963～1986 年的人均州生产总值（Gross State Product，GSP）。在这篇文献中，给出了估计绝对收敛假设下收敛系数的经验公式：

$$\frac{1}{T-t}\log\left(\frac{y_{i,T}}{y_{i,t}}\right) = \alpha - \frac{1-e^{-\beta(T-t)}}{T-t}\log\left(\frac{\hat{y}_i^*}{\hat{y}_{i,t}}\right) + \mu_{i,t} \qquad (1)$$

式中，i 代表经济单元，t 和 T 代表期初和期末时间，$T-t$ 为观察时间长度，$y_{i,t}$、$y_{i,T}$ 分别为期初和期末的人均产出或收入，$\hat{y}_{i,t}$ 为每个有效工人的产出，$\hat{y}_i^*$ 为稳定状态每个有效工人的产出水平，β 为收敛速度，其表示 $\hat{y}_{i,t}$ 趋近 $\hat{y}_i^*$ 的速度，$\mu_{i,t}$ 为误差。如果参数 β 大于零，就称这 n 个经济体呈现 β 收敛。β 值越大，收敛越强。β 收敛存在绝对收敛和条件收敛之分，即如果方程的回归结果不受是否加入其他有关附加变量的影响，均表现为 $\log\left(\dfrac{\hat{y}_i^*}{\hat{y}_{i,t}}\right)$ 与 $\log\left(\dfrac{y_{i,T}}{y_{i,t}}\right)$ 之间呈负相关，那么就是绝对 β 收敛；如果只有加入其他有关附加变量之后，方程的回归结果才能得到负相关关系，就认为是条件 β 收敛。

在实际经验研究中，一般绝对收敛检验方程为（沈坤荣，2002）[①]：

$$r_{i,t} = \beta_0 + \beta_1 1n(y_{i,0}) + \varepsilon_{i,t} \tag{2}$$

其中，$y_{i,t}$ 为经济体 i 的真实人均产出（或收入）增长率，$1n(y_{i,0})$ 为基年各经济体的初期人均产出（或收入）对数，$\varepsilon_{i,t}$ 为随机扰动项。如果 β_1 为负，则表明存在绝对 β 收敛。

2. 中国地区经济增长绝对收敛检验结果分析

对于中国地区经济增长的绝对 β 收敛，我们分别以初期实际人均 GDP 做因变量进行回归分析。表 1 是 1978~2008 年全国人均 GDP 增长率绝对 β 收敛回归分析结果。

从回归分析结果来看，1978~2009 年间，人均 GDP 不存在省际绝对收敛，$1n(y_i, 1978)$ 的回归系数虽然为 -0.006，但是没有通过 10% 的显著性检验。因此，从绝对收敛回归结果来看，1978~2009 年中国地区经济增长的收敛和发散性都不明显。

---

① 沈坤荣、马俊：《中国经济增长的"俱乐部"收敛性特征及其成因研究》，《经济研究》2002（1）。

表1	全国人均 GDP 增长率绝对收敛回归结果
解释变量	(1)
截距项	0.1169*
	(4.97)
1n $(y_i 1978)$	−0.006
	(−1.34)
R − squared	0.513
Adjusted R − squared	0.495
F − statistic	28.40

注：因变量为各省 1978～2009 年人均 GDP 的增长率，自变量为各省 1978 年实际人均 GDP 对数。圆括号内为 t 值，*、**、***分别表示 1%、5% 和 10% 的显著性水平，以下同。

由于中国经济结构自 90 年代早期后发生了较大的变动，主要体现为 1992 年中国政府确立了建立社会主义市场经济体制的发展目标，因此有关收敛文献将改革时期划分为不同阶段来研究省际收敛性，如刘强（2001）在对 1981～1998 年省际经济收敛机制进行分析时，以 1989 年为分界点进行样本回归；Sylvie Dmurger 等（2002）将 1979～1998 年划分为三个时间段——1979～1984 年、1985～1991 年、1992～1998 年，分别进行回归分析。通过前文我们对中国地区差距的分析中发现，改革开放以来中国地区差距演变经历了三个阶段，即 1978～1990 年地区差距缩小，1991～2003 年地区差距扩大，2003 年后地区差距又呈现缩小态势。因此，对中国省际增长的收敛性分析，本书将 1978～2010 年划分为三个时间段：1978～1991 年、1992～2005 年和 2006～2010 年，分别进行回归分析，回归结果见表 2。

从表 2 的回归分析结果来看，1978～1991 年期间全国人均 GDP 存在绝对收敛（表现为 1n $(y_i, 1978)$ 的回归系数为 −0.02，并通过了 1% 的显著性检验），收敛速度为年均 2% 左右，表明这一时间段内中国省区之间的人均 GDP 差距缩小。

从 1992～2005 年的回归分析结果，可以发现这一时期中国地区经济增长出现发散趋势（以 1992 年实际人均 GDP 对数为因变量的回归系数为

0.0057，通过了 10% 的显著性检验）。

表2　　　　　　　分阶段全国人均 GDP 增长率绝对收敛回归结果

解释变量	（1）	（3）	（6）
截距项	0.190*	0.059**	0.075*
	(7.337)	(2.904)	(2.507)
$\ln(y_i, 1978)$	-0.02*		
	(-5.159)		
$\ln(y_i, 1992)$		0.0057***	
		(1.849)	
$\ln(y_i, 2005)$			-0.004**
			(-3.029)
R-squared	0.549	0.336	0.409
Adjusted R-squared	0.533	0.311	0.323
F-statistic	32.89	13.62	4.09

注：因变量为各省人均 GDP 的增长率，自变量分别为 1978 年、1991 年和 2005 年各省人均实际 GDP 对数，样本区间分别为 1978～1991 年、1992～2005 年和 2006～2010 年。

2006～2010 年间全国人均 GDP 存在绝对收敛（表现为 $\ln(y_i, 2006)$ 的回归系数为 -0.03，并通过了 1% 的显著性检验），收敛速度为年均 3% 左右，表明这一时间段内中国省区之间的人均 GDP 差距缩小。因此，在 2006～2010 年间中国地区经济增长呈现绝对收敛趋势。

二、中国地区经济增长的条件收敛

1. 条件收敛检验模型

参考其他学者的研究成果，本文考虑了固定资产投资率、平均受教育程度、基础设施发展水平、地区的市场化程度、城市化水平、地方政府支出占 GDP 比重等因素对经济增长的影响，完整的回归方程为：

$$g_{i,t} = a + \beta_1 \ln(y_{i,t-1}) + \beta_2 Inv_{i,t} + \beta_3 Edu_{i,t} + \beta_4 Inf_{i,t} + \beta_5 Soe_{i,t}$$
$$+ \beta_5 Urb_{i,t} + \beta_6 Gov_{i,t} + u_i + \varepsilon_{it} \qquad (3)$$

在式中，时间 t 分别为 1991 年、1994 年、1997 年、2000 年和 2003 年

（每个阶段的期初年份，所有自变量都取各时段期初值）；$g_{i,t}$表示i省在t年开始的T年里人均GDP的平均增长速度，$Inv_{i,t}$代表i省在t年（即各时段期初）的固定资产投资率；$Edu_{i,t}$是各省的受教育程度，用初中以上文化程度的人口占6岁及以上人口的比重度量，它反映了人力资本水平对经济的影响；$Inf_{i,t}$是i省在t年的基础设施发展水平，这里选用铁路密度（Train）作为代理变量；$Soe_{i,t}$是i省在t年的国有工业总产值占全部工业总产值的比例，我们用这个指标代表各地区的市场化程度；① $Urb_{i,t}$是i省在t年的城市化水平；$Gov_{i,t}$表示各省在t年各省财政支出占GDP的比重。

本文的样本选择为1978～2010年，这一时间段具体又分为三个时间段：1978～1991、1992～2005、2006～2010年。另外，由于重庆市的数据不完整，这里将重庆市的数据与四川省进行了合并，这样共有30个地区的横截面数据。

2. 条件收敛结果分析

利用模型（3），我们进行了回归分析，具体分析结果如表3所示。

由表3的结果可以分析各种因素对地区增长的影响，从而为缩小地区差距的努力提供一些政策方向。

第一，固定资产投资率是影响中国地区经济增长的重要因素。1978～2010年期初投资率每提高1个百分点，随后的平均经济增长率可以提高0.061个百分点，略小于Fang Cai等（2002）估计的0.073个百分点，比Slyvie Demurger估计的0.2～0.35个百分点低。由于中国的投资率比较高，而且变化幅度很大，这将对地区经济增长产生重要的影响。在中国各地区的投资率并不是完全内生的变量，各级政府在相当程度上影响了企业的投资决策，国家政策也影响投资（包括FDI）的地区分布，因此地区投资率存在一定的外生性。另外，本文采用期初的投资率而非当期的投资率作为解释变量，也可以有效克服内生性问题。

---

① 1999年以后，各地区统计年鉴里开始统计国有及国有控股企业的总产值，很多地方将此作为国有工业企业的总产值，但这将与以前年份的数据产生口径不一致的情况，因此这里只选用国有企业的产值指标。

表 3   分阶段全国人均 GDP 增长率条件收敛回归结果

解释变量	(1)	(2)	(3)	(4)
截距项	0.1786 *	0.1826 *	0.134 *	0.1406 *
	(10.756)	(6.172)	(3.974)	(5.012)
$\ln(y_i, 1978)$	-0.0043	-0.009 **		
	(-1.335)	(-1.859)		
$gexpot_{i,t}$	0.0029	0.02565	0.014	0.03545
	(1.237)	(0.641)	(1.015)	(0.711)
$HUMK_{i,1982}$	0.0048	0.0017		
	(0.2443)	(0.054)		
$HUMK_{i,1992}$			0.027	
			(1.191)	
$HUMK_{i,2006}$				0.0027
				(0.064)
$Rsoe_{i,t}$	-0.106 *	-0.0784 **	-0.107 *	0.0004 ***
	(-8.729)	(-3.325)	(-8.649)	(1.725)
$\ln(y_i, 1992)$			0.0057 ***	
			(1.849)	
$\ln(y_i, 2006)$				-0.008 **
				(-1.929)
$Inv_{i,t}$	0.061 (2.84) ***	0.083 (2.88) ***	0.062 (2.12) **	0.074 (2.94) ***
$Train_{i,t}$	1.488 (2.07) **	1.733 (2.41) ***	1.22 (2.65) ***	1.36 (2.23) **
$Urban_{i,t}$	0.108 (2.15) **	0.08 (2.13) **	0.138 (2.55) ***	0.098 (1.95) **
R - squared	0.506	0.428	0.560	0.518
Adjusted R - squared	0.484	0.402	0.538	0.472
F - statistic	23.98	16.02	25.36	20.02

注：因变量为各省实际人均 GDP 增长率。第一列为 1978～2010 年样本区间回归结果；第二列为 1978～1991 年样本区间回归结果；第三列为 1992～2005 年样本区间回归结果，第四列为 2006～2010 年样本区间回归结果。

第二，地区教育水平的提高对经济增长有显著的推动作用。1978～2010 年，若期初某地区初中以上人口占 6 岁以上人口的比例提高 1 个百分点，可以使随后年份的地区经济增长率提高 0.048 个百分点。从系数的绝对值上看，教育水平对经济增长的影响是巨大的。

第三，市场化程度的提高对经济增长有显著的促进作用。本文采用国有工业企业总产值占全部工业总产值的比重作为各地区市场化程度的代理变量，一般而言，如果一个地区国有工业所占的比重越大，则政府对经济的干预程度可能越高，相应的市场化程度可能较低，一般估计该变量前面的系数应为负值。根据回归结果，SOE 前面的系数小于 0 且十分显著，说明期初国有经济比重较大的地区随后的经济增长速度较低，换言之，市场化程度越高越有利于经济增长，这同 Baizhu Chen & Yi Feng（2000）、林毅夫等（2003）的研究结论相同。

第四，基础设施建设与经济增长有显著的正向关系。在模型中，我们用铁路网密度衡量基础设施建设的发展程度，回归的系数显著为正，这同 Sylvie Demurger（2001）的结果相一致。从系数大小看，基础设施建设对增长的影响较大。

第五，城市化水平对地区经济增长有显著的影响。1978～2010 年期初的城市化率提高 1 个百分点。可以使随后的增长率提高约 0.108 个百分点，以前较多研究如陆铭（2004）都发现了城市化程度对经济增长的正向影响。

第六，2006～2010 年中国区域间存在显著的条件收敛性，即在控制其他因素的条件下，经济发展水平高的地区经济增长速度慢，表现在前的系数显著为负。在以前的研究中，部分研究发现中国地区存在条件收敛性（如 Fang Cai 等 2002；林毅夫等，2003；彭国华，2005），也有些研究发现该时期中国地区不存在条件收敛性（如王志刚，2004）。

结论及政策建议

一、结论

近年来中国的收入差距问题引起了国内广泛的注意，许多学者从多方面对区域收入差距问题进行了研究。本报告在对我国区域发展战略进行系统分析的基础上，通过采用多种测度指标对中国的区域收入差距进行了较为全面的分析，研究结果表明：

（1）改革开放以来，我国区域发展战略的演变大体经历了两个不同阶段，即改革开放初期至 20 世纪 90 年代中期推行的向沿海地区倾斜的不平衡发展战略阶段和从 20 世纪 90 年代中后期，特别是进入新世纪以来的推进区域协调发展战略阶段。区域协调发展战略的实施对中西部地区经济社会发展产生了重要的积极影响。

（2）不同的区域发展战略对我国区域收入差距的演变产生了重要影响。改革开放以来，中国区域收入差距经历了一个先缩小后扩大再缩小的阶段性演变过程。改革初期，东部地区内部存在着较大的差距，但是在促进东部地区率先发展的战略推动下，东部地区内部差距迅速缩小，进而带动了全国总体差距的缩小。20 世纪 90 年代以后，已经较为发达的东部地区增长速度依然快于全国平均水平，致使东部地区与其他地区之间的差距进一步扩大，加大了全国地区的不平等程度。进入新世纪以来，在区域协调发展战略的推动下，中西部经济保持了较快的增长，与此同时，东部地区在连续保持了多年的高速增长后，增速放缓，东、中、西部地区间的差距有所缩小，由此导致全国发展差距总体呈现缩小的态势。

（3）改革开放以来，中国省际收入差距总体上呈现逐渐扩大的趋势，其变化大致可以划分为 4 个阶段：20 世纪 80 年代中期到 90 年代，尤其是 90 年代前半期，省际居民收入差距迅速扩大；从 90 年代中期开始到 1998 年左右，多数指标反映的省际居民收入差距有所减小；到 2005 年左右，多数指标反映的省际居民收入差距开始进入下一阶段扩大时期，但差距扩大的速度较为缓慢，且 2006 年以后开始出现差距略微减小的态势。从地区视角来看，四大区域间的收入差距，尤其是东部地区和其他地区的收入差距，是我国地区差距的主要构成部分。以城镇居民人均可支配收入衡量的省际差距为例，2009 年四大区域之间的差距占总差距的比重为 67.6%，东部地区内部差距所占的比重为 27.1%，西部地区内部差距所占的比重为 3.2%，中部和东北合计只占 2.1%；以农村居民人均纯收入衡量的省际差距为例，2009 年四大区域之间的差距占总差距的比重为 70.3%，东部地区内部差距所占的比重为 18.4%，西部地区内部差距所占的比重为 10%，中部和东北合计只占 1.3%。东部地区和其他地区的收入差距成为决定全国地区差距变化趋势的最主要因素。

（4）从城乡视角来看，省际城乡收入差距是影响我国总体收入差距的重要因素。从 20 世纪 80 年代中期以来，省际城乡收入差距一直占全国总体收入差距的 70% 以上。中国地区差距的扩大主要表现为城乡差距的迅速扩展，城镇与城镇之间、农村和农村之间的差距也有所扩展，但占总差距的比重仍然很小。2000 年以来，中国的城市化速度有所加快，城乡之间的劳动力流动规模也很大，但是由于城市地区的经济发展快于农村地区，城乡间的差距仍然呈扩大的趋势。

（5）区域收入差距的发展变化受到多种因素的影响，尽管近年来在区域协调发展战略的推动下，西部地区部分省区经济保持了较高的增速，但是必须看到，近年来影响地区差距变化还存在一些经济周期性因素，中西部地区虽然增长速度较快，但主要依靠一些传统产业的发展和能源资源的消耗，后续发展能力不强。因此，缩小地区差距仍将是未来相当长时期内我国面临的重要任务。

二、政策建议

我国幅员辽阔，各地区之间资源禀赋、地理位置存在着很大的差异，经济、文化水平参差不齐，不同区域如何发展始终是国家重点关注的问题之一。近年来在区域协调发展战略的推动下，中国区域差距呈现缩小的态势，但是区域发展仍面临不平衡、不协调、不可持续的突出问题。促进区域协调发展仍是当前重要任务。

根据大量的国际经验和经济规律，结合我国区域协调发展所面临的新要求，促进我国区域协调发展，首先要处理好几大关系：

　　一是处理好经济活动空间集聚与区域协调发展的关系。从国际经验来看，由经济活动空间聚集所造成各地的经济不平衡增长与各地区之间和谐发展之间并不总是矛盾的，而是可以很好地协调一致。一方面，要素和经济活动在空间上的集中是经济发展的客观趋势和要求，不仅有利于提高效率和增强国家均衡各地福利水平的能力，也有利于节约资源（特别是土地资源）和保护环境；另一方面，通过人口的有效流动和政府合理的财政转移支付，可以保障在人口和经济活动不断集中的同时，各地居民享受到大体相当的生活水平和福利水平。由于长期以来我们对这两者的关系认识不到位，因而既没有采取重点措施推动各种要素特别是人口的合理集中，也难以采取有效政策平衡区域之间的福利水平。

　　发达国家的经验表明，通过实施适当的政策，经济活动的聚集与不同地区居民的生活和福利水平的趋同可以并行不悖。美国在 20 世纪初，绝大多数制造业都逐渐聚集到东北部和中西部等相对较小的地区，但在此过程中美国各州的人均收入差距并未拉大，反而出现了缓慢的趋同。法国和德国也都在空间经济快速集中的过程中，实现了基本福利指标的趋同。巴黎以 2% 的土地生产了 28% 的国内生产总值，但是法国国内各地区之间的婴儿死亡率差距非常小。在德国，汉堡地区的经济密度（单位土地面积上的产出）是东北部落后地区梅克伦堡——前波莫瑞州（Mecklen-Burg-Vorpommern）的100 多倍，但是两个地区基本福利的差异微乎其微。

　　2009 年世界银行出版的《世界发展报告》通过严密的经济逻辑和大量的历史事实表明：一方面，经济增长在地区间的分布是不平衡的，任何在空间上均衡分配经济活动的意图最终只会阻碍经济的增长；另一方面，地区间的不平衡增长和地区间的和谐发展可以同时存在，通过统一性的制度安排（Institution）、连接性的基础设施（Infrastructure）和指向性的激励措施（Incentive），能够推动不同地区发展的一体化，缩小不同地区居民的生活和福利水平差距，同时实现地区增长的经济利益和地区公平的社会利益。试图通过人为干预和阻碍经济活动集聚来缩小区域差距，不仅会导致效率损失，区域之间的公平性最终也难以得到保障。

二是处理好区域政策的统一性和制订特定区域发展规划的关系。在改革开放之始及其以后的较长时期内，我国促进区域经济发展的一个基本思路是，给特定地区以特殊的优惠政策，使之成为聚集各类生产要素的高地，以加快特定地区的发展。这一思路在一定的历史时期具有很大的合理性。因为，在改革的初期及中期，无论是在制度建设方面，还是在经济发展方面，我国都缺乏相应的经验，需要创立经济特区、优先开放沿海城市、设立各种规模和类型的开发区，赋予这些地区改革开放的先行先试权和许许多多的优惠政策。应当承认，这一思路具有无比巨大的效力，取得了丰硕的积极成果。然而，也要看到，其具有不容忽视的负面效应，最主要的是，它破坏了公平的发展环境，碎片化了区域政策，形成了较大的政策寻租空间，诱发了各地争取优惠政策的"竞赛"和各种各样的寻租行为，既损害了中央政策的权威性和有效性，又导致了国家整体利益的损失。

在新的历史时期，我国必须摒弃旧的思路，更加注重区域政策的统一性。30余年的改革和发展，既向区域政策的统一性提出了日益紧迫的现实需要，也为区域政策的统一性创造了日臻成熟的条件。

当然，更加注重区域政策的统一性，并不否定制定特定地区发展规划的必要性。我国各地发展的资源条件、区位条件等千差万别，不存在普遍地适用于各地区的发展模式。各地区有必要根据发展的外部环境和自身条件，制订发展规划，确定发展定位和方向，选择发展路径和战略。这样的规划既可以由自己来制订，也可以由上级政府乃至中央政府来制订。

近年来，中央政府密集地出台了一系列省级或省级以下地区的发展规划，这是符合区域经济发展需要的。这里需要特别指出的是，今后要明确制订此类规划的原则，规范此类规划的内容，界定此类规划的边界。制订这类规划，要以不破坏区域政策的统一性、避免导致区域政策的碎片化为准则，要以确定发展定位、发展方向、发展任务、发展战略为其基本内容。

三是处理好市场与政府的关系。我国实行的是市场经济制度，要发挥市场在资源和要素空间配置中的基础性作用，是不容置疑的基本原则。但是，也不能忽视、轻视政府（包括中央政府和地方政府）在区域经济发展领域中的作用。

（1）政府在培养区域增长极中有着举足轻重的作用。在任何一个区域大国，总有那么一些地方，资源禀赋条件优良，环境承载力较强，但是由于基础设施条件较差、人力资源不足等原因，而长期处于欠发达状态。在这种情况下，如果政府能够改善那里的生产生活条件，那里就能很快地发展起来。另外，还存在这样一种情况：有些地方发展条件不错，发展基础也比较好，为了提高整个国家的国际竞争力，政府可以通过有意识的作为，加快这些地方的发展，增强这些地方在国际竞争中的"势能"。我国既存在类似前者的地区，也存在类似后者的地方，政府在培养增长极方面应大有作为。改革开放以来的区域发展实践也证明，政府实施的相关战略和政策也是有效的，如沿海地区发展战略和东部率先发展战略的实施，就催生了珠三角、长三角和环渤海等三大具有国际影响力的增长极。

（2）政府在扶持问题区域发展方面有着不可替代的作用。在任何一个大国，也总有那么一些地方，或者由于自然条件较差，或者由于长期过度开发，在发展方面面临严重困难。政府可以通过资金和政策支持，帮助那里发展或实现经济转型。我国有不少的"老少边穷"地区，也有许多资源枯竭型地区。这些地区的发展，需要政府的介入。

（3）政府在推动区际公共服务均等化方面有着不可或缺的作用。在任何一个大国，区域发展不平衡都是难以避免的。而为着保障每个人的基本生存权和发展权，为着社会的和谐和国家的统一，政府尤其是中央政府必须尽力推动公共服务的均等化，使各地区居民能够公平地享受到发展的成果。我国的区域发展不平衡，尽管不是全球最严重的，也是全球最严重的之一。要在短期内消除这种不平衡，是不可能的，或者是要付出极大代价的。如果像改革开放之前那样强行消除发展的不平衡，则会挫伤各地发展的积极性，造成资源空间配置的扭曲，带来国民经济整体效率的损失。在这种情况下，发挥政府在推动区际公共服务均等化方面的作用异常重要。而30多年来国民财富的快速积累也为实现区际公共服务均等化创造了更好的条件。

（4）政府在保护生态环境方面有着不可推卸的责任。在任何一个大国，各地资源环境承载力总是存在或大或小的差别。要实现人与自然的和谐，必须有效发挥政府在引导生产力空间布局方面的作用，使各地区的经济和人类活动与其资源环境承载力相适应。另外，生态环境问题也是个外部性很强的问题，也就是说，一个地区的污染排放常常会对其他地区的环境产生影响。解决环境问题，需要跨区域的统筹。我国各地的资源环境承载力不同，各地的生态环境状况相互关联密切，这从客观上要求必须发挥政府在相关领域的作用。

在政策方面，重点着力以下几个方面：

第一，清理各种限制要素流动的政策，促进区域一体化发展，提高资源利用效率。从法律上明令禁止地方政府，特别是大中型城市政府以各种方式、各种名义制定的地方保护主义政策，比如在就业方面对外地居民和农村居民的歧视性政策，在市场准入方面对外地企业和外地产品的歧视性政策。明确禁止地方政府出台限制人口流动、歧视性就业和有损公平竞争环境的法规。要加强执法力度，对近年来各地政府采取的限制和妨碍要素及人口正常流动、违反公平竞争原则的地方性政策进行必要的清理。可以考虑设立较高层次的执法机构，专门负责维护统一市场、制止地方保护主义行为的执法工作。

联动改革户籍制度和社会保障制度。完善户籍制度承担的户政和人口信息采集管理职能，以及作为居住、就业地备案的职能，简化备案手续，并规定迁移者变更长期居住地后的备案责任。社会保障获取资格及劳动力市场准入资格，要与户籍制度脱钩，促进人口自由流动。

第二，推进基本公共服务均等化。推进基本公共服务均等化，一是要明确界定基本公共服务的范围，并伴随经济社会发展水平提高而相应调整。要分轻重缓急，把保障公民的基本生存权、健康权、劳动权、发展权作为当前我国基本公共服务的主体内容。二是要完善基本公共服务均等化的评价指标体系、标准和信息公开制度。短期内均等化评价的重点应该放在投入指标上，而从中长期看，测评的重点应该逐步向"产出"与"结果"转变，以不断提高公共服务均等化的实效。要设立全国统一的各类基本公共服务的最低标准，并作为强制性标准在全国各地实行。三是要明确划分各级政府提供基本公共服务方面的事权，保证责任归属清晰、合理。要改变过去那种仅仅按照事务隶属关系来划分的做法，以基本公共服务受益范围及其特性为主要依据来确定各级政府的责任。四是要合理调整政府间财权配置，扩大地方税基。应当赋予地方政府更多的税权，将地方税的实施办法、政策解释、税目税率调整、税收减免等权限逐步下放给地方政府，以调动地方政府理财的积极性。五是要按照基本公共服务均等化的要求，完善财政转移支付制度。要优化财政转移支付结构，减少税收返还，扩大一般性转移支付，清理合并专项转移支付。

第三，要实行差异化的区域政策。对中西部地区，关键是要进一步培育其内生增长能力，促进可持续发展。进入新世纪以来，中国中西部的内蒙古、湖南等中西部省份经济增长迅速，但是中西部之所以能够保持强劲的增长态势，主要原因在于：一是在财政收入激增的推动下，中西部各地区上马了很多项目工程，城镇固定资产投资增长迅速；二是在资源价格攀升的情况下，资源型开发生产大规模增加。目前，中西部省份经济高速增长是典型的投资驱动型增长，经济增长中70%是依靠投资拉动的。从2003年起中部的投资增长速度超过了东部，从2005年起西部投资增长速度超过了东部。而中西部地区在产业配套、科技创新、市场化改革、公共服务供给等诸多方面同东部地区仍存在较大差距，因此，促进中西部地区经济持续增长，除了进一步加大对中西部地区的基础设施建设力度外，关键是提高中西部地区科技创新能力、产业配套能力、公共服务供给能力和体制创新能力。对东部地区，关键是要提升其竞争能力，进一步促进其率先发展。东部地区是我国经济社会发展的引领者，进一步加快东部地区发展对促进我国综合国力提升具有重要意义，要进一步促进东部地区城市连绵带发展，构建完善的城市分工体系，发展城市对经济的带动作用；要进一步加快东部地区产业转型升级，需求新的优势空间。

第四，要促进城乡统筹发展，全面提高农业现代化水平和农民生活水平。要拓宽农民增收渠道。加大引导和扶持力度，提高农民职业技能和创收能力，拓宽农民增收渠道。促进农民收入持续、较快增长，重点是巩固提高家庭经营收入、努力增加工资性收入、大力增加转移性收入。要改善农村生产生活条件。按照推进城乡经济社会发展一体化的要求，搞好社会主义新农村建设规划，加强农村基础设施建设和公共服务，推进农村环境综合整治。提高乡镇村庄规划管理水平，加强农村基础设施建设，强化农村公共服务，扩大公共财政覆盖农村范围，全面提高财政保障农村公共服务水平。推进农村环境综合整治。要完善农村发展体制机制，按照统筹城乡发展要求，加快推进农村发展体制机制改革，增强农业农村发展活力。坚持以家庭承包经营为基础、统分结合的双层经营体制。建立健全城乡发展一体化制度，加快消除制约城乡协调发展的体制性障碍，促进公共资源在城乡之间均衡配置。生产要素在城乡之间自由流动。

参考文献

［1］彭国华.中国地区收入差距、全要素生产率及其收敛分析.经济研究，2005（9）

［2］万广华.解释中国农村区域间的收入不平等：一种基于回归方程的分解方法.经济研究，2004（8）

［3］万广华，张藕香.1985～2002年中国农村的地区收入不平等：趋势、起因和政策含义.载于沙安文，沈春丽，邹恒甫主编.中国地区差异的经济分析.北京：人民出版社，2006

［4］国家统计局课题组.中国区域经济非均衡发展分析.2007（5）

［5］朱农，骆许蓓.中国城市化的地区差异及其决定因素.载于沙安文，沈春丽，邹恒甫主编.中国地区差异的经济分析.北京：人民出版社，2006

［6］许召元，李善同.近年来中国地区差距的变化趋势.经济研究，2006（7）

[7] 王小鲁，樊纲．中国地区经济发展差距的变动趋势和影响因素．经济研究，2004（1）

[8] 王小鲁，樊纲．中国地区经济发展差距：20 年变化趋势和影响因素．北京：经济科学出版社，2004

[9] Akita, T. , Lukman, R. A. & Yamada, Y. （1999）, "Inequality in the Distribution of Household ex-penditures in Indonesia: A Theil_L Decomposition Analysis", *The Developing Economies*, XXXVII – 2 （June 1999）: 197 ~ 221.

[10] Dayal – Gulati, A. and Husain, A. M. （2000）: "Centripetal Forces in China's Economic Takeoff," *IMF Working Paper 00/86*.

[11] Demurger, S. （2001）: "Infrastructure Development and Economic Growth: An Explanation for Regional disparities in China", *Journal of Comparative Economics*, 29, pp. 95 ~ 117.

[12] Demurger, S. , sachs, J. , Woo, W. t. , Bao, S. , Ahang, G. and Mellinger, A. （2002）: "Geogra-phy, Economic Policy, and Regional Development in China", *Asian Economic Papers*, 1 （1）, 146 ~ 197.

[13] Hu, A. and Wang, H. （1996）: "Changes in China's Regional Disparities," *The Washington Center for China Studies Papers*, 6 （9）.

[14] Jian, T. , Sachs, J. and Warner, A. （1996）: "Trends in Regional Inequality in China" . *China Eco-nomic Review*, 7, pp. 1 ~ 21.

[15] Kanbur, R. and Zhang, X. （1999）: "Which Regional Inequality? The Evolution of Rural Urban and In-land – Coastal Inequality in China from 1983 to 1995," *Journal of Comparative Economics*, 27, pp. 686 ~ 701.

[16] Kanbur, R. and Zhang, X. （2005）: "Fifty Years of Regional Inequality in China: a Journey Through Central Planning, Reform, and Openness", *Review of Development Economics*, Vol. 9, No. 1, 87 – 106.

[17] Li Shantong, Feng Jie, Hou Yongzhi, （2004）: "Ten Major Trends for Regional Development in China", *China Development Review*, Feb 2004, Vol. 6 No. 1, 89 ~ 93.

[18] Litwack, J. M. and Qian, Y. （1998）: "Balanced or Unbalanced Development: Special Economic Zones as Catalyst for Transition", *Journal of Comparative Economics*, 26, pp. 117 ~ 141.

[19] Poncet, S. （2005）: "A Fragmented China: Measure and Determinants of Chinese Domestic Market Dis-integration", *Review of International Economics*, 13 （3）, pp. 409 ~ 430.

[20] Renard, M – F. （2002）: "A Pessimistic View on the Impact of Regional Inequalities", *China Economic Review*, 13, pp. 341 ~ 344.

[21] Shankar, Raja & Shah, A. （2003）, "Bridging the Economic Divide Within Countries: A Scorecard on

the Performance of Regional Policies in Reducing Regional Income Disparities", World Development Vol. 31, No. 8, 1421 ~ 1441.

[22] Shorrocks, A. F. and Wan, G. H. (2005), "Spatial Decomposition of Inequality", *Journal of Economic Geography*, 5 (1): pp 59 ~ 82.

[23] Wang, X, and Fan, G. (2004), "Analysis on the Regional Disparity in China and the Influential Factors", *Economic Research*, Vol. 21. No. 1, pp33 ~ 43.

[24] Williamson. J. G. (1965): "Regional Inequality and the Process of National Development: A Description of the Patterns". *Economic Development and Cultural Change*, 1965, Vol. 13, No. 4, pp. 3 ~ 45.

[25] Xu, Z. and Li shantung, (2006): "Analysis on the Trend of Regional Income Disparity in China", *Economic research*, (Chinese Journal), Vol. 23, No. 7 pp106 ~ 116.

[26] Yang, D. T. (1999): "Rural – Urban disparity and Sectoral labor allocation in China," *Journal of Development Studies*, 35 (3), pp. 105 ~ 133.

[27] Yao, S. and Zhang, Z. (2001): "On Regional Inequality and Diverging Clubs: A Case Study of Contemporary China," *Journal of Comparative Economics*, 29, pp 466 ~ 484.

[28] Yang, D. T. (2002): "What has Caused Regional Inequality in China?" *China Economic Review*, 13, pp. 331 ~ 334.

[29] Young, A. (2000): "The Razor' s Edge: Distortions and incremental Reform in the People' s Republic of China," *Quarterly Journal of Economics*, 115 (4), pp. 1091 ~ 1135.

农村扶贫政策与居民收入分配

汪三贵　　张伟宾

（中国人民大学农业与农村发展学院 中国人民大学反贫困问题研究中心）

导　言

改革开放以来，中国农村扶贫政策取得了显著的成绩。按照世界银行每天 1 美元的贫困标准，中国的农村贫困人口从 1981 年的 7.3 亿下降到 2008 年的 9700 万，减少了 6.3 亿，贫困发生率从 73.5% 下降到 7.4%（World Bank，2011）。中国扶贫成就是在快速的经济增长和不断扩大的贫富差距双重宏观背景下取得的。经济增长为实现减贫目标提供了良好的条件，但是不断扩大的贫富差距阻碍经济增长的成果涓滴到穷人。随着收入差距扩大，经济增长的边际减贫效益开始呈现递减趋势，当经济增长的益贫效应逐渐下降，面向贫困地区和贫困人群的扶贫政策就显得尤为重要。新世纪以来，各级政府投入大量资金用于缓解不断扩大的收入差距对贫困人群的影响，2002～2010 年，扶贫资金总额从 250.2 亿元增加到 606.2 亿元。尽管如此，目前仍然存在诸多因素限制着扶贫政策发挥作用，这些因素是再分配领域有效干预贫困人群收入和福利的重要基础条件。

本文首先建立了经济增长、收入分配与农村扶贫政策之间的分析框架。然后在第三部分对 2001～2010 年间农村经济增长、收入分配和扶贫政策的变动趋势进行了总体分析和判断。第四部分实证分析了农村扶贫政策实施对收入分配的影响，首先介绍了《纲要》的实施及其主要政策，然后从开发式政策和补贴式政策分别研究了农村扶贫政策对收入分配的直接影响和间接影响，判断农村扶贫政策对贫困地区和贫困人口分享经济成果的机会和能力的影响，最后对主要扶贫政策如整村推进、劳动力培训转移、产业化扶贫、村级互助资金的受益地区、受益群体和受益机制进行分析，判断这些扶贫政策的收入分配效应。第五部分总结分析结果并提出相关政策建议。

农村扶贫政策和收入分配的分析框架

关于经济增长、收入分配和贫困减缓的研究一直是理论界争论的焦点，近期的研究越来越注重从技术和实证的角度分析特定区域内经济增长或收入分配对贫困减缓的作用，或通过回归估计增长和收入分配的减贫弹性，或通过对贫困变动进行经济增长和收入分配的效应分解，如林伯强（2003）、胡兵等（2007）、杨颖（2010）。尽管对经济增长或收入分配的减贫弹性的具体结果因为不同的数据和分解方法而有所不同，但是不断扩大的收入分配格局阻碍了减贫进程却是一个基本的共识。

经济增长和收入分配的减贫弹性是从经济增长——收入分配——减缓贫困的三角关系去研究农村贫困问题，忽略了贫困地区对收入分配有重要影响作用的一环——扶贫政策。尽管扶贫政策在广义范围内仍属于收入分配，但是由于目前研究收入分配时狭窄的定义——多是从基尼系数、洛伦茨曲线等收入结果的维度出发，而不能在分析框架中有效考虑中国农村扶贫政策的作用。实际上，随着经济增长的益贫性不断下降，扶贫政策正发挥着越来越重要的作用。尽管主导收入分配格局的仍然是经济制度因素，如初次分配和再分配涉及的劳动力市场、产品市场、要素市场制度、财税体制、公共服务体系等，但是对贫困地区和贫困人群，扶贫政策发挥了更直接且越来越重要的作用。因此，有必要从更广泛的范畴和更有效的实证角度去分析关于经济增长——收入分配——贫困减缓——扶贫政策四者之间的关系。

经济增长与贫困减缓、收入分配与贫困减缓、经济增长与收入分配之间的相互关系已经有非常广泛的讨论，但是关于扶贫政策和收入分配之间的相关研究并不多见。扶贫政策和项目的复杂性，使得研究其对收入分配格局的影响非常困难。扶贫政策涉及部门众多，资金和项目投入渠道、管理方式、减贫机制各不相同，难以从总体上估计扶贫政策对收入分配格局和减缓贫困的影响。农村扶贫政策对收入分配格局的影响因为其具体的政策项目而有所区别。在过去的 10 年中，中国政府实施的农村扶贫战略以开发式扶贫为主，同时也针对特定人群实施了救助性扶助。对扶贫政策进行简单划分，可以分为补贴性政策和开发式政策，前者直接对收入分配格局产生影响，后者对收入分配格局产生间接影响。政策性补贴直接增加特定贫困人群的收入，因而对收入分配产生影响。而开发式扶贫政策则通过实施发展项目提高贫困人群分享发展成果的机会和能力，间接对贫困人群的收入产生影响。

分享经济增长成果的机会和能力的缺失既是贫困的表现维度，又决定了特定群体在收入分配格局中的地位。收入差距扩大看似是影响经济增长减贫效果的原因，实际上是收入较低群体缺乏分享经济增长成果机会和能力的表现。分享经济成果的机会和能力决定了特定群体在收入分配格局中的位置，因为不能分享经济成果，所以收入差距不断扩大，进而陷入贫困循环。扶贫政策的实施会对贫困群体分享经济增长成果的机会和能力产生影响，进而创造改变其在收入分配格局中的不利地位的可能。扶贫政策和项目落实到农户，可以分为提高生产能力、促进市场参与、缓解脆弱性等维度，提高生产能力的项目如种植业、养殖业等，促进市场参与的如农业产业化、劳动力培训、小额信贷等项目，而缓解脆弱性主要由补贴式扶贫政策如低保、贫困补助等发挥作用。通过贫困人群分享经济成果的机会和能力这一概念连接起收入分配和贫困减缓。简要的分析框架见图 1。

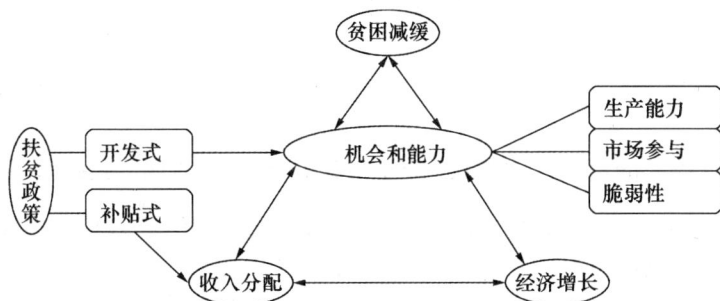

图1　农村扶贫政策和收入分配的分析框架

经济增长、收入分配和贫困减缓的变动趋势

一、整体趋势：益贫式增长

改革开放以来，中国收入差距不断扩大，基尼系数从 1981 年的 30.9%上升到 2008 年的 46.9%（世界银行，2009）。农村内部的收入差距也不断扩大，1990～2010 年，农村内部基尼系数不断增加，城乡收入比不断扩大。2010 年，农村内部基尼系数达到了 37.83%，城镇居民的可支配收入与农村居民人均纯收入比为 3.2（国家统计局农村司，2012）（见图2）。

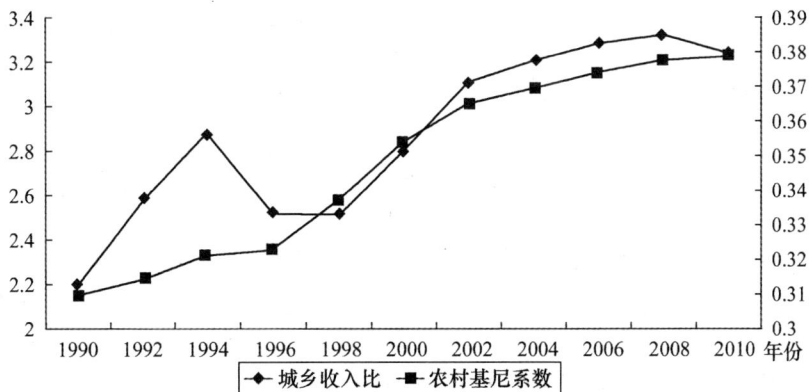

图2　1990～2010 年城乡居民收入比与农村内部基尼系数

资料来源：国家统计局农村司：《中国农村贫困监测报告 2011》，中国统计出版社 2012 年版。

近年来，贫困地区内部的收入分配差距逐步扩大。2002 年以来，扶贫重点县按五等份分组的收入差距不断扩大，最低收入组占最高收入组的比重从 2002 年的 21.59% 下降到 2010 年的 17.38%。从增长速度看，收入越高的组，农民人均纯收入的增长速度越快。2002～2010 年的 8 年间，最低收入组的农民人均纯收入年均递增 11.1%，中低收入组的农民人均纯收入年均递增 11.7%，中等收入组的农民人均纯收入年均递增 12.4%，中高收入组的农民人均纯收入年均递增 13.1%，最高收入组的农民人均纯收入年均递增 14.1%。

表 1　　　　　　　扶贫重点县按五等份分组的农民人均纯收入　　　　单位：元

年　份	低收入户	中低收入户	中等收入户	中上收入户	高收入户
2002	519.3	903.4	1174.9	1522.5	2405.8
2003	501.4	934.2	1278.4	1725.4	2930.4
2004	567.4	1050.8	1446.4	1958.8	3354.4
2005	649.4	1172.1	1589.6	2106.1	3506.6
2006	734.4	1284.9	1746.8	2359.2	4048.0
2007	810.3	1504.8	2066.3	2785.2	4830.6
2008	1007.5	1761.4	2392.0	3218.2	5421.7
2009	1081.5	1894.3	2590.2	3502.5	5984.5

数据来源：国家统计局农村司：《中国农村贫困监测报告 2010》，中国统计出版社 2011 年版。

二、新世纪以来中国农村减贫进程

从贫困人口规模和发生率来看，2002～2010 年，全国农村贫困人口从 8645 万下降到 2688 万，减少了 68.9%，其中，扶贫重点县贫困人口从 4828 万下降到 1693 万，减少了 64.9%；全国农村贫困发生率从 9.2% 下降到 2.8%，年均下降 0.8%，扶贫重点县贫困发生率从 24.3% 下降到 8.3%，年均下降 2%。全国农村贫困人口比扶贫重点县贫困人口下降比例更大，说明扶贫重点县以外的贫困人口下降的速度更快。扶贫重点县中贫困人口比例占全国的比例逐渐增加，说明现行扶贫政策存在很大程度的瞄准偏差，瞄准偏差导致扶贫政策和项目的主要受益对象是贫困县的非贫困人群或相对富裕的贫困人群。另一方面，扶贫重点县的贫困发生率下降得更快，表明扶贫政策和项目投入使得居住在扶贫重点县的农户有更多的机会摆脱贫困。

表2　　　　　　全国农村贫困人口和扶贫重点县贫困规模及比重　　　　单位：万人

年　份	贫困标准（元）①	全国农村		扶贫重点县		重点县贫困人口占全国比例（%）
		贫困人口	贫困发生率（%）	贫困人口	贫困发生率（%）	
2002	869	8645	9.2	4828	24.3	55.85
2003	882	8517	9.1	4709	23.7	55.29
2004	924	7587	8.2	4193	21.0	55.27
2005	944	6432	6.8	3611	18.0	56.14
2006	958	5698	6.0	3110	15.4	54.58
2007	1067	4320	4.6	2620	13.0	60.65
2008	1196	4007	4.2	2421	11.9	60.42
2009	1196	3597	3.8	2175	10.7	60.47
2010	1274	2688	2.8	1693	8.3	62.98

资料来源：国家统计局农村司：《中国农村贫困监测报告2011》，中国统计出版社2012年版。

三、经济增长的益贫效应

收入分配格局变动对贫困减缓的作用在于当全社会的收入分配比较均等的时候，社会中各群体在劳动回报、市场进入和基本公共服务等方面的差异相对较小，因而都能够比较容易的获得经济增长的成果，甚至原本收入较低的群体的边际报酬可能更大，可能获得更快的收入增长速度。这种收入分配格局对减缓贫困是非常有利的。一旦收入分配格局恶化，收入差距不断扩大，收入较低的群体受应对市场的脆弱性、基本公共服务的缺失等因素影响，将越来越难以平等的从经济增长的过程中增加收入，这种收入分配格局对减缓贫困起到阻碍的作用。前者可以被认为是促进贫困群体共享经济增长

① 由于从2008年开始把贫困标准和低收入标准合并，以低收入线作为衡量贫困的标准，因此之前的贫困线也分别采用当年的低收入标准，并以低收入人口与贫困人数之和为贫困人数。

成果的益贫式增长①，而后者则相反。

从收入增长速度角度，徐丽萍和王小林（2011）定义贫困人群的收入增长速度超过社会平均收入增长速度为利贫的增长。根据这一定义，作者利用国家统计局收入分组数据分析的结果显示 2000～2010 年经济增长基本上是不利贫的。2000～2010 年，社会平均增长率为 6.7%，而贫困人群增长率为 6.22%。在 4 个增长期内——2000～2002 年、2003～2005 年、2006～2008 年、2008～2010 年，只有 2003～2005 年是利贫的。根据同一定义，作者发现扶贫开发重点县的经济增长是利贫的，但利贫的收益率逐渐递减。2008～2010 年受金融危机影响出现不利贫。

经济增长表现出"益贫困地区"却不"益贫困农户"的特征。2002～2010 年，扶贫重点县农民收入占全国农民平均收入的比重不断上升，但是贫困户的平均收入占全国农民收入的比重却不断下降。2002～2008 年，重点村农户有最快的收入增长速度，其次为重点县和全国农村，贫困户收入增长速度最低，仅为 3.32%。2002～2009 年，贫困户、重点县农户和全国农户的收入增长速度分别为 2.75%、11.76% 和 11.04%，重点县农户收入增长速度最快，受经济危机等因素影响，2009 年贫困户收入甚至比上一年略有下降。贫困户收入占全国农村居民的比重在 2002～2009 年持续下降，从 2002 年的 1/3 下降到 2009 年的 1/5。而生活在重点村和重点县的农户的人均纯收入占全国平均水平的比重在此期间保持了稳中略升的趋势。

《纲要》实施期间，扶贫重点县和重点村农村居民人均纯收入增长速度要高于全国平均水平，表明农村扶贫政策实施有助于增加贫困地区的农民收入。而在贫困地区内部贫困户收入增长速度较慢，则表明扶贫投资的成果没有被贫困人口同等享受，扶贫政策的瞄准需要关注。此外，从动态角度考虑

---

① 关于益贫式增长学界存在诸多争论，主要的观点分为两类：一类是当贫困人群的收入增长高于社会平均收入增长，另外一类则主张除非贫困人群的收入不变或下降，否则都应该认为是益贫式增长，后者被世界银行陈少华等学者支持。考虑到中国经济增长和减贫速度，采用更为严格的益贫概念更有助于分析中国农村贫困减缓和收入分配之间的关系。

贫困户的变动、收入流动和脆弱性的话，对贫困户收入增速最慢需要谨慎理解。以上主要描述了《纲要》实施期间收入分配格局的变动趋势，并未关注农村扶贫政策的影响机制及实证结果。下节将具体分析新世纪农村扶贫政策对贫困人群分享经济增长成果的机会和能力及收入分配格局的影响。

表3			贫困户与其他农户人均纯收入比较				单位：元
年　份	贫困户	重点村	重点县	全　国	贫困户占全国比重	贫困户占重点县比重	重点县占全国比重
2002	813	1196	1305	2476	33%	62%	52%
2003	814	1326	1406	2622	32%	58%	53%
2004	853	1488	1585	2936	29%	54%	53%
2005	860	1633	1725	3255	26%	50%	52%
2006	869	1815	1928	3587	24%	45%	53%
2007	977	2165	2278	4140	24%	43%	55%
2008	989	2485	2610	4761	21%	38%	54%
2009	983		2842	5153	19%	35%	55%
2010			3273	5919	33.8%	61%	55%
至2008年增速	3.32%	12.96%①	12.25%	11.51%			
至2009年增速	2.75%		11.76%	11.04%			
至2010年增速			12.18%	11.51%			

资料来源：国家统计局农村司：《中国农村贫困监测报告》（2003～2011），中国统计出版社。

扶贫政策对收入分配的实证影响

扶贫政策既是收入分配制度的构成部分，也会对分享经济增长的机会和能力构成影响。农村扶贫政策中的补贴式救助项目直接增加贫困人群的收入，而扶贫开发项目则通过提高贫困人群分享经济成果的机会和能力间接地

---

① 重点村农户收入数据只统计到了2008年，因此重点村农户收入增速只计算2002～2008年间。

对收入格局产生影响。《纲要》实施以来，农村扶贫政策对不断恶化的收入分配格局起到了缓解作用，但是仍存在改进的空间。

一、农村扶贫政策实施进程

改革开放以后，中国政府的专项扶贫主要采取开发式扶贫策略，其政策演变可以分为四个阶段：针对特殊贫困地区的扶贫开发尝试（1981～1985年）、以区域瞄准为主的扶贫开发（1986～1993年）、改善资金投入和贫困瞄准的"八七扶贫攻坚计划"（1994～2000年）和以整村推进为主的《中国农村扶贫开发纲要（2001～2010年）》。

进入新世纪后，贫困人口的分布更加分散，逐渐从区域集中转向村级社区集中，面向贫困县的区域投入机制暴露出一定的瞄准偏差。在这种情况下，《中国农村扶贫开发纲要（2001～2010年）》（以下简称《纲要》）将扶贫开发的重点从贫困县转向贫困村，强调群众参与，采用自下而上的参与式方法制定贫困村的发展规划。2002年，全国共选定14.8万个贫困村，覆盖了当年全部贫困人口的83%，专项扶贫开发开始以行政村为单位开展。《纲要》实施期间的开发式扶贫政策主要包括整村推进、产业化扶贫、劳动力培训转移、移民搬迁、贫困村级互助资金等。在这一时期，政府还主导实施了农村低保制度、农村大病救助、"两免一补"等政策性补贴项目。

《纲要》实施期间，反贫困组织体系不断发展完善，广泛动员了社会力量的参与，扩大了基层执行主体的赋权和参与过程，瞄准贫困的机制不断改善，扶贫项目的管理水平不断提高。针对贫困地区和贫困人群的扶贫投资不断增加，扶贫资金的投向结构越来越趋于贫困群体的需求。由政府主导的专项扶贫项目有效地改善了贫困地区基础设施和经济发展环境，使贫困地区的收入和消费表现出更快的增长速度，提高了贫困人群在市场、就业等方面的机会和能力，缓解了多维贫困。这一阶段，全国农村贫困人口①从2001年的

---

① 2008年，中国将农村绝对贫困标准和低收入标准合并，贫困线为1196元。

9030 万下降到 2010 年的 2688 万，贫困发生率从 9.8% 下降到 2.8%[①]（国家统计局农村司，2011）。

二、扶贫政策对收入分配的直接影响

农村扶贫政策通过扶贫项目安排资金投入对收入分配产生影响。《纲要》实施以来，扶贫投入不断增加，项目覆盖率逐步提高，有效提高了贫困地区农民的收入，从而对收入分配格局产生了影响。

1. 扶贫资金的总体影响

《纲要》实施期间，扶贫资金投入不断增加。2002～2010 年，扶贫资金的总量和到县、到村、到户扶贫资金都表现出增加的趋势（表 4）。其中，扶贫资金总额和到县扶贫资金保持年均 11% 以上的增长速度，到村和重点村的扶贫资金保持年均 22% 以上的增长速度，到户的扶贫资金年均增长 7.5%。在县、村、农户这三个瞄准层次上，到村资金增长速度尤为明显，充分表明了《纲要》实施期间以村为单位的瞄准策略。

表 4   2002～2009 年扶贫资金投入情况

	2002 年	2010 年	绝对增量	年均递增（%）
扶贫资金总额（亿元）	250.2	606.2	355.9	11.7
到县扶贫资金（万元）	4227	10240	6013	11.7
到村扶贫资金（万元）	3.9	20.3	16.5	23.1
到重点村扶贫资金（万元）	5	27.9	22.9	22.1
到户扶贫资金（元）	806	1436	630	7.5
重点村到户扶贫资金（元）	829	1481	653	7.5

资料来源：国家统计局农村司：《中国农村贫困监测评估报告 2011》，中国统计出版社 2012 年版。

在大量扶贫资金的投入下，生活在扶贫重点县和重点村的农户收入增长速度超过了全国平均水平。其中，重点村农户收入从 2002 年的 1196 元增加

---

① 由于采用了新的贫困线标准，因此贫困人口和发生率与之前阶段不一致。

到2008年的2485元，增长了1倍多，平均每年增长近13%；而同期全国农村居民收入从2476元增加到4761元，增长了93%，年均增速为11.5%；重点村农户收入占全国农村的比重从2002年的48.3%上升到2008年的52.2%。重点县农户在2002~2010年间也有比全国更快的增长速度，增速分别为12.2%和11.5%，重点县农户占全国农村居民收入的比重从2002年的52%增加到2010年的55%。重点县和重点村农户收入较快的增长速度充分表明扶贫政策和资金的支持发挥了重要的作用。

从以上分析可以看出农村扶贫政策对收入分配影响的大概趋势，准确理解农村扶贫政策对收入分配的影响无疑需要更可靠的研究。根据课题组（2009）对2008年全国贫困监测样本农户数据的回归结果表明，资金投入对家庭纯收入、家庭经营纯收入和第一产业纯收入的弹性系数分别为0.0747、0.1822和0.1578，表明资金投入对重点县农民收入增长具有显著的作用，采取有效措施增加农民收入应继续作为支持贫困地区农民增收的一项重要措施。该研究还估计了到户扶贫资金对减缓贫困的贡献。结果表明，到户扶贫资金对全国重点县的贫困发生率减少的贡献率为10.5%，对贫困深度和贫困强度减少的贡献率为34%和38.4%。这说明到户扶贫资金对减缓农村贫困产生了积极的作用。同时该研究还指出了理解研究结果需要注意的部分：首先，采用到户扶贫资金作为扶贫资金投入的代表，无疑会大大低估整体扶贫资金投入的减贫效果；其次，该研究建立的农户收入决定模型，以此估计扶贫资金对收入的弹性系数的研究思路是所有到户扶贫资金都作为生产资金投入进去了，而实际情况显然可能存在差异。尽管该研究的结论需要谨慎理解，但是它从定量角度估计了扶贫资金对农户人均纯收入的弹性系数，这对于理解扶贫资金对收入分配的总体影响无疑有很大的帮助。

2. 开发式扶贫政策的影响

新世纪扶贫政策主要的扶贫资金投入如整村推进、产业化扶贫、移民搬迁、劳动力培训转移等都属于开发式的扶贫政策。评价开发式扶贫政策对收入分配的影响面临诸多约束：第一，难以准确估计开发式扶贫政策对收入的影响，因为影响农户收入的因素有很多，缺乏有效的数据难以把收入的增加归结为开发式扶贫政策的作用；第二，通过到户扶贫资金估计开发式扶贫政策对收入的影响无疑会低估扶贫资金的整体贡献；第三，即使通过各种科学方法对开发式扶贫资金的影响定量研究，由于各类项目的影响机制各异，也难以在政策上提出操作性的建议。

由于扶贫资金影响机制复杂，通过倾向得分匹配的方法（PSM）估计到户扶贫资金对收入的影响成为相对合理的研究方法。岳希明等（2010）利用2006～2009年扶贫监测的数据对项目户和非项目户的人均纯收入增长速度进行了倾向得分匹配的比较。其结果显示，项目户人均纯收入增长速度明显高于非项目户。去除退耕还林还草补贴后，把扶贫资金仅仅局限在以农民脱贫为目的（开发式扶贫政策）的扶贫资金投入的话，项目户与非项目户在人均纯收入增长速度上的差异愈加明显。当把分析对象仅仅局限在贫困户时，项目户的增收幅度也显著大于非项目户。这表明，如果贫困户能够得到扶贫资金资助的话，其收入会有显著的增长，到户的扶贫资金投入具有显著的脱贫效应。

表 5 　　　　　　　　　　　**项目户和非项目人均纯收入增长速度（%）**

指标名称		2007 年	2008 年	2009 年
包括退耕还林还草补贴	项目户	16.40	18.44	9.21
	非项目户	12.26	12.92	5.23
不包括退耕还林还草补贴	项目户	19.16	16.49	21.59
	非项目户	7.89	11.47	6.75
有劳动力的农户	项目户	20.21	15.85	21.71
	非项目户	9.11	10.19	7.36
有劳动力的贫困户	项目户	44.18	48.35	47.43
	非项目户	33.07	36.35	28.46

数据来源：国家统计局农村司：《中国农村贫困监测报告2010》，中国统计出版社2011年版。

岳希明等（2010）的研究表明，扶贫资金能使项目户获得较快的收入增长，因此，如果贫困户能够被真正的瞄准，无疑能有效缓解农村地区不断扩大的收入差距。尽管如此,理解扶贫政策对收入分配的影响仍有进一步的研究方向。首先,该研究估计了扶贫资金投入对收入增长速度的影响差异,如果能在此基础上分析项目户和非项目在收入绝对值上的差距以及贫困户获得项目的比例,进而定量估计扶贫资金投入对收入分配(基尼系数等指标)的影响无疑能更直接回答本文的研究问题。其次,对多种投入形式的扶贫资金分别进行定量估计无疑更具有政策性含义,但是缺乏微观数据的支持。

需要强调的一点是,有劳动力的贫困户在 2007～2009 年间如果能够获得扶贫资金投入的话,其纯收入增长速度分别为 44.18%、48.35% 和 47.43%,而这三年贫困户的纯收入增长速度分别为 12.43%、1.23% 和 -0.61%[①]。相比贫困户平均的纯收入增长速度,如果有劳动力的贫困户能够获得扶贫资金投入,将获得极为显著的收入增长。这既表明扶贫政策的实施存在瞄准偏差的问题,也表明扶贫政策仍有非常大的改进空间。

3. 补贴式扶贫政策的影响

开发式扶贫政策通过生产性投资改善收入,农村扶贫政策中的一些补贴则直接增加贫困农户的收入,因而其对收入分配格局的影响更为直接。2001～2010 年农村贫困地区实施的补贴式扶贫政策主要包括:退耕还林还草、农村最低生活保障制度、大病救助、农业生产补贴、寄宿制学生补贴等。

吴国宝等(2008)对 2006 年和 2007 年的 577 个扶贫重点县的粮食直补和良种补贴的分配效应进行了研究,研究发现“两补”政策的实施,增加了受益农民的转移性收入,从而对减缓扶贫重点县农村贫困和收入不平等产生了积极的影响。“两补”政策对贫困发生率、贫困深度和贫困强度三个贫困衡量指数都有一定程度的减缓作用。2006 年样本农户收入分配的基准基尼系数为 0.324,扣除粮食直补、扣除良种补贴、扣除粮食直补和良种补贴后,基尼系数分别增加了 0.0018、0.0003 和 0.0021,增幅分别为 0.6%、

---

① 贫困户的纯收入增长速度均按照名义货币计算,并未考虑物价因素。

0.1% 和 0.6% 。2007 年三项扣除后增幅分别为 0.6% 、0.1% 和 0.7% 。表明扣除"两补"后，扶贫重点县农村的收入不平等状况有所恶化，换言之，"两补"政策的实施减轻了贫困地区农户间收入分配的不平等状况。

利用 2002 年和 2009 年农村贫困监测住户调查数据，吴国宝等（2010）对取消农业税、免除义务教育阶段学生学费、农业生产补贴、农村最低生活保障制度、新型农村合作医疗、退耕还林还草、救灾、救济、到户扶贫等 12 项"多予少取"的政策进行了总体评估。"多予"政策的影响直接使用农户在研究期内收入的增加来体现；而"少取"的政策通过模拟分析来估计，根据 2002 年农业税费的决定因素做出回归模型，然后利用所得参数估计取消农业税政策对 2009 年各农户的影响。研究发现，2009 年"多予"政策使扶贫重点县农户人均收入增加 174 元，通过"少取"政策减少支出 70 元。12 项"多予少取"政策所产生的收入，相当于 2009 年扶贫重点县农民人均纯收入的 8.6% 。扶贫重点县中有 97.5% 的人口从"多予少取"的政策中获益，但高收入农户人均受益金额显著高于低收入农户。"多予少取"政策贡献了 2002 ~ 2009 年扶贫重点县农民收入增长额的 14.2% ，对收入最低 10% 的农户的收入增长的贡献率更高，达 31.5% 。

三、扶贫政策对收入分配的间接影响

尽管补贴式的扶贫政策对农户的收入有直接影响，但却是一种类似"输血"的扶贫方式。因而，在过去的 10 年中，扶贫资金投入类型主要是开发式扶贫。由于开发式扶贫政策投入主要是道路、桥梁、农田水利等基础设施建设，因而其对农户收入的影响并不能如补贴式政策那样直接。在这种情况下，如果单纯从收入角度考察扶贫政策对收入分配的影响，必然会低估扶贫政策的效果。因而有必要从贫困农户分享发展成果的机会和能力去考察扶贫政策的效果。具体到本节，将分别比较贫困地区和一般地区农户生产能力、市场参与和脆弱性三个维度的变化趋势，以此来评价扶贫政策对收入分配的间接影响过程，农村扶贫政策的实施是否有效提高了贫困人群在生产能力、

市场参与和应对脆弱性等方面的表现。

1. 扶贫政策对农户生产能力的影响

扶贫政策对农户生产能力的影响主要体现在以下三个方面：基础设施、农业生产条件和人力资本。《纲要》实施期间，贫困地区这三项都表现出更快的增长趋势，充分表明扶贫政策有效提高了农户的生产能力。

在基础设施方面，2002~2010年，扶贫重点县行政村通公路、通电、通电话、通电视信号的比例有了明显的进步，分别增加了4.1、2、14.6和2.5个百分点。行政村"四通"的比例都在98%以上，表明扶贫重点县行政村的基础设施与全国平均水平的差距越来越小。除此之外，扶贫重点县自然村"四通"的增长速度表现出比全国平均水平更高的增长速度。2002~2010年，扶贫重点县通公路、通电、通电话的自然村比重分别增加了15.9、5、40.3和11.7个百分点，而有卫生室的行政村比重在重点村增加了12.5%，这一时期，贫困县基础设施的建设速度要大大高于全国农村的建设速度。到2010年，通公路、通电、通电话、能接收电视的自然村的比重分别达到了88.1%、98%、92.9%和95.6%，与全国平均水平的差距进一步缩小。这些表明扶贫政策在改善贫困地区基础设施建设上发挥了巨大作用。

2002~2010年，贫困地区农户的生产能力主要方面如生产资料、粮食产量都在不断增加，一些方面表现出比同期全国平均水平更快的增长速度。农户年末生产性固定资产原值从2002年的2299.1元增加到2010年的6450.2元；汽车、大中型拖拉机、小型拖拉机拥有量也表现出一定的增长趋势。农户对生产的投资也不断增加，到2010年，重点县农户家庭人均经营费用支出达到了1098.9元，其中第一产业生产费用支出从2002年的403.3元/人增加到了2010年的1009.9元/人，年均增长12.2%。扶贫重点县农作物总播种面积和粮食播种面积不断增加，年均增长1.4%和1.6%。在这种背景下，重点县的粮食总产量也表现出比全国更高的增长速度，分别为4.18%和2.26%（国家统计局农村司，2003，2012）。

在人力资本方面，2002~2010年，重点县初中以上劳动力比例从

46.8%增加到57.6%，初中以上劳动力比例表现出比全国更快的增长速度。政府还组织了面向贫困村的各类技术培训，2002～2010年间，重点县中接受技术援助的村的比重从10%提高到了14.3%。2002～2008年，重点村中使用节水栽培技术、有塑料大棚/温室、拥有农牧业新技术示范户和举办过专业技术培训的村的比重分别增加了0.6、2.6、5.3和6.6个百分点。除了政府直接组织的各类技术培训，产业化扶贫项目也在一定程度上促进了贫困农户生产能力的提升，产业化扶贫项目通过培育基于地区资源优势的产业项目，向贫困农户提供具有高附加值的农产品的生产技术。农村扶贫政策实施使贫困地区的农户积累了生产资料，生产能力也得以发展，从而有机会在市场中获得收入。

2. 扶贫政策对农户市场参与的影响

贫困地区农业生产条件恶劣，劳动力参与市场活动，从市场中获得收入是贫困人群重要的收入来源。农村地区的居民往往通过一定的经济安排降低整个家庭所面临的整体风险。随着市场经济的全面建立，能否参与市场，从市场中获得收入成为影响农户收入分配格局的重要因素。扶贫政策在促进贫困地区居民参与市场方面做出了积极的贡献。

为了直接促进劳动力参与市场活动，从2004年开始，政府开展了贫困地区劳动力的转移培训，由国务院扶贫办主导在全国建立劳动力转移培训示范基地，截至2005年，中西部14个省共有劳动力转移培训基地1499个[①]，平均每省107个。在1499个培训基地中，省级、地市级、县级培训基地分别为216、278和1005个。政府提供培训的费用，被培训者的生活费用一般由自己负担，培训基地开展的专业培训集中在家政服务、餐饮、保安、酒店、建筑、制造、电子装配等领域（中国发展研究基金会，2007）。2003年，贫困县中只有6.1%的劳动力接受过劳动培训，到2008年，这一比例上

———————————

① 14个省（区、市）分别是：河北、江西、海南、河南、黑龙江、湖南、湖北、内蒙古、青海、陕西、四川、新疆、云南、重庆。

升到了 15.1%，平均每年增加 1.8%①。已有研究表明，劳动力转移培训使贫困地区劳动力外出的概率提高了 10% 左右，同时也使劳动力在本地从事非农就业的概率增加，培训使来自贫困地区的非农就业劳动力收入提高了 10% ~ 17%②。贫困人群在参与市场活动的过程中不仅收入和劳动力素质得到提高，其面对市场的能力和信心也明显增强了。2010 年，重点县农户中 24.5% 的劳动力选择外出从业，比 2003 年提高 6.2 个百分点。贫困农户 23.3% 的劳动力选择外出从业，平均在外从业时间 8.4 个月，其中外出从业时间在 6 个月以上的占 81.6%。除了参与劳动力市场，贫困地区主要农产品商品化率不断提高。2010 年农村居民粮食商品化率为 55.7%；油料商品化率 60.1%；蔬菜商品化率 69.4%；水果商品化率 92.2%；畜禽商品化率 87.3%，均较 2000 年有不同程度提高（国家统计局农村司，2011）。

扶贫贴息贷款和产业化扶贫项目，使贫困农户获得了市场营销网络的支持。尽管信贷扶贫的对象在产业化企业和农户之间不断循环，但中国政府的专项扶贫项目始终没有放弃向穷人提供信贷服务，在贫困地区开展了面向穷人的小额信贷和贫困地区村级互助资金项目，不断探索向贫困人群提供信贷服务可能的技术形式和资金安排。尽管小额信贷和村级互助资金项目仍处于探索和发展的阶段，但是其表现出的瞄准精度使贫困人群有更多的金融资本参与市场活动。产业化扶贫项目还建立了各种市场网络体系，道路的修建等使得农户能够低成本的参与市场活动。如湖北省近年来累计发放扶贫贷款 8 亿多元，建立各种批发、综合、专业市场近 1000 个，产供销联合体、经贸公司 800 多个，个体经商户 3 万多户，在全省贫困地区形成了多方式、多渠道、少环节、吞吐量大和辐射面广的流通网络，在引导农民闯市场、促进农民增收方面发挥了积极作用③。

---

① 根据《中国农村贫困监测报告 2004》和《中国农村贫困监测报告 2009》的数字计算。
② 《中国农村扶贫开发评估报告（2001~2010）》，讨论稿。
③ 产业化扶贫的案例转引自李周、操建华为中国发展研究基金会提供的背景报告《产业化扶贫进展评价报告》，2006。

在多种扶贫政策的共同作用下，贫困地区农户参与市场的深度和广度不断扩展，总收入中现金收入的比例从 2002 年的 64.6% 增加到 2010 年的 75.3%，主要粮食作物和蛋、奶、畜禽等产品的出售率都有非常明显的提高。总之，中国政府努力创造出有利于贫困人群的市场环境，提高贫困人群参与市场活动的能力，使他们能够从市场的发展中获益，不至于在市场活动中越来越边缘化。

3. 扶贫政策对农户脆弱性的影响

农户的脆弱性来源于自然灾害、市场风险以及疾病伤残等，一旦农户受到这些方面的冲击，其脆弱的生计就会趋于崩溃，陷入贫困的恶性循环。社会安全网是直接瞄准贫困人群的社会福利保障体系，通过收入再分配帮助家庭和个人应对贫困和脆弱性的冲击。

新时期，农村扶贫政策面向贫困人群的社会安全网逐步建立起来。2007 年，农村最低生活保障制度在全国农村推行，构成了中国农村贫困人群社会安全网的主体框架。到 2010 年，扶贫重点县中低保户的比重达到了 9.9%，低保的覆盖面继续扩大，低保户户均领取的低保金达到 802 元。与此同时，农村养老保险在扶贫重点县也逐渐推广，参加农村养老保险的农户比重和人口比重分别达到了 16.5% 和 42%。医疗方面，到 2010 年，扶贫重点县参加新农合的农户比例达到 93.3%，人均报销医疗消费 13.8 元，占总医疗消费的 7.7%。加上面向贫困地区的义务教育工程，向贫困儿童补助住宿费和生活费的政策，形成了面向贫困人群涵盖生活保障、医疗保障、教育服务的社会安全网，对中国农村减贫产生了显著的影响，不仅减少了收入贫困，降低了贫困发生率，缓解了在教育、卫生和社会发展等方面的多维贫困。

除此之外，农村扶贫政策还考虑了市场风险的冲击，为贫困户提供风险基金保障和市场营销支持，使贫困户更好地规避农业生产的市场风险。一些省份建立了产业发展基金和风险基金支持贫困农户，如江西省在烤烟生产中，按照每亩 12 元的标准进行投保，由保险公司承保；呼和浩特设立奶牛风险金，使广大贫困农户对发展扶贫产业有一个稳定的预期，极大地保护了农民的利益和积极性。农村扶贫政策针对农户脆弱性的措施，使得贫困农户能够缓冲脆弱性的冲击，避免生计框架的崩溃，进而获得可持续的发展机会和能力。

四、主要扶贫项目及其影响机制

1. 整村推进

整村推进是新时期农村扶贫开发的主要形式，目的是利用较大规模的资金和其他资源，在较短的时间内使被扶持的村在基础和社会服务设施、生产和生活条件以及产业发展等方面有较大的改善，使各类项目间能相互配合以发挥更大的综合效益，从而使贫困人口在整体上摆脱贫困，同时提高贫困社区和贫困人口的综合生产能力和抵御风险的能力。整村推进开展的扶贫项目包括道路建设、饮水、沼气、学校、移民搬迁和产业开发等 6 大类。根据国务院扶贫办统计[①]，到 2008 年，14.81 万个贫困村中有 60.53% 的村庄完成了整村推进。整村推进的实施，改变了过去以贫困县为对象的扶贫模式，短期内使贫困村的农户的生产和生活条件得以迅速改善。

整村推进在短期内完成农村基础设施建设，为农户实现持续增收打下了基础。养殖技术推广和其他生产项目的引进，使重点村农村居民的收入在短期内明显提高。2002~2008 年间，贫困村农民人均收入增长达到 9%，比贫困县高 0.7 个百分点，比全国平均农民收入增长率高 1.4 个百分点。典型调查表明，在整村推进进展顺利、投资量较大的贫困村，全村农民人均纯收入在 1~2 年内能提高 50% 以上。描述统计表明，开始扶贫投资的整村推进村的收入增加幅度要远远高于还没有开始整村推进的贫困村，整村推进对提高农民收入的效果十分明显。

为了尽可能控制其他可观测和不可观测因素的影响，我们利用计量经济

---

① 《中国农村扶贫开发纲要（2001~2010 年）》实施效果的评估报告，讨论稿，《中国农村扶贫开发纲要（2001~2010 年）》实施效果的评估课题组，2009。

模型对贫困村与非贫困村和整村推进村与非整村推进村收入增长率的差异进行定量分析。模型的因变量为 2001 年和 2004 年收入取对数后的差分，并取年平均值。对因变量进行这种处理后，不仅可以消除收入的异方差性和不随时间变化的不可观测因素对收入的影响，自变量的系数还可以解释为对收入年增长率的影响。我们同时通过加入县虚变量来获得县级固定效果。分析结果表明：2001~2004 年间，贫困村农户的收入增长速度要比同一个县内非贫困村农户的收入增长速度高约 2%，而且这一结果在统计上非常显著。同一时期，整村推进村农户的收入增长速度要比非整村推进村高 8%~9%。但这一结果在统计上并不显著，说明整村推进村内农户收入增长的差异很大，尽管平均而言收入增长要远高于非整村推进村，但这种增长可能来源于部分农户，另外一部分农户可能没有什么增长甚至是负增长（相对于非贫困村的农户而言）。整村推进的效果尽管十分明显，但扶贫效果分配的不公平问题需要引起重视。为了进一步验证整村推进对村内相对贫困户和富裕户的不同影响，利用所有贫困村的村级数据和概率配对模型对这两类农户的收入和消费变化进行定量分析。村级配对估计结果表明，整村推进贫困村和非整村推进贫困村相比，尽管收入和消费增长的系数都是正的，但统计上不显著。在两个样本的估计中，只有整村推进村富裕户的收入和消费的增长显著高于非整村推进村富裕户的收入和消费的增长。这说明在整村推进中，真正受益的群体是贫困村中相对较富裕的农户（Park and Wang，2010）。

尽管整村推进对贫困村不同人群的收入改善有嫌贫爱富的嫌疑，但是在改善农村社区基础设施建设和生产生活条件方面却取得了显著的成效。2002~2008 年间，重点村通公路的自然村比例提高了 15.7 个百分点，比重点县高 3.5 个百分点；重点村通电的自然村比例提高了 6.1 个百分点，比重点县高 2.1 个百分点；通电话的自然村比例提高了 45 个百分点，比重点县高 9.9 个百分点；能接收电视的自然村比例提高了 14 个百分点，比重点县高 4.8 个百分点；有卫生室的行政村比例提高了 14.2 个百分点，比重点县高 5.4 个百分点。到 2008 年，贫困村的主要基础设施已经接近重点县的平均水平。基础设施建设和生产生活条件的改善，使得居住在贫困村的农户能够分享发展的成果。修建或扩建通村公路和自然村之间的道路，使得贫困人群参与市场、参与公共生活、获得公共服务等的成本极大降低，机会变得更大。越来越多的农户通过修建的道路得以以更高的价格出售农副产品、更低的成本购买生产生活资料。

需要注意的是，整村推进项目总体上改善了贫困农户分享发展成果的机会和能力，但是仍然有一定比例的农户因为缺乏劳动力、长期患病、发展资源不足而长期处于深度贫困，这类农户分享发展的机会和能力在修建基础设施的项目中并未获得有效改善。这种并未得到有效改善的情况在瞄准农户层次上的扶贫项目上表现得更加明显（如修建饮水工程和修建沼气池项目），在实践中很多针对农户的扶贫项目往往需要农户配套资金投入，如沼气池建设，除了政府的投入外，农户还需要投入1300元左右，这对长期的深度贫困农户来说是非常困难的。此外，产业开发项目也因为深度贫困农户劳动力数量、土地面积等方面的特征同样难以同等收益。并且，一旦产业化扶贫项目失败，深度贫困农户可能面临更大的收入冲击。

整村推进对收入分配的影响，我们可以这样总结：整村推进的实施为贫困地区农户提高收入创造了良好的条件，在生产能力和市场参与等方面有效改善了贫困人群分享发展成果的机会和能力。相对于全国农村，整村推进项目的实施，使得居住在整村推进村的农民取得了更快的收入增长速度，但是这种高速度的主要贡献者是整村推进村内的那些相对富裕人群。这表明，整村推进项目尽管从总体上有效改善了贫困地区的发展环境和条件，缩小了贫困村与非贫困村的差距，但在有利于区域差距缩小的同时，却扩大了村内的差距。

2. 劳动力培训转移：让贫困人口获得更多非农就业机会

劳动力培训转移是《纲要》实施后提出的三大扶贫工作重点之一。该项目希望通过提高贫困地区劳动力的素质和技能，并帮助他们在城市和发达地区获得非农就业的机会，从而迅速提高被转移劳动力及其家庭的收入和生活水平。劳动力转移培训的模式是由政府建立培训示范基地，并利用财政扶贫资金支持培训费用，受培训者自己承担生活费用。培训基地实际上是各地选择出来的职业技术学校，由其承担培训组织工作。根据国务院扶贫办对30个示范基地的统计，平均每个示范基地10个专业，这些专业主要集中在家政服务、餐饮、保安、酒店、建筑、制造、电子装配等劳动密集型行业，而培训的招生工作一般由扶贫部门和乡村干部负责。2001~2004年，已培训贫困地区农村劳动力242万人，其中大部分人都能就业（李文，2006）。

劳动力培训转移政策对收入分配格局的影响首先体现在对贫困家庭的收入上。利用2008年对67个扶贫重点县2000多农户的调查，课题组（2009）实证分析了劳动力培训转移对收入的影响。该研究首先比较了外出户和非外出户的收入水平；然后借助OLS和Matching方法考察了劳动力外出对于收入水平的影响，而且利用影响方程回归（RIF Regression）考察了劳动力外出对于不同收入分位点的影响。其研究结果主要归结为以下几点：

贫困地区的家庭中，每增加一个外出务工者，家庭的人均收入就会增加2%~4%。但是，劳动力外出就业对于降低贫困发生的概率只起到了很微弱的作用。劳动力外出对整个收入分配的影响主要集中在提高中等收入水平，对于低收入水平和较高收入水平的影响较小。

培训使得贫困地区劳动力外出的概率提高了10%左右。培训同时也使得劳动力在本地从事非农劳动的概率增加。

家庭中户主如果接受培训的话，会使得家庭人均收入增加3%~7%，它使得贫困地区的家庭成为贫困户（低收入标准）的概率降低6%左右。培训使得来自贫困地区的从事非农就业（含外出就业）的劳动者的收入提高了10%~17%，其对于来自非贫困地区的劳动力的影响不足10%。

与非贫困地区不同，贫困地区的农业技能培训和非农培训对于提高农户的收入水平都起到了显著作用。

实际上，劳动力外出就业对收入分配格局的影响不仅仅体现在收入的环节上，还可能从以下渠道影响收入分配格局。首先，贫困地区外出就业的劳动力相对劳动力的整体水平来说具有更高的人力资本，他们年纪更轻，受过更多年份的教育，更有意愿获得非农工作，大量具有较高人力资本的劳动力外出工作而不是在贫困地区工作，对贫困地区的发展会产生什么样的影响？贫困地区是否会因此而更加凋敝？但是另一方面，当贫困家庭获得更多的收入后，或者提高家庭的消费，或者增加家庭的生产投资，这些对贫困地区的发展显然是有帮助的。这些无疑都会对贫困地区的收入结构产生影响。

尽管劳动力培训转移对贫困地区劳动力收入有非常明显的提高，但是仍然面临如整村推进那样的瞄准偏差的问题。由于培训的招生工作由扶贫部门和乡村干部负责，在选择受培训的对象时不可避免地存在各种非贫困的家庭参加了培训的情况。此外，由于参加培训还需要受培训者自己承办生活费用，这对于一些真正贫困的家庭来说，也可能因此而被限制参加培训。

3. 产业化扶贫：以企业带动农户

农业产业化扶贫是新时期的三大扶贫措施之一。农业产业化扶贫的主要目的是对具有资源优势和市场需求的农产品生产，按照产业化的发展方向，连片规划建设，形成有特色的区域性主导产业。贫困地区农业产业化发展的关键是发展具有市场开拓能力的大中型农产品加工企业，通过这些企业为贫困农户提供产前、产中和产后的系列化服务，从而帮助农户提高农业生产的质量和水平并增加收入。

国务院扶贫办于 2005 年首批认定了 260 个国家扶贫龙头企业作为扶贫贴息贷款的重点扶持对象。对国家扶贫龙头企业的认定，从是否采取公司＋基地＋农户的经营模式、是否以贫困地区原材料和农产品为主要原材料、是否大量吸纳贫困地区劳动力以及企业效益等角度考察，以确保扶贫龙头企业能够通过在贫困地区的辐射作用，促进贫困地区产业发展，从而促进贫困人群增收。

产业化扶贫与整村推进和劳动力培训转移不同，其瞄准对象可以分为两类，一类主要是农业龙头企业，把信贷扶持、财政扶持、税收优惠和土地使用优惠作为开展产业化扶贫的手段，其中信贷扶持和财政扶持发挥了重要作用，2004 年产业化扶贫项目资金总额中信贷扶贫资金占 61.7%，财政扶贫资金占 18.7%（李周、操建华，2006）。除了对农业龙头企业的扶持，有的地区的产业化扶贫项目也开展了技术指导、优良品种提供以及签订订单农业等形式的农户层面的瞄准。

在实践中，产业化扶贫往往与整村推进等扶贫项目结合，并且其瞄准层次的分类使得难以从总体上对产业化扶贫效益进行实证分析。但是产业化扶贫对收入分配格局的影响机制可以总结如下：首先，产业化扶贫项目增加了贫困人群参与市场的机会，采取订单农业以及技术支持等形式扶助农户，也保障了贫困人群能够在参与市场的同时在一定程度上规避市场的风险和冲击；其次，产业化扶贫项目通过发展农业产业化经营，推广更优良的作物品种和种养技术，间接为贫困人群增加收入创造了条件；最后，产业化扶贫项目同样有瞄准偏差问题，由于处于深度贫困的农户或者缺乏劳动力，或者缺乏土地，或者缺乏采用优良种养技术的知识和能力，使得参与产业化扶贫项目的农户往往是贫困地区家庭相对富裕的农户。尽管存在瞄准偏差的问题，但我们也应该看到农业产业化扶贫项目给贫困地区的农户提供了更多参与市场的机会。

4. 村级互助基金：向穷人提供信贷服务

穷人能够获得信贷服务是农户摆脱贫困循环的关键环节。为了缓解贫困农户的信贷约束，从有针对性的扶贫以来，中国农业银行就开始发放面向贫困地区的贴息贷款，早期的扶贫资金中贴息贷款占到了一半以上。扶贫贴息贷款的对象经历了从农户——经济实体——农户——企业的循环，反映出由商业性管理扶贫贷款时产生的扶贫目标与资金效率和安全之间不可调和的冲突。产业化扶贫项目实施以来，信贷扶贫的对象主要是由政府认定的扶贫龙头企业。正是在这种背景下，由各种发展机构支持的小额信贷项目在各地发展起来，但是其进一步发展却受到金融法规和金融监管能力的限制。2006年，国务院扶贫办与财政部、世界银行在一些贫困地区开展了村级互助基金的专项扶贫项目，向穷人提供信贷服务。村级互助基金来源于政府财政扶贫资金并由政府部门组织和发动，它的目标是在农村金融市场暂时失灵的情况下，政府暂时介入信贷市场并通过农户互助和自我管理的方式为贫困和低收入人口提供信贷服务。2006 年，中央扶贫和财政部门决定利用国家财政扶贫资金在全国的 14 个省开展 100 个村的试点，2007 年又开展了 270 个村的试点工作。到 2010 年底，全国 28 个省的 1013 个县参加了互助资金的试点，试点村数量达到 1.28 万个。资金总规模 25 亿元，其中政府资金占 78%，农户资金占 22%。112 万农户参与到资金互助社，平均每个互助社 87 户会员。贫困村互助资金已经成为规模最大的社区基金项目。

贫困村互助资金能获得快速发展，基于以下几点原因：首先，在项目主导方上，由各级政府组成项目办开展实施，既避免了商业银行不能兼顾扶贫目标的问题，也避免了非政府组织小额信贷面临约束的问题；其次，在项目的实施上，充分发动贫困社区群众，由互助社会员民主选举理事会来管理互助资金，节约了信贷的交易成本；再次，在项目的可持续管理上有各级项目管理机构的监管，更重要的是主要产品设计都是在社区群众的参与下完成的，便于调整的同时也具有更好的适应性；最后，在项目的瞄准层次上，强调了贫困户优先的原则。

贫困村级互助资金对收入分配的影响体现在两方面。首先，参与村级互助资金项目的农户收入得到了明显的增加。根据对试点地区的调查评估，互助资金有效地缓解了贫困村、贫困户生产资金缺乏的状况。在所有使用过互助资金的农户样本中，81% 的农户认为盈利，平均盈利金额 2265 元（需要指出的是，此盈利并不完全是由使用互助资金所产生的，农户还有其他资金投入）。最低财产组中 52% 的农户认为，如果没有互助资金，将不能从事同样的项目，而这一比例在最高财产组中只占 20%。与此相反，只有 16% 的最低财产组农户认为，没有互助资金也能借钱从事同样规模的项目，而 54% 的高财产组农户认为可以借钱从事同样的项目。可见，互助资金对缓解贫困和低收入农户资金紧张和增收方面起到了更大的作用。其次，村级互助资金使贫困人群应对自然灾害、市场风险和大病等冲击的脆弱性得到减缓，能保证其生计不会因为冲击而完全崩溃，从而不至于陷入收入分配的最低端而不能流动。最后，村级互助资金的实施还具有良好的社会效益，参与和赋权的项目实施过程使得村民有更多的机会和意愿关注集体公共事业，有利于社区社会资本的培育，这些都有利于社区的可持续的和谐发展。

最后我们还应该看到，由项目盈利金额来判断村级互助资金对收入的影响缺乏依据，因为除了互助资金外，农户本身也有资金投入。如何准确评价村级互助资金项目实施的益贫效果，是未来需要着重考虑的。2010 年，由国务院扶贫办支持，中国人民大学开展了对互助资金的减贫效果的研究，通过对控制组和对照组基期和末期的收入的差分和匹配的方法，希望准确评价互助资金对农户收入的影响。

结论和政策启示

通过新世纪以来贫困地区收入分配变动趋势以及扶贫开发政策的影响过程的分析，可以得出以下结论：

农村扶贫政策的实施有助于缓解日益扩大的收入分配差距，尤其是有助于缩小贫困地区和一般地区的发展差距。开发式扶贫政策显著改善了贫困地区的基础设施和生产生活条件，为农户创收活动提供了良好的基础。由于基础设施、科技服务和产业化的发展等促进了贫困地区农户平均收入的提高，一定程度上抑制了贫困地区和非贫困地区之间收入差距的扩大，如果没有区域性的开发式扶贫政策，贫困地区和非贫困地区的差距比现在还要大。补贴式扶贫政策除了直接增加贫困人群的收入，从而缓解收入分配差距扩大的趋势外，其更重要的意义在于缓解了贫困人群面对各种冲击的脆弱性。

农村扶贫政策对收入分配的影响不仅仅体现在收入的维度，农村扶贫政策的实施，从生产能力、市场参与和缓解脆弱性等角度显著改善了贫困地区农民分享经济发展成果的机会和能力，从而使得处于收入分配结构低端的贫困人群不至于长期在贫困陷阱中挣扎而不能获得改变自己命运的机会。农村扶贫政策的实施，使得原本并不利于穷人的经济增长过程在某些方面和一定程度上表现出益贫的性质，这在全国和农村收入分配差距不断扩大的趋势下是难能可贵的，表明农村扶贫政策对缓解收入分配差距扩大意义重大。

不同的扶贫政策对收入分配有不同的影响效果和影响机制。整村推进从总体上改善了贫困地区分享经济发展成果的机会和能力，产业化扶贫和劳动力培训转移主要从促进市场参与和提高生产能力方面发挥作用，而收入补贴政策则从缓解贫困脆弱性的角度直接影响收入分配结构。扶贫政策对收入分配的影响效果的差异也非常明显。以基尼系数衡量，补贴式扶贫政策被证明有助于缓解贫困地区收入差距的扩大，而整村推进、劳动力培训转移、产业化扶贫等则有效地减少了贫困地区与其他地区的区域收入差距，但很可能扩大了贫困地区内部的差距。贫困户收入占扶贫重点县收入的比重从 2002 年的 62% 下降到 2009 年的 35%。主要农村扶贫项目如整村推进、劳动力培训转移、产业化扶贫等在实施的过程中都存在一定程度的瞄准偏差，受益的农户主要是贫困社区中的中等收入户和高收入户。

尽管只有很少比例的处于深度贫困的农户能够从扶贫项目中受益，但是深度贫困的农户获得扶贫资金后却往往能够收到更加显著的减贫效果。有劳动力的贫困户在 2007~2009 年间如果能够获得扶贫资金投入的话，其纯收入增长速度分别为 44.18%、48.35% 和 47.43%，这种收入增长速度是非常惊人的，表明现行扶贫政策存在偏差的同时，也有很大的改进空间。

未来的农村扶贫政策需要在加强扶贫资金投入的同时改善扶贫资金的瞄准。一方面，继续加强对贫困地区的扶持力度，加大对贫困地区的财政转移支付。全面改善贫困地区基础设施和生产发展条件，加强农村低保、医疗保险、大病救助等社会安全网建设的公共服务支出，使贫困人群在生产能力、市场参与和脆弱性缓解等方面都有机会和能力分享经济发展的成果，进一步缩小区域差距。另一方面，改善扶贫资金和项目瞄准的准确程度，在县级和村级都已经建立好发展的环境后，未来扶贫政策的瞄准层次应该集中在农户层次，有必要开发更多的瞄准农户的扶贫项目，尤其是处于深度贫困的农户。中国农村扶贫开发战略经历了从重点县到重点村的瞄准过程，未来农村扶贫政策需要瞄准贫困农户进行，包括教育、医疗、信贷、产业等多维度的全面干预。只有如此，农村扶贫政策才能在发挥缩小贫困地区和非贫困地区差距的同时，缩小贫困地区内部的收入差距，使更多的贫困农户分享经济增长的成果。

参考文献

[1] Albert Park，Sangui Wang. Community – based development and poverty alleviation：An evaluation of China's poor village investment program. Journal of Public Economics 94（2010）790 – 799.

[2] The World Bank（2011）. An Update to the World Bank's Estimates of consumption poverty in the developing world.

[3] 国家统计局农村社会经济调查总队. 中国农村贫困监测报告 – 2002. 北京：中国统计出版社，2002

[4] 国家统计局农村社会经济调查总队. 中国农村贫困监测报告 – 2003. 北京：中国统计出版社，2003

[5] 国家统计局农村社会经济调查总队. 中国农村贫困监测报告 – 2004. 北京：中国统计出版社，2004

[6] 国家统计局农村社会经济调查司. 中国农村贫困监测报告 – 2005. 北京：中国统计出版社，2005

[7] 国家统计局农村社会经济调查司. 中国农村贫困监测报告 – 2006. 北京：中国统计出版社，2006

[8] 国家统计局农村社会经济调查司. 中国农村贫困监测报告 – 2007. 北京：中国统计出版社，2007

[9] 国家统计局农村社会经济调查司. 中国农村贫困监测报告 – 2008. 北京：中国统计出版社，2008

[10] 国家统计局农村社会经济调查司. 中国农村贫困监测报告 – 2009. 北京：中国统计出版社，2009

[11] 国家统计局农村社会经济调查司. 中国农村贫困监测报告 – 2010. 北京：中国统计出版社，2010

[12] 国家统计局农村社会经济调查司. 中国农村贫困监测报告 – 2011. 草稿

[13] 胡兵，赖景生，胡宝娣. 经济增长、收入分配与贫困缓解——基于中国农村贫困变动的实证分析. 数量经济技术经济研究，2007（5）

[14] 李文. 劳动力培训转移的扶贫效果评估. 中国发展研究基金会背景报告，2006

[15] 李周，操建华. 产业化扶贫进展评价报告. 中国发展研究基金会背景报告，2006

[16] 林伯强. 中国的经济增长、贫困减少与政策选择. 经济研究，2003（12）

[17] 帅传敏. 中国农村扶贫开发模式与效率研究. 北京：人民出版社，2010

[18] 汪三贵. 在发展中消除贫困——对中国30年减贫经验的总结和评价. 管理世界，2008（11）

［19］吴国宝，谭清香，关冰. "多予少取"政策对贫困地区农民增收和减贫的直接影响. 国家统计局农村社会经济调查司编. 中国农村贫困监测报告2010. 2010

［20］吴国宝，关冰，谭清香. 贫困地区国家粮食补贴政策实施有效性及减贫影响评价. 国家统计局农村社会经济调查司编. 中国农村贫困监测报告2008. 2008

［21］徐丽萍，王小林. 中国经济增长的利贫性分析. 中国国际扶贫中心研究报告，2011（5）

［22］杨颖. 经济增长、收入分配与贫困：21世纪中国农村反贫困的新挑战——基于2002~2007年面板数据的分析. 农业技术经济，2010（8）

［23］岳希明，王萍萍，关冰. 农村扶贫资金效果评估——以扶贫重点县为例. 国家统计局农村社会经济调查司编. 中国农村贫困监测报告2010. 2010

［24］中国发展研究基金会. 中国发展报告2007，在发展中消除贫困. 北京：中国发展出版社，2007

［25］《中国农村扶贫开发纲要（2001~2010年）》实施效果的评估课题组.《中国农村扶贫开发纲要（2001~2010年）》实施效果的评估报告. 讨论稿，2009

中国农村土地流转制度与收入分配

姚　洋　张琳弋　李　景

（北京大学国家发展研究院）

引　言

一、研究问题及背景

在 2010 年的政府工作报告中改革收入分配制度被提上日程。合理的收入分配是社会公平正义的体现和改善民生的重要前提。在收入分配不公平之势愈演愈烈的今天，研究我国收入分配的现状，从而改善收入分配的不公平之重要性不言而喻。

近几年，农村内部的收入分配问题引起国家的高度重视。土地制度的深化改革也是我国政府长期以来一直追求的目标，在 2011 年的政府工作报告中更是提出要"有序推进农村土地管理制度改革"。对于大多数农村来说，土地仍是中国广大农民收入的最主要来源和生活保障，是"三农"问题的核心，因此土地制度对于农民收入分配的影响不容小觑。

中国较为平等的土地分配保障了农民的基本生活需求，在一般情况下，它也有利于收入的平等化分配。但是，当大量的劳动力外出之后，土地分配和收入分配之间的关系可能由于以下原因变得复杂起来。

其一，平均的土地分配可能导致要素的错配。外出务工农户没有能力耕种土地，而市场的不完备让土地无法流转到留下来的农户手里，这样，外出务工农户的收入提高，但留下来的农户的收入没有提高，收入分配就可能恶化。

其二，即使土地流转市场比较发达，我们也不能肯定收入分配会得到改善。土地流转肯定增加所有农户的收入，但是，一些农户收入的增长可能快于其他农户，因此收入分配可能会恶化。

本研究报告利用农业部农村固定观察点（RCRE）10 个省、77 个村 1993~2008 年的数据，分析土地分配和收入分配之间的关系。具体说来，内容安排如下：首先回顾改革开放以来我国土地制度的沿革。其次从农村内部收入分配的状况及其解释原因的角度展开理论文献综述，随后将在具体数据描述的基础上探究四点：一是农村村内收入分配变化的趋势；二是村内土地流转和村内土地均等化程度对村内收入均等化程度的影响；三是村内土地流转和农民土地拥有量对农业以及非农收入的影响；四是《中华人民共和国土地承包法》出台的影响。最后将基于研究结果给出相关促进收入分配均等化的政策建议。

二、改革开放以来我国土地制度的回顾

改革开放以前，我国农村内部的土地经过一系列的互助、合作和集体制度的重组改革，形成了集体所有、统一经营的土地制度。

1978 年，农村土地制度的改革掀开了改革开放的大幕。1978~今的农村土地制度概括来说就是家庭联产承包责任制，具体可以分为以下两个大阶段[①]：

第一阶段（1978~1999 年）：这一阶段是全国范围内逐步确立家庭联产承包责任制的土地制度并将之上升到法律高度的时期。1978 年底，安徽省凤阳县小岗村 18 户农民联合签订了第一份包干到户的合同，自此以包产到

---

① 下文土地制度的大部分相关政策参见高雪莲（2009）：《改革开放以来我国关于农村土地的重要政策》一文，见参考文献。

户、包干到户等形式为主的责任制在全国迅速推广。十一届三中全会制定了《关于加快农业发展若干问题的决定（草案）》和《农村人民公社工作条例（试行草案）》两个重要文件，建立了农业生产责任制，特别是允许包工到作业组，依据产量计算报酬，实行超产奖励。1980 年 9 月中共中央下发的《关于进一步加强和完善农业生产责任制的几个问题》和 1982 年 1 月中共中央批转的《全国农村工作会议纪要》肯定了包产到户的做法，并明确了其社会主义的性质。《纪要》强调了集体经济是我国农村经济的基础，充分肯定了专业承包联产计酬责任制，认为包产到户的做法是发展生产、解决温饱问题的一种必要措施。该文件使家庭联产承包责任制由自发改革和初步推行阶段进入到大发展阶段。1982 年 1 月，中共中央批转的《全国农村工作会议纪要》第一次明确地肯定了包产到户的社会主义性质，这就进一步消除了人们的思想疑虑，促进了包产到户的迅速发展。1983 年 1 月 2 日，中共中央印发《关于当前农村经济政策的若干问题》的文件，进一步肯定了家庭联产承包责任制，指出稳定和完善农业生产责任制是当前农村工作的主要任务，认为这种分散经营和统一经营相结合的经营方式具有广泛的适用性，要求全面推行家庭联产承包责任制。此后，家庭承包经营进入了稳定完善阶段。1984 年 1 月 1 日，中共中央又发出《关于 1984 年农村工作的通知》，规定土地承包期延长到 15 年以上。这使得家庭联产承包制和统分结合的双层经营体制，作为农村经济的一项基本制度长期稳定下来。1993 年，党中央在《关于当前农业与农村经济发展的若干政策措施》中进一步提出在原定的耕地承包期到期后，再延长 30 年不变的政策，并且允许土地使用权依法有偿转让，这使得对土地承包关系的管理逐步过渡到法制轨道。1998 年 8 月 29 日，第九届全国人大第十次会议通过了修订的《土地管理法》，第一次将"土地承包经营期限为三十年"这一土地政策上升为法律。至此，我国家庭联承包责任制的土地制度实现了法律化、规范化，有了法律的保障。

第二阶段（2000 年至今）：这一阶段，我国关于农村土地已形成"土地集体所有、家庭承包经营、长期稳定承包权、鼓励合法流转"的新型农村土地制度。土地制度深化改革是主要目标，分两条主线展开：一是继续完善并用立法规范承包土地制度；二是探索和推进土地征用制度及农村建设用地制度的改革。2000 年 10 月 11 日，中国共产党第十五届中央委员会第五次全体会议通过的《中共中央关于制定国家经济和社会发展第十个五年计划的建议》指出，要加快农村土地制度法制化建设，长期稳定以家庭承包经营为基础、统分结合的双层经营体制。此后，农村土地政策的法制化建设进入快轨，建立"世界上最严格的土地管理和耕地保护制度"成为中国政府追求的目标。2001 年 3 月 15 日，第九届全国人民代表大会第 4 次会议通过的《中华人民共和国国民经济和社会发展第十个五年计划纲要》指出，加快农村土地制度法制化建设，长期稳定以家庭联产承包经营为基础、统分结合的双层经营体制。在长期稳定土地承包关系的基础上，鼓励有条件的地区积极探索土地经营权流转制度的改革。2002 年 8 月，《中华人民共和国农村土地承包法》公布，明确规定了农村土地承包采取农村集体经济组织内部的家庭承包方式。国家依法保护农村土地承包关系的长期稳定，标志着从法律上规定了未来一段时期内农村土地产权政策的基本走向。2003 年 10 月 11 日，中共十六届三中全会召开并通过了《中共中央关于完善社会主义市场经济体制若干问题的决定》。《决定》提出要长期稳定并不断完善以家庭承包经营为基础、统分结合的双层经营体制，依法保障农民对土地承包经营的各项权利，要完善土地流转办法，要改革征地制度，完善征地程序等。这个决定对进一步规范农村土地制度改革问题具有重大的意义。2004～2008 年，中央再一次连续五年以"一号文件"的形式发布了有关"三农"问题政策的意见。其中，有关土地相关政策方面的规定指出，加快土地征用制度改革，严格遵守对非农占地的审批权限和审批程序，严格执行土地利用总体规划；严格区分公益性用地和经营性用地，明确界定政府土地征用权和征用范围；完善土地征用程序和补偿机制，提高补偿标准，改进分配办法，妥善安置失地农民，提供社会保障；积极探索集体非农建设用地进入市场的途径和办法。2008 年 10 月 12 日，中国共产党第十七届中央委员会第三次全体会议通过了

《中共中央关于推进农村改革发展若干重大问题的决定》。《决定》强调要"稳定和完善农村基本经营制度和以家庭承包经营为基础、统分结合的双层经营体制";要"健全严格规范的农村土地管理制度,按照产权明晰、用途管制、节约集约、严格管理的原则,进一步完善农村土地管理制度",要"加强土地承包经营权流转管理和服务","按照依法自愿有偿原则,允许农民以转包、出租、互换、转让、股份合作等形式流转土地承包经营权,发展多种形式的适度规模经营",要"抓紧完善相关法律法规和配套政策,规范推进农村土地管理制度改革"等。

文献综述

研究收入分配的文献虽然浩如烟海,但是专门从探察土地制度与收入分配关系的角度来进行研究的为数并不多。下面将分别就农民内部的收入分配和农村土地制度两方面对与此相关的研究进行简单的梳理和总结,共分为五个主题。

一、农村内部收入分配状况

改革开放之前由于平均主义制度的作用,农村内部的收入分配也比较平均。国内外很多学者和研究机构对于同一时期(特别是 1978 年)中国农村内部收入分配的基尼系数给出了不同的估计结果(唐平 1994;国家统计局农村社会经济调查总队,2001;Mark Selden,1995;Adelman 和 Sunding,1987)。即使这样,他们的数据大都处于 0.2~0.3 之间,说明那时中国农村的收入分配具有很强的平均主义特征(李实,2002)。对于改革开放以后的情况,国内外学者基本认同农村收入差距的总趋势是扩大(李实、赵人伟,1999),但也有争论,主要分歧在于对改革初期农村收入差距的不同看法。比如,国家统计局的估计结果表明 80 年代前期的收入差距除个别年份下降之外基本呈扩大趋势,而世界银行根据国家统计局的分组数据估计出的结果表明 1978~1982 年间收入差距是下降的。而 80 年代中期以来农村收入差距基本是扩大的已得到经验研究的广泛支持（国家统计局农村社会经济调查总队，2001；卡恩、李思勤，1999；奈特、宋丽娜，1999；Ravallion，Chen，1999）。

肖红叶、王健（2001）通过统计分析也发现，改革开放以来，农民收入的差距成扩大趋势，并且把这种差距的扩大分为两大类：一是阶层和群体间的差距拉大，二是不同地区间的差距拉大。其中又把第一大类分为不同行业和部门间的差距以及雇主与雇工之间的差距。这种分类对于探析农民收入差距扩大的原因是很有裨益的。

朱玲（1991）通过观察数据进一步发现，农户的家庭纯收入可分为"生产性纯收入"与"非生产性收入"，即农业收入与非农收入。这二者之间的比例由 80 年代的 88:12 变为 1988 年的 70:30，表明非农收入在农民收入分配中占据越来越大的比例。其他学者的相关研究也发现类似问题（黄祖辉、王敏，2002）。

根据住户调查数据分析，并利用泰尔指数的基尼系数分解方法，农村内部省份、不同层次的地区如县际之间、社区内部和社区之间的收入差距也呈上升趋势（Zhu，1991；Hare，1992；Putterman，1993；Ho，1994；Cook，1996；张平，1999；Gustafsson，Li，2001；Sato，2001）。

二、对于农村内部收入分配变化的解释

对于这样逐步拉大的收入分配，学者也有不同的认识。他们的解释概括起来基本有四种：一是农民在非农产业与农业之间就业机会的差异和二者之间劳动报酬率的差异；二是地区分割引起的地区收入的差异；三是农村财产分配的影响作用；四是现行税费制度的累退效应（李实，2002）。

其中，最具有代表性的观点是非农产业就业机会的增多导致非农就业劳动报酬与农业劳动报酬之间的差异日趋拉大。我们认为，非农就业对农村内部收入分配差距的影响可以分为三方面。一是非农收入一般情况下要比农业

收入多，且二者之间的差距越来越大。随着农民外出就业的人数越来越多，收入差距自然拉大。二是非农收入也因行业之间的边际报酬不同而有所差距。三是地区之间非农就业机会以及非农收入的不均等也会造成各地区间农民收入的差距。朱玲（1991）认为，鉴于农民全部可支配收入的不均等而农业收入的分配一直比较平等的事实，推断农民收入的不平等绝大部分来自非农收入的影响，并且通过时间序列资料和一次性调研数据证明非农产业活动对提高农民收入的重要作用，通过分解不同收入对基尼系数的贡献程度证明80年代开始的农民收入差距主要来自非农领域。肖红叶、王健（2001）也发现改革开放20多年来，从事种植业的农民与在乡镇企业工作的职工之间收入差距约1~2倍，与从事商业、服务业的人员相比相差2~5倍，与从事个体运输和建筑业的农民相比相差5~8倍，从而间接支持了这个观点。

一些学者进一步提出，为什么农民的非农就业机会不均等呢？相关的研究结果（奈特、宋丽娜，1999）表明，教育是影响农民获取非农就业机会的重要因素，且这一因素发挥着越来越大的作用。另一个因素是劳动力所处地区不同则非农就业机会也不同，即地区分割引起的地区收入差异（Morduch, Sicular, 2002）。比如，在民企兴旺的东部沿海发达地区的非农就业机会，显然会比西部以农业为主的欠发达地区多得多。

非农就业与农村劳动力的流动有着直接的联系。李实、魏众（1999）指出，由于在富裕地区外出劳动力主要来自低收入家庭，而在贫困地区这一情况正好相反，所以非农就业在富裕地区起到缩小收入差距的同时在贫困地区却起到相反的作用，因此从整体的效果来看，难以定论。

农民的收入增长会导致财产的逐渐积累。一定的财产可以带来收入的增加，成为资产。财产的分配不均也会导致收入的不均等。农民的资产构成日趋多样化，但主要可分为土地资产和金融性资产。李实（2002）根据1988年和1995年的调查数据分析，农村内部财产分配的不均等程度并不是太高，要低于总收入的不均等程度。如果分解来看，农村的土地分配是均等化的，而金融性资产的分配则要不均等得多，1988年和1995年农户金融性资产的集中程度要比同期总资产分配的集中程度分别高出 20 个和 10 个百分点（布伦纳，1999）。

中国农村内部的税费制度也是导致收入差距拉大的一个因素。农村的税费基本按人头或土地面积征收，因而穷人和富人缴纳的税费总额相等，税率却是穷者高富者低，完全与再分配的公平原则相抵，具有很强的累退性质（李实、赵人伟，1999）。

三、现行土地制度的弊端分析

现行的土地制度已形成"土地集体所有、家庭承包经营、长期稳定承包权、鼓励合法流转"的新型农村土地制度，并按照产权明晰、用途管制、节约集约、严格管理的原则得到进一步完善，但仍有很多弊端，归结起来我们认为可以分为效率和公平两方面的不足。

多数学者认为，现行的土地流转制度不利于农民进行土地的长期投资，从而影响农业产出的效率。人民公社年代由于国家政治力量的强制作用，农业的基础投入水平较高，但随着公社的解体，新的投资体制并没有伴随责任制一同诞生（文贯中，1988）。虽然农民有了自己的经营权，但并不具有土地所有权，即使得到土地转包权，也并不能超越原承包方的承包期，因此这种土地流转制度导致农民并不愿意在土地上做有助于农业生产的长期投资，使得农业产出效率低下（文贯中，1988；韩洪今，2004）。多数学者的研究表明，农民各自拥有的小块土地导致农业效率低、农民收入低，更应采取规模经营，加大农业机械化的投资力度，发挥农业规模经济的优势。而土地的流转有助于土地向种植能手集中，实现资源的优化配置。但土地流转对农民收入分配的影响，并没有得到很好的关注和深入的研究。

现行制度下，承包经营权的流转是受限制的。根据《农村土地承包法》，土地要想转让，需要经过原发包方的同意，发包方不同意，则不能转让，并且只能在同一集体经济组织内转让，这阻碍了土地的自由流转，不利于生产要素向着最有利的地方流动。农民也不能将土地的承包权作为抵押进行贷款。在金融业不发达的农村，对于农民而言其最大的财富就是土地，如果农民能抵押土地承包权来融资进行再生产，将会促进农村经济的发展。至于抵押会使农民失地的担心，不会很普遍，因为农民会倍加爱护土地这一衣食父母，在做抵押的时候会再三权衡（韩洪今，2004）。

文贯中（1988）认为，现行的土地制度有可能使中国最大的优势难以凸显和实现。新增的人口或劳动力总能基于土地平均分配的原则分得小块土地，但这无法鼓励劳动力向非农产业部门流动，因为土地的分配制度使得这些本应留在非农部门的劳动力没有后顾之忧，可以随时回到土地上来。

现行的土地制度表面上看实行平均分配，比较公平，但实际上这种努力维持的平均分配只是一个集体经济组织范围内的成员之间的公平，这种公平是非常有限和狭隘的。而由于各地土地面积不同、人口情况不同、土地质量禀赋以及自然条件等方方面面的差异，导致地区间土地分配实际上的不平等。与此同时，地区间的土地流转受到政策阻碍，从而无法缓解这种不平等。"有人多地少的地区．也有人少地多的地区；有剩余劳动力大量涌现、人满为患的地区，也有非农就业机会较多，农民几乎都已务工的地区；有的地区农民收入很高，有的地区农民收入很低。"（韩洪今，2004）所以这种公平只是低层次的、表面的，从宏观而言，并不公平。

四、我国的土地流转的经济分析

自家庭联产承包责任制被党的政策肯定并被国家法律确认下来以后，为完善现有土地制度而提出的土地流转制度就备受关注。近年来，随着我国二、三产业的发展，农民有了就业于非农部门的机会，我国大部分地区都出现了土地流转的现象，这是经济规律的作用。土地流转制度也引起了理论界的关注。

大量的研究分析表明，非农收入在农村内部收入差距中占据越来越大的比例。伴随着这一结果的一个现象是大量农村劳动力从农业生产向非农产业部门、从农村向城镇迁移的过程。而由于农村土地承包的初始均等分配，农业劳动力向非农劳动力转化的过程必然涉及土地转换的问题。留下来的土地有两种可能：一是土地在农户间进行优化资源配置的流转；二是如果土地流转制度很不完善，就会出现土地大量抛荒的问题。因此土地流转与收入分配之间存在很重要的关系。但目前来看，从此角度深入研究的文章并不多见。

土地是一种稀缺资源，土地抛荒是一种巨大的资源浪费。如果土地流转机制完善，就会节省土地，提高土地利用效率。因此，这时应该放弃平均分配土地的理念，不再重新对土地进行均分的调整，而是允许农户间的土地自由流转。否则将提高农民的耕作成本，当收益不足以抵消成本时，农民抛荒土地是作为一个"理性人"的必然选择（贺文华，2004）。

姚洋（2010）指出，土地的自由流转可能产生两种效应：边际产出拉平效应和交易收益效应。边际产出拉平效应是指土地的自由流转促使土地边际产出较小的农户将土地租让给土地边际产出较高的农户，直到边际产出递减的规律使得两者的边际产出趋于相等，从而实现帕累托最优。而交易收益效应这一概念则由 Besley（1995）首先提出，指土地交易性的提高会增加土地投资的价值，从而提高农民进行土地投资的积极性。姚洋（2010）在充分验证的基础上论证了交易收益的存在。

乐章（2010）的研究发现，广大农村临时性、零散性的土地流转非常普遍，而规模性、投资性的土地集中非常少见，他解释的根本原因是大量农民对土地提供生活保障的依赖性有余而对土地实现收益增量的期望性不足。周其仁（2003）认为产权和制度是影响中国土地流转的主要因素：理论上，清晰界定的转让权一定包含清晰界定的使用权和收益权；实践中，经济结构的变化往往是大规模资源转让的结果，如果转让权受到限制，潜在的资源转让连同经济增长都会受到阻碍。

五、对土地制度改革的理论构想

关于中国土地制度的改革，国内外学者有不同的见解，创新的模式很多，但归纳起来主要有三种方案：一是维持并完善现有的农村土地集体所有

制；二是土地国有化，将使用权永佃给农民，国家征收统一的地税；三是主张土地私有化。（蔡继明，2007；冯金宝，2006）

我国现行的农村土地制度为集体所有，因而学者对此制度讨论最多。

有学者认为，农村土地集体所有制与我国现阶段社会主义国家性质和社会主义初级阶段生产力水平低下、人地矛盾突出的基本国情相适应，我国必须实行集体所有、家庭承包经营的土地制度。因此，我国现行农村土地制度改革的重点不是改变土地所有制，而是完善两权分离机制，中心任务是进行土地经营使用制度的改革，建立和健全土地有偿使用和合理流动的机制（冯金宝，2006）。对于这种现行土地制度的模式创新有很多。比如，坚持土地集体所有、农民永佃、允许转让、长期不变为核心的农村土地使用制度（白志全）；将土地分为责任田和口粮田的两田制土地承包方式（文贯中）；另外，还有农地的股份合作制，多层次的土地所有制，"四荒"使用权拍卖制，三元导向租赁制，土地集体所有农户租赁经营制，国家与集体双重所有制，国家所有、集体占有、农户经营三级土地体制，公有制为主体、部分土地归农户所有，土地股份投包制以及集体所有制占主体且主导的同时允许部分土地国有、荒地私有的制度。纵观以上这些模式，虽然在理论上有一定的合理性，但都有其局限性，要因时因地而异。

也有学者认为我国现行的农村集体土地制度有很多弊端，因而不可取。一是集体土地所有权残缺；二是集体土地所有权主体不明确；三是农民对集体所有的土地只有承包权；四是现行农村土地制度不利于土地资源在全社会范围内合理配置；五是土地承包权存在着内在的不稳定性。这些都阻碍了生产要素的自由流动，从而不利于提高经济效益。

关于土地国有化，一些学者认为由于人民公社的集体组织瓦解，农村土地缺少所有权主体，土地国有化是一种可行的制度选择。再加上土地的极端稀缺性及其特殊重要性，土地国有便于国家实现高效统一的管理。

周其仁、杨小凯、文贯中等人则赞同土地私有化，主张明确农民的土地所有权。

除了这三条主线，有些学者还提出了其他的相关观点。

黄祖辉、王敏（2002）认为，要在进一步明确农村土地产权关系的基础上，在法律上赋予农民永久性的土地承包权，并使这一权利物权化。与此同时，要培育并发展农村的要素市场，包括建立农村土地承包权和使用权的转让市场；调整国家对农村土地的征用机制和利益分配关系；发展农民房产和其他资产的租赁、转让、拍卖等交易市场。这样土地作为生产要素就可以比较自由地流动，提高农业生产效率和农民应得的收入。

对于农村集体建设用地改革，为公平起见，应允许在土地利用总体规划中确定并经批准为建设用地的农村集体土地进入市场，让农民分享土地增值的收益（张晓山，2003）。张晓山（2003）认为对于有长期稳定收益的公益性占地（高速路、机场），应允许农民用农地入股；允许经批准为建设用地的农用地以租赁形式转为工商业用地；发扬经济民主，由村民自己来管好、用好农村集体的这部分来自农地转为非农用途的收益。

文贯中（1988）则认为，针对土地集体制的弊端，改革可有三种方向：承包的土地归农民所有，农民对承包的土地有永久的使用权，以及把土地分成"口粮田"和"责任田"的两田机制。最后一种是后来其他诸多学者也主张的土地制度模式。

综上所述，现有关于收入分配的研究表明：改革开放以来，农村内部收入分配差距逐渐拉大，主要原因有农民在非农产业与农业之间就业机会的差异和二者之间劳动报酬率的差异、地区分割引起的地区收入差异、农村财产分配的影响作用和现行税费制度的累退效应四方面。而基于土地制度的研究则主要从现行土地制度的弊端分析、土地流转制度的经济效益分析和对土地制度改革的理论构想三个角度展开，得出了一些有益的结论和政策建议。遗憾的是，关于土地流转制度对我国农村内部收入分配不平等影响的研究，几乎一片空白。因此，本文希望通过对二者关系的分析，来探察土地流转制度对社会公平的作用与影响。

数据描述

本研究采用的数据来自农业部农村固定观察点（简称 RCRE）。该观察点建于 1986 年，涵盖了全国所有大陆省份的 350 个村和 24000 个家户。其样本由典型抽样和随机抽样相结合的方法获得。具体说来，全国 31 个大陆省份首先被分为东、中、西三个经济地区，然后根据每个省的人口数量按比例选取家户个数。但代表每个经济地区平均收入水平和种植模式的典型省份被给予了更大的抽样比例。比如河南就是中部地区的一个典型大省。而在每个省内部，抽样又根据其地缘地貌分为平原、丘陵和山地三层，并在每层内以县为单位按照人均收入的多少分为低、中、高三类。一些能代表每类平均特征（种植模式、人口、非农活动）的县被纳入样本。最后，在每个县内部选取一个代表性村庄，对村庄内部的家户实施随机抽样。其中，每村抽取的家户数由 50 到 100 多不等，取决于该村所在地形区人口数占该省总人口的比例。全国大约有 2600 个县，而建立农村固定观察点的约为 14% 。

虽然农村固定观察点意在长期持续地观察同样的农户，但在其运行的 20 多年中，有近 1/3 的原始家户从样本中消失。这些家户有的迁徙到了城市并在那里定居，有的连同其所属的村一起被并入了附近的城市，成了郊区。与约有 1/5 的原始村因行政规划而隶属于附近城市从样本中消失的情况相比，只有两个县出现了缺失。当观察点出现上述情况时，与原有村庄特征近似的村会被纳入样本，作为替代。但在这一替代过程中，有相当一部分村的编号与老村相同，从而造成研究的部分误差。

观察点每年定期向农户发放账本，用以详尽地记录包括生产、消费、资产积累、就业和收入在内的各项日常生产生活活动。同时，观察点也收集了许多关于村庄土地、收入、就业和政府收支等方面的总体信息。

　　本研究选用了农业部农村固定观察点 10 个省、77 个村、1993～2008 年①的数据，来分析农村土地分配和收入分配间的关系。之所以将研究时间起点定为 1993 年一方面是因为家户调查问卷的设计在 1993 年之前有较大不同，从而导致研究所需的关键数据在 1993 年前未进行采集；另一方面是由于尽管中共中央早在 1984 年的"1 号"文件里就明确提出鼓励土地使用权向种田能手集中，对转出土地使用权的农户给予适当经济补偿，但直到 1993 年的中央、国务院"11 号"文件才更加明确地指出承包期内的土地使用权可以在农民自愿基础上依法、有偿流转。且受限于数据可得性，研究只能基于已有的 10 个省份展开。这 10 个省分别是：山西、吉林、浙江、福建、江西、河南、湖北、湖南、广东和四川，涵盖了东、中、西三个经济地区，具有一定的代表性。另外，该数据的一个优点在于每个村的家户样本量都不小于 50，从而保证了基尼系数计算的合理性。

土地流转对收入分配的影响

一、农村村内收入分配变化的趋势

　　研究采用基尼系数来衡量村庄内部的收入不平等。其中，收入为家户人均净收入，即包括政府净转移支付在内的总收入减去运营成本再除以家庭总人数的收入。由于 1999 年采集的家户净收入数据表现异常②，研究在计算村庄基尼系数时去掉了该年。为了直观地反映样本整体范围内基尼系数变化的情况，我们分别计算了单一年度中的 77 个村基尼系数的平均值，并画出散点趋势图，见图 1。

　　从图中可以看出，虽然在这 13 年中（1993～2008，1994 和 1999 除外）村庄平均净收入基尼系数有一定的起伏，但拟合曲线表明其总趋势是上升

---

① 1994 年农业部农村固定调查点未进行问卷调查，故该年数据不可得。
② 10 个省份大多数村庄的家户收入在该年都出现了不同寻常的大幅波动。

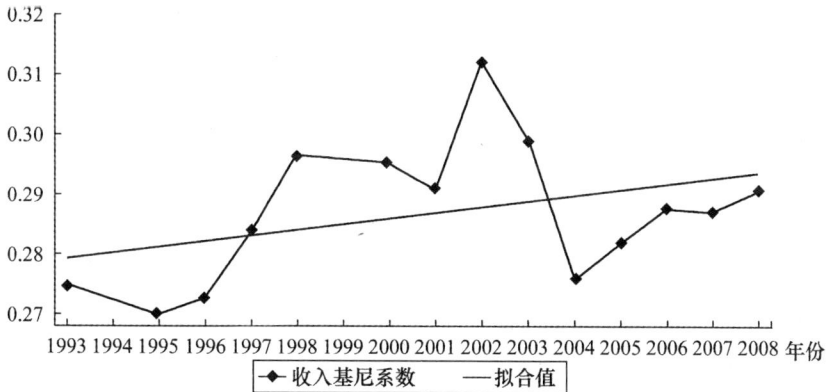

图1　1993～2008年（不包含1994和1999年的样本）村庄平均净收入基尼系数变化趋势

的。换言之，村庄内部收入不平等的情况加剧了。

　　而在同一时期，以相同方法计算出的村庄人均土地拥有量的基尼系数也呈上升态势。其散点趋势图见图2。

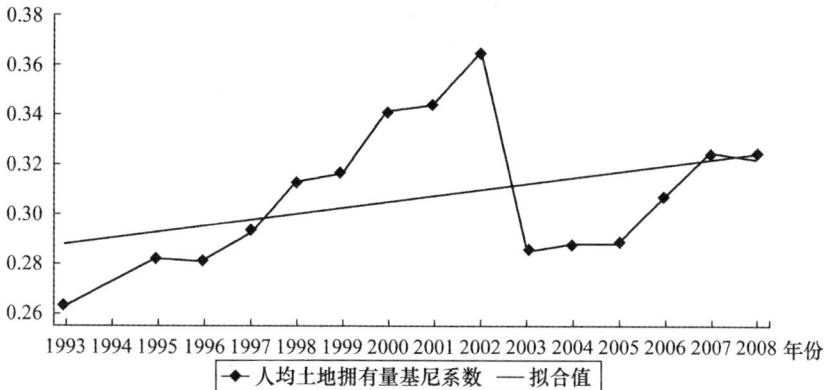

图2　1993～2008年（不包括1994年的样本）村庄人均土地拥有量基尼系数的变化趋势

　　由比较可知，虽然人均净收入基尼系数的变化和人均土地拥有量基尼系数的变化不完全一致，但两者存在一定关联性，尤其是它们都在2002年达到一个峰值，并在之后迅速回落。为了更清楚地刻画二者间的相关关系，我们画了第三幅散点趋势图，其中横轴是人均土地拥有量的基尼系数，纵轴是人均净收入的基尼系数（见图3）。

　　通过该图的拟合曲线，我们猜测人均土地拥有量的不平等与人均净收入

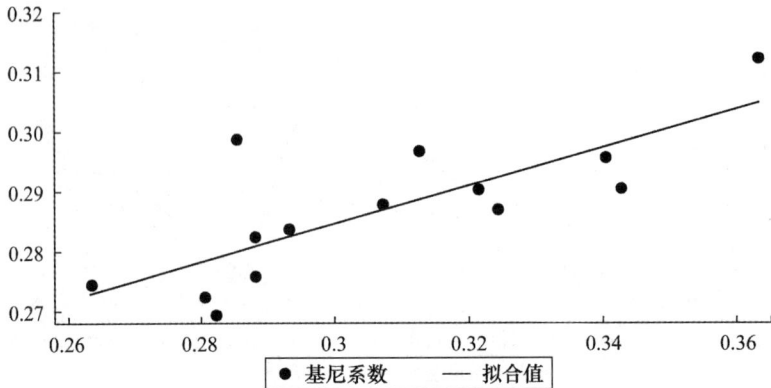

图 3　1993～2008 年（不包括 1994 年、1999 年的样本）人均净收入基尼系数和人均土地拥有量基尼系数的拟合关系

的不平等正相关。而人均土地拥有量的不平等在很大程度上来源于村内农户间土地的流转。诚然，如前文所述，导致收入不平等加剧的因素有很多，但本研究主要聚焦于土地流转制度与农村收入分配间的关系，试图探讨土地流转制度的存在是否有利于改善农村内部收入分配的不平等。

二、村内土地分配与流转对村内收入均等化的影响

研究首先采用静态固定效应模型来估计村内土地流转对收入分配的影响：

$$hhgini_{it} = \alpha + \beta_1 leasedland_{it} + \beta_2 giniland_{it} + \beta_3 emigrant_{it} + \beta_4 logpopu_{it}$$
$$+ \beta_5 netinc_{it} + \beta_6 netincsquare_{it} + \beta_7 hsizecv_{it} + \beta_8 fixedgini_{it} + \varepsilon_{it}$$
$$t = 1, 2, \ldots \ T \ (Static)$$

其中 t 为时间，在本模型中 t = 13。被解释变量为村庄在第 t 年的人均净收入基尼系数（hhgini）、解释变量 x_{it} 包括村内年包入土地总量除以村庄总人数计算的人均土地流转量（leasedland）、衡量村内土地分配均等化程度的人均土地基尼系数（giniland）、村内每年外出打工人数占总人数的比例（emigrant）、通过取对数标准化的村庄人口总数（logpopu），村内人均净收入（netinc）及其平方（netincsquare），按家户人口计算的家庭规模变异系数（hsizecv），衡量村内固定资产持有量均等化程度的人均固定资产基尼系

数（fixedgini）。

考虑到基尼系数通常具有稳定性，在一段时期内变化不大，从而可能在不同年份间存在序列自相关，研究亦选用了一阶动态固定效应模型进行估计：

$$hhgini_{it} = \alpha + \beta_1 leasedland_{it} + \beta_2 giniland_{it} + \beta_3 emigrant_{it} + \beta_4 logpopu_{it}$$

$$+ \beta_5 netinc_{it} + \beta_6 netincsquare_{it} + \beta_7 hsizecv_{it} + \beta_8 fixedgini_{it}$$

$$+ \beta_9 hhgini_{it-1} + \varepsilon_{it}$$

$$t = 1, 2, \ldots T \ (Dynamic)$$

这里的 $hhgini_{it-1}$ 为村庄在第 $t-1$ 年的人均净收入基尼系数。被解释变量和其余解释变量同上。两型的回归结果表1。

表1　　　　　　　　土地流转对农村内部收入分配的影响①

	static	Dynamic
leasedland	0.0105***	0.00680
	(4.96)	(0.68)
giniland	0.0828***	0.111**
	(2.65)	(2.41)
emigrant	−0.00223	0.0110
	(−0.09)	(0.31)
netine	−0.00781**	−0.0151***
	(−2.45)	(−2.85)
netinesquare	0.000397***	0.000497***
	(2.73)	(2.75)
logpopu	0.00905	0.00178
	(0.34)	(0.07)
hsizecv	0.256***	0.109
	(4.17)	(1.58)
fixedgini	0.0925***	0.0465
	(2.97)	(1.20)

---

① 考虑到异方差问题，本研究所有回归的统计检验均采用稳健标准误（Robust Standard Error）。

续表

	static	Dynamic
L. hhgini		0.160***
		(2.75)
Constant	0.0656	0.162
	(0.34)	(0.77)
Observations	939	538

注：t statistics in parentheses

Source：RCRE data

*p<0.1, **p<0.05, ***p<0.01

由回归结果可知，在静态模型和动态模型中，人均土地基尼系数（gini-land）分别在1%和5%的水平上统计显著。这意味着，均等的土地分配有利于收入分配的均等化，不均等的土地分配会加剧收入分配的不平等。具体说来，在静态模型中，其他因素不变，人均土地基尼系数每增加一单位，人均净收入基尼系数（hhgini）就上升0.08个单位。而在动态模型中，其他因素不变，一单位人均土地基尼系数的上升会带来0.11单位的人均净收入基尼系数的增长。人均土地流转量（leasedland）的表现则不如人均土地基尼系数稳健。在静态模型中，它在1%的水平上统计显著，即人均土地流转量每增加一单位，人均净收入基尼系数会升高0.01单位。而在动态模型中统计不显著。造成这一结果的原因在于当村庄总土地面积不变时，土地流转会改变原包产到户时均分土地的格局，即土地分配由绝对平等转为相对不平等，从而造成人均收入上的差异。人均土地基尼系数能够很好地捕捉和刻画这一现实状况，而人均土地流转量却在村庄人口固定时毫无变化。换言之，土地流转对收入分配的影响主要是通过改变村内土地分配格局间接实现的。

三、农户土地拥有量及流转量对农业收入和非农收入的影响

为了更清楚地理解土地流转是如何具体影响收入分配的，我们将人均总收入分为农业收入和非农收入两部分，利用静态固定效应模型分别估计土地

拥有量及流转量给它们带来的影响。换言之，我们关心两点：一是农户土地拥有量及流转量对农户农业收入的影响；二是农户土地拥有量及流转量对农户非农收入的影响。两模型的被解释变量分别为进行对数标准化后的村庄人均农业收入（logagrinc）和人均非农收入（lognon），解释变量为村内人均土地流转量（leasedland）、人均土地拥有量（land）、村内每年外出打工人数占村庄总人口的比例（emigrant）、通过取对数标准化的村庄人口总数（logpopu）、村内人均净收入（netinc）及其平方（netincsquare）、人均受教育年限（schooling）、失业率（unemployment）和经过对数标准化的人均固定资产拥有量（logfix）。回归结果如表 2。

表 2　　　　　　　　　　土地流转对农业收入和非农业收入的影响

	Farm	Non – Farm
leasedland	0.0558*** (2.90)	0.227** (0.23)
land	0.0235* (1.78)	− 0.0448 (− 0.68)
emigrant	− 0.351** (− 2.49)	2.016*** (10.02)
netinc	0.141*** (5.72)	0.224*** (6.89)
netincsquare	− 0.00486*** (− 5.30)	− 0.00790*** (− 5.14)
logpopu	0.313 (1.41)	0.650*** (3.15)
unemployment	− 0.305* (− 1.70)	− 0.605*** (− 2.94)
schooling	− 0.0107 (− 0.35)	− 0.0133 (− 0.27)
logfis	0.306*** (4.77)	0.209*** (3.20)

	Farm	Non – Farm
Constant	3. 342* (1. 98)	0. 0654 (0. 04)
Observations	921	921

注：t statistics in parentheses

Source：RCRE data

*p < 0.1, **p < 0.05, ***p < 0.01

由表 2 可知，在以村庄人均农业收入（logagrinc）为被解释变量的模型中，村内人均土地流转量（leasedland）和人均土地拥有量（land）分别在 1% 和 10% 的水平上统计显著。其中，人均土地流转量每增加一单位，人均农业收入就增长 5%；人均土地拥有量每增加一单位，人均农业收入增长 2%。而在以村庄人均非农业收入为被解释变量的模型中，村内人均土地流转量在 5% 的水平上统计显著，人均土地拥有量统计不显著。并且，人均土地流转量每增加一单位，人均非农业收入增长 22%。关于人均土地拥有量对农业收入和非农业收入的影响符合经济学直觉，即个人拥有的土地越多越能增加其农业收入，但对非农业收入的增长几乎没有帮助。这与农业收入和非农收入对土地的依赖程度密切相关。人均土地流转量对农户农业收入和非农收入的影响，则应分为两个渠道来看：第一个渠道是直接效应渠道，对应的是人均土地流转量对农业收入的正面作用——租入土地越多的农户拥有了更多的可耕地，从而实现了其农业收入的增加；第二个渠道是间接效应渠道，对应的是人均土地流转量对非农收入的重要正向影响——土地流转制度的存在降低了村内有外出务工机会的打工者的机会成本，使他们更有激励将土地出租给留下的农户，他们迁徙到城镇打工，赚取更多的非农收入。

从上述回归结果中我们也能清楚地看到，外出务工人数占村庄总人口的比例每上升一个百分点，村内人均非农收入会增加 200%。外出务工收入在非农收入中所处的重要地位由此可见一般。

四、《中华人民共和国土地承包法》出台的影响

第九届全国人民代表大会常务委员会第二十九次会议于 2002 年 8 月 29 日通过了《中华人民共和国土地承包法》，并决定自 2003 年 3 月 1 日起施行。该法是为稳定和完善以家庭承包经营为基础、统分结合的双层经营体制，赋予农民长期而有保障的土地使用权，维护农村土地承包当事人的合法权益，促进农业、农村经济发展和农村社会稳定而根据宪法制定的法规，明确将土地承包期限延至 30 年。《农村土地承包法》的出台，使得土地流转第一次在法律上有了明确的界定和规范，对土地流转有着重要影响和重大意义。

本小节探讨《农村土地承包法》的出台对土地流转的规模与速度有何影响，农村内部收入分配不平等的状况又由此产生了哪些变化。

首先来看人均土地流转在这 15 年间的趋势，见图 4。

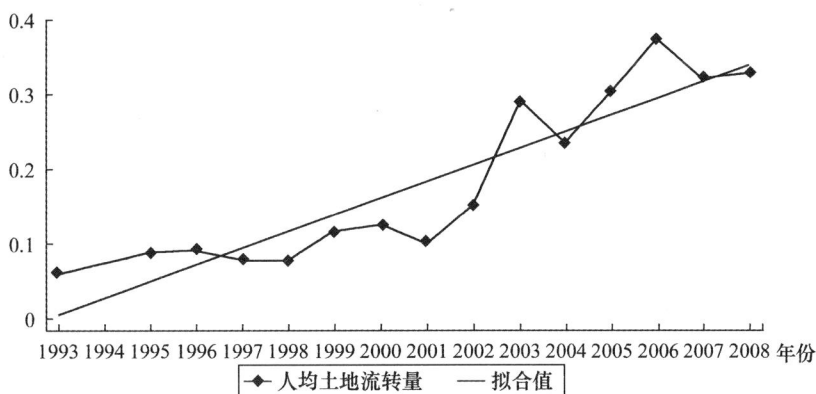

图 4　1993～2008 年（不包括 1994 年样本）人均土地流转量趋势图

从图 4 中我们可以看到，人均土地流转的规模在 2003 年之后略有下降，2004 年后却以更高的速度增长，虽然仍有小幅波动，但总体水平远高于 2003 年之前，说明《土地承包法》出台后，土地流转的规模和速度都有了显著提升。可见，土地承包期限的延长有利于稳定土地流转合约，增加产权强度，降低交易费用，促进土地流转。

2004 年土地流转的下降可能与 2003 年农业发展受挫有关。当时农产品

市场价格较低，农业税负过高，农业生产的利润率偏低，影响了农民种田的积极性，导致 2003 年全国粮食产量只有 43070 万吨，是 1998 年以来的最低。而这又进一步削弱了农民来年耕种土地的热情。

从图 1 可知，村庄基尼系数在 2002 年到达顶点后连续两年下降，其中 2003 年环比下降了 0.01，2004 年环比下降了 0.04。之后则一直呈上升态势，但速度较之前有所减缓。

我们的数据分析显示，2003 年人均农业收入和非农收入增速都有所放缓，其中，非农收入增速放缓 16%，农业收入增速放缓 8%①。如前文所述，非农收入增速放缓则很可能是受到 2003 年上半年"非典"的影响。这在一定程度上缩小了收入差距，从而出现 2003 年基尼系数的微降。之后的基尼系数走势基本与土地流转趋势相同，即当流转规模增加时，基尼系数也随之上升。这与我们的回归结果一致：土地流转的增加会加剧农村内部收入分配的不平等。但值得注意的是，虽然土地流转的规模在 2003 年之后有了显著提高，但基尼系数的平均水平却相对较低。这主要是因为国家从 2003 年年底开始出台了一系列解决"三农"问题的政策措施，对鼓励农民种田、增加农民收入有很大的促进作用。比如 2003 年 12 月 31 日，中共中央、国务院出台《关于促进农民增加收入若干政策的意见》。《意见》强调，农民收入长期上不去，不仅影响农民生活水平提高，而且影响粮食生产和农产品供给；不仅制约农村经济发展，而且制约整个国民经济增长；不仅关系农村社会进步，而且关系全面建设小康社会目标的实现；不仅是重大的经济问题，而且还是重大的政治问题。2004 年 3 月 23 日，国务院召开全国农业和粮食工作会议，做出部署：2004 年在黑龙江、吉林两省先行免征农业税改革试点；河北、内蒙古、辽宁、江苏、安徽、江西、山西、山东、河南、湖北、湖南、四川 12 个粮食主产省（区）降低农业税税率一个百分点。沿海及其他有条件的地区也可以进行免征农业税试点。同时，对重点粮食品种实行最

---

① 这里的收入增长都是以 1993 年为基点，经过 CPI 调整后所计算出的值。

低收购价。同年 3 月 29 日，胡锦涛主持召开政治局会议，研究支持粮食主产区和种粮农民的政策措施及干部人事制度改革等问题。会议强调，要坚持把解决好"三农"问题作为全党工作的重中之重，积极支持粮食生产，高度重视农民特别是种粮农民的增收问题，保持国民经济持续、快速、协调、健康发展。因此，尽管 2004 年农民受 2003 年粮食市场不景气的影响减少了土地流转量，农业收入和非农收入都略有下降，但因受益于国家针对"三农"问题的税费改革等举措，实现了净收入较大幅度的增长。

综上所述，从研究所采取的 10 个省、77 个村、1993～2008 年（1994 除外）的数据来看，《中华人民共和国土地承包法》的出台有利于增加农村土地流转的速度与规模。与此同时，衡量村内收入分配不平等状况的基尼系数也随着土地流转量的增加而呈上升态势，但整体水平较 2003 年之前缓和。这主要归功于国家在 2003 年之后出台的一系列旨在解决"三农"问题的有利举措。

五、小结

中国自实行家庭联产承包责任制以来，一直实行较为平等的土地分配制度，这在保障农民基本生活需求的同时也有利于改善农村内部的收入分配，并由此获得了联合国 2005 年《中国人类发展报告》的肯定。然而近年来出现的涌向城市的"民工潮"，使得均分土地的政策出现了要素错配，鉴于进城务工的农户无法继续耕种土地，造成土地的抛荒；而缺乏外出务工机会的农户却无法获得更多的土地来实现耕作的机械化与规模化。土地承包经营权的转让解决了这个矛盾，使得生产要素集中流向与之高效匹配的部门，从而大大提高了资源的利用率和生产效率。但其对收入分配的影响较为复杂，并非显而易见。

本研究结果表明，无论是静态固定效应模型还是有一阶滞后项的动态固定效应模型，人均土地基尼系数对村内人均净收入基尼系数的影响都显著为正，即农村土地分配的不平等会加剧农村内部收入分配的不平等。而在现行制度下，土地分配的不平等又主要来自土地流转，即土地集中在了缺乏外出务工机会依然留在村中耕作的农户手中。因此我们可以推断，土地流转制度虽然提高了生产效率，却在一定程度上加剧了村内收入分配的不平等。通过进一步分析土地拥有量及流转量对农户农业收入和非农业收入的影响，研究厘清了土地流转加剧收入分配不平等的具体作用渠道：一方面，土地流转增加了继续从事农业活动的农户能够拥有的土地数量，进而带来其农业收入的增长，属于对收入的直接影响；另一方面，土地流转也增加了有外出务工机会的农户选择放弃耕种，进城打工的激励，鉴于出租土地的收入减少了外出务工的机会成本，属于对收入的间接影响。由于间接效应带来的非农收入的增长远高于直接效应下农业收入的增长，收入分配不平等的状况恶化了。换言之，农户的普遍增收充分反映了土地流转带来的资源配置的改善和效率的提高，但因为农户增收的速度不同，收入分配反而变得更不平等。

政策建议

虽然本研究得出了土地流转制度加剧了农村内部收入不平等状况的结论，却并不意味着我们不鼓励该制度的发展和完善。因为通过研究我们发现，在农村劳动力向城市自由迁徙的大背景下，土地流转制度的存在解决了平均土地政策带来的资源错配问题，提高了农业用地的生产效率，实现了农民的普遍增收，从绝对水平上改善了所有农户的福利。这对 2008 年金融危机过后因疲软的国际需求而迫切需要打开国内市场实现经济结构转变的中国有着重要意义。占中国总人口 60% 多的农民是扩大内需的主力军，而让他们扩大消费的最直接有效途径就是增加他们的收入。只有他们富裕了，才有能力实现和满足更多的消费需求。土地流转制度恰恰是为农民普遍增收的一个有效制度，它对效率的提高不是以损害一方而惠及另一方的形式出现的，参与土地流转的交易双方都能从中获利。所以，本研究充分肯定土地流转制度在提高经济生产效率、为农民增收方面的重要贡献，并据此支持该制度的进一步发展与完善。

不过值得注意的是，土地流转制度作用的发挥与劳动力市场上劳动力能够自由流动密不可分。正是由于有外出务工机会的劳动力能够自由迁徙至城市从事非农活动，才出现了均分土地政策下的资源错配，才产生了流转土地以实现对资源再分配的需求，而一旦土地流转成为可能，有非农就业机会的农户又有了更大地进城务工的激励，愿意继续务农的种田能手也获得了更多的可耕土地，所有人经济福利的改善由此实现。倘若劳动力市场产生了阻碍劳动力自由流动的壁垒，有能力外出的农民将被迫放弃更好的经济机会而留在家中务农，均分土地的状况将延续，种田能手也无从获得更多的土地进行农业的规模化、机械化生产，赚取更多的收入。伴随着中国城市化、工业化的发展，阻碍劳动力自由流动的城乡壁垒逐渐松动，使得大批农村劳动力能够进城务工，形成了著名的"民工潮"。这既是一个可喜的变化，也是对政府进一步放宽政策、减少迁移成本、增加劳动力流动性的要求。目前，基于户籍制度的城乡二元格局依然存在，农民工无法获得和城市人口一样的住房、受教育和享有医疗保障的权利。政府的当务之急，应是逐步取消户籍制度，给予外来人口同样的城市公民待遇。然而遗憾的是，2010年以来，政府有重新收紧劳动力流动政策的倾向。比如，北京新出台的住房限购令要求购房的外地人必须提供在京连续5年（含）以上的纳税证明或社保证明；2011年6月以来，北京市海淀区、朝阳区和大兴区相继有打工子弟学校被迫关闭，致使大批农民工子弟失学。这些都不利于农村劳动力的非农转移，如得不到妥善处理与解决，不仅会降低劳动力市场的流动性，还会长期影响土地流转制度作用的发挥。

我们的研究表明，土地流转之所以会加剧农村内部收入分配不平等的状况，主要是因为农民农业收入和非农收入的增速不同。因此，要想在继续发展土地流转制度、提高生产效率的前提下控制收入分配不平等的恶化，就必须采取相应的增加农业收入的措施。具体说来，建议如下。

第一，加大农业补贴力度，调整农业补贴方式与结构。我国对种粮农民的直接补贴始于 2004 年，数额为 116 亿元，主要是把用于粮食流通环节的补贴改为对农民的直接补贴。2010 年涨到 151 亿元，补贴的发放方式为普惠制，即按照耕地面积计算，与粮食生产数量几乎无关。这在均分土地的政策下较为合理，但目前已不适用。因为土地流转兴起后，土地集中到了少数愿意务农的农户手中，他们耕种了大量的土地，而领取的补贴，却只有自己原有土地的那部分。相反的，外出务工的农民已经将土地出租，却依然可以获得按其名下土地面积发放的补贴。这种实际种地的人拿不到足够的补贴，不种地的人却仍旧享有补贴的发放方式亟待调整。可以采取与粮食生产数量挂钩的补贴办法。其次，我国近年来对农村和农业补贴的花样繁多，比如家电下乡、农机下乡，汽车、摩托车下乡，建材下乡，良种补贴等，但这些补贴都是以实物进行的，农民缺乏基本的自主选择权。反观城市居民补贴，无论是副食补贴、降温费还是保暖费，都基本以现金形式发放。将现有基于实物的农村农业补贴换成与城市居民一样的现金补贴，能够让农民根据自身情况选择最优的消费搭配，实现其福利的改善。比如集中耕地的种田能手可以将较多补贴资金用于农机、良种、化肥的购买和耕作技术的改进，从而更有效地达到增产增收的目的。另外，现有的补贴政策框架缺乏科学的规划和系统安排。在政策导向上，变化较频繁，缺乏连贯性。在政策内容上，大部分补贴都是根据原来间接补贴转变而来，缺乏对补贴政策体系的全盘考虑与安排。面对劳动力大规模转移，农业生产规模化、专业化迅速发展，机械化紧迫性凸显的现实，政府应建立农业补贴长期稳定的增长机制，在生产性服务业里重点扶植补贴进行规模化、专业化、机械化生产的农户。

第二，大力发展农村教育和农业生产培训，科教兴农，在有效提高粮食产量的同时引导农户尽可能正确地把握市场需求，从而提高其抵御市场风险的能力。我国现有的农业培训补贴有阳光工程和新型农民培训。前者始于 2004 年，主要用于对农村劳动力职业技能培训的补助；后者始于 2006 年，主要侧重于对农民进行农业生产技术的培训，培养职业农民。两项补贴资金目前接近 20 亿元，额度偏小。从补贴力度来看，在一般政府服务中，对农民培训的支出比例很低，仅占 2.1%，这既导致了农民人力资本的普遍匮乏，也使得农业技术推广进展缓慢。因此，我们建议政府加大对农民生产技术培训的资金支持力度。与此同时，相应的市场营销服务及补贴也应跟上。2011 年春季以来，山东、河南、浙江等多个地区部分品种的蔬菜出现滞销，山东一些地方的大白菜甚至出现了卖 2 分钱一斤也无人收购的现象，有菜农因菜价过低生活难以为继而自杀。据农业部数据，2011 年 3 月 26 日至 4 月 2 日，卷心菜批发价同比下降 38.4%。出现这一悲剧的一个重要原因是作为生产者的农民与市场之间存在严重的信息不对称。一地的菜农往往是根据当年的行情来决定未来的种植品种和规模，而通常其掌握的市场信息仅局限于当地村、镇，对县级的情况已不甚了解，更不用说获取翔实的全国信息。这就导致农民种植容易出现"一窝蜂"的扎堆现象。上文提到的菜价暴跌，正是由于 2010 年卷心菜价格上涨，促使 2011 年各地都大幅扩大了卷心菜的种植面积，最终形成供给过剩，带来市场价格的急剧下挫。类似的例子还有很多。为了尽量减少和避免农户因市场信息不对称而蒙受巨大的经济损失，政府应建立以村、镇为基本单位的市场营销服务点，在向广大农民提供及时有效的市场信息的同时，也引导他们正确把握市场行情，理性预期农产品未来的价格走势。另外，政府也应通过该市场营销服务点为农民创造农产品的直销渠道，减少现有的流通和零售环节，降低以高速路收费为代表的物流成本，真正让利于民，使农民和消费者共同受益。

第三，深化农村金融改革，降低准入门槛，大力发展民间微型金融，建立和完善农村金融风险分散与补偿机制。多年来，在我国广大的农村地区，正规金融机构数量十分有限，难以满足农民发展农业生产、实现农业现代化的融资需求。2006 年 12 月，银监会发布《关于调整放宽农村地区银行业金融机构准入政策　更好支持社会主义新农村建设的若干意见》，提出要在农村增设村镇银行、贷款公司和农村资金互助社等三类金融机构。这是农村金融市场一次意义深远的对内开放，一定程度上缓解了农民贷款难的问题。政府应在此基础上深化农村金融改革，进一步降低准入门槛，鼓励更多的民间金融机构深入农村为广大农民提供多元化的金融服务。另一方面，农业本身就易受自然条件影响，存在固有自然风险，较其他行业更为脆弱。而近年来频发的自然灾害更是加重了农业的受危害程度，对农业经济的发展造成了不小的逆向冲击，也使国家背上了大规模灾后重建的财政包袱。建立和完善农村金融风险分散与补偿机制，特别是大力发展农村农业保险业务，为农业的防灾补损提供支持，能够有效弥补农户因自然灾害受到的经济损失，使他们更有动力和意愿从事经济风险较高的农业生产。

最后，在有效推进增加农业收入，以期缓解农村内部因土地流转带来的收入分配不平等状况的各项政策外，还应建立和完善农村社会保障制度。该制度的建立和完善能够缓解因农村内部收入分配不平等而产生的一系列社会矛盾与冲突，是维持社会稳定与和谐的最后一张社会保护网。目前我国农村社保体系仍面临诸多问题，比如缺乏基本的法律依据、政府财政投入的长效机制尚未建立、农村劳动力转移后的社会保障配套制度不健全等。而随着我国农村内部收入差距的不断拉大，建立和完善农村社保体系的重要性与迫切性凸显。因此，我们建议政府能在总结目前农村社会保障制度的实施经验和教训的基础上，加快制定相关的法律法规，逐步形成完备的农村社会保障法律体系；同时能制定政府财政投入的具体办法，明确政府在农村社会保障中应承担的责任。

参考文献

[1] Benjamin, Dwayne and Loren Brandt. 1999. "Markets and Inequality in Rural China: Parallels with the past." American Economic Review. 89 (2), pp. 292 ~ 295.

[2] Benjamin, Dwayne, Loren Brandt and John Giles. 2005. "The Evolution of Income Inequality in Rural China." Economic Development and Cultural Change. 53 (4), pp. 769 ~ 824.

[3] Brandt, Loren and Carsten Holz. 2006. "Spatial Price Differences in China: Estimates and Implications." Economic Development and Cultural Change. 55 (1), pp. 43 ~ 86.

[4] Duncan, R. , Tian, X. , 1999. "China; s inter – provincial disparities: an explanation." Communist and Post – Communist Studies 32, 211 ~ 224.

[5] Fujita, M. , Hu, D. , 2001. "Regional disparity in China 1985 – 1994: the effect of globalization and economic liberalization. " Annals of Regional Science 35. pp. 3 ~ 37.

[6] Gustafsson, Bjorn and Shi Li. 2002 "Income Inequality within and across Counties in Rural China 1988 and 1995. " Journal of Development Economics. 69, pp. 179 ~ 204.

[7] Khan, AzizurRahman and Carl Riskin. 1988. "Income Inequality in China: Composition, Distribution and Growth of Household Income, 1988 to 1995. " China Quarterly. 154, pp. 221 ~ 253.

[8] Shorrocks, Anthony F. 1982. "Decomposition by Factor Components. " Econometrica. 50 (1), pp. 193 ~ 211.

[9] Shen, Yao. 2008 "Does grassroots democracy reduce income inequality in China?" Journal of Public Economics. 92, pp. 2182 ~ 2198.

[10] Tsui, K. , – Y. , 1998. "Trends and inequality of rural welfare in China: evidence from rural households in Guangdong and Sichuan. " Journal of Comparative Economics 26, pp. 783 ~ 804.

[11] Vermeer, Eduard B. 1982. "Income Differentials in Rural China. " China Quarterly. 89, pp. 1 ~ 33.

[12] Yao, S. , 1997. "Industrialization and spatial income inequality in rural China, 1986 – 92. " Economics of Transition 5 (1), pp. 97 ~ 112.

[13] 蔡继明. 中国土地制度改革论要. 东南学术, 2007 (3)

[14] 冯金宝. 改革开放以来中国农村土地制度研究述评. 安徽农业科学, 2006, 34 (24)

[15] 高雪莲. 改革开放以来我国关于农村土地的重要政策. 黑龙江史志, 2009 (4)

[16] 顾书桂. 政策贷款与小额信贷: 中国农村金融的发展方向. 财经理论与实践, 2008, 29 (6)

[17] 韩洪今. 中国农村土地制度中的公平与效率. 哈尔滨工业大学学报 (社会科学版), 2004, 6 (3)

[18] 贺文华. 农村土地抛荒研究. 衡阳师范学院学报, 2004, 25 (5)

[19] 侯玲玲, 穆月英, 张春晖. 中国农业补贴政策及其实施效果分析. 中国农学通报, 2007 (10)

[20] 姜少敏. 中国农业补贴政策: 不足及对策. 教学与研究, 2006 (6)

[21] 乐章. 农民土地流转意愿及解释. 农业经济问题, 2010 (2)

[22] 李实. 中国个人收入分配研究回顾与展望. 讨论稿, 2002

[23] 李实, 赵人伟等. 中国居民收入分配再研究——经济改革和发展中的收入分配. 北京: 中国财政经济出版社, 1999

[24] 刘广栋, 程久苗. 1949 年以来中国农村土地制度变迁的理论和实践. 中国农村观察, 2007 (2)

[25] Loren Brandt, Thomas G. Rawski 伟大的中国经济转型. 上海: 格致出版社, 上海人民出版社, 2010

[26] 罗观翠, 袁峻. 对中国农村社会保障建设的若干思考. 南方农村, 2010, 26 (1)

[27] 罗江龙, 朱红, 王勇刚, 从收入分配调整的角度认识农村土地使用权流转. 农村经济, 2003 (5)

［28］薛宇峰．中国农村收入分配差距的现状和空间分布特征．财经研究，2005，31（5）

［29］黄祖辉，王敏．城乡居民收入不平等问题：基于转移性收入角度的分析．管理世界，2003（3）

［30］黄祖辉，王敏．农民收入问题：基于结构和制度层面的探析．中国人口科学，2002（4）

［31］黄祖辉，王敏，宋瑜．农村居民收入差距问题研究－基于村庄微观角度的一个分析框架．管理世界，2005（3）

［32］唐平．我国农村居民收入水平及差异研析．管理世界，1995（2）

［33］万广华．中国农村区域间居民收入差异及其变化的实证分析．经济研究，1998（5）

［34］王新华，王海生．中国农村金融发展概况及政策建议．上海金融，2008（4）

［35］文贯中．中国现行土地制度的弊病及其对策．科技导报，1988（4）

［36］肖红叶，王健．我国居民收入分配格局的统计分析．统计研究，2001（7）

［37］姚海明．中国农村金融改革与发展探索．现代经济探讨，2009（10）

［38］姚洋．中国农地制度：一个分析框架．http：//www.m4.cn/space/1166234_4.shtml

［39］詹和平．农村土地流转问题实证研究综述．安徽农业科学，2007，35（2）

［40］张宏晓．加快健全我国的农村社会保障体系．管理与财富，2009（6）

［41］张平．中国农村居民区域间收入差距与非农就业．经济研究，1998（8）

［42］张晓山．深化农村改革促进农村发展——三大制约因素、一个基本认识、两类政策措施．中国农村经济，2003（1）

［43］周其仁．产权与制度变迁——中国改革的经验研究（增订本）．北京：北京大学出版社，2003

［44］朱玲．非农产业活动对农户收入分配格局的影响．经济研究，1992（3）

农产品价格调整的收入分配效应

罗楚亮

（北京师范大学经济与工商管理学院）

引　言

　　针对农产品价格波动的政策实践，通常存在着矛盾冲突。一方面，农产品在居民消费构成中具有非常重要的地位，农产品价格上涨以及与之相伴的物价的普遍上涨，造成居民的消费支出压力，特别是中低收入人群的支出上涨，这通常会成为政策制定者采取的抑制价格上涨为目标的反通胀措施。农产品价格的上涨趋势通常也构成这类政策的重要抑制对象。另一方面，农林牧渔业经营纯收入在农村居民纯收入中所占的比重至今仍在40%左右。因此，农产品价格的波动将会直接影响到农村居民收入水平。在我国城乡之间存在较大居民收入差距的现实背景下，对农产品价格上涨倾向的过度抑制，可能对于促进农村居民收入增长和缩小城乡居民收入差距都具有不利的影响。这种两难困境是对不同人群民生福利改善的考量和取舍。

　　而在现有的政策思路中，对待农产品价格的态度取向通常在更大程度上偏向于如何服从于控制总体物价水平的目标。而对于如何促进农村经济增长、农民增收，则试图通过农村劳动力向非农领域的转移和各类农业补贴等转移支付手段来实现。无可否认，农村劳动力的转移导致农村居民工资收入的增长对于农民收入增长具有重要意义，并且我国农村人口在总人口中长期占有大量份额的现实也使得农村劳动力的转移对于推进城市化和促进经济结构的转变至关重要。然而，农业补贴在一定程度上是对市场机制的替代；在缺乏投票机制监督政治家行为的背景下，农业补贴等转移支付政策的可持续性可能因政策制定者的偏好而具有某种脆弱性；在信息缺乏充分的透明度的情形下，相关政策执行所可能存在的腐败风险也不得不引起关注。尽管近年来农业补贴的力度在不断加大，但农村居民实际所能获得的农业补贴数量不仅取决于补贴标准的调整，也取决于实际执行过程中的各种漏损。劳动力外出对于农村低收入人群的惠及程度也可能是有限的。农村劳动力从外出中所能获得的收益，也在较大程度上取决于劳动力的外出能力、在城镇劳动力市场上的参与程度。在较长的一段时期中，尽管我国农村劳动力外出流动规模表现出不断上升的趋势，但由于受到外出能力和机会成本的约束，农村贫困及低收入人群从劳动力外出中的获益程度通常要低于农村收入分布的中端人群。

对于农产品价格波动的研究文献，大体上可以归结为四种类型：

（1）农产品价格波动的长期趋势特征；

（2）农产品价格波动的通货膨胀效应；

（3）农产品价格波动对农村居民收入增长的影响；

（4）农产品价格波动的产生原因。本文所关注的是农产品价格波动的收入分配效应。本文的第二部分将对农产品价格调整与农产品价格波动状况以及农产品价格波动与其他价格波动的关系进行简要的描述。

农产品价格政策调整与农产品价格波动

中国经济的对内改革从农村开始，但这种改革最初仅限于农村生产方式逐步向家庭联产承包制转变，改变生产过程中的激励与约束机制。1978～1984年，农产品流通仍在统购统销的框架下运行，而在此期间，国家提高了农产品收购价格，成为农村居民收入增长的重要政策性因素。然而值得注意的是，此时农产品市场仍受到严重管控，因而这种价格调节政策虽然在名义上试图保障农民利益以及农民的生产积极性，但在实践中，由于财政能力的制约、保障城镇低收入人群生活状况的压力，以及在农产品市场尚未放开的背景下农产品收购部门所具有的市场垄断势力，使得在此期间的多数年份中（如图1所示），农产品价格仍只是平稳地上涨，粮食零售价格指数比农产品生产价格指数具有更大的波动幅度，特别是在上涨年份中，粮食零售价格指数的上涨幅度要高得多。

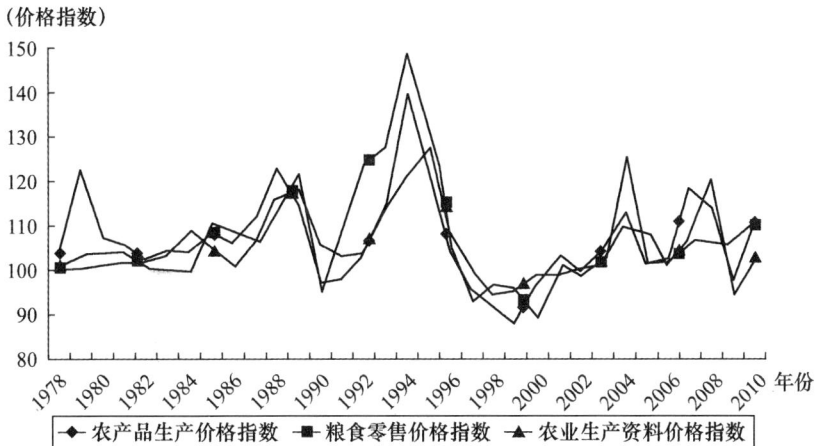

图1 粮食零售价格指数、农产品生产价格指数与农业生产资料价格指数变化

1985年开始改革农产品统购派购体制，在一定时期中形成了计划价格定购和市场价格议购的双轨体制。从1992年开始，各地陆续放开粮食销售价格。农产品销售的市场化过程伴随着相关产品价格较为快速地上涨。但粮食收购体制改革实践与初衷设想存有一定的差异。部分粮食收购企业凭借其市场垄断地位，低价收购高价售出，使得90年代初期以来，农产品市场价格的上升与城乡居民收入差距的扩大并存，可见图2，这在一定程度上意味着，在这一时期，农村居民并没有从农产品市场价格的上涨过程中充分受益。导致这一现象的原因，一方面是由于农产品流通体制的障碍，造成了农产品价格变动与农民收益的偏离；另一方面则是由于农产品价格上涨所带来的收入增加被农业生产资料价格上涨所导致的生产费用上升所抵消。从图1中可以看出，80年代初期农业生产资料价格指数缓慢上升，上涨速度通常低于粮食零售价格指数和农产品生产价格指数，这一变化特征对应于图2中城乡收入差距的下降趋势。而自21世纪以来，农产品价格波动幅度有所下降，除了少数年份的粮食零售价格指数外，通常都比较平稳。在大部分年份中，农产品价格指数与农业生产资料价格波动趋势是非常接近的。

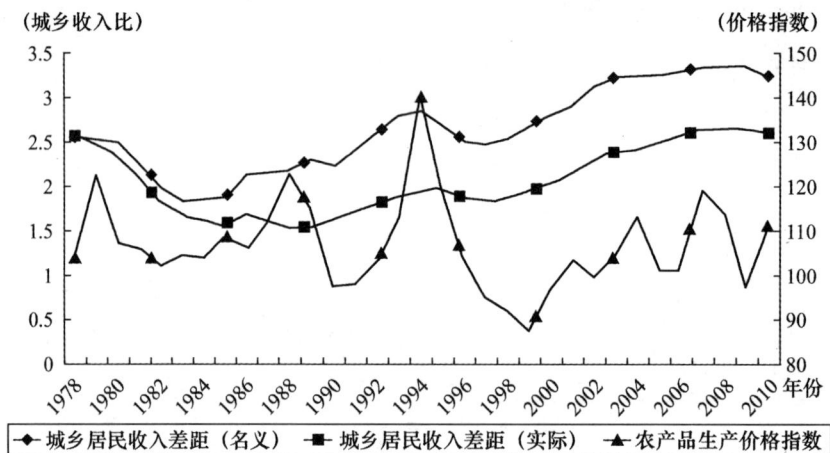

图2　农产品价格与城乡收入差距

农产品价格波动与其他价格波动的关系

一、农产品价格波动与 CPI 走势

对于农产品价格与 CPI 之间关系的不同认识，在较大程度上主导了农产品价格调整的相关政策选择。在数次通货膨胀严重时期，人们总会倾向于将粮食等农产品价格上涨视为造成通货膨胀的因素之一。在这一思路主导下，为控制通胀、稳定物价，平抑粮食等农产品价格也就成了理所当然的选择。而这种政策选择的前提是，需要从经验上证实农产品价格波动是通货膨胀或 CPI 指数上涨的原因。而在不同学者的研究结果中，对粮食等农产品价格波动与 CPI 之间的因果关系所得的结论存有一定的差异。

粮食等农产品价格对 CPI 的影响可以归结为两种过程。一是基于 CPI 中所占权重而产生的粮食等农产品价格变化对于 CPI 的直接影响；二是由于粮食等农产品价格上涨带动劳动力等生产成本上升以及对其他商品价格的示范效应等传导渠道而对 CPI 上涨所产生的间接影响。

根据价格指数的构成原理，农产品价格变动对 CPI 的直接影响显然取决于居民农产品支出在总消费支出中所占的比重大小。由于我国相关部门没有公布 CPI 的篮子构成，因此即便这一直接效应也难以明确获知。一些研究者采用了替代的方式，根据分项价格指数与价格总指数之间的关系反推各分类商品的权重，或者以居民消费支出中的构成来代替。根据《中国统计摘要2011》，图 3 将城镇居民食品支出中的"粮油类"、"肉禽蛋水产品类"和"蔬菜类"合并为农产品消费①，从中可以看出，粮食消费在总消费支出中所占的比重通常为 4%～6% 之间，而农产品消费占总消费支出的比重通常在 18%～20% 之间。因此，从支出结构来看，粮食等农产品价格波动对 CPI 的影响并不是很高。

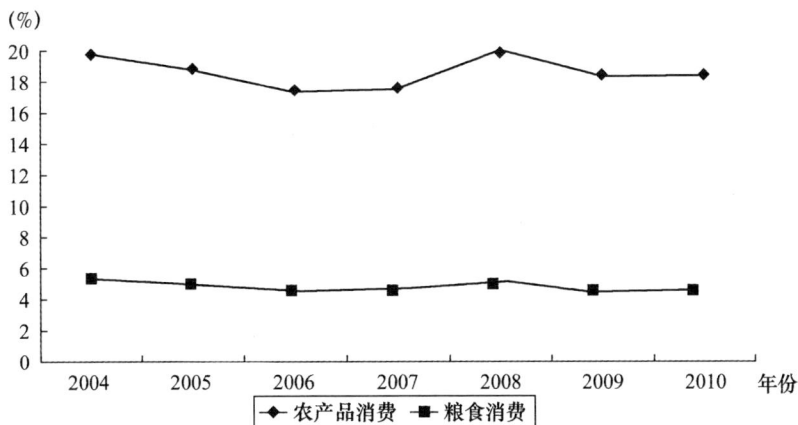

图 3　农产品与粮食在城镇居民总消费支出中所占的比重

粮食等农产品价格对于 CPI 的间接传导机制通常难以提供直接的经验证

①　其他食品支出类型包括糖烟酒饮料类、干鲜瓜果类、糕点奶及奶制品、饮食服务等。

据，研究者主要通过讨论粮食等农产品价格与 CPI 之间的因果关系或协整关系来推断。从直观上看，粮食等农产品价格既可能成为导致通货膨胀的原因，也可能是通货膨胀的结果（卢锋、彭凯翔，2002）。将粮食等农产品价格视为通货膨胀的原因，在较大程度上是从粮食等农产品支出作为居民消费支出的重要组成部分来理解的；由于通货膨胀导致的购买力变化以及因预期而产生的粮食储存行为的改变，也将成为粮食的供求行为，从而作用于粮食价格。相关的经验研究都发现，在粮价与通货膨胀之间存在着长期均衡关系，而在因果关系的方向上，卢锋和彭凯翔（2002）认为是通货膨胀影响粮价变动，而粮食价格对于通货膨胀的冲击通常会发生过度调节；李新祯（2011）发现，长期中粮食价格上涨 1% 会导致 CPI 上涨 0.336%，而短期中 CPI 对粮价变动有滞后效应；朱信凯和吕捷（2011）的经验结果显示，粮食价格与 CPI 之间存在双向因果关系，CPI 对粮食价格有半年左右的显著影响，而粮食价格对 CPI 仅表现为滞后一个月的短期效应。这种因果性方向上的经验证据差异，或许意味着抑制通胀和粮食等农产品价格上涨之间权衡取舍的争论仍将延续。

二、不同价格波动差异与农村居民收入增长的相关性

农产品价格波动对于居民纯收入所可能产生的影响，通常会受到流通环节以及生产费用的变化而被抵消。为描述这两种效应，表 1 给出了相关价格波动差异与农村居民纯收入增长之间的相关系数。从农产品生产价格指数与农业生产资料价格指数之间的差来看，这一差额越大意味着农产品价格上涨被生产资料价格上涨所抵消的部分越小，农产品价格上涨对居民收入增长的效应就越强。从表 1 中所给出的相关系数可以看出，这一差额与农村居民收入名义增长率、实际增长率之间都具有较强的正相关性。另一组价格指数差是用粮食零售价格指数减去农产品生产价格指数，将粮食零售价格指数反映最终市场价格状况，由此所形成的差额可以认为是由流通环节所造成的。这一差额越大，说明粮食零售价格指数的上涨在较大程度上是由于流通费用的

上升造成的。从表 1 中可以看出，这一差额与农村居民收入名义增长率之间没有明显的相关性，而与农村居民收入实际增长率之间则表现出明显的负相关性。

表 1　　　　　　　　价格波动差异与农村居民收入增长的相关性

	名义增长率	实际增长率
农产品生产价格指数—农业生产资料价格指数	0.3542	0.4103
粮食零售价格指数—农产品生产价格指数	－ 0.0042	－ 0.4392

农产品价格波动与农业经营收入

一、农产品价格波动与收入增长

本部分中首先讨论相关农产品价格波动对于农村居民收入的因果效应。所选择的价格指数包括农产品生产价格指数和粮食零售价格指数，收入变量中包括农村居民名义纯收入、实际纯收入（1978 年不变价格衡量）。并以城乡居民名义收入差距和实际差距为对象，讨论相关价格指数波动对于城乡居民收入差距之间的因果效应。

这里的因果效应采用了 Granger 因果检验思路。为了避免伪回归，表 2 给出了相关变量的平稳性检验，采用的是 Dickey - Fuller 单位根检验方式。对于非平稳的时间序列，采用了差分处理。相关变量的时间跨度为 1980～2009 年，数据均来自于历年《中国统计年鉴》的年度数据。从表 2 的结果中可以看出，两个价格指数变量都是平稳的。收入变量中，农村居民名义纯收入对数经过两次差分后平稳，而实际纯收入对数以及经营纯收入对数均具有平稳性。城乡居民收入名义差距和实际差距①分别经过一阶差分和二阶差分后平稳。

---

①　城乡居民实际收入差距以 1978 年不变价格衡量。

表2　　　　　　　　　　　　相关变量的单位根检验

变　量	时期数	检验统计量	1% 临界值	5% 临界值	10% 临界值
农产品生产价格指数	32	− 3.433	− 3.702	− 2.980	− 2.622
粮食零售价格指数	32	− 2.926	− 3.702	− 2.980	− 2.622
农村居民纯收入对数（名义值）	32	− 2.003	− 3.702	− 2.980	− 2.622
一阶差分	31	− 2.542	− 3.709	− 2.983	− 2.623
二阶差分	30	− 5.119	− 3.716	− 2.986	− 2.624
农村居民纯收入对数（实际值）	32	− 3.339	− 3.702	− 2.980	− 2.622
农业经营纯收入对数（名义值）	31	− 3.079	− 3.709	− 2.983	− 2.623
城乡名义收入差距	32	− 0.267	− 3.702	− 2.980	− 2.622
一阶差分	31	− 2.903	− 3.709	− 2.983	− 2.623
城乡实际收入差距	32	− 0.743	− 3.702	− 2.980	− 2.622
一阶差分	31	− 2.533	− 3.709	− 2.983	− 2.623
二阶差分	30	− 6.396	− 3.716	− 2.986	− 2.624

对于平稳序列，表3检验了两个价格指数对相关收入变量的 Granger 因果效应。这里只考虑了一种单向因果联系，即检验农产品生产价格指数和粮食零售价格指数的变化是否成为农村居民收入增长和城乡居民收入差距变化的 Granger 原因。检验结果表明，农产品生产价格的变化构成农村居民名义纯收入增长以及城乡居民收入差距的 Granger 原因。

表3　　　　　　　　价格波动的 Granger 因果效应检验

	滞后期	F 统计量	Chi 统计量
农产品生产价格指数			
农村居民纯收入对数（名义值）二阶差分	1	3.249 *	10.722 ***
农村居民纯收入对数（实际值）	1	0.115	0.379
	2	0.032	0.112
农业经营收入对数	1	0.236	0.780
	2	0.016	0.056
城乡名义收入差距一阶差分	1	3.599 *	11.877 ***
城乡实际收入差距二阶差分	1	1.322	4.361 **

续表

	滞后期	F 统计量	Chi 统计量
粮食零售价格指数			
农村居民纯收入对数（名义值）二阶差分	1	1.290	4.259 **
农村居民纯收入对数（实际值）	1	0.000	0.002
	2	0.209	0.738
农业经营收入对数	1	0.004	0.012
	2	0.101	0.356
城乡名义收入差距一阶差分	1	2.049	6.761 ***
城乡实际收入差距二阶差分	1	0.091	0.301
	2	1.026	3.628

二、农业经营收入的分配效应

在农村居民收入增长过程中，农业经营收入的比重自 20 世纪 80 年代初期以来，总体上呈下降趋势。从图 4 中可以看出，1978～2010 年，农村人均纯收入和农业经营收入在总体上都表现出明显的上升趋势，但农业经营收入在人均纯收入中所占的比重在 1983 年出现了跳跃式的增长，一度接近 70%，但此后便表现出非常强劲的下降趋势。这种增长无疑与农村家庭联产承包责

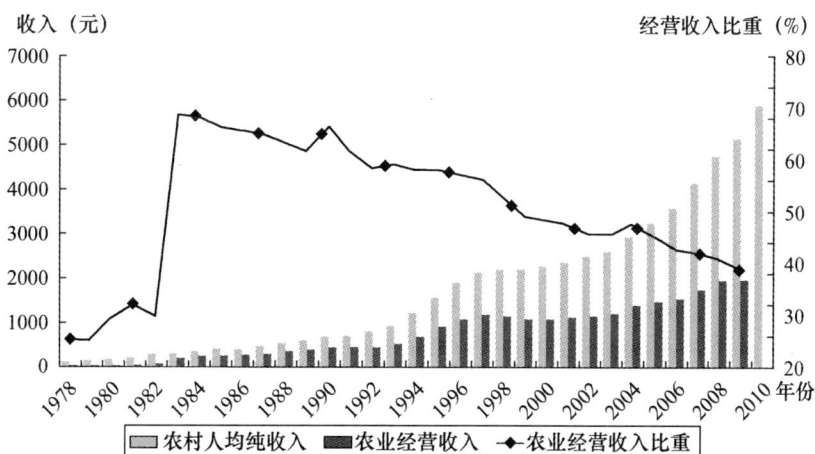

图 4　农村人均纯收入与农业经营收入比重

任制的推行所激发的农业生产积极性有密切的关联性。而此后所出现的持续下降，其根本原因仍在于家庭联产承包责任制的推行使得农业生产中的剩余劳动力可以从农业生产乃至于农村地区中脱离出来。由于当地非农就业机会的发展以及农村劳动力向城镇地区的流动，使得农村家庭收入来源趋向多元化，导致农业经营收入逐渐下降。一般说来，分项收入的结构性变化对总体收入（农村居民总收入、农村居民纯收入）所可能产生的不均等效应在较大程度上还与分项收入和总体收入之间的集中率有关。对此，本文将进一步通过省份数据以及微观住户数据给出更为详细的结果。

根据各省份农村居民收入构成，表5将农村居民总收入和农村居民纯收入分解为两个部分：农业经营收入和其他收入。按照基尼系数的分解性质，讨论农业经营收入对于农村居民总收入和纯收入的省份之间差异性的贡献。从表5中可以看出，无论是总收入还是纯收入，农业经营收入在其中所占份额的变化趋势与图4是一致的，即1980年农业经营收入在总（纯）收入中所占的份额相对较低，而1985年则有大幅度的上升，此后总体趋势基本上是持续下降的。农业经营收入本身的省际基尼系数变化则与其收入份额的变化趋势基本上呈负相关性，即如果农业经营收入在总（纯）收入中所占份额较低，则农业经营收入自身的基尼系数也相对较低，或其不均等程度相对较低；反之，亦然。事实上，在我国农业经营普遍以小规模生产为基本特征的背景下，农业经营收入具有较高的比重通常意味着更多的农户拥有农业经营收入，从而产生相对比较均等化的分配效应。这一特征也同样影响着农业经营收入这一分项收入与总体收入之间的基尼相关性。这里的基尼相关性，指的是将农业经营收入和总体收入分别排序，所得各排序指标的相关程度。如果该相关程度很高，则意味着总体收入较高的人群中同时也拥有更多的农业经营收入。从基尼相关性中可以看出，1985~2004年，农业经营收入与农村居民总收入、纯收入之间的基尼相关性总体上表现出下降趋势。

农业经营收入在农村居民总收入和纯收入省际基尼系数中所占的份额在1990年达到最高，此后则表现出下降趋势，在2008年和2009年中，这一份额又有一定程度的回升。这可能与近些年一些惠农政策的出台提高了农业经营收益相关联。比较农业经营收入对农村居民总收入和纯收入不均等程度的影响可以发现，在总收入的不均等中所占份额通常要高一些。农业经营收入对总体收入基尼系数的边际效应，指的是所有个体（省份）的农业经营收入都增长1%，则总收入和纯收入的基尼系数分别有多大程度的变化。从表4中可以看出，农业经营收入的增长将导致总收入和纯收入的基尼系数下降，但其所引致的下降幅度在2003年以来表现出递减的趋向。

表4 　　　　　　　　　　　　**农业经营收入的分配效应**

年　份	农村居民总收入				
	收入份额	基尼系数	基尼相关	基尼份额	边际效应
1980	0.3402	0.1602	0.5765	0.2352	−0.1050
1985	0.7049	0.1073	0.7962	0.4253	−0.2796
1990	0.7136	0.1281	0.8232	0.4514	−0.2621
1995	0.6738	0.1452	0.7932	0.3993	−0.2745
2000	0.5419	0.1614	0.4759	0.2237	−0.3182
2003	0.5209	0.1791	0.3158	0.1583	−0.3625
2004	0.5400	0.1790	0.3195	0.1677	−0.3724
2005	0.5283	0.1831	0.3823	0.1905	−0.3379
2006	0.5048	0.1980	0.3452	0.1762	−0.3286
2007	0.5070	0.2000	0.3689	0.1951	−0.3119
2008	0.5075	0.2112	0.4262	0.2422	−0.2653
2009	0.4825	0.2167	0.4205	0.2291	−0.2535
年　份	农村居民纯收入				
	收入份额	基尼系数	基尼相关	基尼份额	边际效应
1980	0.3805	0.1602	0.4814	0.2143	−0.1662
1985	0.9649	0.1073	0.7484	0.5165	−0.4484
1990	1.0067	0.1281	0.7405	0.5125	−0.4942
1995	0.9757	0.1452	0.6393	0.3944	−0.5813
2000	0.7426	0.1614	0.2751	0.1519	−0.5907

年　份	农村居民纯收入				
	收入份额	基尼系数	基尼相关	基尼份额	边际效应
2003	0.6976	0.1791	0.1085	0.0615	− 0.6361
2004	0.7260	0.1790	0.1807	0.1079	− 0.6181
2005	0.7366	0.1831	0.1557	0.0929	− 0.6437
2006	0.6949	0.1980	0.1372	0.0826	− 0.6123
2007	0.6977	0.2000	0.1442	0.0913	− 0.6064
2008	0.7038	0.2112	0.1788	0.1240	− 0.5798
2009	0.6547	0.2167	0.1673	0.1135	− 0.5411

根据中国居民收入分配课题组的住户调查数据，农业经营收入的分配效应如表5所示。从中可以看出，农业经营收入在农村居民总收入中所占的份额以及对总体分配不均等性的贡献程度都有大幅度的下降。1988～2002年，农业经营收入的集中率也有较大幅度的下降。但在2002～2007年间，农业经营收入的集中率以及对总体收入不均等程度的贡献都有所上升。

表5　　　　　　　　农业经营纯收入的分配效应（基于住户调查）

年　份	占总收入的份额（%）	集中率	农村居民收入基尼系数	对总体基尼系数的贡献（%）	来　源
1988	74.21	0.282	0.338	61.8	卡恩和李思勤，1999
1995	46.44	0.238	0.416	26.6	卡恩和李思勤，2008
2002	39.91	0.206	0.354	23.2	本文作者计算得到
2007	36.58	0.255	0.358	26.1	本文作者计算得到

从以上讨论中可以看到，农业经营收入对于总体收入不均等性的贡献程度总体上表现出下降的倾向。从表4中还可以发现，农业经营收入的增长对于总体收入具有均等化的效应，即起到缩小总体收入差距的作用。基于住户数据，表5尽管没有给出农业经营收入对于总体收入不均等性的边际效应，但比较农业经营收入的集中率与总收入的基尼系数可以看到，前者总是以较大幅度低于后者，这也意味着农业经营收入对于总体收入具有较强的均等化效应。

三、农产品价格波动对农业经营收入的效应

基于 2003 ~ 2009 年间的省份面板数据，表 6 考察了相关农产品价格对于农业经营收入、农村居民人均纯收入以及城乡居民收入差距比率的影响。从表 6 中可以看出，农产品以及种植业产品生产价格指数的上涨对于农业经营收入和农村人均收入的增长都具有显著的正效应。农产品生产价格总指数上升 1 个百分点，农业经营收入将上升 0.63%，农村人均纯收入将上升 0.27%。种植业产品生产价格指数大体相当。

表 6 农产品价格波动的效应（基于省份面板数据）

	△ln（农业经营收入）		△ln（农村人均纯收入）		△城镇/农村收入比率	
	固定效应模型	混合 OLS	固定效应模型	混合 OLS	固定效应模型	混合 OLS
农产品生产价格总指数	0.6302	0.6184	0.2710	0.2701	− 0.3700	− 0.3664
	[11.15]***	[10.48]***	[11.93]***	[12.23]***	[4.43]***	[4.63]***
常数项	0.0469	0.0478	0.0903	0.0903	0.0363	0.0360
	[7.49]***	[7.24]***	[35.87]***	[36.54]***	[3.92]***	[4.07]***
样本数	180	180	180	180	180	180
F 统计量	124.22	109.82	142.27	149.46	19.66	21.47
R2	0.3816	0.3816	0.4564	0.4564	0.1076	0.1076
	△ln（农业经营收入）		△ln（农村人均纯收入）		△农村/城镇收入比率	
	固定效应模型	混合 OLS	固定效应模型	混合 OLS	固定效应模型	混合 OLS
种植业产品生产价格指数	0.7207	0.6965	0.2713	0.2744	− 0.6076	− 0.5996
	[7.65]***	[7.35]***	[6.72]***	[7.22]***	[5.11]***	[5.35]***
常数项	0.0452	0.0469	0.0922	0.0920	0.0500	0.0494
	[5.42]***	[5.53]***	[25.79]***	[27.08]***	[4.75]***	[4.94]***
样本数	180	180	180	180	180	180
F 统计量	58.57	54.02	45.14	52.17	26.13	28.65
R2	0.2328	0.2328	0.2267	0.2267	0.1386	0.1386

续表

	△1n（农业经营收入）		△1n（农村人均纯收入）		△农村/城镇收入比率	
	固定效应模型	混合 OLS	固定效应模型	混合 OLS	固定效应模型	混合 OLS
粮食零售价格指数	0.3439	0.3535	0.0599	0.0680	-0.1966	-0.1965
	[5.04]***	[5.18]***	[1.98]**	[2.36]**	[2.34]**	[2.44]**
常数项	0.0668	0.0660	0.1060	0.1053	0.0242	0.0242
	[8.36]***	[8.24]***	[29.98]***	[31.17]***	[2.46]**	[2.56]**
样本数	180	180	180	180	180	180
F 统计量	25.36	26.79	3.91	5.58	5.46	5.97
R2	0.1308	0.1308	0.0304	0.0304	0.0325	0.0325

注：＊＊＊、＊＊、＊分别表示统计量在1%、5%和10%的水平下显著。

从表4的结果可以看到，农业经营收入的上升有助于农村内部不同省份之间收入差距的缩小。结合表6不难发现，农产品价格总指数上升1个百分点，农村内部不同省份之间的基尼系数将大致下降0.2个百分点[①]。

在2003～2009年间的省份面板数据估计结果中，农产品价格指数的上涨不仅通过提高农业经营收入而具有缩小农村内部不同省份之间收入差距的效应，也对农村居民人均纯收入的增长具有显著的促进作用，并缩小城乡居民收入差距比率。这一效应在表6的最后一列中不难发现。

表6中还给出了一个非常重要的现象，粮食零售价格指数的变化对于农业经营收入以及农村人均纯收入增长的边际效应都非常低，尽管仍是显著的；对于缩小城乡居民收入差距的效应也有较大幅度的下降。事实上，粮食零售价格指数在较大程度上受到流通环节的影响，由此所导致的价格指数上涨并未能够促成农村居民收入增长的因素，但可能对于物价总水平的上升具有较强的作用。

---

① 从表3中可以发现，2003～2009年间，农业经营收入对基尼系数的平均边际贡献为-0.3189，农业经营收入对于农产品生产价格总指数的估计系数为0.6302，两者的乘积为-0.2010。

农产品价格波动与农村内部收入差距

本部分根据农村住户调查微观层面数据，讨论农产品价格波动的收入分配效应，所使用数据来自于 2000～2004 年江苏、河南、四川、云南四省的农村住户调查。

由于在调查数据中只有农产品大类数量以及农业经营收入，因此我们采用将回归的方法推算相应的价格水平，即：

$$y_t = \alpha_t + \sum_{k=1}^{K} \beta_{k,t} x_{k,t}$$

其中，y_t 和 $x_{k,t}$ 分别表示第 t 年的农业经营收入以及第 k 项农产品的产量，表示农产品类型数量。由此所得到的估计系数 α_t、$\beta_{k,t}$ 便可被视为相应的价格向量。考虑到地区差异性并保证回归分析中具有充足的样本量，我们分地区（市）[1]、分年份进行回归。为了得到价格变动对收入增长和收入分配的效应，可以根据前一期的价格和当期的农产品产量，得到当期农业经营收入的预期值，并将这一预期值与根据当期价格和当期农产品产量得到的当期农业经营收入估计值进行比较。

表 7 给出了根据当期价格和前期（前一年）价格计算的农业经营收入。例如，2001 年四省合计的农业经营收入，按照 2001 年回归系数得到的估计值是人均 1200 元，而按照 2000 年回归系数得到的估计值为 1151 元。根据两者的比率可以发现，价格因素导致农业经营收入增长率为 4.27%。从表 7 中可以看出，2003 年和 2004 年由于农产品价格变化导致农业经营收入的增长率比较高——达 14% 左右，而在 2002 年农产品价格变化导致农村家庭经营收入略有下降。

---

① 分地市回归的另一个原因是，在同一个地区中，不同住户的生产结构相对而言会更为接近一些，而从住户调查数据中，我们只能获得不同类型农产品的总产量。

表 7　　　　　　　　　　价格变化导致的农业经营收入增长　　　　　　单位：元

年　份	江　苏	河　南	四　川	云　南	合　计
农业经营收入　（当期价格）					
2001	1305. 13	1456. 62	976. 82	1119. 19	1200. 39
2002	1244. 45	1469. 49	1040. 69	1148. 64	1214. 91
2003	1221. 12	1446. 73	1075. 16	1148. 88	1215. 25
2004	1614. 83	1755. 93	1266. 74	1304. 91	1482. 69
农业经营收入　（前期价格）					
2001	1279. 52	1439. 45	887. 48	1071. 29	1151. 28
2002	1264. 96	1501. 54	1084. 46	1119. 61	1239. 19
2003	959. 17	1437. 09	881. 32	1067. 93	1065. 83
2004	1371. 03	1498. 04	1103. 91	1264. 40	1293. 29
价格变化　（%）					
2001	2. 00	1. 19	10. 07	4. 47	4. 27
2002	− 1. 62	− 2. 13	− 4. 04	2. 59	− 1. 96
2003	27. 31	0. 67	21. 99	7. 58	14. 02
2004	17. 78	17. 22	14. 75	3. 20	14. 64

　　价格变化所导致的农业经营收入分配效应可见表 8 所示。在表 8 中，给出了基于当期价格和前期价格计算得到的农业经营收入相对于全部纯收入的集中率。通常情形下，价格变化前后的农业经营收入的集中率变化不是很明显，但在 2003 年的结果中，按照前期（2002 年）价格所得到的农业经营收入的集中率相对于按照当期价格计算得到的农业经营收入集中率，通常更高一些。而其他分省份和分年份的结果则显示，价格变化前后所导致的农业经营收入相对于全部纯收入的集中率变化，并没有明确的规律性特征。

表 8　　　　　　　　价格变化与农业经营收入的集中率

年　份	江　苏	河　南	四　川	云　南	合　计
农业经营收入　（当期价格）					
2001	0. 0576	0. 1282	0. 1006	0. 1695	0. 1171
2002	0. 0469	0. 1364	0. 1025	0. 1919	0. 1095

年　份	江　苏	河　南	四　川	云　南	合　计
2003	0.0737	0.1476	0.1123	0.1889	0.1169
2004	0.0707	0.1231	0.1129	0.2072	0.1230
农业经营收入　（前期价格）					
2001	0.0907	0.1314	0.1086	0.1780	0.1338
2002	0.0410	0.1565	0.1085	0.2060	0.1182
2003	0.2538	0.1970	0.1141	0.1802	0.1792
2004	0.0857	0.1115	0.1091	0.2323	0.1215

表 7 和表 8 对农产品价格变化所导致的农业经营收入分配集中率改变的讨论，隐含的前提是这种价格变化不会导致农村居民经济行为的改变。接下来，在住户数据的基础上，讨论农产品价格变化对于相关行为的影响，主要包括播种面积（取的是粮食和经济作物播种面积之和）和外出行为的变化。

表 9 以 2000 ~ 2004 年间的农村住户调查面板数据为基础，给出了价格指数变化对于播种面积和家庭人均农业经营收入、家庭人均工资收入效应的固定效应估计结果。从表 9 的估计结果中可以看到，农产品价格上涨将使得农作物播种面积以及家庭人均农业经营收入显著上升，而家庭人均工资收入则有轻微的下降。这表明农产品价格变化将导致农村居民内部收入结构的改变。

表 9　　　　　　　　　农产品价格变化对播种面积和收入的影响

	$\triangle \ln$ （播种面积）		$\triangle \ln$ （人均农业经营收入）		$\triangle \ln$ （人均工资收入）	
$\ln$ （价格指数）	0.1341	0.1232	0.2676	0.2556	− 0.0559	− 0.0560
	[4.26] ***	[3.89] ***	[23.06] ***	[21.95] ***	[1.89] *	[1.89] *
是否控制其他变量	否	是	否	是	否	是

注：＊＊＊、＊＊、＊分别表示统计量在 1%、5% 和 10% 的水平下显著。其他控制变量包括家庭成员平均年龄、家庭人口规模、人口年龄结构、性别结构、劳动力教育程度等。

表 10 和图 5 分别以地市和省份为单位，讨论了农村内部基尼系数与农

产品价格指数之间的关系。表 10 以地市为单位估计了基尼系数与价格指数以及人均收入水平之间的关系，从估计结果中可以看出，价格指数对于农村内部基尼系数具有负效应，尽管这种效应在统计意义上不具有显著性。图 5 以省份为单位描述了基尼系数与价格指数之间的相关关系。如果不考虑异常值的影响，在基尼系数与农产品价格指数之间也表现出微弱的负相关性。

表 10   **价格指数对基尼系数的影响（以地市为单位）**

	地市内部基尼系数	
1n（价格指数）	− 0.0030 [0.33]	− 0.0037 [0.42]
1n（人均收入）		− 0.8545 [2.79]***
1n（人均收入）平方		0.0545 [2.78]***
常数项	0.2820 [130.80]***	3.6230 [3.03]***

注：＊＊＊、＊＊、＊分别表示统计量在 1%、5% 和 10% 的水平下显著。本表给出的是固定效应模型估计结果。

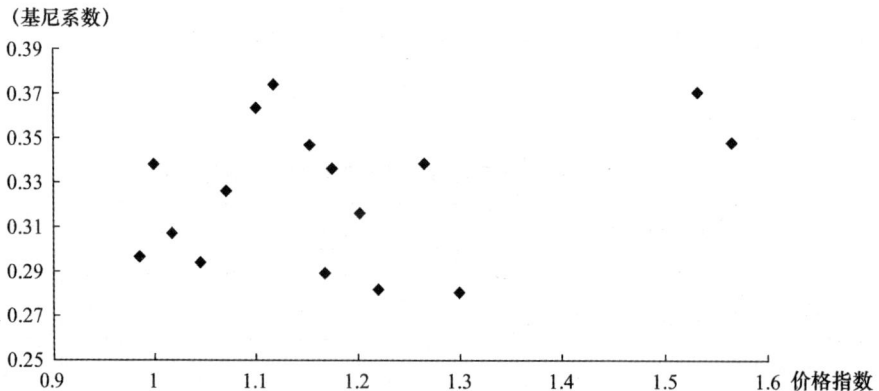

图 5　省份基尼系数与价格指数关系

从前面的讨论中可以看出，农产品价格指数的上涨将有利于提高农村居民的农业经营收入，而农业经营收入的上升通常具有缩小收入差距的效应。

但表 10 和图 5 的结果则显示出农产品价格上涨对于缩小农村内部收入差距只具有微弱的影响，这一现象很可能是农产品价格水平的变化导致家庭内部收入结构的变化所致。值得注意的是，农产品价格水平变化对于家庭内部收入结构所可能具有的影响在不同收入组中是不相同的。

在表 11 中，将全部住户根据各年平均收入水平划分为五等分组，然后采用固定效应模型估计了分收入组农产品价格指数对于家庭人均工资收入（对数）变化的影响。结果表明，总体而言，低收入组中农产品价格上涨导致的人均工资收入下降幅度相对更高一些。在最低收入组中，这种替代关系不显著，而第二组和第三组中的估计系数则要明显高于第五组。因此，农产品价格上涨尽管造成了农业经营收入上升从而对总体收入分布具有均等化效应，但低收入人群中工资收入的相对快速下降则对总体收入分布可能具有非均等化效应。农产品价格上涨所同时具有的这两种效应相互之间存在抵消的可能。

表 11 农产品价格变化对不同收入组人均工资收入的影响

	第一组	第二组	第三组	第四组	第五组
估计系数	− 0.0130	− 0.2688	− 0.2071	− 0.0868	− 0.1294
t 统计量绝对值	［0.09］	［2.35］**	［1.92］*	［0.99］	［2.94］***

总　结

本文根据宏观数据和住户调查数据讨论了农产品价格变化的收入分配效应，主要发现包括：

农产品生产价格的变化构成农村居民名义纯收入增长以及城乡居民收入差距的 Granger 原因；

农产品价格上涨促进了农业经营收入的增长，农业经营收入的增长对总体收入分布具有均等化效应，但这种均等化效应具有逐渐下降的趋向；

农产品价格上涨在促进农业收入增长的同时，中低收入家庭中的工资收入可能因此而下降，这种下降具有扩大收入差距的效应；

农产品价格上涨所具有的这两种效应具有相互抵消的可能，从而导致对农村内部总体收入差距尽管具有缩小的效应，但这一效应不显著。

参考文献

[1] 朱信凯，吕捷. 中国粮食价格与 CPI 的关系（1996~2008）. 经济理论与经济管理，2011（3）

[2] 李新祯. 我国粮食价格与 CPI 关系研究. 经济理论与经济管理，2011（1）

[3] 卢锋，彭凯翔. 中国粮价与通货膨胀关系（1987~1999）. 经济学季刊，第 1 卷（4）

[4] 卡恩，李思勤. 中国的收入和不均等. 载赵人伟，李实，李思勤主编. 中国居民收入分配再研究. 北京：中国财政经济出版社，1999

[5] 卡恩，李思勤. 中国居民收入增长与分配. 载李实等主编. 中国居民收入分配研究Ⅲ. 北京：北京师范大学出版社，2008

户籍与人口流动政策对收入分配的影响

都　阳

（中国社会科学院人口与劳动经济研究所）

导　言

在过去的 30 年中，中国的劳动力市场以渐进改革的方式不断发育。纵观改革的历程，劳动力市场制度在以下两个方面的变迁，对劳动力的流动和收入分配形势的变化产生了深远的影响。首先，从劳动力资源的配置角度看，雇佣决策和工资决定等主要劳动力市场结果，越来越通过市场机制来决定。其具体的体现就是，逐步取消直接限制劳动力流动的就业政策，让劳动力市场回归到供求关系决定的本源。其次，与户籍制度相联系的社会保护制度也在逐步改革之中。虽然有关进一步改革的内容、进程、速度和方式等仍然有诸多问题悬而未决，但是，未来需要在不同人群、不同区域和城乡之间，实现社会保护体系的一体化和均等化，则是清晰的目标。

当劳动力市场的改革使劳动力流动成为可能的时候，农村劳动力必然对城乡之间、地区之间劳动力价格的差异做出反应。这也是我们观察到劳动力流动的规模，尤其是农村向城市的迁移规模不断扩大的原因。正是由于中国的劳动力流动和迁移是以获取更高收入为动机的，其对收入分配的影响也非常直接。

首先，越来越多的农村劳动力由原本低生产率的部门向高生产率的部门流动。由于他们在农业部门的劳动生产率很低，他们在非农部门的就业不仅扩大了就业，也带来收入的改善，并由此成为推动收入分配形势向积极方向转化的主要动力。

其次，当劳动力流动的规模逐步扩大，伴随着经济发展和人口年龄结构的变化，劳动力市场上的供求关系也会发现生明显的转变，并表现出不同于二元经济时代的新特征。其中一个突出的方面就是普通劳动者的工资开始以较快的速度上涨。由此，工资效应和就业扩大效应一起成为改善收入分配的重要推动力。

尽管劳动力市场的这种变化对于收入分配形势的影响方向是清晰的，但理论预期一直缺乏经验证据的支撑。造成这种局面的主要原因是，目前我们尚难以获得全面的统计数据，跟踪中国劳动力市场迅速变化的现实。尽管对于城乡结构变迁背景下统计数据的缺陷早有讨论（Ravallion and Chen，1999），但在劳动力市场形势发生新变化的条件下，其产生的影响也更加深远。一方面，在劳动力流动规模不断增加的情况下，基于以前城乡分割的二元经济时代的统计体系，已经难以覆盖流动的劳动力。相关部门正紧锣密鼓地实施城乡一体化的抽样体系，但依据目前的统计制度，难以观察就业扩大对收入分配改善的积极效应是不争的事实；另一方面，即便是城乡分割的统计样本，要获得足够的微观信息也很困难。正由于这些原因，我们很难看到令人信服的研究，可以全面地反映劳动力市场变化对收入分配形势的影响。

对劳动力流动与收入分配变化关系的正确认识，有助于我们进一步完善劳动力市场政策和收入分配政策。我们应当看到，就业扩大效应和低收入者的工资上涨效应，共同成为收入分配向积极方向转化的推动力。然而，从劳动力市场政策的效应看，二者并不总是一致的。特别是在劳动力市场形势发生转折性变化的情况下，劳动力市场制度建设也因应形势变化的需要，越来越注重就业保护和提升劳动者的就业质量。诚然，在经济迅速增长、劳动力需求旺盛的时期，更严格的劳动力市场规制措施不会对就业岗位的增长产生明显的负面影响。但是，一旦经济增长遭受冲击（如国际金融危机），或长期的潜在经济增长率处于下降趋势，那么，扩大就业效应和工资上涨效应就可能难以保持同步。在这种情况下，如何使劳动力市场政策的调整与改善收入分配的目标相一致，就值得决策者考量。

本报告的安排如下：第二部分简要回顾过去 20 年劳动力流动政策和户籍制度的变迁，探讨其对收入分配形势变化可能产生的影响；第三部分分析扩大就业对改善收入分配的积极效应，并使用微观数据予以验证；第四部分考察劳动力流动的收入分配效应，主要观察普通工人工资上涨对收入分配格局变化的影响；第五部分是简单的总结。

户籍制度改革与人口流动政策的变迁

户籍制度是计划经济时期形成的一项独特的制度安排。虽然在户籍制度形成之初，并未与劳动力流动及其他社会保护计划相关联，但在计划经济条件下，它逐渐成为识别公民身份的主要手段，并在城乡分割的社会治理结构中发挥着重要的作用。然而，户籍制度改革与人口流动政策的变迁，既相互关联，又有着各自不同的路径。在改革的初期，放松劳动力流动的限制，赋予劳动者（尤其是农村劳动力）更多的择业自由，在一定程度上可以不触动户籍制度及相关福利体系。随着劳动力市场一体化进程的提高，户籍分割对于就业和工资决定的阻碍作用已经越来越小。然而，户籍制度及其相关的福利体系对不同身份的群体在社会保护方面的分割作用，则依然明显。也正因为如此，全面的户籍制度改革进入了攻坚阶段。

一、人口和劳动力流动政策

改革开放伊始至本世纪初，人口和劳动力流动政策改革的主要方向，是赋予劳动者以更多的择业自由。而纵观人口流动政策的演变过程，城乡关系的变化，尤其是城市劳动力市场供求关系的紧张程度，对改革的方向和进程产生了重要的影响。

　　尽管农村剩余劳动力问题在农村改革实施之初就已经开始显现，但大规模的农村劳动力流动，则开始于20世纪90年代。从1988年下半年开始，经济过热引发了严重的通货膨胀问题。当时，中央做出了"治理经济环境、整顿经济秩序"的决定。在为期三年的治理整顿期间，由于国家采取了压缩基本建设投资规模、加强财税和信贷控制等一系列重要的经济措施，许多建设项目下马或停建，相当一部分企业开工不足，国民经济增长速度明显放慢。在这种形势下，城市劳动力市场的就业形势恶化，大量的农民工被清退，出现了已经转入城市的农民工向农村的逆向流动现象。

　　为了缓解城市就业压力，国家在这一时期加强了对农村劳动力流动的限制，要求严格控制当地民工盲目外出①，强调农村剩余劳动力的转移应当采取"离土不离乡"，就地消化和转移。对现有计划外用工，要按照国家政策做好清退工作，重点清退来自农村的计划外用工，使他们尽早返回农村劳动。同时，严格控制"农转非"过快增长，并把它纳入国民经济与社会发展规划②。治理整顿政策也对农村非农产业的发展造成了严重冲击，乡镇企业吸纳劳动力的数量连续两年出现净减少，农村的就业空间变得十分有限。

　　上述政策措施对农村劳动力流动确实起到了控制效果。与1988年相比，1989年滞留于城市的流动人口减幅较大，各大城市中最大的回落幅度达到1/3左右，但是，这种回落持续的时间很短。到1990年、1991年，大多数城市的流动人口数量又回复到了1988年的水平，有些城市还略有增长③。而且，这种人为限制农村劳动力流动的政策措施，也为90年代初期"民工潮"的出现积蓄了力量。

　　在城乡差距和地区差距不断扩大的趋势下，农村内部就业压力加大和城市户籍制度改革不可避免地带来农村劳动力大流动，形成大规模的"民工

---

　　① 《国务院办公厅关于严格控制民工外出的紧急通知》，1989年3月；《民政部、公安部关于进一步做好控制民工盲目外流的通知》，1989年4月10日。

　　② 《国务院关于做好劳动就业工作的通知》，1990年4月27日。

　　③ 王建民、胡琪著：《中国流动人口》，上海财经大学出版社1996年版。

潮"。在这种愈演愈烈的农村劳动力跨区流动的新形势下，依靠过去"堵"的政策措施显然不是解决问题的有效方法。借助劳动力市场，采取疏导的办法是解决"民工潮"压力的唯一有效措施，也就成为这个时期的政策重点。

在这个时期，首先是通过农村劳动力开发就业试点工作积累经验。1991年1月，劳动部、农业部、国务院发展研究中心等单位决定，联合建立中国农村劳动力开发就业试点项目[①]。项目组织实施分两个阶段：1991~1994年为第一阶段，试点工作主要在全国近50个县级单位中进行；1994~1996年为第二阶段，试点工作在全国8个省展开。

其次是在前期试点工作经验的基础上，提出规范农村劳动力有序流动的各种措施。例如，农村劳动力外出之前，须持身份证和其他必要的证明，在本人户口所在地的劳动就业服务机构进行登记并领取外出人员就业登记卡；到达用人单位后，须凭出省就业登记卡领取当地劳动部门颁发的外来人员就业证；证、卡合一生效，简称流动就业证，作为流动就业的有效证件，享受劳动就业服务机构提供的就业服务[②]。对于离开常住户口所在地、拟在暂住地居住一个月以上的年满16周岁人员，如果不是为了探亲、访友、旅游、就医、出差等目的，在申报暂住户口登记的同时，应当申领暂住证。暂住证为一人一证，有效期限最长为一年，暂住期满需继续暂住的，应当在期满前办理延期或换领手续[③]。

第三是探索户籍制度改革的突破口。1997年，国务院批转的公安部《小城镇户籍管理制度改革试点方案和关于完善农村户籍管理制度的意见》明确规定，从农村到小城镇务工或者兴办第二、三产业的人员，小城镇的机关、团体、企业和事业单位聘用的管理人员、专业技术人员，在小城镇购买

---

① 《劳动部、农业部、国务院发展研究中心关于建立并实施中国农村劳动力开发就业试点项目的通知》，1991年1月26日；《劳动部、农业部、国务院发展研究中心印发中国农村劳动力开发就业试点项目指导小组〈关于在省一级开展农村劳动力开发就业试点工作的意见〉的通知》，1993年6月18日。

② 《劳动部关于农村劳动力跨省流动就业管理暂行规定》，1994年11月17日。

③ 《公安部关于暂住证申领办法》，1995年6月2日。

了商品房或者有合法自建房的居民，以及其共同居住的直系亲属，可以办理城镇常住户口。1998年7月，国务院批转的公安部《关于解决当前户口管理工作中几个突出问题的意见》提出，凡在城市有合法固定的住房、合法稳定的职业或者生活来源，已居住一定年限并符合当地政府有关规定的，可准予在该城市落户。

此外，还通过开展对农村劳动力培训和改善服务，来调控农村劳动力的流动。例如，建立劳动预备制度①，提高流动就业农村劳动力职业技能，建立健全劳动力市场规划和信息服务系统②，加强劳动力市场建设等。

虽然这个时期政策重点是积极引导农村劳动力有序流动，但是，90年代中期深化国有企业改革和城市就业制度改革，带来了大量国有企业富余人员下岗失业。为了解决这些下岗失业人员的就业问题，不少城市采取了就业保护制度，对一些就业岗位做出政策规定，把外来农村劳动力排斥在外。由于在实际运行中作用不大，这项政策很快就被废除。因此，进入新世纪后，农民工外出就业的数量开始迅猛增加，国家统计局也开始对农民外出就业组织专项统计。这一时期外出农民工就业的数量见表1。

表1　　　　　　　　农民工与城镇就业的数量与增长速度

年　份	农民工		城镇就业	
	人数（万）	年增长率（%）	人数（万）	年增长率（%）
2001	8399	7.0	24123	4.29
2002	10470	24.7	25159	4.29
2003	11390	8.8	26230	4.26
2004	11823	3.8	27293	4.05
2005	12578	6.4	28389	4.02
2006	13212	5.0	29630	4.37

---

① 《劳动和社会保障部办公厅关于印发做好农村富余劳动力流动就业工作意见的通知》，2000年1月17日。

② 国务院办公厅转发的劳动部等部门《关于进一步做好组织民工有序流动工作意见》，1997年11月。

续表

年　份	农民工		城镇就业	
	人数（万）	年增长率（%）	人数（万）	年增长率（%）
2007	13697	3.7	30953	4.47
2008	14041	2.5	32103	3.72
2009	14533	3.5	33322	3.80
2010	15300	5.3	34687	4.10

资料来源：国家统计局（2011）；国家统计局农村社会经济调查司（历年）。

21 世纪初以来，农村劳动力转移就业环境出现了积极的变化。随着城乡管理体制的不断改革，农民进城务工对城市社会经济发展的贡献作用逐步得到社会的承认，社会各方面对进城务工农民的思想观念和态度也发生了变化。这些变化大致分为四个方面：

一是取消各种不合理的收费。例如，取消对外出或外来务工人员收取的暂住费、暂住（流动）人口管理费、计划生育管理费、城市增容费、劳动力调节费、外地务工经商人员管理服务费、外地建筑企业管理费等多种收费①。

二是公平对待农民工流动，开始着手全面解决农民工进城务工问题。提高做好农民进城公共就业管理和服务工作的认识，对农民进城务工采取"公平对待、合理引导、完善管理、搞好服务"的十六字方针②，取消对农民进城务工就业的不合理限制，切实解决拖欠和克扣农民工工资问题，改善农民工的生产、生活条件，做好农民工培训工作，多渠道安排农民工子女就业，加强对农民工的管理等③。2006 年，国务院出台了《关于解决农民工问题的若干意见》。该文件对农民工转移就业形势产生了深远的影响，其中最为突出的一点是，在全社会形成了关心、鼓励和支持农民工转移就业的主流价值观。

三是开始建立和完善对农民工群体的社会保护。很多地区开始实施针对

---

① 《国家计委、财政部关于全面清理整顿外出或外来务工人员收费的通知》，2001 年 10 月 30 日。

② 《中共中央国务院关于做好 2002 年农业和农村工作的意见》，2002 年 1 月 10 日。

③ 《国务院关于做好农民进城务工就业管理和服务工作的通知》，2003 年 1 月 5 日；《国务院关于解决农民工问题的若干意见》，2006 年 3 月 27 日。

农民工的社会保险计划，虽然覆盖率还不够高，保护水平也较低，但这些地区的实践为今后针对农民工社会保护的制度建设打下了良好的基础。在这一时期，最低工资制度开始全面实施，有效地保护了在城市就业的农民工的利益。针对拖欠农民工工资等现象，政府还采取了专项治理措施。

四是开始把农民工群体纳入积极就业政策的服务对象。例如，2003 年 9 月，由农业部、劳动和社会保障部、教育部、科技部、建设部、财政部等六部委共同制定，国务院办公厅转发了《2003 ~ 2010 年全国农民工培训规划》，由中央和地方财政安排专项经费，用于农民工的培训工作。随着这些政策措施的落实和完善，农村劳动力转移和就业将进入一个前所未有的平等就业环境。农民工外出就业的数量也大大增加，到 2010 年达到 1.53 亿元。

二、户籍制度改革

改革户籍制度的动力首先来自于劳动力市场的压力。随着城乡经济一体化程度的逐步提高，城市的扩张导致对农村劳动力的需求逐步提升。一方面，劳动力资源丰富的地区希望以劳务输出作为减贫和发展的手段；另一方面，户籍制度及其附着的就业政策、福利政策，越来越成为劳动力流动的掣肘。在这种情况下，地方政府相继启动了对户籍制度的改革。尤其是从 1990 年开始，中央政府和地方政府采取了各种措施鼓励劳动力流动，并逐渐放松户籍管理。表 2 描述了绝大多数省份户籍改革的最新进展情况。

表 2　　　　　　　　各省户籍制度改革的基本情况

		进行户籍改革的最近年份	户籍申请的范围 1. 大城市；2. 中等城市；3. 小城市（镇）	是否实行城乡统一的户口登记制度
直辖市	重　庆	2010	1、2、3	是
	北　京	2002	3	否
	上　海	2009	1	否
	天　津	2009	3	否

		进行户籍改革的最近年份	户籍申请的范围 1. 大城市；2. 中等城市； 3. 小城市（镇）	是否实行城乡统一的户口登记制度
东部省份	河　北	2010	1、2、3	是
	辽　宁	2009	1、2、3	是
	江　苏	2002	1、2、3	是
	浙　江	2002	1、2、3	是
	福　建	2001	1、2、3	是
	山　东	2004	1、2、3	是
	广　东	2010	1、2、3	是
	海　南	2011	1、2、3	是
中部省份	山　西	2007	3	是
	吉　林	2010	1、2、3	是
	黑龙江	2009	2	是
	安　徽	2011	1、2、3	否
	江　西	2011	3	否
	河　南	2005	1、2、3	是
	湖　南	2009	1、2、3	是
	湖　北	2008	1、2、3	是
西部省份	内蒙古	2006	1、2、3	是
	四　川	2010	2 和 3	是
	贵　州	2009	1、2、3	否
	云　南	2008	1、2、3	是
	西　藏	2001	1、2、3	否
	陕　西	2009	1、2、3	是
	甘　肃	2003	1、2、3	否
	青　海	2011	1	是
	宁　夏	2011	1、2、3	否
	新　疆	2011	3	否

实际上，如果狭义地理解户籍制度，它仅仅是人口登记和管理的一项制

度；广义地看，户籍制度的内容则包含了由于身份识别而产生的就业、社会保护和公共服务领域的差异。因此，户籍制度的全面改革是一项宏大的工程，其改革的步伐也必然是渐进式的。在户籍改革的历程中，第一个有影响的改革措施，是部分省份引入了所谓的"蓝印户口"：一些省份允许小城市（镇）向外来人口收取一定费用，并发放蓝印户口；也有的地区以在当地兴办企业或购买商品住房为条件，发放蓝印户口。这种转变是一种进步，因为，它使长期以来严格控制的户籍迁移有所松动，给劳动力流动和劳动力市场发育留出了一定的空间。

1998 年，公安部颁发了新的条例，松动了户籍管理规定，即投靠父母、配偶和子女者可以申请城市户籍。尽管很多大城市难以实际执行这个规定，但该规定的出台表明，中央政府的确已经让户籍改革合法化，并使其成为市场化改革的一部分。对城乡间福利体系的改革，则为劳动力由农村到城市流动创造了制度环境。这些改革措施包括，鼓励城市非公部门的发展，改革住房分配体系，改革就业政策和社会保障体系等。这些改革措施虽然不很彻底，但使农村向城市的劳动力流动成为可能。

在 21 世纪，全国多数省份都继续了对户籍制度的改革。一个比较普遍的举措就是取消农业户口和非农户口的划分。2001 年，广东首先宣布取消农业户口和非农户口的划分，所有的户籍都统一登记为居民户口。截止2009 年，共有 15 个省份采取了和广东类似的改革措施。

尽管改变登记方式和发放蓝印户口看上去放松了进入城市的限制，但申请城市户籍的标准并不容易达到。总体上看，一个持有农业户口的人需要满足三类条件，才有可能申请城市户籍：首先是就业和居住的要求；其次是对户口申请人的财务状况的要求，如个人投资、税收以及购买住房等；第三类是申请人需要具有一定的受教育水平。大多数省份都提出了这方面的标准。表 3 给出了绝大多数省份对于落户提出的具体要求。

但是，如果户籍制度改革没有触及户籍制度的本质，那么会流于形式。在众多的改革案例中，广东佛山是一个例外。佛山是广东的一个富裕城市，

表3　申请户籍的标准

| | 在小城市（镇）申请户口的就业和住所要求 | | | 在中等城市获得户口的财务要求 | | | 在中等城市或大城市获得户口的教育标准 |
	稳定的收入来源	住所	居住时间（年）	购买住房	个人投资（元）	向地方政府支付税收（元）	学位
直辖市 重庆	3	4	N.A	2	没有具体说明	3年累计纳税5万元或1年纳税2万元以上	没有具体说明
北京	3	3	没有具体说明	没有具体说明	没有具体说明	没有具体说明	没有具体说明
上海	平均收入以上	没有具体说明	7	没有具体说明	没有具体说明	连续三个纳税年度内累计缴纳总额及每年最低缴纳额达到规定标准	1
天津	3	4	没有具体说明	N.A	N.A	N.A	N.A
东部省份 河北	3	1、2和3	没有限制	2	没有具体说明	没有具体说明	2
辽宁	3	4	没有具体说明	2	要求有一定投资	没有具体说明	1
江苏	3	4	2	2	没有具体说明	没有具体说明	2
浙江	3	4	没有具体说明	2	各市决定	各市决定	各市决定

续表

		在小城市（镇）申请户口的就业和住所要求			在中等城市获得户口的财务要求			在中等城市或大城市获得户口的教育标准
		稳定的收入来源	住所	居住时间（年）	购买住房	个人投资（元）	向地方政府支付税收（元）	学位
东部省份	福建	3	4	没有具体说明	2	各市决定	没有具体说明	2
	山东	没有具体说明	4	没有具体说明	2	要求一定的投资	数量和年限的要求	2
	广东	3	4	没有具体说明	各市决定	各市决定	没有具体说明	2
	海南	N.A	N.A	N.A	N.A	N.A	N.A	N.A
	山西	3	1	没有具体说明	1	没有具体说明	30000	2
	吉林	3	1，2和3	没有具体说明	2	没有具体说明	没有具体说明	2
	黑龙江	2	3	4	没有具体说明	没有具体说明	没有具体说明	没有具体说明
中部省份	安徽	3	1，2和3	3	1	没有具体说明	没有具体说明	1
	江西	3	4	没有具体说明	2	各市决定	各市决定	1
	河南	2	1和2	没有具体说明	2	没有具体说明	没有具体说明	1
	湖南	3	4	没有具体说明	2	没有具体说明	没有具体说明	没有具体说明
	湖北	3	4	没有具体说明	2	没有具体说明	有要求	2

续表

省份	在小城市（镇）申请户口的就业和住所要求			在中等城市获得户口的财务要求			在中等城市或大城市获得户口的教育标准
	稳定的收入来源	住所	居住时间（年）	购买住房	个人投资（元）	向地方政府支付税收（元）	学位
内蒙古	3	4	没有具体说明	没有具体说明	没有具体说明	没有具体说明	没有具体说明
四　川	3	1和2	没有具体说明	2	没有具体说明	没有具体说明	没有具体说明
贵　州	3	1、2和3半年以上	4	2	没有具体说明	没有具体说明	1
云　南	3	1和2	没有具体说明	2	没有具体说明	没有具体说明	没有具体说明
西　藏	3	4	没有要求	2	100000	各市决定	没有具体说明
陕　西	没有具体说明	4	没有具体说明	1	各市决定	没有具体说明	1
甘　肃	3	4	没有具体说明	2	没有具体说明	没有具体说明	1
青　海	3	1、2和3	1	没有具体说明	没有具体说明	没有具体说明	1
宁　夏	3	4	2	2	没有具体说明	没有具体说明	1
新　疆	1和2	4	2	2	没有具体说明	没有具体说明	没有具体说明

注：稳定收入来源：1. 正规就业，2. 自己经营企业，3. 任何就业方式；
居住：1. 拥有自有住房，2. 雇主提供住房，3. 租房，4. 任何形式；
购买住房：1. 有面积要求，2. 无面积要求；
学位：1. 大专，2. 大学，3. 研究生。

由于地方财政实力雄厚，有条件在其改革方案中真正实行行政范围内农业户口和非农户口的居民福利均等化。

总体上看，户籍改革的进展程度取决于附着其上的福利的供应水平。在小城镇，为居民福利提供的福利有限，尽管小城镇大多开放城门，但实际的户籍申请者并不多。相反，大城市所提供的公共服务和公共福利相当可观，因而，也增加了改革的难度。一个明显的例子是郑州的改革措施。2003 年，郑州开始广泛的户籍制度改革。2004 年，当地政府开始允许有固定居所的外来人口注册户籍。据统计，2001～2004 年，共有 38 万人申请户口，其中 10 万人是 18 岁以下的学龄人口。而 2004 年的申请者中，有一半是学龄人口。很显然，尽管改革的初衷是好的，但这种改革方案难以为继。

三、重点试验区的经验

2007 年 7 月，重庆和成都被列为全国统筹城乡发展配套改革试验区。作为城乡统筹发展必不可少的组成部分，户籍制度改革也是这两个试验区探索的重点领域。实际上，作为城乡统筹发展的先行者，成都市早在 2003 年就开始了城乡统筹发展的诸多尝试。在两个城市被列为全国试验区以后，他们在劳动力流动和户籍制度改革方面的很多努力，值得进一步分析和讨论。作为试验区，虽然成都和重庆的改革得到了额外的关注，但其改革进程和方式与大多数地区有着相似之处，见附表 1 和附表 2。彻底的户籍制度改革包括三个渐进但不可分割的组成部分：户籍准入制度的改革、土地制度的安排、社会保障和公共服务领域的改革。对这三个领域改革的充分性，不仅是户籍制度改革成功与否的重要标志，也是户籍制度改革的真正意义所在。

从落户要求看，虽然两个试验区的改革步伐都遵循了有条件地放开户籍的原则，但其改革的步伐更大。以成都为例，2003 年就已经开始了允许部分符合条件的人群在市区落户的规定，随着在行政区域范围内社会保护、公共服务及土地制度改革的推进，农村居民的落户条件也逐步放宽。目前，成都市已经明确提出了到 2012 年建立以身份证号码为标识，集居住、婚育、就业、纳税、信用、社保等信息于一体的公民信息管理系统，届时，城乡居民将实现自由迁徙。

土地制度的改革是城乡统筹发展和户籍制度改革的重要环节，其核心在于农民获得城市户籍的情况下，如何处置其对农村土地的权利。我们看到，两个试验区都以不同的方式在改革过程中进一步明确了农民对于耕地和宅基地的权利。成都市更是在近年来明确提出，农户的土地权利也不会随着居住地的迁徙和就业状况的改变而改变，农民在城镇所享受的诸多基本公共服务，也不以放弃农村土地财产权利作为基本前提。很显然，尊重农民土地权利的同时，赋予农民在城市的相关权利，将有助于改善其在收入分配中的地位。

是否实现公共服务和社会保护体系的城乡一体化、均等化，是户籍制度改革成败的关键所在。我们看到两个试验区都在公共服务和社会保护供给方面做出了大量的努力，但在具体的操作方式上有所差别。重庆对于城乡居民公共服务的一体化仍然以户籍为前提，通过扩大城市户籍的范围，使更多的人群享受城市的公共服务和社会保护；而成都则是通过先逐步提高农村地区公共服务和社会保护水平的方式，逐步实现城乡之间的趋同。从全国范围看，成都的做法更有借鉴意义。其一，可以立竿见影地使为现行户籍制度排斥的所有人群都受益，从而有利于渐进地缩小不同人群之间的福利差距；其二，可以基于政府的财政能力，量力而行。

纵观各地户籍制度改革的诸多尝试，我们可以总结出以下几个特点：

首先，由于户籍制度所包含的内容非常丰富，对于户籍制度的改革方式也必然是渐进式的。各地对户籍制度的改革因此也都遵循先难后易的原则：从改革的内容上看，对户籍登记方式的改革先，而对福利制度和公共服务领域的改革后；从改革的层级看，集镇和中小城市的户籍制度改革先，而大型和特大型城市的户籍制度改革后；从改革的范围看，全国一体化的户籍制度改革滞后于区域性的户籍制度改革。

其次，区域性的户籍制度改革的彻底性取决于地方的财政能力。户籍改革进入深水区后，几乎每一项改革进程都对应着财政支出水平的增加，尤其是在社会保护体系建设和公共服务方面的支出。因此，地方财政能力的差异，直接影响了各地对户籍制度进行全面改革的意愿和进程。

第三，全面改革户籍制度有赖于中央政府的全面参与。城乡统筹发展改革试验区虽然已经为城乡统筹发展提供了很多有益的经验，但从根本上说，区域性的改革永远无法突破户籍制度在地区之间造成的分割和差异。尤其是地区之间在公共服务和社会保护水平存在明显差异的情况下，区域性的户籍开放必然导致类似于前述的郑州改革的结局。从这个意义上说，唯有建立起全国统一、全民共享的基本公共服务和社会保护体系，才能使户籍真正与福利脱钩。

四、全面的户籍制度改革时机已经成熟

随着社会经济的不断发展，不仅对户籍制度进行全面改革的需求和呼声日益增强，从改革的可行性看，彻底改革计划经济时期形成的户籍制度体系条件也已成熟。

首先，得益于近年来我国经济的快速发展，公共财政的能力已经大幅提高，为推进户籍制度改革积累了物质基础。财政收入的增长已经连续多年大大快于 GDP 的增幅，财政收入总量也达到了相当客观的数量。而且，以民生为主体的公共财政理念也取得了广泛共识，在这种情况下，通过加大对社会保护体系的投入，缩小不同人群之间与户籍关联的福利差异，从财力上看是可行的。

其次，通过最近若干年的努力，与市场经济相兼容的社会保护制度的基本框架已经建立。虽然各主要的社会保险在城乡之间尚表现出覆盖和水平上的差异，但这些制度的建立，尤其在农村地区的拓展，为建立统一的社会保护制度打下了制度基础。

第三，随着人口和劳动力的流动，城乡人口比例已经发生了根本转变，城市化水平已经超过 50%。尤其是具有生产性的劳动年龄人口，向城市转

移已经比较充分，这意味着城乡统筹的难度已不如以前那么大。

第四，区域经济关系在近年来也发生了明显的改善。中西部地区近年来表现出快速发展的势头，如图1所示，2003年以来，以人均GDP度量的区域差距程度，总体上逐步缩小。这也意味着，目前推出深化户籍制度改革的举措，可能不会向以前区域经济差距较大的时期那样，使不同地区之间的人口流动形势和区域经济关系发生剧烈的变化。

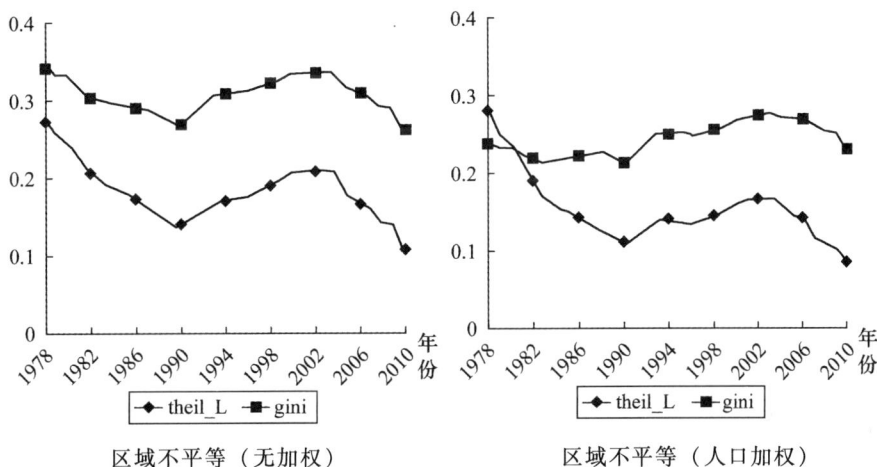

区域不平等（无加权）　　　　　区域不平等（人口加权）

图1　1978～2010年以人均GDP度量的省际差异

资料来源：作者根据《中国统计年鉴》资料计算。

观察扩大就业的收入分配效果

一般认为，发展中国家存在收入差距的重要原因，是由于资本相对不足，而劳动力丰富。在这种情况下，资本由于其稀缺性可以获得高回报，而劳动者一方面由于就业机会的不足，难以参与初次分配，另一方面也由于劳动力市场供大于求，其在劳动力市场获得的回报很低。因此，对于二元经济体而言，缩小收入差距的首要任务，是让尽可能多的劳动者获得就业机会，参与初次分配。只有穷人能够充分利用其拥有的最主要的禀赋——劳动力，收入差距才有缩小的可能。发展中国家摆脱二元经济结构是通过劳动力不断地由农业部门向非农部门的转移实现的。如果说剩余劳动力在农业部门的边际劳动生产率为零的话，那么，在非农部门的就业不仅实现了劳动力要素生产效率的提高，也是缩小（原本的）剩余劳动力和非农部门劳动者之间收入差距的重要途径。

过去 30 年中国非农部门的就业增长是不争的事实。根据国家统计局的统计数据，2010 年，非农部门的就业总量为 4.83 亿，较之 2000 年的 3.56 亿增长了 1.27 亿个就业岗位。尽管加总就业统计的准确性尚存争议（Du and Wang，2011），但根据两年的经济普查资料，我们也可以观察到非农就业岗位的迅速增长：2004 ~ 2008 年，非农就业的年度平均增长率为 7.2%。非农就业的迅速增长，意味着大量的农村劳动力从农业部门向非农部门流动，同时也表明有越来越多的劳动者获得参与初次分配的机会。

遗憾的是，大规模的劳动力流动，尤其是农村劳动力向城市的迁移所带来的收入分配效应，很难为现有的城乡分割的统计体系所充分反映。由于我们缺乏城乡一体化的住户调查抽样方案，所以对劳动力流动所引起的收入变化，也很难精确地反映。另一方面，从统计分析的角度看，对收入不平等指数的计算，往往只计量有收入者（收入大于零）的情况，而略去负收入或收入为零的观察值。随着就业规模的扩大，原本为零的劳动者获得了低收入，他们也相应地加入了不平等指数的计算，此时，我们反而会观察到扩大了的收入差距。虽然我们缺乏实际的数据来描述这种现象，但可以通过以下模拟，来展示扩大就业带来的收入分配效应改善是如何被忽略的。

我们随机产生 10000 个观察值，其收入分布符合正态分布。但由于在初始状态下，一部分人没有获得就业机会，因此，其收入为零。在表 4 的例子中，这样的观察值为 807 个。由此，我们可以相应地计算出观察到收入的劳动者的收入不平等指数。随着就业规模的扩大，原本没有就业的劳动力获得了非农收入，但他们的收入较低。我们将初始状态理解为就业扩大之前的情形，将第二次观察视之为扩大就业后的情形。模拟的结果见表 4。如表中第一列所示，在就业扩大之前，度量收入不平等时，如果在不平等指数中没有计入小于等于零的观察值,则基尼系数为 0.31,泰尔指数为 0.16;考虑小于等于零的观察值,基尼系数将扩大到 0.40;在就业机会增加以后,如果新增加的就业者集中于相对低收入的部门,则扩大就业后的基尼系数为 0.34,泰尔指数为 0.19。可见,在计算收入分配指数时如何考虑小于零的收入成为影响收入分配判断的关键。如果考虑所有的样本,则扩大就业一定是缩小收入差距的;如果考虑选择性的样本,则扩大就业改善收入分配的效应可能被遗漏。

表 4   对扩大就业的收入分配效应的模拟

	扩大就业前（1）	包括零收入（2）	扩大就业后（3）
观察值数	10000	10000	10000
收入为 0 的观察值数	807	807	0
计入不平等指数的观察值数	99193	10000	10000
GE（-1）	1.01	-	0.95
GE（0）	0.22	-	0.25
GE（1）	0.16	-	0.19
GE（2）	0.15	0.25	0.18
Gini	0.31	0.40	0.34

当然,如果上述效应仅仅是计算环节出现的问题,研究者可以通过调整计算方法,获得更加真实的收入分配度量。然而,在现行的统计体系下,诸多调查的抽样方案难以有效地反映劳动力流动及其扩大就业的效应,就必然使我们对收入分配形势的分析,落入表 4 中第一列的情形。

我们可以利用"中国城市劳动力市场调查"收集的微观数据,观察扩大就业的收入分配效应。在以下的经验模型中,我们首先对家庭人均收入的决定因素进行回归,我们的目的是观察在控制其他收入决定因素的基础上,就业变量对于家庭人均收入的影响。具体的回归方程如下:

$$y_i = \alpha_0 + \alpha_1 EMP_i + \alpha_3 HE_i + \alpha_4 SE_1 + \alpha_5 AGE_i + \alpha_6 AGE_i^2 + \alpha_7 H_i + \alpha_8 ML_i$$
$$+ \alpha_9 FL_i + \alpha_{10} SIZE_i + \sum_{j=2}^{5} CT_j + \varepsilon_i \qquad (1)$$

上式左边为家庭人均收入，回归的变量分别为家庭成员中就业者的比例，户主及配偶的受教育年限，家庭成员的平均年龄及其平方项，家庭成员的平均健康水平，家庭成员中男女劳动力的比例，家庭规模以及城市虚拟变量。

收入决定方程的回归结果见表 5。很显然，就业是家庭人均收入的一个主要决定因素，在三轮数据的回归中都显著为正。但我们真正关心的问题是就业在多大程度上影响了收入分配。为了达到这一目的，我们基于收入决定模型对家庭人均收入的不平等指数进行分解，以观察不同的因素对于收入分配变化影响的方向及程度。

表 5　　　　　　　　　　　城市家庭的收入决定

	2001 年		2005 年		2010 年	
家庭成员就业的比例	693.49	11.70	10505.76	13.75	1255.5	11.36
户主的受教育年限	24.20	6.66	530.53	8.5	91.6	10.10
配偶的受教育年限	4.48	1.44	15.03	0.34	1.8	0.20
家庭平均年龄	2.84	0.29	−281.58	−2.4	−28.4	−2.42
家庭平均年龄的平方	0.14	1.36	4.37	3.74	0.5	3.93
家庭平均健康水平	52.29	3.41	560.68	3.06	140.7	6.41
男劳动力占家庭成员比例	195.81	3.17	6753.28	4.4	−198.3	−0.70
女劳动力占家庭成员比例	52.03	0.60	7500.04	4.59	−216.9	−0.69
家庭规模	−55.31	−3.85	−38.64	−0.19	−25.3	−0.98
武汉	−412.09	−13.00	−6413.11	−13.38	−551.4	−7.59
沈阳	−480.32	−14.83	−6712.66	−14.49	−876.9	−13.51
福州	−243.62	−6.13	−3643.29	−7.02	−576.4	−8.00
西安	−488.17	−14.85	−6442.76	−14.04	−789.2	−11.16
常数项	−317.25	−1.34	−1713.28	−0.6	217.1	0.83
R2	0.24		0.40		0.25	
N	3490		2499		3526	

资料来源：作者根据 CULS 调查资料计算。

基于回归的收入差距指数分解是新近发展的研究方法（Fields，1998；

Bourgignon et al.，1998；Morduch and Sicular，2002）。较之传统的不平等指数分组分解的方法，基于回归的分解有很多优越性，例如，它可以考虑连续变量对不平等指数的贡献，也可以控制分组分解容易出现的内生性问题。我们在这里利用表 7 的回归结果，对城市家庭收入的泰尔指数进行分解，其基本方法如下。

遵循 Shorrocks（1982）提出的基本概念，不平等指数可以表达为家庭收入加权之和的形式。

$$I(\boldsymbol{y}) = \sum a_i(\boldsymbol{y}) y_i \tag{2}$$

其中，$I(\boldsymbol{y})$ 为总体的不平等指数，如泰尔指数、基尼系数、变异系数等，y_i 为家庭 i 的人均收入，$a_i(\boldsymbol{y})$ 为应用于每一个家庭的权重，它随着收入差距度量指标的不同而有所差异。回归方程中的每一个回归因子都对不平等指数有贡献。我们可以将因素 k（即回归模型中的解释变量和残差）在整体不平等指数中的贡献 s^k 用下式来表达：

$$S^k = \frac{\sum_{i=1}^{n} a_i(\boldsymbol{y}) y_i^k}{I(\boldsymbol{y})} \tag{3}$$

由于（3）式中每一个收入来源取决于表中的回归系数 $\hat{\beta}_k$ 和家庭 i 每一个因素的绝对水平 x_i^k，因此，基于回归的收入差距分解可以表达为：

$$s^k = \hat{\beta}_k \left(\frac{\sum_{i=1}^{n} a_i(\boldsymbol{y}) x_i^k}{I(\boldsymbol{y})} \right) \tag{4}$$

具体到我们在本文中使用的指标泰尔指数，收入差距的总体指数及其按照回归方程的分解来源分别是：

$$I_{TT}(\boldsymbol{y}) = \frac{1}{n} \sum_{i=1}^{n} \frac{y_i}{\mu} \ln\left(\frac{y_i}{\mu}\right), \tag{5}$$

以及

$$S_{TT}^k = \frac{\frac{1}{n} \sum_{i=1}^{n} y_i^k \ln\left(\frac{y_i}{\mu}\right)}{\frac{1}{n} \sum_{i=1}^{n} y_i \ln\left(\frac{y_i}{\mu}\right)} \tag{6}$$

由此，我们可以根据表 8 的回归结果将家庭人均收入的泰尔指数进行因素分解。我们的估计结果表明，家庭收入的不平等程度在几轮的回归中处于下降趋势，以泰尔指数度量，从 2001 年的 0.285 下降到 2010 年的 0.231。由于各个因素分解后的收入不平等指数具有可分可加的特性，我们将表中的因素根据类别合并，所得到的结果如表 6 所示。从该表的结果我们可以发现，扩大就业有利于缩小收入差距。从三轮调查数据的分析结果看，就业增加可以使城市家庭以泰尔指数度量的收入不平等程度缩小 14% ~ 23%。从其他类别的因素看，人力资本的增加有助于缩小收入差距，而人口统计特征的变化在总体上对于缩小收入差距有积极的作用，但区域间的差距仍然是收入差距的重要来源。

表 6   收入差距的来源：基于回归结果的分解

年　份	2001	2005	2010
家庭人均收入的泰尔指数	0.285	0.261	0.231
家庭成员的就业比例	− 14.1	− 22.5	− 13.5
人力资本	− 25.0	− 45.5	− 41.9
人口统计特征	− 117.6	− 4.7	− 14.5
区域因素	111.0	29.0	35.9
回归残差项	120.9	136.0	128.8

劳动力流动的收入分配效应

如前所述，由于资料的限制，我们尚难以观测劳动力大规模地由农村向城市流动以及刘易斯转折点的来临所引起的总体收入差距变化。但中国劳动力市场和经济发展的基本趋势已经告诉我们，劳动力市场结果朝着有利于收入分配形势改善的方向变化。姑且不论造成收入差距的其他因素，劳动力市场的发展使得工资性收入的差距逐步缩小。以下我们从几个方面分析劳动力流动及其产生的收入分配效应。

一、农民工内部的收入趋同

既然大规模的劳动力流动在很大程度上是对收入差距的反应，那么劳动力流动本身就应该促进劳动力市场的一体化，并缩小劳动者之间的收入差距，尤其是农民工内部的收入趋同。在以前的经验分析中（Cai，Du，and Zhao，2007），我们已经发现了农民工的工资趋同以及劳动力市场一体化不断演进的趋势。随着劳动力市场形势的变化，低收入群体的收入增长速度开始加速，这必然驱使农民工内部的收入差距也将呈逐步缩小之势。同样，我们根据三轮的城市劳动力市场调查数据，观察农民工群体内部的收入差距变化情况，所得到的各种收入差异度量指标的计算结果见表7。

表7　　　　　　　　　　　　　农民工内部的收入差距

	CULS2001（a）	CULS2005（b）	CULS2010（c）	（c/ a −1）×100%
p90/p10	5.854	5.000	3.750	−35.9
p90/p50	2.614	2.500	2.000	−23.5
p10/p50	0.447	0.500	0.533	19.2
p75/p25	2.003	2.000	2.400	19.8
GE（−1）	0.321	0.210	0.202	−37.1
GE（0）	0.262	0.183	0.168	−35.9
GE（1）	0.291	0.195	0.175	−39.9
GE（2）	0.443	0.253	0.220	−50.3
Gini	0.396	0.334	0.319	−19.4
A（0.5）	0.129	0.090	0.082	−36.4
A（1）	0.231	0.167	0.155	−32.9
A（2）	0.391	0.296	0.288	−26.3

表7有四类指标：分位值的比、广义熵（Generalized Entropy）、基尼系数及阿特金森指数。我们看到，尽管各类指标对农民工收入差异变化的敏感区域不同，但收入差异指标总体下降的趋势是一致的。2010年和2001年相比，基尼系数下降了19.4%，泰尔指数则下降了40%。而由于普通工人工资的普遍上涨，收入最高的10%农民工和收入最低的10%农民工的平均收

入之比，2001 年为 5.854，到 2010 年下降到 3.75，下降的幅度为 35.9%。我们也可以推断，随着刘易斯转折点的来临，普通工人在劳动力市场上供求关系的转变，是导致农民工内部出现工资趋同的重要原因。

二、城市劳动力市场上的收入趋同

虽然农民工的工资趋同正在发生，农民工内部的收入差距在不断缩小，但一个大家关心的问题是，农民工进入城市劳动力市场，是否产生城市的低收入群体，并导致城市劳动力市场上的收入差距不断扩大？为了回答这一问题，首先，我们需要了解的是农民工身份是否在城市劳动力市场上仍然是导致其收入差距的决定因素。我们关于劳动力流动政策和户籍制度改革进程的梳理已经表明，从就业和工资决定的角度看，劳动力市场制度的改革较为充分，这也就意味着，随着劳动力市场自由化程度的提高，户籍在工资决定中的作用会逐步弱化。为了从经验上验证居民身份对工资决定的影响，我们将农民工样本和城市本地职工的样本混合，并加入"是否具有外来身份"的虚拟变量，在控制个人特征和劳动力市场区域特征（城市变量）后，观察迁移身份变量的系数变化。回归结果如表 8 所示。

表 8　　　　　　　　　　　外来身份在工资决定中的作用

	CULS2001	CULS2005	CULS2010
迁移身份（农民工 =1）	-0.107（3.85）***	-0.087（2.95）***	-0.048（2.38）**
受教育年限	0.102（25.21）	0.098（20.60）	0.11（30.98）
经验	0.005（1.89）	-0.001（1.09）	0.018（6.48）
经验的平方	-0.0（-1.20）	-0.0（1.12）	-0.0（-5.13）
性别（男性 =1）	0.21（10.50）	0.24（11.07）	0.18（11.05）
城市虚拟变量	有	有	有
观察值数	6260	6535	7940
调整后 R2	0.31	0.42	0.37

注：括号中的数值为 t 统计值。＊＊＊为在 1% 水平上显著，＊＊为 5% 水平上显著。

我们发现，在控制其他变量之后，户籍制度在工资决定中的作用逐步减弱。如表 8 所示，在控制其他变量之后，2001 年农民工的平均工资水平较之本地工人低 11%，到 2005 年下降到 9%，2010 年进一步下降到 5%。考虑到农民工流入城市的数量呈扩大趋势，2009 年农民工总量是 2001 年的 1.73 倍，农民工和城市本地工人之间的工资趋同，必然会成为推动劳动力市场上总体工资差异缩小的重要力量。

当然，劳动力市场竞争性的增强，以及户籍在工资决定中的作用弱化，只是流动人口和城市本地人口工资收入差距缩小的必要条件之一。如果这两个群体在禀赋特征上仍然存在显著的差异，那么，劳动力市场的正常运行也会使二者之间的收入差距继续扩大。我们看到，由于教育规模部门的扩张，城市劳动力市场上以受教育年限度量的教育水平在两个群体之间呈缩小的趋势。例如，2001 年城市本地职工的平均受教育年限为 11.65 年，是农民工的 1.41 倍；2010 年城市本地职工的平均受教育年限为 12.55 年，是农民工的 1.31 倍。同时，农民工在城市工作经历的延伸，也有利于他们获得更高的收入。为了直接观察包含两个群体之后城市劳动力市场上劳动收入差距的变化情况，我们同样使用三轮的中国城市劳动力市场数据，计算城市本地劳动力和农民工后，城市劳动力市场的收入不平等指数、各种收入差异指标的计算结果见表 9。

我们看到，从总体上看包括农民工在内的城市劳动力市场总体工资差异呈逐渐缩小的趋势。基尼系数由 2001 年的 0.371，下降到 2010 年的 0.332；泰尔指数由 0.25 下降到 0.19。其他不平等的度量指标也都有不同程度的下降。

表 9　　　　　　　　　　城市劳动力市场上收入差距的变化

	CULS2001（a）	CULS2005（b）	CULS2010（c）	（c/a −1）×100%
p90/p10	5.619	5.000	4.625	−17.7
p90/p50	2.458	2.500	2.220	−9.7
p10/p50	0.438	0.500	0.480	9.6
p75/p25	2.400	2.400	2.557	6.5
GE（−1）	0.333	0.266	0.228	−31.5

续表

	CULS2001（a）	CULS2005（b）	CULS2010（c）	(c/ a－1)×100%
GE（0）	0.232	0.214	0.184	－20.7
GE（1）	0.247	0.223	0.185	－25.1
GE（2）	0.352	0.291	0.224	－36.4
Gini	0.371	0.359	0.332	－10.5
A（0.5）	0.112	0.103	0.088	－21.4
A（1）	0.207	0.192	0.168	－18.8
A（2）	0.400	0.347	0.313	－21.8

值得注意的是，尽管基尼系数的变化受到各界最多的关注，但不同的收入差距度量方式对于我们理解收入分配的变化有不同的意义。就广义熵而言，其参数值越大，度量不平等的指数值对于位于收入分布顶端的收入差异越敏感；而阿特金森指数的参数越大，度量不平等的指数值对于位于收入分布底端的收入差异越敏感；基尼系数则对于中间收入者（众数）敏感。

观察表9中各种不平等度量指标，也的确呈现出不同幅度的变化。以广义熵为例，如果使用对收入底部差异和收入顶端差异敏感的 GE（－1）和 GE（2），两个指数从2001～2010年的下降幅度分别为31.5%和36.4%。而对位于收入分布中间部分的敏感的收入不平等指标，则变化幅度相对较小，例如基尼系数仅下降了约11%。阿特金森指数的变化也体现出了这一特点，对位于收入分布两端敏感的指数分别下降了21.4%和21.8%，而对中间区域敏感的指标下降了18.8%。

由此可见，农村劳动力在城市劳动力市场的表现以及劳动力市场总体供求关系的变化，都有可能影响到城市总体收入差距的变化：由于普通劳动者的工资快速上涨，位于城市劳动力市场上收入分布底部的群体收入差异会有更明显的变化，因此，GE（－1）和 A（2）都会有比较明显的变化；而农民工群体中的成功者在城市劳动力市场上也可能会有越来越好的表现，从而使城市劳动力市场上收入分布顶端的群体收入差异也产生比较明显的变化，所以，GE（2）和 A（0.5）也会有更明显的变化。

劳动力流动对收入差距产生的影响体现于不同群体的收入变化之中，这也要求我们使用更丰富的指标，更加全面地观察、度量这种变化。某一个收入差异度量指标的变化不敏感，如基尼系数，并不意味着收入分配形势没有改善。

三、总体收入差异的变化

我们通过城市劳动力市场上的微观数据发现，农民工内部的工资趋同以及农民工与城市本地职工的工资差异在逐渐缩小，但是，尚不足以说明劳动力流动及刘易斯转折点的来临对总体的收入差距产生了显著的影响。因为，一直以来城乡收入差距都被认为是总体收入差异最主要的组成部分。但由于现行的统计体系在城乡收入调查里都没能有效地包括农民工群体，可能造成严重的抽样偏差（Park，2007），并导致对收入差距的高估（Cai and Wang，2009）。

遗憾的是，我们尚缺乏对总体具有代表性的时间序列资料，分析包括农民工在内的总体收入差异的变化情况。不过，我们可以利用 2005 年全国 1% 人口抽样调查资料，观察如果在现有的城乡收入统计体系里加入农民工，会对收入分配的估计产生什么样的影响。在表 10 中第一列是通常对城乡收入差距的估计，即只包括农村劳动力和城市本地人口，而第 2 列则是包括了农民工的情形。估计结果显示，如果包含了农民工，那么所有的收入差异度量指标值都会下降。

可以预见的是，劳动力流动规模越大，农民工的工资收入越高，在估算收入差距时，忽略农民工群体所造成的偏差就越大。表 10 的信息是基于 2005 年 1% 人口抽样调查资料。根据国家统计局农村司的调查，2005 年农民工的数量为 1.26 亿，月平均工资水平为 821 元（2001 年价格）；到 2009 年农民工数量增加了 15.6%，实际工资水平增长了 48.7%。因此，我们可以想象，忽略农民工群体所造成的总体收入差距的高估会更严重。

表 10　　　　　　　　　城乡收入差异的变化：有偏和无偏的估计

	农村工人 + 城市工人	农村工人 + 城市工人 + 农民工	变化（%）
p90/p10	10.642	10.145	- 4.67
p75/p25	3.604	3.694	2.50
GE（-1）	0.668	0.657	- 1.65
GE（0）	0.422	0.408	- 3.32
GE（1）	0.425	0.407	- 4.24
GE（2）	0.740	0.705	- 4.73
Gini	0.484	0.474	- 2.07
A（0.5）	0.190	0.183	- 3.68
A（1）	0.344	0.335	- 2.62
A（2）	0.572	0.568	- 0.70

结　论

从总体上看，中国的劳动力市场仍然未能实现劳动力完全自由的流动，但在过去 30 年里，劳动力市场的改革是充分有效的。其突出的体现就是，直接限制劳动力流动的政策和制度约束得到了有效的清理，劳动力流动，尤其是农村劳动力从农业向非农业的转移规模越来越大。实证研究也表明，市场机制在就业决定和工资形成等环节发挥了越来越重要的作用，这也使得来自农村的劳动力和城市劳动力之间的工资性收入差距逐步缩小。

当然，劳动力市场的改革进程远远没有结束。其中最重要也是最艰巨的任务是对以户籍制度为核心的社会保护体系的改革。虽然在不同人群之间实现社会保护和公共服务的均等化、一体化的目标已经非常清晰，但对户籍制度的系统改革仍然任重道远。本文对既定改革的梳理发现，系统地改革户籍制度不仅涉及户籍登记，更重要的是对土地制度、社会保护体系和公共服务做出恰当合理的安排。对户籍制度进行全面深入的改革，不仅条件成熟，而且非常迫切。户籍制度的系统改革也将成为进一步缩小差距的新的契机。

户籍制度改革的核心是剥离户籍和福利之间的关联。从操作层面看，需要对目前分割的社会保险制度和社会救助体系实施一体化改革。其基本思路是，在养老、医疗、低保等基本制度上提供低水平、广覆盖的公共支持。深化户籍制度改革，需满足以下几个方面的要求：

（1）消除福利体系在区域间的差异。这就要求中央政府承担公民基本福利的义务，由中央财政提供最基本的社会保护项目的资金来源。唯有如此，才能彻底消除人口在区域间流动的"寻租动机"，破除来自地方政府对户籍制度改革的阻力；

（2）将个人福利水平与缴费挂钩，在基本福利制度保基本的基础上，将个人的更高福利水平与个人缴费水平挂钩。这样，不仅可以彻底剥离户籍的福利含义，也可以使户籍制度改革获得更多群体的支持；

（3）对现有的社会保护项目进行改革和整合，消除福利制度碎片化对户籍制度改革的影响。

（4）从改革方式上，启动新一轮的户籍制度改革。户籍制度改革如果仅仅停留在地方层面，就永远难以消除其对劳动力流动的阻碍。户籍制度的改革都遵循我国改革开放以来一直尝试的渐进改革原则。然而，户籍制度涉及的内容、对象和性质，决定了渐进改革的方式难以从根本上满足现阶段的发展需求。户籍制度的全面改革应该进入系统设计、全面改革、统筹城乡、覆盖全民的阶段，也需要一次自上而下的顶层设计，唯有超脱部门利益、地方利益的改革方案，才能真正逐渐消除户籍对社会经济发展产生的消极影响。

我们的研究表明，劳动力市场的改革和劳动力流动规模的增加，无疑是缩小收入差距的积极手段。根据本文的分析，劳动力流动通过两个效应改善收入分配形势。首先是通过就业扩大效应，即让更多的人参与初次分配，进而改善收入分配的形势。遗憾的是，现有的统计资料难以使我们对这一效应进行全面的评估；其次是通过收入趋同效应，缩小收入差距。当经济发展面临刘易斯转折点，劳动力的充分流动会引发不同群体的工资趋同，并产生缩小收入差距的推动力。我们的观察表明，农民工之间、城市工人与农民工之间以及城乡之间的收入差距，都可能因劳动力的流动而缩小。基于城市劳动力市场的微观数据分析表明，近年来不断扩大的就业总量（主要是农民工），是缩小收入差距的推动因素。

因此，在现阶段，我们至少可以说劳动力市场发育带来的就业扩大效应以及劳动力流动所产生的工资收敛，正在对缩小收入差距发挥积极的作用。我们也有理由相信，在刘易斯转折点之后，主要的劳动力市场结果会向更有利于收入分配改善的方向转化，与库兹涅茨转折点的会合也会加速。

当然，考虑到还有很多其他因素（福利、资产收入等）构成收入分配形势的影响因素，在判断总体的收入差距形势时，我们还需要更多的经验证据，以观察劳动收入在收入分配格局中的相对影响及总体收入分配趋势的变化方向。

附表 1　　成都市户籍制度改革的主要进程与政策

年份	落户要求	土地制度安排	社会保障与公共服务
2003	·取消入户指标限制，以条件准入制代替"入城指标" ·在城区或城镇具有固定住所的人员，应登记为非农业户口；从事非农业生产、有稳定生活来源的人员，应登记为非农业户口；人均耕地不足 0.3 亩的人员，应登记为非农业户口 ·有合法固定的住所、稳定的职业或生活来源的人员，均可根据本人意愿办理城市常住户口，与其共同生活的直系亲属可以随迁进或投靠迁入户口，不受结婚时间、暂住期限的限制 ·实际投资额在 200 万元人民币以上，可指定 1 名人员的户口迁入。实际投资额超过 200 万元的，按每增加 100 万元解决 1 人入户的标准递增 ·在本市五城区及高新区范围内就业或兴办企业，向本市税务部门连续 3 年累计纳税 20 万元或 1 年内纳税 10 万元，可将子女的户口迁入本人及其配偶，未成年子女其配偶 ·在五城区及高新区范围内引进投资额在 800 万元以上，可将本人及其配偶、未成年子女的户口迁入		

续表

年份	落户要求	土地制度安排	社会保障与公共服务
	取消了"农业户口"和"非农业户口"划分,统一登记为"居民户口"	· 鼓励和支持农民按"依法、自愿、有偿"原则,以出租、入股、质押、置换等方式,流转农村土地承包经营权,发展规模经营 · 条件成熟的地方,探索发展以土地承包经营权入股为主的股份合作经济,为农民离乡离土创造条件 · 允许农村集体经济组织采用以土地入股的方式参与营利性水电、交通等项目的开发建设	· 确保每个建制乡(镇)有一所政府举办的卫生院,建立以中心卫生院为核心的乡村卫生服务网络 · 建立城乡统一的农村居民转变为城镇居民和进城务工人员子女就学保障机制 · 建立以区(市)县级职业中学为龙头,乡(镇)成人文化学校、农业广播电视学校和各种农业技术推广机构为骨干,向村组延伸辐射的区(市)县、乡(镇)、村三级教育培训体系 · 到2007年,全市农村劳动力培训率要达到80%,其中土地被征占农村劳动力培训率达到100%;全市农村劳动力转移规模达到220万人以上 · 2004年,将土地被征占农民全部纳入社保,享受城市社保标准。对土地未被征占农民,要尽快建立和完善社保制度,确保土地被征占后就能享受城市社保标准
2004	· 户籍在本市的农民,租用统一规划修建的出租房,居住时间同1年以上的方可在租房地入户		

续表

年份	落户要求	土地制度安排	社会保障与公共服务
2004	·市外人员入户政策调整。第一，原购房人户中心城区只能是商品房，调整后二手房也能入户。第二，原购房迁入人的，购房面积或金额原其中一项符合条件可迁人，调整后只有面积限制，统一为90平方米以上，且需提供劳动合同管理部门认可的与本市用人单位签订的劳动合同以及社保部门出具的在本市连续缴纳社保1年以上的证明		
	·投资入户政策调整。一是将以前提的"投资"修改，界定为"生产性投资"；二是对投资入户人员界定为投资者本人，配偶和未成年子女；三是增加了在区（市）县城和建制镇投资入户政策		
	·人才引进入户政策调整。一是原规定具有本科学历或中级职称可入户，现在放宽到大学学历、中级职称或技师以上；二是原规定大学学历、职称引进的人才无年龄限制，此次调整后年龄限制在45周岁以下，并在本市落实了工作的人员（特殊人才年龄可适当放宽）		
	·增加了入户内容和范围。暂住满3年、拥有合法固定住所、与本市用人单位签订劳动合同并未同断缴纳社会保险3年以上的市外人员，可登记本人、配偶和未成年子女的常住户口		

续表

年份	落户要求	土地制度安排	社会保障与公共服务
2008	成都农民租住私人住房可入户		· 鼓励企业培训进城务工农村劳动者和进城务工农村劳动者个人提高职业技能。企业对招收录用的进城务工农村劳动者进行职业技能培训，使其初次获得国家职业资格初级、中级、高级证书的，按相应等级给予企业培训补贴。对培训后首次取得给予技能鉴定补贴。对培训后首次取得国家职业资格证书的进城务工农村劳动者给予一次性奖励 · 提供自主创业小额贷款。设立扶持进城务工农村劳动者自主创业的小额贷款担保，为本市进城务工农村劳动者自主创业提供5万元以下的贷款担保 · 对符合条件的本市进城务工农村劳动者提供就业优惠政策。本市进城务工农村劳动者自愿放弃农村集体经济组织成员身份，或流转其承包土地鉴订了3年以上流转合同的，视同失地农民，并享受相关就业扶持优惠政策 · 鼓励办理城镇职工基本社会保险。用人单位为本市进城务工农村劳动者办理城镇职工基本社会保险的，政府将按一

续表

年份	落户要求	土地制度安排	社会保障与公共服务
2008			• 鼓励进城购房的优惠政策。本市进城务工农村劳动者，连续缴纳综合社保险或城镇职工社会保险两年以上，首次在城镇购买商品住房的，可享受申购经济适用住房或限价商品住房的政策。在城镇规划建设面向进城务工农村劳动者的政策性安居住房，以低于经适用住房和价格向已有偿转让农村宅基地和房屋的本市进城务工农村劳动者定向销售
2010	到2012年，成都将建立以身份证号码为标识、集居住、婚育、就业、纳税、信用、社保等信息于一体的公民信息管理系统。城乡居民自由迁徙	明确提出农民进城落户后可以继续保留其在农村的承包地、宅基地及其他土地资产。自2008年初开始，成都市就通过农村产权制度改革，将农民的承包地经营权、林地使用权和宅基地使用权确权到户。农户的土地权利也不会改变而改变，农民在城镇所享受的诸多基本公共服务，也不以放弃农村土地财产权利作为基本前提	• 提出建立城乡统一的就业失业登记管理制度，统一失业保险待遇标准，并提出统一中职学生资助政策，对就读中等职业学校的本市所有户籍学生统一助学标准。• 要求各区（市）县对城乡居民符合住房保障条件的家庭，统一纳入城乡住房保障体系。并要求各区县首先对有条件的区县，建立城乡统一的低保标准，对暂不具备条件的区县，要求在2015年之前实"三无"人员供养标准，对有条件的区县，建立城乡统一的低保标准，对暂不具备条件的区县，要求在2015年之前实

续表

年份	落户要求	土地制度安排	社会保障与公共服务
2010			现统一城乡低保标准。在社会保险方面，进行了较大地改进，将已有的非城镇户籍从业人员综合社会保险并入城镇职工社会保险。 ·完善城乡基本公共服务供给体制。成都市率先在全国将新农合、城镇居民基本医疗保险、市属大学生基本医疗保险合为一体，实现了城乡居民医疗保险制度一体化；推动城乡教师、医务人员互动交流，促进优质教育、卫生资源向农村倾斜，逐步缩小了城乡之间在教育、医疗卫生等公共服务方面的差距。 ·促进城乡公共服务设施一体化建设。实施了410所农村中小学、223个乡镇卫生院、2396个村卫生站标准化建设，全面推进广播电视"村村通"工程、信息网络"校校通"工程和乡镇文化活动中心建设，构建了覆盖城乡的文化设施网络 ·把村级公共服务和社会管理经费纳入财政预算。按每个村年均不少于20万元拨付，形成公共财政投入机制

附表 2

重庆市户籍制度改革的主要政策

落户要求	土地制度安排	社会保障与公共服务
·首期转户人口为338.8万 ·第一类条件是有条件的农民工和新生代，约294.1万人，其中包括农村籍的大中专学生和农村退役士兵 ·第二类是历史遗留问题，有44.7万人。上述转户人口按主城、区县城、小城镇三级城镇体系合理布局。而进入三个城镇体系分别设置了不同门槛，如进入主城区，必须符合下列任意一个条件——在主城区务工经商五年以上，或购买成套商品住房，投资兴办实业，三年累计纳税10万元或一年纳税5万元以上	·允许转户的农村居民，在最长3年内继续保留宅基地和承包地的使用权及收益权 ·转户居民退出宅基地使用权的，将获得3笔补偿资金。包含参照同期区县（自治县）征地政策对农村住房及其构附着物给予的一次性补偿 ·参照地票价款政策一次性给子宅基地使用权补偿；参照地票价款政策一次性给子购房补助 ·转户居民退出承包地，可以得到本轮土地承包期内剩余年限和同类土地的平均流转收益标准的补偿 ·保留林地使用权，不要求退出 ·在一定时期内继续执行原户籍地生育政策 ·农民自愿退出承包地经营权之前，享受各项补贴	·农民转户后，其就业、社保、住房、教育、医疗均纳入城镇保障体系。在教育方面，转户农民工子女接受义务教育，按照就近入学原则，改变现在农民工子女只能指定学校就读的状况

参考文献

[1] Bourgignon, Francois, Fournier, M. , and Gurgrand, M. （1998）, "Distribution, Development, and Education: Taiwan, 1979 – 1994," paper presented at LACEA Conference, Buenos Aires.

[2] Fields, Gary S. （1998）, "Accounting for Income Inequality and its Change," Mimeo, Cornell University

[3] Morduch, Jonathan and Terry Sicular, （2002）, "Rethinking Inequality Decomposition, with Evidence from Rural China," Economic Journal, 112 （476）, 93 – 106.

[4] Ravallion, Martin and Shaohua Chen （1999）, "When Economic Reform Is Faster than Statistical Reform: Measuring and Explaining Income Inequality in Rural China", Oxford Bulletin of Economics and Statistics, Vol. 61, No. 1, pp. 33 – 56.

[5] Shorrocks, Anthony F. （1982）, "Inequality Decomposition by Factor Components," Econometrica, Vol. 50, No. 1, 193 – 211.

[6] Cai, Fang, Yang Du and Changbao Zhao （2007） "Regional Labour Market Integration since China's World Trade Organization Entry: Evidence from Household – level Data," in Garnaut, Ross and Ligang Song （eds） China – Linking Markets for Growth, Canberra: Asia Pacific Press, pp. 133 – 150.

[7] Park, Albert （2007）, "Rural – Urban Inequality in China", in Shahid Yusuf and Tony Saich （eds） China Urbanizes: Consequences, Strategies, and Policies, the World Bank, Washington. D. C. .

[8] 蔡昉, 王美艳. 为什么劳动力流动没有缩小城乡收入差距. 经济学动态, 2009 （8）

我国转移支付制度的现状和问题

岳希明[1]　贾晓俊[2]

（1. 中国人民大学财政金融学院　2. 财政部财科所）

引　言

我国目前的转移支付制度，专项转移支付的财力均等化程度低，资金分配透明度差。与此相反，一般性转移支付的资金分配较为规范，财力均等化功能较强。为了规范我国转移支付制度，进一步发挥转移支付的财力均等化效应，为落后地区基本公共服务供给提供资金保障，我国应当缩小专项转移支付的比重，相应地提供一般性转移支付资金份额。这是关于我国转移支付制度问题的传统观点。但是仔细考察发现，这一观点并没有反映我国转移支付制度存在的主要问题。

我国目前专项转移支付和一般性转移支付的界定和相关统计由财政部实施，而财政部在二者的界定和分类上缺少明确的标准和一致性。从历史上看，专项转移支付的子项目经常被划分到一般性转移支付的范围，相反的操作也时有发生。因此，现有相关统计显示的专项转移和一般性转移缺少可比性，近年来一般性转移支付份额上升趋势也具有误导性。另外，目前我国的一般性转移支付由诸多子项目构成，本文的分析显示，并不是所有的子项目都具有均等化效应。例如，一般性转移支付中民族地区转移支付和定额补贴具有明显的扩大地区间财力差距的效应。因此，简单地扩大一般性转移支付的份额不一定缩小地区间的财力差距。

更重要的是，我国目前一般性转移支付与理论上的一般性转移支付有很大的差异。理论上的一般性转移支付，其最大特点是转移支付资金不指定用途，接受资金的下级政府可根据本辖区公共服务需要的特点自由地安排资金的使用。一般性转移支付资金的功能通常是解决地区间财力的横向不均衡，以及上级政府与下级政府的纵向不均衡。与一般性转移支付对应的转移支付为专项转移支付，其特点是资金必须按照事先约定的目的使用，专项转移支付的功能通常是解决地方公共物品的外部性。与理论上的一般性转移支付不同，在构成我国一般性转移支付的子项目中，有很多项目是为了国家出台重大政策提供资金保障而设立的（如调整工资转移支付），资金的使用通常是指定用途的，接受转移支付资金的下级政府必须按照事前规定的用途使用资金。从这个意义上讲，我国一般性转移支付资金的一部分应当是专项转移支付，而不是一般性转移支付，这也使我国现行专项转移和一般性转移的区分丧失意义。

本文以我国专项转移支付和一般性转移支付在界定和分类上的问题为线索，从理论和实证两方面探讨我国目前转移支付存在的问题，并参考国际经验，为我国转移支付制度的改革提供政策建议。

我国现行转移支付制度的构成、规模及结构分析

1994 年我国进行了分税制财政体制改革，改革的一项重要内容是确定了税收返还和转移支付的各种形式。分税制改革以来的 17 年间，我国税收返还和转移支付形式经历了多次调整，截至 2011 年，形成了由税收返还、一般性转移支付及专项转移支付三种形式组成的税收返还和转移支付制度，具体构成参见表 1。

表1	中央对地方税收返还和转移支付情况		单位：亿元
中央对地方税收返还和转移支付			32349.6
一、中央对地方转移支付			27349.3
（一）一般性转移支付	14624.8	（二）专项转移支付	12724.5
1. 均衡性转移支付	5452.5	1. 一般公共服务	155.5
其中：重点生态区转移支付	249.2	2. 国防	5.9
产粮大县奖励资金	207.5	3. 公共安全	237.7
县级基本财力保障机制奖补资金	475.0	4. 教育	878.8
2. 民族地区转移支付	330.0	5. 科学技术	67.0
3. 调整工资转移支付	2375.7	6. 文化体育与传媒	165.9
4. 农村税费改革转移支付	769.5	7. 社会保障和就业	1074.3
5. 资源枯竭城市转移支付	75.0	8. 医疗卫生	837.3
6. 成品油税费改革转移支付	350.0	9. 环境保护	1373.6
7. 定额补助（原体制补助）	140.1	10. 城乡社区事务	152.5
8. 企业事业单位划转补助	350.0	11. 农林水事务	3384.4
9. 结算财力补助	427.5	12. 交通运输	1109.7
10. 工商部门停征两费转移支付	80.0	13. 资源勘探电力信息等事务	339.4
11. 基层公检法司转移支付	362.5	14. 商业服务业等事务	655.1
12. 义务教育转移支付	947.6	15. 金融监管等事务	14.3
13. 基本养老金和低保等转移支付	2282.5	16. 地震灾后恢复重建支出	756.4
14. 新型农村合作医疗等转移支付	574.5	17. 国土气象等事务	193.7
15. 村级公益事业奖补等转移支付	107.4	18. 住房保障支出	739.3
		19. 粮油物资储备管理事务	304.9
		20. 其他支出	278.9
二、中央对地方税收返还			5000.3
（一）增值税和消费税返还	3602.0		
（二）所得税基数返还	910.2		
（三）成品油税费改革税收返还	1531.1		
（四）地方上解	−1043.0		

2010 年，我国中央对地方税收返还和转移支付总额达到 32349.6 亿元，

是 1996 年 2532.9 亿元的 12.77 倍,在绝对量增长的同时,其结构也发生了变化。如图 1 和表 2 所示,1996 ~ 2010 年,税收返还及两类转移支付在中央对地方税收返还和转移支付总额中所占比重的变化趋势。1996 年,税收返还、专项转移支付及一般性转移支付的占比分别是 72.92%、18.29% 和 8.79%;2010 年,三项占比分别是 15.46%、52.22% 和 32.33%。

以上数据说明,分税制改革初期,税收返还在中央对地方税收返还和转移支付总额中占有相当重要的地位,专项转移支付和一般性转移支付影响力有限。但目前,专项转移支付已替代税收返还,在中央对地方税收返还和转移支付体系中占据主导地位。也就是说,到 2010 年,超过一半的中央对地方税收返还和转移支付资金是通过专项转移支付来分配的。一般性转移支付则居于次要地位,对地方收入分配的影响力有所增强。税收返还占比降至第三位,对地方收入分配影响力减弱。

如图 1 和表 2 所示,与专项转移支付和一般性转移支付相比,1996 ~ 2005 年,税收返还在中央对地方税收返还和转移支付中的占比始终处在第一位。1996 ~ 2005 年,随着中央对地方税收返还和转移支付总额的增加,税收返还占比总体呈下降趋势,从 1996 年的 72.92% 降至 2010 年的 15.46%;与此相适应,2006 ~ 2010 年其占比降至第三位。

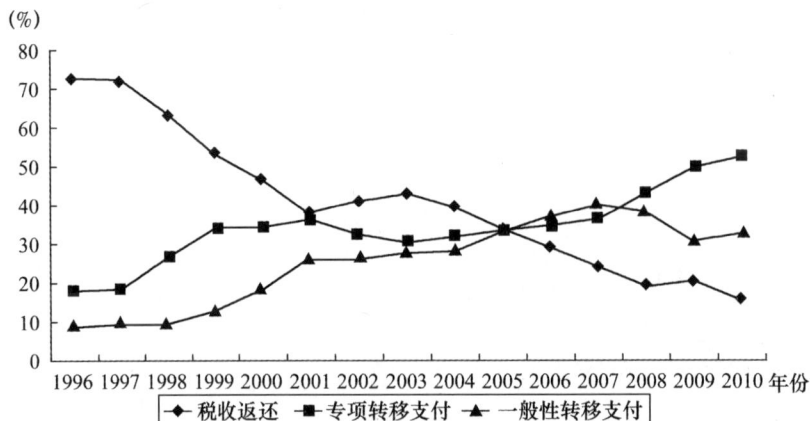

图 1 1996 ~ 2010 年中央对地方税收返还和转移支付

表2　　　　　　　2006～2010年中央对地方税收返还和转移支付结构　　　　单位:%

年　份	税收返还	专项转移支付	一般性转移支付	合　计
1996	72.92	18.29	8.79	100
1997	71.82	18.42	9.76	100
1998	63.40	27.07	9.53	100
1999	53.12	34.07	12.81	100
2000	46.47	34.71	18.82	100
2001	37.74	36.02	26.23	100
2002	40.89	32.67	26.44	100
2003	42.51	29.68	27.81	100
2004	39.63	31.67	28.70	100
2005	33.79	32.80	33.41	100
2006	28.92	34.10	36.98	100
2007	23.79	35.71	40.50	100
2008	19.31	42.39	38.30	100
2009	20.44 (20.44)	49.16 (40.96)	30.40 (38.60)	100 (100)
2010	15.46 (15.46)	52.22 (39.33)	32.33 (45.21)	100 (100)

注:1.财政部在2009年和2011年对转移支付科目做了大的调整,其中的一项内容是将原属于专项转移支付的一些项目转列入一般性转移支付。由于调整过程只是对这些项目做了变更名称的处理,资金性质及其分配方式没有任何变化。为了使历年的专项转移支付和一般性转移支付数据具有可比性,本表对2009年和2010年的数据分别做了如下调整:将划入一般性转移支付中的项目划回专项转移支付资金。表中2009年和2010年分别给出了两行数据,第一行数据是调整后的数据,第二行数据是未做调整的数据。2009年由专项转移支付转列入一般性转移支付的项目有一般公共服务转移支付、公共安全转移支付、教育转移支付和社会保障与就业转移支付。2010年由专项转移支付转列入一般性转移支付的项目有基层公检法司转移支付、义务教育转移支付、基本养老和低保等转移支付和新型农村合作医疗等转移支付。

　　具体来看,税收返还曲线并未连续下降,其间有两次出现了增长趋势。具体走势为:1996～2001连续下降,2001～2003年上升,2003～2008年连续下降,2008～2009年上升,2009～2010年又下降。2002年和2009年税收返还占比之所以出现上升,原因是2002年我国开始实施所得税分享改革,当年新增中央对地方所得税基数返还，税收返还总额达到 2318.95 亿元，与 2001 年的 1670.99 亿元相比，增长 38.78%，所以税收返还占比从 2001 年 37.74% 上升至 2002 年的 40.89%；2009 年我国实施成品油价格和税费改革，当年新增中央对地方成品油税费改革税收返还，税收返还总额达到 5863.92 亿元，与 2008 年的 4282.15 亿元相比，增长 26.97%，所以税收返还占比从 2008 年 19.31% 上升至 2009 年的 20.44%。

总体来看，分税制改革 17 年来，税收返还在中央对地方税收返还和转移支付总额中的地位逐年减弱。

从专项转移支付占中央对地方税收返还和转移支付总额的比重来看，1996～2004 年间，仅次于税收政策返还，一直占据第二位。2005 年，税收返还占比仍保持在第一位，一般性转移支付占比则超过专项转移支付，占据了第二的位置，专项转移支付占比最小，但从所占比重的大小来看，这三个比重基本接近（见表 2）。2006 年和 2007 年，一般性转移进一步增大，超过税收返还，占据第一的位置，专项转移支付居于第二位。2008～2010 年，专项转移支付占比大幅提高，超过一般性转移支付，成为占比最高的一类转移支付形式。

从专项转移支付的曲线走势来看，1996～2005 年，专项转移支付占比总体呈上升趋势，从 1996 年的 18.29% 上升至 2010 年的 52.22%。其间，2002 年和 2003 年，其占比出现了降低，其余年份均保持了增长，特别是 2008 年以后，其占比大幅提高。原因是，2002 年，由于我国所得税分享改革，中央对地方开始实施所得税基数返还，税收返还有了大幅增长，税收返还总额与 2001 年相比，增长 38.78%。同时中央财政将所得税改革集中的收入全部用于均衡性转移支付，由此一般性转移支付规模增大，与 2001 年相比，增长 21.12%，而专项转移支付规模只比 2001 年增长了 8.98%，2003 年的规模反而在 2002 年的基础上降低了 0.42%，所以 2002 年和 2003 年专项转移支付占比出现降低。2008 年、2009 和 2010 年，专项转移支付分别比上年增长 51.88%、25.09% 和 8.25%，其增长的原因是，2008 年中央政府增加了补助地方教育、医疗卫生等重点事业发展支出。2009 年，中央政府增加公共投资和拉动消费的支出，通过专项转移支付补助给地方。[①] 2010 年，继续实施积极的财政政策，扩大内需的大部分支出，通过专项转移支付补助给地方。[②] 绝对规模的增加致使专项转移支付从 2008 年开始成为我国第一大类转移支付形式。

以上分析表明，专项转移支付在转移支付体系中的地位越来越重要，到 2010 年，在中央对地方税收返还和转移支付资金中已占据半壁江山。

从一般性转移支付占中央对地方税收返还和转移支付总额的比重来看，1996 ~ 2004 年一直居于第三位，2005 年一般性转移支付占比超过专项转移支付，占据了第二的位置，专项转移支付占比居于第三位，三项比重大致相当（见表 2）。2006 年和 2007 年，一般性转移进一步增大，超过税收返还，占据第一的位置。2008 ~ 2010 年，专项转移支付占比大幅提高，超过一般性转移支付，成为占比最高的一类转移支付形式，一般性占比居于第二位。

从一般性转移支付的曲线走势来看，1996 ~ 2010 年，一般性转移支付占中央对地方税收返还和转移支付总额的比重总体呈增长趋势，从 1996 年的8.79% 上升至 2010 年的 32.33%，但 2008 年和 2009 年，其占比出现了降低，其余年份均保持了增长。分析其原因，主要是 2008 年和 2009 年专项转移支付大幅增长，分别比上年增长 51.88% 和 25.09%，而同期，一般性转移支付规模只增长了 21% 和 2.74%；2009 年税收返还规模也大幅增长，增长比例达26.97%。所以，在 2008 年和 2009 年，一般性转移支付占比出现了下降。

以上分析表明，一般性转移支付在转移支付体系中的地位逐年增强。

2010 年，我国一般性转移支付总额达到 10457.7 亿元[③]，是 1996 年234.9 亿元的 44.52 倍，在绝对量增长的同时，其结构也发生了较大的变化。

[①] 财政部（2009）：《关于 2008 年中央和地方预算执行情况与 2009 年中央和地方预算草案的报告》。

[②] 财政部（2010）：《2009 年中央和地方预算执行与 2010 年预算草案报告》。

[③] 该数据是经过调整后的数据，即减除了从专项转移支付划入一般性转移支付的项目。

如表 3 所示，1996 年，一般性转移支付由 4 项转移支付形式组成，按其占比由高到低排序依次是：定额补助（47.22%）、结算财力补助（38.02%）、均衡性转移支付（14.75%）及其他（0.01%）。2010 年，一般性转移支付的构成增加至 9 项，按其占比由高到低的排序依次是：均衡性转移支付（47.6%）、调整工资转移支付（22.72%）、其他（8.49%）、农村税费改革转移支付（7.36%）、县级基本财力保障机制奖补资金（4.54%）、结算财力补助（4.09%）、民族地区转移支付（3.16%）、定额补助（1.34%）和资源枯竭城市转移支付（0.72%）。

具体来看，分税制改革初期，从包干制财政体制保留下来的两种转移支付形式——定额补助和结算补助在一般性转移支付中占据重要地位，1996年，这两种转移支付的绝对规模分别是：定额补助为 110.92 亿元，结算补助为 89.32 亿元，分别是均衡性转移支付 34.64 亿元的 3.2 倍和 2.58 倍。1999 年，由于我国设立调整工资转移支付，所以定额补助和结算补助所占的比重相对降低，但所占比重依然处在前两位。2000 年新增农村税费改革转移支付，同时由于定额补助的绝对规模基本保持稳定，随着一般性转移支付种类和规模的不断扩大，定额补助所占的比重在 2000 年降至第三位，调整工资转移支付占据第二位，结算补助仍居第一位。2001 年之后，调整工资转移支付占比超过了结算补助，成为一般性转移支付中的第一大类转移支付，结算补助居于第二位，均衡性转移支付提高至第三位。随着我国经济的高速增长，中央政府用于均衡性转移支付支出的资金规模逐年增长，特别是2002 年所得税收入分享改革将中央财政通过所得税改革集中的收入全部用于均衡性转移支付，建立了均衡性转移支付稳定增长机制，转移支付规模持续快速增长。而 2007 年之后，调整工资转移支付与农村税费改革转移支付规模基本稳定，再加上 2005 年新增的县级基本财力保障机制奖补资金和2007 年新增的资源枯竭城市转移支付规模相对较小，所以从 2007 年起，均衡性转移支付成为一般性转移支付中所占比重最大的一类转移支付，调整工资转移支付居于第二位，农村税费改革居于第三位，结算财力补助降至第四

表3

1996～2010年一般性转移支付结构

单位：%

年份	均衡性转移支付	民族地区转移支付	调资转移支付	农村税改转移支付	基本财力奖补	资源枯竭城市转移支付	结算财力补助	定额补助	其他	合计
1996	14.75	0	0	0	0	0	38.02	47.22	0.01	100
1997	18.36	0	0	0	0	0	40.7	40.94	0	100
1998	19.34	0	0	0	0	0	44.48	36.18	0	100
1999	14.72	0	21.19	0	0	0	41.81	22.27	0	100
2000	9.57	2.86	24.29	1.23	0	0	48.65	13.41	0	100
2001	8.61	2.06	39.4	4.97	0	0	35.29	7.61	2.06	100
2002	14.35	2.01	42.01	12.61	0	0	20.94	6.39	1.7	100
2003	16.97	2.47	40.22	13.62	0	0	19.62	5.63	1.47	100
2004	25.4	2.62	33.87	17.84	0	0	15.91	4.37	0	100
2005	30.15	4.28	26.74	17.79	4.03	0	13.51	3.5	0	100
2006	30.45	3.1	31.62	14.95	4.67	0	11.09	2.63	1.5	100
2007	35.68	2.46	31.15	10.82	4.83	0.12	9.26	1.91	3.76	100
2008	41.34	3.25	25.82	8.98	5.16	0.41	8.34	1.6	5.09	100
2009	44.91	3.16	25.17	8.82	6.28	0.57	7.92	1.58	1.58	100
	(35.37)	(2.49)	(19.82)	(6.95)	(4.95)	(0.45)	(6.24)	(1.25)	(22.49)	(100)
2010	47.60	3.16	22.72	7.36	4.54	0.72	4.09	1.34	8.49	100
	(34.10)	(2.30)	(16.20)	(5.30)	(3.20)	(0.50)	(2.90)	(1.00)	(34.50)	(100)

注：同表2一样，本表对2009年和2010年的数据分别做了如下调整：将划入一般性转移支付中的专项转移支付项目进行了减除。表中2009年和2010年分别给出了两行数据，第一行数据是调整后的数据，第二行数据是未做调整的数据。

位。到 2010 年，均衡性转移支付在一般性转移支付中的比重达到 47.22%。

以下分析 2009 年和 2010 年调整前的数据，本文将财政部从专项转移支付中转列入一般性转移支付的项目归在其他类。从数据中可以发现，这部分规模相当可观，2009 年，其他类在一般性转移支付中的占比达到 22.49%，仅次于均衡性转移支付，居于第二位。2010 年，其他类在一般性转移支付中的占比进一步提高，达到 34.5%，超过均衡性转移支付，成为一般性转移支付中占比最大的一类。

转移支付分解方法：不平等指数分解的方法介绍

收入分配不平等指数的分解方法通常有两种：按不同人群组分解和按收入构成要素分解。如泰尔指数可以按不同人群组分解，基尼系数可以按收入构成要素分解。按收入构成要素分解是指当每个人的总收入由几种收入来源构成时，总收入不平等指数可以分解成这些收入来源的贡献之和。这种分解告诉我们，整体收入不平等程度主要是由哪些收入来源带来的。以下以基尼系数分解法为例介绍收入不平等指数分解的方法。

如果用 y_1，$\cdots$，y_k 表示 k 类收入来源，y_0 代表总收入，总收入与各收入来源之间存在如下关系：

$$y_0 = \sum_{k=1}^{K} y_k$$

Fei 等（1978）发现总收入的基尼系数可以按收入来源做如下分解：

$$G_0 = \sum_{k=1}^{K} S_k C_k \tag{1}$$

其中，G_0 为总收入的基尼系数，S_k 为收入来源 k 在总收入 y_0 中所占的比重，C_k 是按照人们在总收入 y_0 中的排序计算的收入 k 的集中率。[①]

① 当不平等指数按收入来源分解时，各收入来源的集中率特指各项收入来源按总收入排序计算的集中率。

依据鲁尔曼和尹兹哈奇（Lerman and Yitzhaki, 1985）提出的基尼系数分解方法，C_k 可以进一步分解，其分解公式为：

$$G_0 = \sum_{k=1}^{K} S_k G_k R_k \tag{2}$$

其中，G_0 代表待分解总收入的基尼系数；k 表示收入来源的个数；S_k 为收入来源 k 在总收入中所占的比重；G_k 为收入来源 k 的基尼系数；R_k 为收入来源 k 与总收入的相关系数，反映收入主体在总收入中的排序与其在收入来源 k 中排序的关系。R_k 的计算公式为：$R_k = \dfrac{COV\,(Y_k,\ F)}{COV\,(Y_k,\ F_k)}$。其中，$F$ 为总收入的累积分布函数；F_k 为收入来源 k 的累积分布函数。R_k 的取值在 -1 和 1 之间。当收入 k 为总收入的单调增函数时，R_k 等于 1；当收入 k 为总收入的单调减函数时，R_k 等于 -1；当收入 k 的分布与总收入的分布不相关时，R_k 等于 0。

鲁尔曼和尹兹哈奇（Lerman and Yitzhaki, 1985）以及斯塔克（Stark, 1986）在分析基尼系数分解结果时主要使用了两个指标，一个是各收入来源对总收入不平等的贡献，其计算公式为：

$$收入\ k\ 对总收入不平等的贡献 = S_k G_k R_k / G_0 \tag{3}$$

贡献的取值有正有负，由于 S_k、G_k、G_0 均为非负数，贡献的正负取决于 R_k 的符号，当 $R_k < 0$ 时，贡献为负，当 $R_k > 0$ 时，贡献为正。

另一个是收入 k 的变动对总收入基尼系数变动的边际影响（以下简称边际影响指标），如果 e 表示收入 k 变动的百分比，则收入 k 每变动 1% 所引起的总收入基尼系数变动的百分比可以用公式（4）计算：

$$\frac{\partial G_0 / \partial e}{G_0} = S_k G_k R_k / G_0 - S_k \tag{4}$$

公式（4）中，当时 $S_k G_k R_k / G_0 - S_k > 0$，表示收入 k 增加时，总收入的基尼系数升高；$S_k G_k R_k / G_0 - S_k < 0$ 时，表示收入 k 增加时，总收入的基尼系数降低。

以下具体分析（4）式中各个指标间的相关关系。

由（4）式变形可得到：$S_k G_k R_k / G_0 - S_k = S_k \dfrac{(G_k R_k - G_0)}{G_0}$ (5)

由（1）式和（2）式可以得到集中率 C_k 与相关系数 R_k 之间的关系。

$$G_k R_k = C_k \qquad\qquad (6)$$

式（6）中 G_k 的取值范围为 $0 \leqslant G_k \leqslant 1$，所以 C_k 的正负取决于 R_k 的正负，$R_k > 0$，则 $C_k > 0$；$R_k < 0$，则 $C_k < 0$。

由（5）式和（6）式可得：$S_k G_k R_k / G_0 - S_k = S_k \dfrac{(C_k - G_0)}{G_0}$ (7)

从（7）式中可以发现，因为 S_k 和为非负数，当 $C_k < G_o$ 时，$S_k G_k R_k / G_0 - S_k < 0$ 一定成立，也就是说当一项收入按总收入排序计算的集中率（C_k）小于总收入的基尼系数（G_0）时，这项收入增加，总收入的基尼系数降低。在总收入的基尼系数（S_k）一定的条件下，某项收入集中率（C_k）的值越小，在总收入中所占的比重（S_k）越大，这项收入变动使总收入基尼系数降低的比例越大；相反，当 $C_k > G_o$ 时，$S_k G_k R_k / G_0 - S_k > 0$ 一定成立，也就是说当一项收入按总收入排序计算的集中率（C_k）大于总收入的基尼系数（G_0）时，这项收入增加，总收入的基尼系数提高。在总收入的基尼系数（G_0）一定的条件下，某项收入集中率（C_k）的值越大，在总收入中所占的比重（S_k）越大，这项收入变动使总收入基尼系数提高的比例越大。

如果用不平等指数分解法来研究政府转移支付的均等化效应，可以将总收入定义为政府转移支付前的收入与转移支付之和，这样总收入的不平等指数可以分解为转移支付前的收入及各项转移支付对不平等的贡献。

由以上分析可知，运用基尼系数分解法中的边际影响指标评价各项转移支付对总收入不平等影响时的判断标准为：按转移支付后收入排序计算的转移支付的集中率小于转移支付后收入的基尼系数，这项转移支付的增加会使得总收入的基尼系数下降；相反，按转移支付后收入排序计算的转移支付的集中率大于转移支付后收入的基尼系数，这项转移支付的增加会使得总收入的基尼系数提高。

卡库瓦尼（Kakwani, 1977a）运用 Kakwani 指数分析税收的性质，即税收累进性的方法,[1] 分析转移支付的性质，即转移支付累进性。[2]

用 P 表示转移支付的累进程度时，$P = C_k - G_0$，C_k 表示按照转移支付后收入排序计算的转移支付的集中率，G_0 表示转移支付后收入的基尼系数。如果 $C_k < G_0$，$P < 0$，说明转移支付是累进的，即低收入者适用较高的转移支付率，而高收入者适用较低的转移支付率，且转移支付的集中率与转移支付后收入的基尼系数之间的差距越大，转移支付的累进程度越高；如果 $C_k = G_0$，$P = 0$，说明转移支付是比例的，即所有收入者适用同一转移支付率；如果 $C_k > G_0$，$P > 0$，则转移支付是累退的，即低收入者适用的转移支付率较低，而高收入者适用的转移支付率较高，且转移支付的集中度与转移支付后收入基尼系数之间的差距越大，转移支付的累退程度越高。

运用不平等指数分解的方法评价我国 1996～2009 年转移支付均等化效应

以下定义各省本级财政收入为转移支付前的省级财力，定义各省财政总收入为本级财政收入与中央对省的总转移支付之和。总转移支付等于税收返还、一般性转移支付及专项转移支付之和减去地方对中央体制上解。实证分析所采用的变量为人均形式，选用辖区内的人口数作为计算各个人均指标的分母，人口数据来源于 1997～2010 年《中国统计年鉴》，省级财政数据来源于财政部预算司编写的 1999～2006 年《地方财政统计资料》、《2007 年地方财政运行分析》及《2009 年地方财政运行分析》。

本文共进行了两次基尼系数分解，第一次分解主要考察本级收入、税收返还、专项转移支付、一般性转移支付及地方对中央上解的变动对总收入不

---

[1] 税收的累进性指低收入适用较低的税率，而高收入者适用较高的税率。

[2] 转移支付的累进性指低收入者适用较高的转移支付率，而高收入者适用较低有转移支付率。在此，转移支付率指各省接受的转移支付与其自身（转移支付前）的收入水平的比率。

平等程度的边际影响。第二次分解中将一般性转移支付中的各项单独列出，进一步考察一般性转移支付中的各项转移支付变动对总收入不平等程度的边际影响。

接下来分析 1996～2009 年中央对省总转移支付及各分项转移支付对收入不平等的影响。

表 4 给出了 1996～2009 年各项收入每变动 1% 所引起的总收入基尼系数变动的百分比。表中给出了总收入的基尼系数、本级收入、税收返还、专项转移支付、一般性转移支付及地方对中央上解的三项指标值，按总收入排序计算的集中率、在总收入中的占比及各收入变动 1% 所引起的总收入基尼系数变动的百分比。2009 年给出了两行数据，第一行数据是调整后的数据，第二行数据是未做调整的数据。

基尼系数变动的百分比有正有负，正数表示分项收入每变动 1% 所引起的总收入基尼系数是上升的；负数表示分项收入每变动 1% 所引起的总收入基尼系数是下降的。由于总收入定义为本级收入与各项转移支付之和，所以总收入分布的不平等首先可以分解为本级收入与各项转移支付分别对不平等的边际影响。由表中第 4 列的数值可知，1996～2009 年，按总收入排序计算的税收返还的集中率均大于当年总收入基尼系数，税收返还的增加会提高总收入的不平等程度；由表中第 5 列的数值可知，1996～2009 年，按总收入排序计算的专项转移支付的集中率均小于当年总收入基尼系数，专项转移支付的增加会降低总收入的不平等程度；由表中第 6 列的数值可知，1996～1998年，按总收入排序计算的一般性转移支付的集中率大于当年总收入基尼系数，这 3 年中，一般性转移支付的增加会提高总收入的不平等程度。而之后的 1998～2009 年，按总收入排序计算的一般性转移支付的集中率小于当年总收入基尼系数，一般性转移支付的增加会降低总收入的不平等程度；由第 7 列的数值可知，1996～2009 年，按总收入排序计算的地方对中央上解的集中率均小于当年总收入基尼系数，地方上解中央的增加会降低总收入的不平等程度。

表4　1996～2009年各项收入每变动1%所引起的总收入基尼系数变动的百分比

年份	总收入基尼系数	本级收入			税收返还			专项转移支付			一般性转移支付			上解		
		集中率	占比	基尼系数变动%	集中率	占比	基尼系数变动%	集中率	占比	基尼系数变动%	集中率	占比	基尼系数变动%	集中率	占比	基尼系数变动%
1996	0.276	0.305	0.640	0.067	0.298	0.333	0.027	0.139	0.084	-0.042	0.443	0.040	0.024	-0.496	-0.096	-0.077
1997	0.264	0.292	0.656	0.068	0.279	0.309	0.018	0.136	0.079	-0.038	0.401	0.042	0.022	-0.475	-0.087	-0.069
1998	0.257	0.295	0.646	0.095	0.278	0.270	0.022	0.092	0.115	-0.074	0.394	0.041	0.022	-0.484	-0.072	-0.064
1999	0.256	0.303	0.620	0.115	0.278	0.235	0.021	0.127	0.151	-0.076	0.232	0.057	-0.005	-0.478	-0.062	-0.054
2000	0.237	0.295	0.609	0.148	0.261	0.210	0.021	0.090	0.157	-0.097	0.171	0.085	-0.024	-0.427	-0.060	-0.048
2001	0.254	0.333	0.588	0.183	0.284	0.174	0.020	0.126	0.166	-0.084	0.080	0.121	-0.083	-0.444	-0.048	-0.036
2002	0.254	0.335	0.561	0.179	0.306	0.198	0.041	0.129	0.158	-0.078	0.028	0.128	-0.114	-0.408	-0.045	-0.028
2003	0.260	0.348	0.572	0.193	0.322	0.199	0.048	0.097	0.139	-0.087	0.005	0.130	-0.128	-0.426	-0.040	-0.026
2004	0.256	0.349	0.562	0.205	0.338	0.186	0.060	0.071	0.149	-0.108	-0.003	0.135	-0.136	-0.424	-0.031	-0.021
2005	0.231	0.324	0.590	0.236	0.285	0.149	0.035	0.092	0.145	-0.087	-0.010	0.147	-0.154	-0.451	-0.031	-0.029
2006	0.213	0.314	0.590	0.282	0.275	0.127	0.037	0.067	0.149	-0.103	-0.030	0.162	-0.185	-0.457	-0.028	-0.032
2007	0.204	0.316	0.589	0.325	0.276	0.103	0.037	0.044	0.155	-0.121	-0.040	0.175	-0.209	-0.491	-0.022	-0.031
2008	0.197	0.299	0.564	0.291	0.258	0.084	0.026	0.048	0.185	-0.139	-0.012	0.167	-0.177			
2009	0.187	0.288	0.532	0.288	0.220	0.096	0.017	0.048	0.230	-0.171	0.010	0.142	-0.135			
	(0.187)	(0.288)	(0.532)	(0.288)	(0.220)	(0.096)	(0.017)	(0.054)	(0.192)	(-0.1364)	(0.012)	(0.181)	(-0.1692)			

1996~1998 年，税收返还与一般性转移支付有扩大总收入差距的作用，专项转移支付与地方上解中央的分配有缩小总收入差距的作用。通过比较专项转移支付与地方上解中央的集中率与总收入基尼系数的大小发现，由于地方上解按总收入排序计算的集中率不但小于总收入的基尼系数，且均为负值，集中率与基尼系数的差值更大。而专项转移支付的按总收入排序计算的集中率虽小于总收入的基尼系数，但均为正值，集中率与基尼系数的差值相比要小。所以，1996~1998 年，地方上解中央和专项转移支付具有累进性，即资金分配向低收入地区的倾斜，地方上解中央程度最强，专项转移支付次之。而税收返还与一般性转移支付具有累退性，分配向高收入地区倾斜。

1999~2009 年，税收返还有扩大总收入差距的作用，具有累退性，其分配是向高收入地区倾斜的。而专项转移支付、一般性转移支付与地方上解中央有缩小总收入差距的作用。通过比较专项转移支付、一般性转移支付与地方上解中央的集中率与总收入基尼系数的大小发现，一般性转移支付与地方上解按总收入排序计算的集中率不但小于总收入的基尼系数，且均为负值，地方上解中央集中率与基尼系数的差最大，一般性转移支付与基尼系数的差居于第二位。而专项转移支付的按总收入排序计算的集中率虽小于总收入的基尼系数，但均为正值，集中率与基尼系数的差最小。所以，1999~2009 年，这三类转移支付具有累进性，即分配时各低收入地区的倾斜，倾斜程度由高到低的顺序是：地方上解中央倾斜程度最强，一般性转移支付居于第二位，专项转移支付居于第三位。虽然地方上解中央倾斜程度最强，但 2002 年后，它的变动对总收入不平等程度的降低作用却比一般性转移支付和专项转移支付要小，其主要原因是 2002 年后，在其他两类转移支付相对规模大幅增长的情况下，地方上解中央的相对规模在逐年减小，所以，尽管向低收入地区倾斜程度最大，但由于规模有限，所以对总收入不平等的降低作用有限。

表 5 给出了 1996~2009 年总收入的基尼系数及构成一般性转移支付的各分项转移支付的集中率。2009 年给出了两行数据，第一行数据是调整后

的数据，第二行数据是未做调整的数据。

分项转移支付形式包括均衡性转移支付、民族地区转移支付、调整工资转移支付、农村税费改革转移支付、县级基本财力保障机制奖补资金、资源枯竭城市转移支付、结算财力补助、定额补助及其他。将各分项转移支付的集中率与当年总收入的基尼系数进行比较可以发现，均衡性转移支付、调整工资转移支付、农村税费改革转移支付、县级基本财力保障机制奖补资金及其他的集中率均小于当年总收入的基尼系数，资金分配具有累进性，即向低收入地区倾斜；而民族地区转移支付和定额补助的集中率均大于当年总收入的基尼系数，资金分配具有累退性，即向高收入地区倾斜；资源枯竭城市转移支付在2007年集中率大于当年的基尼系数，2008年和2009年其集中率小于当年的基尼系数；结算财力补助除去2001～2007年集中率小于当年的基尼系数外，其余年份集中率大于当年的基尼系数。由于其他类转移支付在总收入中所占比重较低，现除去其他转移支付，将具有累进性的转移支付进行横向比较可以发现，在四大类具有累进性的转移支付中，依据其集中率与总收入差额由高到低的顺序排列，或者说向低收入地区倾斜程度由高到低的顺序排列，依次是农村税费改革转移支付、县级基本财力保障机制奖补资金、调整工资转移支付和均衡性转移支付。

表5给出了2009年调整前后的分解结果，未做调整的其他转移支付包括从专项转移支付中划入一般性转移支付的项目（一般公共服务转移支付、公共安全转移支付、教育转移支付和社会保障与就业转移支付）、村级公益事业一事一议资励资金和其他转移支付，而调整后的其他项目只包括村级公益事业一事一议资励资金和其他转移支付。从调整前后的其他项目的集中率来看，由于增加了专项转移支付项目，未调整的其他项目的集中率虽然小于总收入基尼系数，但为正数，而调整后的其他项目集中率为负数，向低收入地区倾斜力度增大。

表5　1996~2009 构成一般性转移支付的各分项转移支付的集中率

年份	总收入 基尼系数	均衡性转移支付 集中率	民族地区转移支付 集中率	调资转移支付 集中率	农村税改转移支付 集中率	基本财力奖补 集中率	资源枯竭城市转移支付 集中率	结算财力补助 集中率	定额补助 集中率	其他 集中率
1996	0.2757	0.0013						0.5462	0.4986	
1997	0.2644	-0.0159						0.5098	0.4805	
1998	0.2569	0.0000						0.4754	0.5051	
1999	0.2560	0.0027		-0.1092				0.3457	0.4966	
2000	0.2372	0.0209	0.3500	-0.1194	-0.7039			0.2527	0.5525	
2001	0.2543	0.0033	0.3384	-0.0481	-0.2598			0.1799	0.5805	-0.1659
2002	0.2538	-0.0307	0.3885	-0.0574	-0.2300			0.1989	0.6014	-0.1570
2003	0.2599	-0.0540	0.2736	-0.0862	-0.1500			0.1732	0.5468	-0.1798
2004	0.2560	-0.0422	0.2623	-0.0855	-0.1318			0.1888	0.5300	
2005	0.2314	-0.0473	0.2488	-0.0803	-0.1637	-0.1121		0.2082	0.5879	
2006	0.2128	-0.0503	0.2423	-0.0823	-0.1697	-0.1242		0.1960	0.5825	-0.1159
2007	0.2035	-0.0499	0.2184	-0.0845	-0.1861	-0.0839	0.2147	0.1971	0.6092	-0.1788
2008	0.1973	-0.0173	0.2396	-0.0562	-0.1715	-0.0879	0.0821	0.2243	0.6126	-0.1331
2009	0.1865 (0.1865)	0.0003 (0.0003)	0.2526 (0.2526)	-0.0419 (-0.0419)	-0.1598 (-0.1598)	-0.0554 (-0.0554)	0.0978 (0.0978)	0.2485 (0.2485)	0.6332 (0.6332)	-0.0288 (0.0167)

结　论

（1）专项转移支付与一般性转移支付均具有缩小地区间财力差距的作用。在构成一般性转移支付的项目中，并不是所有项目均具有缩小地区收入差距的作用，如民族地区转移支付和定额补助就起到了扩大收入差距的作用。所以，只是简单地通过将总转移支付中部分专项转移支付转列入一般性转移支付，使得一般性转移支付比重提高以实现增强转移支付均等化效果的方法变得没有意义。

（2）在构成一般性转移支付的项目中，并不是所有项目均具有缩小地区收入差距的作用。所以，要使一般性转移支付更好地发挥缩小地区收入差距的作用，应该视各项转移支付的不同性质区别对待。

例如，农村税费改革转移支付、县级基本财力保障机制奖补资金、调整工资转移支付和均衡性转移支付向低收入群体的倾斜力度较大，从理论上来说，应该增大其规模，农村税费改革转移支付和调整工资转移支付是配合我国重大政策出台而设立的，有指定的用途。如农村税费改革转移支付主要在于确保乡镇机构和村级组织正常运转和农村义务教育经费正常需要，调整工资转移支付主要在于确保行政事业单位在职职工和离退休人员发放工资。2007 年后，由于没有新的调整工资政策出台，各地每年得到的调整工资转移支付规模变为定额补助，年度之间几乎没有变化。① 同样，2006 年，由于我国全面取消农业税，中央财政用于农村税费改革转移支付的资金规模在2006 年之后相对稳定。② 2006 年后，随着本级收入及其他转移支付绝对规模的增大，由于这两类转移支付绝对规模变化不大，使其在总收入中的占比逐年减小，所以即便这两类转移支付各低收入地区倾斜力度较大，由于所占比

---

① 2007～2009 年中央对地方调整工资转移支付总额分别为：2186 亿元、2192 亿元、2196 亿元。

② 2006～2009 年中央对地方农村税费改革转移支付总额分别为：751 亿元、759 亿元、763 亿元、769 亿元。

重的降低，对缩小地区收入差距的作用逐年减弱。

由于县级基本财力保障机制奖补资金、均衡性转移支付及资源枯竭城市转移支付没有指定用途，要使转移支付的变动对总收入基尼系数的边际影响增大，应该加大这几类转移支付规模。就均衡性转移支付而言，由于其是严格按照一定公式来分配资金的，且资金性质属于无条件转移支付，从理论上来看均等化效果应该最佳，但分解结果显示，其向低收入地区倾斜的力度却不如农村税费改革转移支付、县级基本财力保障机制奖补资金、调整工资转移支付，这说明均衡性转移支付资金分配公式有待于进一步改善。

对于民族地区转移支付、定额补助和结算财力补助，考虑调整其资金分配方式，或并入其他类转移支付，使其发挥缩小地区间财力差距的作用。

（3）应该就转移支付本身的属性，即是否具有指定用途，明确转移支付的归属，分别归属为有条件转移支付和无条件转移支付，以便科学管理。专项转移支付资金如果分配科学，同样可以实现均等化效果。

（4）如果要降低税收返还的变动对总收入的不平等的扩大程度，应该减少税收返还规模或全部取消。

附录　　中国转移支付制度介绍

1994 年我国进行了分税制财政体制改革，改革的一项重要内容是确定了税收返还和转移支付的各种形式。分税制改革以来的 17 年间，我国税收返还和转移支付形式经历了多次调整，截至 2011 年，形成了由税收返还、一般性转移支付及专项转移支付三种形式组成的税收返还和转移支付制度，具体构成参见附表 1。

附表 1　　　　　　　　　现行中央对地方税收返还和转移支付构成

中央对地方税收返还	中央对地方转移支付	
	一般性转移支付	专项转移支付
1. 增值税和消费税返还（简称"两税返还"） 2. 所得税基数返还 3. 成品油税费改革税收返还 4. 地方上解	1. 均衡性转移支付 　　其中：重点生态区转移支付 　　　　　产粮大县奖励资金 　　　　　县级基本财力保障机制 　　　　　奖补资金 2. 民族地区转移支付 3. 调整工资转移支付 4. 农村税费改革转移支付 5. 资源枯竭城市转移支付 6. 成品油税费改革转移支付 7. 定额补助（原体制补助） 8. 企业事业单位划转补助 9. 结算财力补助 10. 工商部门停征两费转移支付 11. 基层公检法司转移支付 12. 义务教育转移支付 13. 基本养老金和低保等转移支付 14 新型农村合作医疗等转移支付 15. 村级公益事业奖补等转移支付	1. 一般公共服务 2. 国防 3. 公共安全 4. 教育 5. 科学技术 6. 文化体育与传媒 7. 社会保障和就业 8. 医疗卫生 9. 节能环保 10. 城乡社区事务 11. 农林水事务 12. 交通运输 13. 资源勘探电力信息等事务 14. 商业服务业等事务 15. 金融监管等事务 16. 地震灾后恢复重建支出 17. 国土资源气象等事务 18. 住房保障支出 19. 粮油物资储备事务 20. 其他支出

一、中央对地方税收返还

指 1994 年分税制改革、2002 年所得税收入分享改革及 2009 年成品油价格和税费改革时为保证地方既得利益，对原属于地方的收入，由于改革而划为中央收入的部分，给予地方的补偿。2009 年，为简化中央对地方税收返还和转移支付结构，将地方上解也纳入税收返还，与中央对地方税收返还做对冲处理，相应取消了地方上解科目。目前，中央对地方税收返还包括以下四项：增值税和消费税返还（简称"两税返还"）、所得税基数返还、成品油税费改革税收返还和地方上解。

（一）增值税和消费税返还

1988～1993 年，我国实行的是包干制的财政体制，这种财政体制有利于调动地方组织财政收入的积极性，但同时也导致国家财力过于分散，主要表现为中央财政收入占全国财政收入的比重持续下降，中央政府宏观调控的能力减弱。为此，国务院于 1993 年 12 月 15 日发布《国务院关于实行分税制财政管理体制的决定》（国发［1993］85 号），决定从 1994 年 1 月 1 日起，实施分税制财政体制改革，以取代原来的包干制，改革旨在理顺中央与地方的财政分配关系，增强中央政府的宏观调控能力。分税制财政体制改革的一项重要内容是按税种重新划分中央与地方的财政收入，旨在提高中央收入在全国财政收入中所占的比重。为了使改革顺利实施，逐步达到改革的目标，改革方案明确规定要保证地方既得利益，将分税制改革中地方净上划给中央的收入部分返还给地方，返还的收入称为增值税和消费税返还（简称"两税返还"）。"两税返还"以 1993 年为基期年，以 1993 年中央从地方净上划的收入（等于消费税加 75% 的增值税再减去中央下划收入[①]）作为返还基数，基数部分全额返还地方。消费税和 75% 的增值税是包干制下属于中央与地方共享收入，而分税制下转化为中央收入的部分；中央下划收入是指

---

① 中央下划地方的收入项目主要有城镇土地使用税（50%）、耕地占用税（30%）、国有土地出让收入等（个别地区还包括资源税）。参见李萍主编：《中国政府间财政关系图解》，中国财政经济出版社 2006 年版，第 24～25 页。

包干制下属于中央，而分税制后下划给地方的收入。两者之差就是按照分税制规定，中央从地方净上划的收入部分。

1994 年以后"两税返还"采取增量返还的方式，返还额在 1993 年基数上逐年递增。递增率的确定与全国增值税和消费税的平均增长率挂钩，上述两税全国平均每增长 1%，中央财政对地方的税收返还增长 0.3%。如果 1994 年以后中央净上划收入达不到 1993 年基数，则相应扣减税收返还数额。假设分税制改革后某年的"两税返还"额为 R_n，当年"两税"平均增长率为 t_n，上一年度"两税返还"额为 R_{n-1}，这一年"两税返还"可以用以下公式计算：

$$R_n = R_{n-1} \times (1 + 0.3t_n)$$

（二）所得税基数返还

1994 年 1 月 1 日起，我国开始实行分税制财政体制改革，改革的一项重要的内容是重新划分中央与地方收入，在划分收入时，个人所得税划为地方收入，企业所得税则采取了按企业隶属关系划分的方法，即中央企业所得税归中央，地方企业所得税归地方。这种按企业隶属关系划分所得税收入的办法不利于企业的公平竞争和区域经济的协调发展。于是国务院于 2001 年 12 月 31 日发布《国务院关于印发所得税收入分享改革方案的通知》（国发〔2001〕37 号），决定从 2002 年 1 月起实施所得税收入分享改革，除铁路运输、国家邮政、中国工商银行、中国农业银行、中国银行、中国建设银行、国家开发银行、中国农业发展银行、中国进出口银行以及海洋天然气企业缴纳的所得税继续作为中央收入外，其他企业所得税和个人所得税收入由中央和地方按比例分享。分享比例为：2002 年，中央和地方各分享 50%；2003 年，中央分享 60%，地方分享 40%。为使改革方案顺利实施，中央保证地方既得利益，即保证 2001 年地方实际的所得税收入基数，具体操作办法是：以 2001 年为基期年，按改革方案确定的分享范围和比例计算，地方应该分享的所得税收入如果小于地方当年实际所得税收入，差额部分由中央作为基数返还地方；如果大于地方当年实际所得税收入，差额部分由地方作为基数上解中央。

具体计算方法是，各地区的地方企业所得税基数以本地区 2000 年实际完成数为基础，按 2001 年 1~9 月份本地区地方企业所得税增长率或 1999~2000 年本地区地方企业所得税平均递增率计算确定；中央企业所得税、个人所得税、储蓄存款利息所得税基数以 2001 年实际完成数为基础计算确定。用公式为：

中央对某地区所得税基数返还额 =（2001 年该地区中央企业所得税实际完成数 + 个人所得税实际完成数 + 储蓄存款利息所得税实际完成数）- 2000 年该地区地方企业所得税 ×2001 年 1~9 月份该地区地方企业所得税实际增长率（或 1999~2000 年该地区地方企业所得税平均递增率)[①]

所得税返还采取基数返还的方式。2003 年以后，每年按确定的返还基数实行定额返还。

（三）成品油税费改革税收返还

为了建立完善的成品油价格形成机制和规范的交通税费制度，依法筹措资金以满足交通基础设施维护和建设的需要，国务院于 2008 年 12 月 18 日发布《关于实施成品油价格和税费改革的通知》（国发〔2008〕37 号），决定从 2009 年 1 月 1 日起实施成品油价格和税费改革。对于实施成品油税费改革形成的收入，除由中央本级安排的替代航道养护费等支出外，其余部分由中央财政通过转移支付方式分配给地方，并按以下顺序分配：一是中央按地方原有的公路养路费等"六费"收入[②]基数返还给地方，替代地方原来"六费"收入安排的公路和航道养护等支出。二是每年安排一定的专项转移支付，以补助各地取消政府还贷二级公路收费。三是通过完善成品油价格形成机制中相应的配套补贴办法，对种粮农民、部分困难群体和公益性行业进行补贴。四是增量资金，按照各地燃油消耗量、交通设施当量里程等因素进

---

① 李萍主编：《中国政府间财政关系图解》，中国财政经济出版社 2006 年版，第 93~94 页。

② 指公路养路费、航道养护费、公路运输管理费、公路客货运附加费、水路运输管理费、水运客货运附加费等收费，简称"六费"收入。

行分配，称为"成品油税费改革转移支付"。

用于上述第一项支出的，中央按地方原有的公路养路费等"六费"收入基数返还给地方的，称为"成品油税费改革税收返还"，具体额度以 2007 年地方"六费"收入为基础，考虑地方实际情况按一定的增长率确定。

有关"成品油税费改革转移支付"的具体内容在本文"一般性转移支付"部分具体阐述。

（四）地方上解

指中央收到地方按照有关法律法规或财政体制规定上解的各项收入，主要包括 1994 年分税制改革时保留下来的地方原体制上解和出口退税专项上解。2009 年，将地方上解与中央对地方税收返还做对冲处理，相应取消地方上解科目。

1. 原体制上解：是从 1994 以前的包干制财政体制中保留下来的转移支付形式

1993 年 12 月 15 日国务院发布的《国务院关于实行分税制财政管理体制的决定》（国发〔1993〕85 号）规定，原体制的分配格局暂时不变，原体制上解仍按不同体制类型执行：实行递增上解的地区，按原规定继续递增上解；实行定额上解的地区，按原确定的上解额，继续定额上解；实行总额分成的地区和原分税制试点地区①，暂按递增上解办法，即按 1993 年实际上解数，并核定一个递增率，每年递增上解。

实行原体制上解的共 21 个省市，分别是北京市、天津市、河北省、山西省、辽宁省、黑龙江省、上海市、江苏省、浙江省、安徽省、山东省、河南省、湖北省、湖南省、广东省、重庆市、深圳市、大连市、宁波市、青岛市和厦门市。②

从 1995 年起，对原上解地区，取消上解额逐年递增的办法，以 1994 年

---

① 从 1992 年开始在辽宁省、浙江省、沈阳、大连、天津、青岛、武汉、重庆、新疆 9 个省市正式进行分税制试点。参见赵云旗：《中国分税制财政体制研究》，经济科学出版社 2005 年版，第 199 页。

② 财政部：《2005 年地方财政运行分析》t－5－17。

实际上解数额为基数，实行每年定额上解，原实行定额上解的地区，继续维持原办法不变。也就是说，从 1995 年起，21 个省市全部实行定额上解，上解额等于各地区 1994 年实际上解额。

2. 出口退税专项上解

2003 年以前，由于我国原有出口退税负担机制不合理，缺乏稳定的资金来源，拖欠企业应退税款现象十分严重，从而影响企业的正常生产经营和对外贸易发展。为保持国内经济及对外贸易持续健康发展，国务院从 2003 年起对我国出口退税机制进行改革。根据《国务院关于改革现行出口退税机制的决定》（国发〔2003〕24 号），改革的主要内容包括以下五个方面：第一，适当降低出口退税率。第二，加大中央财政对出口退税的支持力度。第三，建立了中央和地方共同分担出口退税的新机制。从 2004 年起，对需退付的增值税，以 2003 年实退金额为基数，对超基数部分的应退额，中央和地方按75:25的比例分担。第四，推进外贸体制改革，调整出口产品结构。第五，对 2003 年以前累计所欠增值税和消费税退税，由中央财政负担。

从 2004 年 1 月 1 日开始的出口退税机制改革，运行一年多后，基本达到了预期目标，全部还清了历年累计拖欠的出口退税款，并建立了中央和地方共同分担出口退税的新机制。但是，也出现了如地区负担不均衡，部分地区负担较重等新问题。为此，国务院进一步完善出口退税负担机制。按照《国务院关于完善出口退税负担机制的通知》（国发〔2005〕25 号）的规定，从 2005 年 1 月 1 日起，各地区出口货物应退增值税中属于基数部分的退税额，继续由中央财政负担，各地区增值税退税基数维持 2004 年国务院批准核定的数额不变；超基数部分的退税额，由中央和地方原按75:25比例分担改按92.5:7.5的比例分担。出口退税改由中央统一退库，相应取消中央对地方的出口退税基数返还[①]，地方负担部分年终专项上解中央，称为"出

---

① 根据《财政部 国家税务总局 中国人民银行关于出口退税机制改革后有关预算管理问题的通知》相关规定，2004 年 1 月 1 日起，地方出口货物退增值税中应由中央财政负担的出口退税基数部分，由中央财政返还地方财政，称为出口退税基数返还。

口退税专项上解"。具体计算公式为:

各地出口退税专项上解 = 当年报关出口货物需退付的增值税税额 ×
7.5% −2004 年核定的出口货物需退付的增值税基数

二、一般性转移支付

为了应对亚洲金融危机,我国从 1998 年开始实施一系列积极的财政政
策,以拉动内需,国务院于 1999 年 7 月出台的"增加机关事业单位在职职
工工资和离退休人员离退休费"的政策,便是其中的一项,该政策旨在通过
提高中低收入人群的收入水平拉动消费,但政策的实施给地方财政带来了一
定的支出压力。为了解决这项政策给地方带来的增支影响,配合政策的实
施,中央政府于 1999 年设立调整工资转移支付,给予地方补助;2000 年开
始的农村税费改革政策逐步取消了各种与农业相关的税费,农民负担大大减
轻。但这些税费是改革前地方政府,特别是县乡基层政府收入的重要组成部
分,政策的实施使地方政府特别是基层政府收入减少。为了解决改革给地方
带来的减收影响,使改革顺利实施,中央政府于 2000 年设立农村税费改革
转移支付,给予地方补助。

2002 年财政部把这种对因中央政府出台减收增支政策形成财力缺口的
地区的补助形式(包括调整工资转移支付和农村税费改革转移支付)与均
衡性转移支付(2009 年前称为一般性转移支付)、民族地区转移支付、定额
补助(原体制补助)、结算财力补助等转移支付形式归并在一起,统称为
"财力性转移支付"。[①]

2005 年,"财力性转移支付"新增"缓解县乡财政困难转移支付"项
目,2007 年新增"资源枯竭型城市转移支付"项目。

2009 年 11 月 20 日,财政部发布《关于修订 2009 年转移性收支科目的
通知》(财预〔2009〕405 号),对转移支付名称和项目做了大幅度调整,涉

---

① 李萍主编:《财政体制简明图解》,中国财政经济出版社 2010 年版,第 58 页。

及"财力性转移支付"的有以下三个方面内容：

一是将"财力性转移支付"更名为"一般性转移支付"，原"一般性转移支付"更名为"均衡性转移支付"。

二是将一般性转移支付中的"缓解县乡财政困难转移支付"更名为"县级基本财力保障机制奖补资金"。

三是一般性转移支付中新增"企业事业单位划转补助"、"村级公益事业'一事一议'奖励资金"、"工商部门停征两费转移支付"、一般公共服务转移支付、公共安全转移支付、教育转移支付、社会保障和就业转移支付，共7项转移支付形式。其中，后4项分别是将补助数额较为稳定，原列入专项转移支付的一般公共服务、公共安全、教育、社会保障和就业等支出改列为一般性转移支付，并相应地更名为一般公共服务转移支付、公共安全转移支付、教育转移支付、社会保障和就业转移支付。[①]

2011年财政部对一般性转移支付又做了调整：一是将原列专项转移支付的扩大做实个人账户试点补助、新型农村社会养老保险试点补助、城镇居民最低生活保障补助、农村最低生活保障补助，转列一般性转移支付中的"基本养老和低保等转移支付"项目；二是将原列专项转移支付的新型农村合作医疗、城镇居民基本医疗保险补助转列一般性转移支付中的"新型农村合作医疗等转移支付"项目；三是"教育转移支付"更名为"义务教育转移支付"、"公共安全转移支付"更名为"基层公检法司转移支付"、"村级公益事业'一事一议'奖励资金"更名为"村级公益事业奖补等转移支付"；四是取消"一般公共服务转移支付"和"社会保障和就业转移支付"两个项目。[②]

2011年调整后的一般性转移支付共包括15个分项，具体项目参见附表1。

---

① 财政部（2009）：《关于2008年中央和地方预算执行情况与2009年中央和地方预算草案的报告》。

② 财政部：《关于2010年中央和地方预算执行情况与2011年中央和地方预算草案的报告》。

（一）均衡性转移支付

均衡性转移支付是作为分税制财政体制改革的配套措施而设立的，当时称为"过渡期转移支付"。1995 年，我国在借鉴加拿大、澳大利亚、德国及日本等国经验的基础上制定了这种较为规范的转移支付形式，根据客观因素测算标准收支，再将标准财政收支差额作为分配依据，确定对各地的转移支付。①

2002 年实施所得税收入分享改革后，中央把因改革增加的收入全部用于这类转移支付，同时"过渡期转移支付"概念不再使用，改为"一般性转移支付"。② 2009 年起"一般性转移支付"又更名为"均衡性转移支付"。③

现行的均衡性转移支付以基本公共服务均等化为目标，均衡地区之间的财力差距，不指定资金具体用途，由接受转移支付的下级政府统筹安排使用资金。资金分配方式在沿袭过渡期转移支付办法的基础上不断完善，参照影响地方财政收支的客观因素测算各地的标准财政收支，对存在收支缺口的地区按照一定的系数进行补助。

我国均衡性转移支付在分配资金时，同时考虑地区间公共服务提供成本差异和财力差异双方面因素，资金分配公式为：

某地区应得的均衡性转移支付资金 =（该地区标准财政支出 – 该地区标准财政收入）×转移支付系数

在上式中，标准财政收入大于（或等于）标准财政支出的省份，按规定不享受资金补助，只有标准财政收入小于标准财政支出的省份，可得到相应的资金补助。从资金分配的公式来看，分配均衡性转移支付资金需要分别确定标准财政支出、标准财政收入和转移支付系数，下面分别介绍这三个指标的具体测算办法。

---

① 财政部：《1995 年过渡期转移支付办法》。
② 国务院：《国务院关于印发所得税收入分享改革方案的通知》（国发〔2001〕37 号）。
③ 财政部：《关于修订 2009 年转移性收支科目的通知》（财预〔2009〕）。

1. 标准财政支出测算

依测算过程中所使用人口因素的变化为标志，标准财政支出测算方法经历了两个发展阶段。第一阶段为 1995～2008 年，测算标准财政支出时主要考虑各地的财政供养人口；第二阶段为 2008 年至今，测算标准财政支出主要考虑各地的总人口。

1995～2008 年，由于这个阶段我国均衡性转移支付的目标是缓解财政困难地区财政运行中的突出矛盾，保障机关事业单位职工工资发放和机构正常运转等基本公共支出，考虑的主要因素是财政供养人口。

这个阶段，各地区标准财政支出由该地区行政公检法支出、教育部门支出、农林水部门支出和其他部门支出以及其他支出构成，根据标准财政供养人数等因素及全国统一支出水平分别计算确定。由于行政部门支出是标准财政支出的重要组成部分，且这类支出的测算公式具有代表性，所以本文以行政部门支出为例说明标准财政支出计算公式。行政部门的支出包括人员经费和公用经费，所以需要测算标准人员经费与标准公用经费，而这两类支出又均与财政供养人口密切相关，所以还需测算标准财政供养人口[①]。下面依次介绍标准人员经费、标准公用经费及标准财政供养人口的测算方法。

标准人员经费测算：标准人员经费按标准财政供养人口和人员经费支出标准核定。其中，人员经费支出标准参照全国平均支出水平按省级、地级、县乡级分别核定。

标准公用经费的测算：标准公用经费由车辆燃修费、取暖费、业务费及其他公用经费组成。其中，取暖费、业务费及其他公用经费采用人均经费标准乘以各地区标准财政供养人口确定；而车辆燃修费根据车辆数、单车燃油消耗量、燃油单位价格、单车年维修费支出及成本差异系数计算确定，其中的成本差异系数则主要用来调节燃修费标准支出在地区间的成本差异，分别

---

① 根据各种因素测算，不是各省实际财政供养人口。

为高原调整系数、公路运输距离调整系数及路况调整系数。①

标准财政供养人口测算：将各地区财政供养人口分在职职工和离退休人员分别进行测算。标准在职职工人数采取按行政级别分类，分省级、地级和县级分别建立回归模型计算确定。标准离退休人数主要是在 1999 年各地实际人数的基础上，考虑适当增长率，参照地方离退休人员与在职人员的比例调整确定。

2008 年至今，我国均衡性转移支付制度中标准财政支出的测算开始使用总人口因素，分别测算基本公共管理与服务、公共安全、教育、文化体育与传媒等部门支出及其他支出。

标准财政支出分省、市、县（含乡镇级。下同）三个行政级次，按政府收支功能分类支出科目计算。计算标准财政支出时，选取各地总人口、学生数等与该项支出直接相关的指标为主要因素，按照客观因素乘以单位因素平均支出计算，并根据海拔、人口密度、温度、运输距离、少数民族、地方病等影响财政支出的客观因素确定各地成本差异系数。

以下参照 2011 年中央对地方均衡性转移支付办法（财预〔2011〕392 号），以基本公共管理与服务为例说明标准财政支出测算办法。

基本公共管理与服务标准财政支出 = $\sum i (\sum j$ 各级次总人口 × 该级次人均支出标准 × 支出成本差异系数）

其中，i 为省本级、地市本级（省会城市、其他城市分别计算。下同）、县级（县市旗、市辖区分别计算。下同）。

j 为 0，1，2，…，该级次行政单位个数。

人均支出标准 = 该级次公共服务全国总支出 ÷ 该级次全国总人口

支出成本差异系数 = （人口规模系数 × 0.85 + 面积系数 × 0.15）×

---

① 高原调整系数通过国家标准局制定的燃油消耗标准和国家测绘局提供的平均海拔高度确定；公路运输距离调整系数根据各地地－省运输距离占全国平均数的比例和县－地运输距离占全国平均数的比例综合确定；某地区路况调整系数 = 该地区次路率 × 车辆损害程度系数，其中，某地区次路率 = （该地区四级路里程 + 该地区等外路里程）/该地区道路总里程。

{艰苦边远系数×人员经费占该项支出比重＋温度系数×取暖费占该项支出比重＋海拔系数×运距系数×燃油费占该项支出比重＋路况系数×车辆维修费占该项支出比重＋〔1－（人员经费占比＋取暖费占比＋燃油费占比＋车辆维修费占比）〕}×供养率差异系数×民族系数×直辖市差异系数

2. 标准财政收入测算

标准财政收入包括两部分，一部分为标准本级财政收入，另一部分为中央对各省的净转移。

标准本级财政收入是指各省在平均税率的条件下从本省地方税及共享税中取得的税收及非税收入。标准本级财政收入中的一些主要税种，按税基乘标准税率的方法确定，如增值税、营业税、个人所得税、资源税、城市维护建设税、契税、耕地占用税等；[①] 标准本级财政收入中少数税种或收费，如资源税、印花税、烟叶税、房产税、土地增值税、城镇土地使用税、车船使用牌照税，非税收入中的罚没收入、排污费收入、其他收入按照实际收入计算。非税收入中探矿权、采矿权使用费及价款、行政事业性收费、国有资本经营收入、国有资源（资产）有偿使用收入按实际收入的一定比例计算。最后将测算的税收和非税收收入相加即为标准本级财政收入。

中央对省的净转移指中央对省的补助减去省上解中央的部分。中央对地方返还及补助收入主要包括：税收返还（包括增值税和消费税返还、所得税基数返还、成品油税费改革税收返还）、一般性转移支付（不包括资源枯竭城市转移支付、国家重点生态功能区转移支付、产粮（油）大县奖励资金等）、专项转移支付（不包括抗震救灾专项转移支付及基本建设投资项目等），某省上解中央的部分包括体制上解和专项上解等，计划单列市上解省收入按照计划单列市上解省级收入决算数计算。以上各项转移支付数据为上一年决算数。

3. 转移支付系数测算

当通过所有省份标准财政支出减去所有省份标准财政收入决定的转移支

---

① 城市维护建设税的税率为各地实际有效率，其他税种标准税率为全国实际平均有效率。

付需求总量大于中央可用资金总量时，可通过给每个地区资金需求量乘以一个系数的办法确定各省应该获得的均等化转移支付资金，这样，各辖区直接接受的转移支付资金（包括负值）加总等于中央可用转移支付资金总额，该系数被称为转移支付系数。公式中的某省转移支付系数等于某一年中央对地方均衡性转移支付资金总量除以地方标准收支差额，表示中央用于解决地方财政标准收入与标准支出需求之间缺口的资金总额与该缺口的对比关系。

2011 年我国均衡性转移支付系数按照均衡性转移支付总额、各地区标准财政收支差额以及各地区财政困难程度等因素确定。其中，困难程度系数根据地方"保工资、保运转、保民生"支出占标准财政收入比重及缺口率计算确定。

中央对地方拨付的均衡性转移支付除了通过统一的公式分配资金外，还通过增设分项转移支付的方式对一些特殊地区（如少数民族地区、革命老区、边境地区、重点生态区、财政困难的县乡及产粮大县等）予以照顾，这些转移支付形式均有其独立的资金分配公式，[①] 所以，各个地区得到的均衡性转移支付资金总额等于按照均衡性转移支付统一公式分配的资金再加上按分项转移支付分配的资金。也就是说，各个省得到的均衡性转移支付资金中包含有中央因对特殊地区照顾而拨付的资金。从 1995～2011 年，我国共设立过 6 种此类转移支付形式，它们分别是政策性转移支付、革命老区转移支付、边境地区转移支付、重点生态区转移支付、县级基本财力保障机制奖补资金及产粮大县奖补资金。

1995 年，在均衡性转移支付设立之初，即当时的过渡期财政转移支付办法中设计了政策性转移支付，增加了对民族地区的转移支付，体现出对民族地区的特殊照顾。从 2000 年起，政策性转移支付被民族地区转移支付所

---

① 政策性转移支付的资金分配公式参见 1995～2000 年《过渡期转移支付办法》；革命老区转移支付和边境地区转移支付的资金分配公式参见李萍主编：《中国政府间财政关系图解》，中国财政经济出版社 2006 年版，第 57 页；国家重点生态功能区转移支付、县级基本财力保障机制奖补资金及产粮大县奖补资金的资金分配办法参见本文相关部分内容的具体介绍。

取代，均衡性转移支付在分配资金时，改为在测算各地区成本差异系数时增设民族系数的方式对民族地区给予照顾。[①]

2001 年，中央财政在均衡性转移支付中单独设立革命老区转移支付和边境地区转移支付，用于改善革命老区的生产生活条件和边境地区民生、安全及促进边境贸易发展。2006 年，财政部将革命老区转移支付和边境地区转移支付从均衡性转移支付中划出，调整为专项管理，并更名为"革命老区专项转移支付"和"边境地区专项转移支付"。[②]

2008 年，中央财政在均衡性转移支付项下增设国家重点生态功能区转移支付。2011 年又将县级基本财力保障机制奖补资金和产粮大县奖补资金并入均衡性转移支付。

目前的均衡性转移支付项下有重点生态区转移支付、县级基本财力保障机制奖补资金及产粮大县奖补资金三个分项转移支付形式，这三项转移支付均有独立的资金分配办法，资金分配公式中一些指标参照均衡性转移支付办法测算。

• 重点生态区转移支付

2008 年，中央财政在均衡性转移支付项下设立重点生态区转移支付，对天然林保护、三江源和南水北调等生态功能区所辖的 230 个县给予补助。2009 年又将 150 个县纳入该项转移支付范围，同年财政部出台了《国家重点生态功能区转移支付（试点）办法》（财预〔2009〕433 号）。该办法制定了转移支付资金具体分配办法，对纳入转移支付范围的市县，选取影响财政收支的客观因素，如人口规模、可居住面积、海拔、温度等成本差异因素，中央财政 100% 补齐按均衡性转移支付办法测算的各个市县的标准收支缺口。资金具体分配公式为：

---

① 财政部：2002 年、2003 年、2005 年、2008 年的《一般性转移支付办法》及《2011 年中央对地方均衡性转移支付办法》。

② 财政部：《边境地区专项转移支付资金管理办法》（财预〔2006〕62 号）及《革命老区专项转移支付资金管理办法》（财预〔2006〕61 号）。

某省（区、市）国家重点生态功能区转移支付应补助数 =（∑该省（区、市）纳入试点范围的市县政府标准财政支出 - ∑该省（区、市）纳入试点范围的市县政府标准财政收入）×（1 - 该省（区、市）均衡性转移支付系数）+ 纳入试点范围的市县政府生态环境保护特殊支出 × 补助系数

公式等号右侧加号前的部分表示中央财政补齐了均衡性转移支付资金不足以弥补的纳入试点范围的市县标准财政收支缺口，标准财政支出参照均衡性转移支付办法测算，标准财政收入依据纳入试点范围的市县实际收入、纳入试点范围的市县所在省测算均衡性转移支付时的标准财政收入及所在省实际财政收入确定。生态环境保护特殊支出是指按照中央出台的重大环境保护和生态建设工程规划，地方需安排的支出。

为调动地方政府加强环境保护的积极性，对生态环境保护较好的省份给予适当奖励。某省（区、市）国家重点生态功能区转移支付实际补助数等于该省（区、市）此项转移支付应补助数加（或减）该省（区、市）奖惩补助数。

- 县乡基本财力保障机制奖补资金

建立于 2005 年，当时称为"缓解县乡财政困难转移支付"，是一般性转移支付中的一种转移支付形式。2009 年，财政部在"缓解县乡财政困难转移支付"的基础上建立了"县乡基本财力保障机制奖补资金"，"缓解县乡财政困难转移支付"概念不再使用。2011 年，"县乡基本财力保障机制奖补资金"被并入均衡性转移支付，成为均衡性转移支付项下的一个分项转移支付形式。

2005 年，针对县乡财政困难状况，中央财政建立缓解县乡财政困难转移支付，形成了"三奖一补"激励约束机制，根据财政部 2005 年 5 月 8 日下发的《2005 年中央财政对地方缓解县乡财政困难奖励和补助办法》（财预［2005］77 号），"三奖一补"具体内容包括：对财政困难县政府增加税收收入和省市级政府增加对财政困难县财力性转移支付给予奖励、对县乡政府精简机构和人员给予奖励、对产粮大县给予奖励、对 2003 年及以前年度缓解

县乡财政困难工作做得好的地区给予补助。

2007 年，中央财政调整完善"三奖一补"政策，增加了对地方调节县级财力差距和保障重点支出的奖励，中央财政奖补资金达到 340 亿元，增加 105 亿元。2008 年中央财政安排奖补资金 440 亿元，增加 100 亿元，[①] 调整和完善缓解县乡财政困难的激励约束机制，研究建立县乡最低财政支出保障机制。2009 年，正式建立"县乡基本财力保障机制奖补资金"。根据财政部 2010 年 9 月 21 日发布的《关于建立和完善县级基本财力保障机制的意见》（财预［2010］443 号），此项转移支付形式以实现县级政府"保工资、保运转、保民生"为目标，县级基本财力保障机制以地方财政为责任主体，中央财政根据地方县级基本财力保障情况实施奖补机制；对县级基本财力保障较好的地区，给予激励性奖励，体现正向激励；对消化县级基本财力缺口取得成效的地区，给予保障性奖励，支持地方财政弥补财力缺口，具体奖励办法如下：

一是对县级财力保障较好的地区给予激励性奖励。根据各地县级基本财力保障情况，核定各地县级财力缺口额、实际缺口率和全国地方平均缺口率。将实际缺口率低于平均缺口率的地区纳入奖励范围。奖励金额根据各地区县级财力保障努力程度，结合财政困难程度和奖励调整系数核定。

二是对地方消化县级基本财力缺口给予保障性奖励。根据各地消化县级基本财力缺口数额，结合地方财力水平和奖励调整系数，对地方弥补财力缺口工作实绩给予保障性奖励。考虑到消化缺口情况需要根据当年决算数据测算确定，保障性奖励采取拨付清算制度，当年参考各地消化缺口工作计划拨付，第二年根据工作实绩进行清算，同时测算拨付下年度奖励资金。

三是对地方工作绩效给予考核奖励。根据地方上年度县级重点支出保障、上级财力下移等方面工作的努力程度和实际效果，对做得好的地区给予

---

① 　相关数据来源于《关于 2007 年中央和地方预算执行情况与 2008 年中央和地方预算草案的报告》。

适当奖励。逐步将各地建立县级基本财力保障机制工作情况和乡镇财政管理情况纳入考核范围。对于未采取有效措施提高县级财力保障水平，财力缺口县缺口额继续扩大的地区，中央财政扣回奖补资金。

●产粮大县奖补资金

建立于 2005 年，原是"缓解县乡财政困难转移支付"中的一部分。2005 年，中央财政建立缓解县乡财政困难转移支付，形成了"三奖一补"激励约束机制。"三奖一补"奖励措施中的第三个奖励就是中央财政对产粮大县的奖励，称为"产粮大县奖补资金"。2009 年，财政部在"缓解县乡财政困难转移支付"的基础上建立了"县乡基本财力保障机制奖补资金"，"缓解县乡财政困难转移支付"概念不再使用。2011 年"产粮大县奖补资金"被并入均衡性转移支付，成为均衡性转移支付项下的一个分项转移支付形式。

产粮大县奖补资金具体分配办法按《财政部关于印发中央财政对产粮大县奖励办法的通知》（财建〔2005〕153 号）的规定执行。

中央财政对产粮大县（含县级市、区，下同）的奖励，坚持"测算到县、拨付到县"的原则。奖励资金作为财力性转移支付，由县财政统筹安排，合理使用。资金测算因素包括粮食商品量、粮食产量和粮食播种面积，权重分别为 50%、25%、25%，奖励系数结合地区财力因素确定，奖励系数以省（自治区、直辖市）为单位划分不同地区类别，实行不同的奖励系数：一类地区，包括浙江省、广东省，奖励系数为 0.2；二类地区，包括辽宁省、江苏省、福建省、山东省，奖励系数为 0.5；三类地区指一、二类地区以外的省份（但不包括北京、天津、上海），奖励系数为 1。对上述第二、三类地区的省份中，既是产粮大县又是中央财政认定的财政困难县的，中央财政增加奖励系数，二类地区增加 0.125，三类地区增加 0.25。

奖励范围包括：1998～2002 年 5 年平均粮食产量大于 4 亿斤，且粮食商品量大于 1000 万斤的县。对达不到上述条件，但对区域内的粮食安全起着重要作用，对粮食供求产生重大影响的县，由省级财政部门牵头，会同省级农业等部门提出意见，经省级人民政府批准，并报财政部认可后，也可纳入奖励范围。

（二）民族地区转移支付

1995 年，我国在过渡期财政转移支付办法中设计了政策性转移支付，体现了对民族地区的特殊照顾。2000 年，我国开始实施西部大开发战略，为配合这一战略的实施，进一步落实《中华人民共和国民族区域自治法》，国务院决定，从 2000 年起实施民族地区转移支付以取代政策性转移支付。在均衡性转移支付中，则通过提高转移支付系数的方式对民族地区给予照顾。

民族地区转移支付对象包括内蒙古、广西、宁夏、新疆、西藏、贵州、青海、云南共 8 个民族省区，以及吉林省延边州，湖北省恩施州，湖南省湘西州，四川省凉山、阿坝、甘孜三州，甘肃省甘南、临夏两州及海南省原黎族苗族自治州共 9 个非民族省区管辖的民族自治州。从 2006 年起中央财政将重庆酉阳土家族苗族自治县、黑龙江杜尔伯特蒙古族自治县等非民族省区、非民族自治州管辖的民族自治县纳入民族地区转移支付范围。其资金来源于两个方面：一是 2000 年专项增加对民族地区政策性转移支付 10 亿元，2000 年后，每年按上年中央分享的增值税收入增长率递增；二是对 8 个民族省区及非民族省区的民族自治州的增值税收入，采用环比办法，将每年增值税收入比上年增长部分的 80% 转移支付给民族地区。其中，这部分增量的一半按来源地返还；另一半连同中央财政专门安排的资金，按照各地区标准财政收支差额以及财政困难程度等因素进行测算分配。

2010 年，民族地区转移支付办法进一步完善。一是中央财政用于民族地区转移支付资金规模按照前三年全国增值税收入的平均增长率滚动递增。二是资金分配时，对民族省州和民族自治县采取不同的分配办法，对于民族自治县，政策性转移支付资金规模统一按照前三年全国增值税收入平均增长率滚动递增；转移支付总额扣除用于民族自治县后的剩余资金，在 8 个民族省份和 9 个民族自治州间分配，70% 的资金按照因素法进行分配，30% 的资金考虑各地上划增值税贡献因素进行分配。①

（三）调整工资转移支付

1997 年，由于受亚洲金融危机的影响，我国出现了出口下滑，国内投资和消费需求不足的现象。为了应对金融危机，拉动国内需求，我国从 1998 年开始实施积极财政政策，主要措施包括：发行长期建设国债，扩大投资需求；调整收入分配政策，培育和扩大消费需求；调整税收政策和财政支出结构，鼓励和扩大投资、消费和出口。其中，调整收入分配政策的主要措施之一便是提高中低收入者的收入水平，具体包括：1999～2006 年，共五次增加机关干部事业单位职工工资和离退休人员离退休费；从 2001 年起，机关、事业单位发放年终一次性奖金②；从 2001 年 1 月 1 日起，对列入艰苦边远地区的机关、事业单位的在职人员和离退休人员实施艰苦边远地区津贴政策。③ 由于地区之间财政状况存在较大差别，各地的承受能力不一，中央决定，由于实施这些政策增加的支出，经济发达地区由当地政府自行解决，财政困难的老工业基地和中西部地区由中央财政给予适当补助。该项补助称为"调整工资转移支付"。

1999 年 7 月 1 日，我国在金融危机后第一次增加机关事业单位在职职工工资和离退休人员离退休费，在职职工月人均增加工资 120 元，离休人员离休费月人均增加 165 元，退休人员月人均退休费增加 96 元。并明确沿海经济发达地区增加的支出由地方政府自行解决，对财政困难的老工业基地和中西部地区由此增加的支出，由中央财政给予适当补助。

根据《财政部关于下达 1999 年增加机关事业单位在职职工工资和离退休人员离退休费中央对地方转移支付补助数额的通知》（财预字〔1999〕454 号）的相关规定，调整工资转移支付根据各地机关事业单位在职职工和

---

① 李萍主编：《财政体制简明图解》，中国财政经济出版社 2010 年版，第 75～76 页。

② 财政部：《财政部关于下达 2001 年机关事业单位工作人员发放年终一次性奖金中央对地方转移支付数额的通知》（财预〔2001〕475 号）。

③ 人事部、财政部：《关于实施艰苦边远地区津贴的方案》（国办发〔2001〕14 号）。

离退休人数、月人均工资和离退休费增加额及转移支付补助系数计算确定。用公式表示为：

　　某地区应得调整工资转移支付＝［该地区机关事业单位在职职工人数×在职职工月人均工资增加额＋该地区机关事业单位离退休人数×离退休人员月人均离休费增加额］×增加工资和离退休费的月数×该地区转移支付补助系数

　　转移支付补助系数根据各地财政困难程度分档确定。财政困难程度参照各地标准人员经费和基本公用经费占其标准财政收入的比重确定。民族省区补助系数在其相应档次的基础上，增加 0.05，对财政困难的老工业基地和中西部地区，参照其人均 GDP 水平确定补助系数。

　　2001 年 1 月 1 日，国家开始第二次调整机关、事业单位工作人员工资标准，增加离退休人员离退休费，在职职工月人均增加工资 100 元，离休人员离休费月人均增加 128 元，退休人员月人均退休费增加 100 元，并开始实施艰苦边远地区津贴。对由此增加的支出，沿海经济发达地区自行解决，中央财政对老工业基地和中西部地区适当补助。调整工资转移支付资金的分配采用了 1999 年的分配办法。[①]

　　2001 年 10 月 1 日，国家第三次调整机关、事业单位工作人员工资标准，增加离退休人员离退休费，在职职工月人均增加工资 80 元，离休人员离休费月人均增加 120 元，退休人员月人均退休费增加 80 元。由此增加的支出，除北京、上海、天津、辽宁、山东、江苏、福建、广东 9 省（市）自行负担外，其他地区全部由中央财政负担。调整工资转移支付资金的分配采用了 1999 年的分配办法。[②]

　　2003 年 7 月 1 日，国家第四次调整机关、事业单位工作人员工资标准，增加离退休人员离退休费，在职职工月人均增加工资 50 元，离休人员离休

　　①　财政部：《财政部关于下达 2001 年调整机关事业单位工作人员工资和增加离退休人员离退休费中央对地方转移支付补助数额的通知》（财预［2001］252 号）。
　　②　财政部：《财政部关于下达 2001 年第四季度调整机关事业单位工作人员工资标准和增加离退休人员离退休费转移支付数额的通知》（财预［2001］441 号）。

费月人均增加 80 元，退休人员月人均退休费增加 50 元。由此增加的支出，中西部地区全部由中央财政负担；北京、上海、天津、江苏、浙江、福建、广东 7 省（市）自行负担；辽宁、山东两省中的沈阳、大连、济南、青岛 4 市自行负担，其他地方由中央财政负担 40%。调整工资转移支付资金的分配采用了 1999 年的分配办法。①

2006 年 7 月 1 日，国家第五次调整机关、事业单位工作人员工资标准，增加离退休人员离退休费，在职职工月人均增加工资 300 元，离休人员离休费月人均增加 450 元，退休人员月人均退休费增加 270 元。由此增加的支出，中西部地区全部由中央财政负担；北京、上海、天津、江苏、浙江、福建、广东 7 省（市）自行负担；辽宁、山东、福建三省中的沈阳、大连、济南、青岛、福州、厦门 6 市自行负担，其他地方由中央财政负担 40%。转移支付补助额的确定采用了与 1999 年同样的办法。②

2006 年后，由于没有新的调整工资政策出台，各地每年得到的调整工资转移支付金额等于上述五次调整工资转移支付之和。

（四）农村税费改革转移支付

2000 年，我国开始农村税费改革试点，从 2001 年开始相继实施了取消乡镇统筹收费、降低了农业特产税率、取消屠宰税和降低村提留等措施。2004 年，取消除烟叶税外的农业特产税，2006 年全面取消农业税。农村税费改革措施的实施，使农民负担明显减轻，与此同时地方政府，特别是基层的县乡政府收入也大幅减少，如果完全依靠地方政府消化减收则有一定难度。为保证农村税费改革顺利实施，从 2001 年开始，中央财政开始通过转移支付方式，对地方减收部分给予适当补助。

依据财政部 2002 年下达的《农村税费改革中央对地方转移支付暂行办法》（财预〔2002〕468 号），转移支付的目标是：确保农民负担得到明显减

---

① 财政部：《财政部关于下达中央对地方 2003 年 7 月 1 日增加机关事业单位在职职工工资和离退休人员离退休费转移支付数额的通知》（财预〔2003〕555 号）。

② 李萍主编：《财政体制简明图解》，中国财政经济出版社 2010 年版，第 77 页。

轻、不反弹，确保乡镇机构和村级组织正常运转，确保农村义务教育经费正常需要。转移支付资金依据地方净减收数额，并根据各地财政状况以及农村税费改革实施过程中各地不可预见的减收增支等因素计算确定。转移支付额的确定，参照税费改革前各地区乡村两级办学、计划生育、优抚、乡村道路修建、民兵训练、村级基本经费以及教育集资等统计数据，按照客观因素核定各地区上述各项经费开支需求和税费改革后地方减少收入额，根据中央对地方转移支付系数计算确定。转移支付资金分配公式为：某地区应得农村税费改革转移支付等于乡镇转移支付加村级转移支付再加教育集资转移支付。

其中，乡镇转移支付用以下公式计算。

该地区乡镇转移支付 =（该地区乡村两级办学经费 + 该地区计划生育经费 + 该地区优抚经费 + 该地区乡村道路修建经费 + 该地区民兵训练费 + 其他统筹支出 + 该地区屠宰税减收 + 该地区农业特产税政策性减收 – 该地区农业税增收）×该地区转移支付系数

村级转移支付根据各地行政村个数、五保户人数、农民人均收入水平及转移支付系数等因素计算确定。

教育集资转移支付根据各地县镇、农村中小学生人数、乡镇和村行政区划数以及转移支付系数等因素计算确定。

转移支付系数根据农村税费改革前各地财力对农村税费的依赖程度、人均粮食贡献程度、财政困难程度以及中央补助总规模计算确定。民族省区的转移支付系数在按统一办法计算确定的转移支付系数基础上增加 0.05。用公式可以表示为：

某地区转移支付系数 =（该地区农业税等四项收入占其财力比重÷全国平均农业税等四项收入占地方财力比重×权重 + 该地区人员经费和基本公用经费占其地方财力比重÷全国平均人员经费和基本公用经费占地方财力比重×权重 + 该地区人均常年粮食产量占全国人均常年粮食产量的比重×权重）×中央财政负担系数

2004 年，取消除烟叶税外的农业特产税后，由此减少的地方财政收入，沿海发达地区原则上自行解决，粮食生产区和中西部地区由中央财政适当给予转移支付。地方财政减收额原则上以 2002 年为基期，按农业特产税和农业税实收数（含附加）计算确定。中央财政补助比例分别为中西部粮食生产区 100%，非粮食主产区 80%；东部粮食生产区（含福建）50%，非粮食生产区不予补助。[①]

（五）资源枯竭城市转移支付

2007 年国务院颁布了《国务院关于促进资源型城市可持续发展的若干意见》（国发〔2007〕38 号），文件的第七条明确提出要加大对资源型城市可持续发展的政策支持力度，具体措施为：中央和省级财政要进一步加大对资源枯竭城市的一般性和专项转移支付力度。2007 ~ 2010 年，设立针对资源枯竭城市的财力性转移支付，增强其基本公共服务保障能力，重点用于完善社会保障、教育卫生、环境保护、公共基础设施建设和专项贷款贴息等方面。按照上述文件精神，2007 年，我国建立了资源枯竭型城市转移支付制度，中央财政将给予资源枯竭城市财力性转移支付的资金支持，推动这些城市更好更快地进行经济转型。具体补助办法为：

转移支付额 = 非农人口 × 人均补助额 × 修正系数 + 固定数额补助 + 奖励资金

修正系数考虑各地财力水平、所在省（区）财政困难程度及支出成本差异、资源类型等因素。固定数额补助仅针对县（市）和市辖区，主要考虑县（市）非农人口规模相对减少，奖励资金按照上年省级财政配套数的 20% 计算。[②]

转移支付的范围为我国已公布的两批资源枯竭城市。2008 年 3 月 17 日，国家发展改革委公布甘肃白银、河南焦作、江西萍乡、湖北大冶、吉林白山、云南个旧、辽宁阜新、黑龙江伊春、吉林辽源、辽宁盘锦、宁夏石嘴山

①　财政部网站（2008）："财力性转移支付包括哪些内容？"
②　李萍主编：《财政经济简明图解》，中国财政经济出版社 2010 年版，第 78 页。

和黑龙江大兴安岭地区等 12 个城市为全国首批资源枯竭型城市。2009 年 3 月 5 日，国家发展改革委公布 32 个城市，包括 9 个地级市、17 个县级市和 6 个市辖区为第二批资源枯竭城市。其中，9 个地级市包括山东省枣庄市、湖北省黄石市、安徽省淮北市、安徽省铜陵市、黑龙江省七台河市、重庆市万盛区、辽宁省抚顺市、陕西省铜川市、江西省景德镇市。

（六）成品油税费改革转移支付

2009 年 1 月 1 日起，我国开始实施成品油价格和税费改革，通过提高成品油消费税税额，替代公路养护费、航道养护费、公路运输管理费、公路客货运附加费、水路运输管理费、水路客货运附加费等六项收费，并逐步取消政府还贷二级公路收费。新增成品油消费税连同由此相应增加的增值税、城市维护建设税和教育费附加收入除由中央本级安排的替代航道养护费等支出外，其余收入按以下顺序分配：一是中央通过成品油税费改革税收返还给予地方补助，替代地方原来"六费"收入安排的公路和航道养护等支出；二是每年安排一定的专项转移支付，以补助各地取消政府还贷二级公路收费；三是通过完善成品油价格形成机制中相应的配套补贴办法，对种粮农民、部分困难群体和公益性行业进行补贴；四是增量资金按照各地燃油消耗量、交通设施当量里程等因素进行分配，称为"成品油税费改革转移支付"。

在本文有关税收返还的内容中介绍了第一项支出，即成品油税费改革税收返还，以下详细介绍第四项支出，即成品油税费改革转移支付。

第四项支出中所指的增量资金是指，从 2009 年起，如果实施成品油税费改革形成的收入比原来测算的收入增长超过 10%，中央财政将安排成品油税费改革转移支付。

成品油税费改革转移支付资金，60% 按照各地成品油消耗量分配，40% 按照改革基期年公路规费和水路规费的比重、影响公路养护和建设以及航道养护的客观因素分配。

成品油消耗主要根据各地批发环节销售量等因素计算。

影响公路养护和建设的因素为当量公路里程、路网密度、路况指数，权重分别为20%、15%和5%。当量公路里程主要反映已建成公路养护所需支出，具体以二级公路为标准计算，对其他等级公路（扣除收费的高速公路和一级公路）根据标准中不同公路路基宽度等因素加以调整；路网密度因素主要反映应建未建道路所需支出，根据机动车拥有量、公路覆盖区人口、可居住面积、县镇个数等因素计算；路况指数是指根据《公路技术状况评定标准》测定的反映公路平整程度等状况的指标。

影响航道养护的因素为当量航道里程。当量航道里程主要反映已有航道养护所需支出，以四级航道为标准计算，对于其他等级航道标准中不同航道尺度等因素加以调整。

（七）定额补助

也称为"原体制补助"，是从分税制财政体制改革前的分级包干财政体制中保留下来的转移支付形式。为顺利推行分税制改革，1994年实行分税制以后，原体制的分配格局暂时不变，过渡一段时间再逐步规范化。原体制中央对地方的补助继续按规定补助。[①] 原体制中央对地方的补助办法是：按原来核定的收支基数，支大于收的部分，实行固定数额补助。

接受定额补助的共16个省区，即吉林省、江西省、甘肃省、陕西省、福建省、内蒙古自治区、广西壮族自治区、西藏自治区、宁夏回族自治区、新疆维吾尔自治区、贵州省、云南省、青海省、海南省、四川省和山东省（山东省上解大于补助，表现为净上解）[②]。

（八）企事业单位划转补助

2009年设立的用于中央企业为分离办社会职能，相应补助地方的资金。这种补助是反映下级政府收到的上级政府企业事业单位划转补助收入。

（九）结算财力补助

是从分税制财政体制改革前的分级包干财政体制中保留下来的转移支付形

---

① 国务院（1993）：《国务院关于实行分税制财政管理体制的决定》。

② 李萍主编：《财政经济简明图解》，中国财政经济出版社2010年版，第32~33页。

式，原称为"结算补助"。1993 年《国务院关于实行分税制财政管理体制的决定》中提出，作为过渡办法，当时的补助、上解和有些结算事项继续按原体制运转。[①] 在此提到的结算事项即包干制保留下来的一种转移支付形式，称为结算补助。在包干制的财政体制下，当核定地方收支基数后，就不便于随时调整地方包干基数，对新出现的中央与地方间的利益转移，采取了年终单独结算的办法处理。结算包括三种，即由于开征了新的收入，中央政府重新确定中央与地方分成比例而引起的结算；因企业隶属关系改变而导致中央与地方收入互相转移而引起的结算；中央考虑到地方特殊困难所给予的一次性补助。[②]

现行的结算财力补助是为了应对预算执行过程中不可预料的特大自然灾害或突发事件以及重大政策调整对地方财政预算平衡的影响，在年终结算时用于解决一些明显属于中央事权或具有外部性的支出及特殊事项。[③]

（十）工商部门停征两费转移支付

为减轻个体工商户和私营企业负担，促进个体、私营等非公有制经济持续健康发展，加强和改进工商行政管理。财政部、国家发展改革委、国家工商总局于 2008 年 8 月 21 日发布《关于停止征收个体工商户管理费和集贸市场管理费有关问题的通知》（财综〔2008〕61 号），决定从 2008 年 9 月 1 日起全国统一停止征收个体工商户管理费和集贸市场管理费，工商"两费"取消后，工商管理部门的经费将全面纳入各级财政预算保障范围，中央财政为此增加了对地方的转移支付，确保工商行政管理部门的正常经费需要，并取名为"工商部门停征两费转移支付"。

（十一）基层公检法司转移支付

财政部规定从 2009 年起将补助数额相对稳定，原列入专项转移支付的教育、社会保障和就业、公共安全、一般公共服务等支出归并到一般性转移支付项目，其中的公共安全支出部分被称为"公共安全转移支付"，2011 年

---

① 国务院（1993）：《国务院关于实行分税制财政管理体制的决定》。
② 赵云旗：《中国分税制财政体制研究》，经济科学出版社 2005 年版，第 364～365 页。
③ 李萍主编：《财政经济简明图解》，中国财政经济出版社 2010 年版，第 86 页。

起更名为"基层公检法司转移支付"，主要用于中西部基层政法机关、维护稳定任务重的地区和经济困难地区的补助。

（十二）义务教育转移支付

财政部规定从 2009 年起将补助数额相对稳定，原列入专项转移支付的教育、社会保障和就业、公共安全、一般公共服务等支出归并到一般性转移支付项目，其中的教育支出部分被称为"教育转移支付"，2011 年起更名为"义务教育转移支付"，主要是农村义务教育经费保障机制改革经费、城市义务教育补助经费、农村教师绩效工资补助经费。

（十三）基本养老金和低保等转移支付

2011 年，财政部将原列专项转移支付的扩大做实个人账户试点补助、新型农村社会养老保险试点补助、城镇居民最低生活保障补助、农村最低生活保障补助，转列入一般性转移支付项目，称为"基本养老金和低保等转移支付"。

（十四）新型农村合作医疗等转移支付

2011 年将原列专项转移支付的新型农村合作医疗、城镇居民基本医疗保险补助，转列入一般性转移支付项目，称为"新型农村合作医疗等转移支付"项目①。

（十五）村级公益事业奖补等转移支付

农村税费改革取消了乡统筹和村提留后，农田水利建设和农村道路修建等项目所需经费不再固定向农民收取，而是通过规范的一事一议筹资筹劳开展村内公益事业建设项目，政府采取以奖代补、民办公助的方式，给予适当财政奖补。2009 年 1 月 19 日，财政部发布《关于村级公益事业一事一议中央财政奖补事项的通知》（财预〔2009〕5 号），决定设立"村级公益事业'一事一议'奖励资金"，中央财政在地方财政奖补的基础上，对村级公益事业建设一事一议予以适当支持和奖补，以支持地方开展村级公益事业一事一议建设。

对农民通过一事一议筹资筹劳开展村级公益事业建设项目，政府按照所

---

① 财政部《关于 2010 年中央和地方预算执行情况与 2011 年中央和地方预算草案的报告》。

需资金 1/3 的比例予以补助，补助资金中的 2/3 由地方财政承担，补助资金的 1/3 由中央财政通过奖补的方式承担。

2011 年"村级公益事业'一事一议'奖励资金"更名为"村级公益事业奖补等转移支付"。

三、专项转移支付

专项转移支付是从分税制财政体制改革前的分级包干财政体制中保留下来的转移支付形式，原称为"专项补助"。1993 年，《国务院关于实行分税制财政管理体制的决定》中规定，"原来中央拨给地方的各项专款，该下拨的继续下拨……"我国分税制改革前的专项补助大致分为两类，一类是用于建设的专项拨款，如支农支出、基本建设拨款、挖潜改造资金等；另一类是用于特殊支出的专项拨款，如救灾资金、移民费用等。[①]

现行的专项转移支付是指中央政府对承担委托事务、共同事务的地方政府给予的具有指定用途的资金补助，以及对应由下级政府承担的事务给予的具有指定用途的奖励或补助，主要用于教育、社会保障、农业等方面。

2006 年，财政部将革命老区转移支付和边境地区转移支付从均衡性转移支付中划出，调整为专项管理，更名为"革命老区专项转移支付"和"边境地区专项转移支付"。

2009 年，财政部将补助数额相对稳定，原列入专项转移支付的教育、社会保障和就业、公共安全、一般公共服务等支出改为一般性转移支付，而将政府增加公共投资和拉动消费支出中的大部分资金，通过专项转移支付补助地方。

2011 年，将原列专项转移支付的扩大做实个人账户试点补助、新型农村社会养老保险试点补助、城镇居民最低生活保障补助、农村最低生活保障补助，转列一般性转移支付中的"基本养老和低保等转移支付"；将原列专项转移支付的新型农村合作医疗、城镇居民基本医疗保险补助，转列一般性

---

① 赵云旗：《中国分税制财政体制研究》，经济科学出版社 2005 年版，第 364～365 页。

转移支付中的"新型农村合作医疗等转移支付"。

2011 年，专项转移支付的支出科目包括一般公共服务、国防、公共安全、教育、科学技术、文化体育与传媒、社会保障和就业、医疗卫生、节能环保、城乡社区事务、农林水事务、交通运输、资源勘探电力信息等事务、商业服务业等事务、金融监管等事务、地震灾后恢复重建支出、国土资源气象等事务、住房保障支出、粮油物资储备事务和其他支出，共 20 项。

参考文献

[1] 财政部 . 1995 年过渡期转移支付办法 . 地方财政，1996（5）

[2] 财政部 . 1996 年过渡期转移支付办法 . 地方财政，1997（5）

[3] 财政部 . 1997 年过渡期转移支付办法 . 地方财政，1998（5）

[4] 财政部过渡期转移支付课题小组 . "过渡期转移支付办法"中标准财政供养人口和人员经费标准支出的计算 . 地方财政，1996（5）

[5] 财政部 . 过渡期转移支付办法（1998）. 地方财政，1999（6）

[6] 财政部 . 过渡期转移支付办法（1999）. 地方财政，2000（Downloadable from http：//www. law - lib. com/law/law_ view1. asp？id = 71171）

[7] 财政部 . 财政部关于 2002 年一般性转移支付办法 . （Downloadable from http：//www. lookchinabiz. com/law/Article - 67538. aspx）

[8] 财政部 . 2003 年一般性转移支付办法 . （Downloadable from http：//all. zcom. com/mag2/shehuikexue/jingji/29408/200414/13566855 ）

[9] 财政部 . 2005 年一般性转移支付办法 . 载李萍、许宏才（2006），第 329 - 333 页

[10] 财政部 . 2007 年中央对地方一般性转移支付办法 . http：//www. mof. gov. cn/preview/yusuansi/zheng- wuxinxi/zhengceguizhang/200805/t20080522_ 33928. html

[11] 财政部 . 2008 年中央对地方一般性转移支付办法 . http：//law. lawtime. cn/d668770673864. html/pos = 0

[12] 财政部 . 2011 年中央对地方均衡性转移支付办法（财预［2011］392 号）. http：//www. people. com. cn/h/2011/0701/c25408 - 1 - 1394185370. html

[13] 李萍主编 . 中国政府间财政关系图解 . 北京：中国财政经济出版社，2006

[14] 李萍主编 . 财政体制简明图解 . 北京：中国财政经济出版社，2010

[15] 赵云旗 . 中国分税制财政体制研究 . 北京：经济科学出版社，2005

[16] 杨波 . 优化财力性转移支付的对策 . 企业改革与管理，2008（4）

税制改革对居民收入分配的影响

陈文东　　刘　佐

（国家税务总局税收科学研究所）

近年来，中国的国民收入分配领域出现了收入差距日益扩大的趋势。为此，2011 年 3 月全国人民代表大会通过的《国民经济和社会发展"十二五"规划纲要》中提出：国民收入分配要坚持和完善按劳分配为主体、多种分配方式并存的分配制度，初次分配和再分配都要处理好效率和公平的关系，再分配更加注重公平，加快形成合理有序的收入分配格局，努力提高居民收入在国民收入分配中的比重，提高劳动报酬在初次分配中的比重，尽快扭转收入差距扩大趋势。

作为政府调节收入分配的主要手段之一，税收制度和政策的作用无可取代，并被社会各界寄予很高的期望。但是，对于税收在收入分配调节方面的能力和作用，不能盲目夸大，必须在科学理性的分析和清醒认识下，才能更好发挥税收制度和政策的作用。

总结与回顾

1994 年税制改革是新中国成立以来规模最大、范围最广泛、内容最深刻的一次税制改革，改革的方案是在中国改革开放以后税制改革的基础上，经过多年的理论研究和实践探索，积极借鉴外国税制建设的成功经验，结合中国的国情制定的，推行以后从总体上看取得了很大的成功。经过这次税制改革和后来的逐步完善，到 20 世纪末，中国初步建立了适应社会主义市场经济体制需要的税收制度，对于保证财政收入、加强宏观调控、深化改革、扩大开放、促进经济与社会的发展，起到了重要的作用。

21 世纪以来，为了适应建立完善的社会主义市场经济体制的需要，中国继续完善税制，分步实施了下列重大改革。

一、完善货物和劳务税制

2000 年，国务院公布车辆购置税暂行条例，自 2001 年起施行。2001 年以后，经国务院批准，财政部、国家税务总局陆续调整消费税的部分税目、税率（税额标准）和计税方法。2003 年，国务院公布新的关税条例，自 2004 年起施行。2008 年，国务院修订增值税暂行条例、消费税暂行条例和营业税暂行条例，初步实现增值税从"生产型"向"消费型"的转变，结合成品油税费改革调整消费税，自 2009 年起施行。

二、完善所得税制

2005 ~ 2011 年，全国人民代表大会常务委员会先后 4 次修改个人所得税法，其中 2011 年修改以后的税法自当年 9 月起施行。2007 年，全国人民代表大会将过去对内资企业和外资企业分别征收的企业所得税合并为统一的企业所得税，自 2008 年起施行。

三、完善财产税制

2006 年，国务院将车船使用税与车船使用牌照税合并为车船税，自 2007 年起施行；2011 年，全国人民代表大会常务委员会通过车船税法，自 2012 年起施行。

2006 ~ 2009 年，国务院先后修改城镇土地使用税暂行条例和耕地占用税暂行条例，将对内征收的城镇土地使用税和耕地占用税分别改为内外统一征收，分别自 2007 年、2008 年起施行；自 2009 年起取消城市房地产税，中外纳税人统一缴纳房产税。

经国务院批准，财政部、国家税务总局陆续调整若干类主要资源产品的资源税税额标准和原油、天然气的计税方法。2011 年，国务院修改资源税暂行条例，自当年 11 月起施行。

四、改革农业税制

2005 年，全国人民代表大会常务委员会决定自 2006 年起取消农业税。2005～2006 年，国务院先后取消牧业税和屠宰税，对过去征收农业特产农业税的烟叶产品改征烟叶税。

此外，将外商投资企业和外国企业纳入了城市维护建设税的纳税人，调整了证券（股票）交易印花税的税率和纳税人，将船舶吨税重新纳入财政预算管理，取消了筵席税。

税制改革与收入分配

从国民收入主体的角度来看，对国民经济的分析是从企业部门和居民部门两部门经济为起点扩展到企业、居民和政府三部门经济展开的。当理论分析从两部门经济扩展为三部门经济时，国民收入分配的内涵也必然会丰富起来。理论上，新增的政府部门作为一个收入主体，必然要在企业的资本收入和居民的劳动收入中间打入一个"楔子"，这就是以税收为主体的政府收入。显然，政府收入必然对资本和劳动所得份额产生影响，而以什么样的规则和多大规模打入这个"楔子"，居于核心地位并起决定作用的就是税收制度。因此，分析税制改革和国民收入分配之间的关系就具有逻辑的必然性和重要的理论与现实意义。

一、税制在国民收入分配中的作用

税制对国民收入分配的影响可以按照其对国民收入初次分配和再分配过

程的不同影响分别论述。在初次分配中，税制的影响主要体现在生产税方面；在再分配中，税制的影响主要体现在收入税方面。

1. 税制在国民收入初次分配中的作用

理论上，在国民收入初次分配中发挥作用的各税种被统称为生产税。按照《中国统计年鉴（2011）》的解释，现行统计指标体系中的生产税，指对生产单位从事生产、销售和经营活动以及因从事生产活动使用某些生产要素（如固定资产、土地、劳动力）所征收的各种税、附加费和规费。生产补贴与生产税相反，指政府对生产单位的单方面转移支出，因此视为负生产税，包括政策亏损补贴、价格补贴等。生产税净额为生产税扣除生产补贴以后的余额。

根据上述解释，对应中国现行税制，中国在国民收入初次分配中的生产税如下：

（1）生产（销售）税金，即含在货物和劳务价格中的价内税，主要有营业税、消费税、城市维护建设税和资源税等。在企业会计核算中，上述税金均通过"营业税金及附加"账户计入当期生产（经营）费用，属于生产增加值部分，参与国民收入初次分配。

（2）增值税，从微观来看，增值税不含在纳税人销售货物和劳务的价格中，似乎不构成纳税人在权责发生制下核算的增加值。但是，从宏观来看，所有纳税人当期应缴增值税的总额构成了当期增加值总额的一部分，并在初次分配中由政府取得。因此，增值税也归属于国民收入初次分配中的生产税。

（3）管理费用中的税金，主要有契税、房产税、城镇土地使用税、耕地占用税、车船税和印花税等。

（4）各种构成企业成本、费用的规费，如矿产资源补偿费、文化事业建设费等。

根据历年资金流量表的数据，我们计算列出了各部门国民收入初次分配收入的规模和占比情况（见表1），从中可以看出在初次分配中以生产税净额为主的政府部门收入的变动情况。

表1 　　　　　　　　**各部门初次分配收入和比重表** 　　　　　　单位：亿元

年份	政府部门		企业部门		居民部门	
	收入规模	比重（%）	收入规模	比重（%）	收入规模	比重（%）
1994	7588.4	16.3	9168.5	19.7	29913.2	64.1
1995	8705.4	15.1	11565.1	20.1	37224.4	64.7
1996	10381.5	15.5	11522.5	17.2	44946.6	67.2
1997	11829.7	16.2	13237.1	18.1	48061.4	65.7
1998	12982.8	16.9	13498.2	17.5	50495.2	65.6
1999	13654.7	17.0	14563.8	18.1	52360.7	65.0
2000	14737.2	16.7	16724.6	18.9	56826.8	64.4
2001	17573.4	18.4	17339.5	18.1	60814.0	63.5
2002	18167.1	17.5	17923.9	17.3	67845.0	65.3
2003	20991.3	18.0	21969.9	18.8	73780.8	63.2
2004	27010.5	16.9	37467.8	23.5	95108.7	59.6
2005	32414.5	17.7	43088.1	23.2	110306.1	59.4
2006	38928.0	17.9	50356.1	23.2	128238.3	59.0
2007	49010.0	18.3	63099.5	23.6	155654.1	58.1
2008	55391.2	17.5	79867.4	25.3	180970.2	57.2

注：表中数据来自历年《中国统计年鉴》所载"资金流量表（实物交易）"及对其整理得出。

根据表1，我们计算得出：1994～2008年15年国民收入初次分配格局中，政府收入、企业收入和居民收入三者比重的加权平均数的比例关系为17.4：21.6：61.0。1994年，上述三者的比例为16.3：19.6：64.1；2000年为16.7：18.9：64：4；2008年为17.5：25.3：57.2。1994年与2008年相比，政府收入所占比重上升了1.2个百分点，企业收入所占比重上升了5.7个百分点，居民收入所占比重则下降了6.9个百分点。将2008年数据与上述平均值比较，则政府收入所占比重上升了0.1个百分点，企业收入所占比重上升了3.7个百分点，居民收入所占比重则下降了3.8个百分点。自2001年以来，初次分配形成的政府收入（主要来自生产税）在国民收入中的比重大体在18%上下浮动；而企业收入比重自2004年起超过20%，并呈上升趋势；居民收入则自2004年开始降低到60%以下，并持续下降（2008年与1996年相比下降了10.0个百分点）。

2. 税制在国民收入再分配中的作用

国民收入再分配中涉及的各税种被统称为收入税。现行统计指标中所说的收入税，对应中国现行税制中的企业所得税和个人所得税，社会保障缴款也归入收入税。但是，直接税中的各项财产税和属于所得税性质的土地增值税未列入其中，而是计入了生产税。表2是经过收入税调整以后，即经过再分配以后形成的各部门最终可支配收入的规模和比重。

表2　　　　　　　　各部门可支配收入规模和比重表　　　　单位：亿元

年份	政府部门		企业部门		居民部门	
	收入规模	比重（%）	收入规模	比重（%）	收入规模	比重（%）
1994	8427.9	18.0	7495.5	16.0	30862.0	66.0
1995	9504.6	16.5	9618.8	16.7	38491.2	66.8
1996	11492.8	17.1	9092.6	13.6	46442.9	69.3
1997	12878.1	17.5	10568.6	14.4	50121.3	68.1
1998	13555.9	17.5	11086.2	14.3	52688.6	68.1
1999	15046.4	18.6	11587.7	14.3	54354.3	67.1
2000	17352.9	19.5	13895.5	15.6	57562.7	64.8
2001	20331.8	21.1	14599.1	15.1	61499.2	63.8
2002	21520.6	20.5	15042.2	14.3	68448.3	65.2
2003	25823.3	21.8	18290.0	15.5	74088.2	62.7
2004	31219.5	19.3	33751.7	20.9	96513.7	59.8
2005	37646.5	20.0	39006.3	20.8	111235.3	59.2
2006	47143.5	21.4	43659.6	19.9	129047.5	58.7
2007	59392.0	21.9	54735.9	20.2	156576.0	57.8
2008	67977.4	21.3	69002.7	21.6	182429.5	57.1

从最终形成的可支配收入来看，1994～2008年15年国民收入可支配收入分配中，政府收入、企业收入和居民收入三者比重加权平均值的比例关系

为 20.3∶18.3∶61.4。1994 年，上述三者的比例为 18.0∶16.0∶66.0；2008 年，上述比例变为 21.3∶21.6∶57.1。1994 年与 2008 年相比，政府收入所占比重上升了 3.3 个百分点；企业收入所占比重上升了 5.6 个百分点；居民收入所占比重则下降了 8.9 个百分点，而且从 2003 年起逐年明显下降。将 2008 年数据与上述平均值比较，政府收入所占比重上升了 1.8 个百分点，企业收入所占比重上升了 4.7 个百分点，居民收入所占比重则下降了 6.5 个百分点。

选取 1994 年、2000 年和 2008 年的各部门可支配收入比重与其当年初次分配收入比重比较：1994 年，政府收入所占比重从 16.3% 上升到 18.0%；企业收入所占比重从 19.7% 下降到 16.0%；居民收入所占比重则从 64.1% 上升到 66.0%。2000 年，政府收入所占比重从 16.7% 上升到 19.5%；企业收入所占比重从 18.9% 下降到 15.6%；居民收入所占比重则从 64.4% 上升到 64.8%。2008 年，政府收入所占比重从 17.5% 上升到 21.3%；企业收入所占比重从 25.3% 下降到 21.6%；居民收入所占比重从 57.2% 下降到 57.1%。

若将 1994~2008 年各部门可支配收入比重的加权平均值与 1994~2008 年各部门初次分配收入比重的加权平均值相比较，政府收入所占比重上升了 2.9 个百分点，企业收入所占比重下降了 3.3 个百分点，居民收入所占比重上升了 0.4 个百分点。由此可见，总体上说，经过再分配，政府和居民可支配收入所占比重上升，企业可支配收入所占比重下降，说明来自企业的收入税起到了明显的调节作用。但是，企业的收入税净缴额大部分转化成了政府收入，而政府对居民的转移支付明显不足。

3. 国民收入分配的指导思想对税制改革的要求

近年来，由于经济结构变化，企业利润、财产和个人所得、财产增加，税制完善和税收征管加强等原因，中国的所得税、财产税收入占税收总额的比重呈逐渐上升趋势，货物和劳务税收入占税收总额的比重则呈逐渐下降趋势，见表 3。

表3　　　　　　　　　中国改革开放以来部分年份的税制结构　　　　金额单位：亿元

年份	生产税				收入税（不含社会保障缴款）
	货物和劳务 税比重（%）	财产税比重 （%）	其他税比重 （%）	合　计 （%）	所得税比重 （%）
1978	83.6	0.2	5.8	89.6	10.4
1985	58.8	0.9	6.0	65.7	34.3
1994	72.0	3.8	9.4	85.2	14.8
2000	68.0	4.1	9.3	81.4	18.6
2005	64.5	5.5	3.7	73.7	26.3
2010	60.8	7.9	4.0	72.6	27.4

注：表中数据根据《中国财政年鉴》和《中国税务年鉴》有关数据计算得出。

从表3可以清楚地看到：第一，2010年，生产税收入仍然是中国税收收入的主要来源，占税收总额的比重超过70%，而收入税（不含社会保障缴款，下同）收入占税收总额的比重不足30%。这种情况与中国间接税收入比重偏大、直接税收入比重偏小的状况是一致的。第二，从发展趋势来看，以1994年为起点，到2010年，货物和劳务税收入占税收总额比重的下降幅度为11.2个百分点，大大超过同期财产税收入占税收总额比重的上升幅度（4.1个百分点）。同时，其他生产税收入同期比重下降了5.4个百分点。综合来看，生产税收入占税收总额的比重下降了12.6个百分点，而同期收入税收入占税收总额的比重相应上升了12.6个百分点，这说明中国的税制结构正在逐步优化。第三，由于上述税制结构的特点，中国国民收入的税收调节必须充分考虑生产税在国民收入初次分配中不可替代的作用。这是因为生产税不仅先于收入税，甚至先于工资和利润而率先参与国民收入初次分配，由企业先行缴纳，直到零售环节才由最终消费者以其可支配收入负担。因此，从总量上说，生产税具有先期从宏观层面调节国民收入分配的战略性功能。

同时，由于收入税通常是难以转嫁的，对于调节国民收入分配格局具有最为直接的影响。但是，税制是社会和经济发展的产物。纵观各国税制发展的历史，各成熟市场经济国家的税制结构都经历了一个从间接税为主的税制结构向直接税为主的税制结构发展的历程。中国不能超越社会和经济发展的阶段，人为地减少间接税和增加直接税，加大收入税收入的比重。遵循社会、经济和税制发展规律，因势利导，通过合理的税制改革提高直接税收入占税收总额的比重，才是合理调整税制结构进而改善国民收入分配格局的正确路径。

二、取消农业税对于农村居民收入分配的影响

近年来中国的农业税制改革大致经历了两个阶段：一是自2000年起，逐步规范农村税费，正税清费；二是自2004年起逐步减免农业税、牧业税，直至全面取消农业税、牧业税和屠宰税。

2001年，继2000年安徽农村税费改革试点以后，江苏省成为在全省范围内开展农村税费改革试点的第二个省份。通过改革试点，取得了农民负担由过重到较轻、由治标到治本的重大转变，农村公共服务由农民承担向公共财政保障的重大转变，基层治理由管理型政府向服务型政府的重大转变，为全国推进改革积累了宝贵经验。

2003年，国务院发布《关于全面推进农村税费改革试点工作的意见》，农村税费改革在全国范围内全面推开。2004年，中共中央、全国人民代表大会和国务院着眼于实现粮食稳定增产、农民持续增收的大局，做出了5年以内取消农业税的重大决定，并率先在黑龙江、吉林两省开展免征农业税试点，其他省份降低农业税税率，取消除烟叶外的农业特产税。2005年，国务院决定取消牧业税，全国人民代表大会常务委员会通过关于自2006年起废止《中华人民共和国农业税条例》的决定。2006年，国务院废止《屠宰税暂行条例》和关于征收农业特产农业税的规定。

据财政部统计，农业税费取消以后，每年减轻农民负担1300多亿元，农民人均减负140元。同时，为确保农民负担不反弹和地方政府正常履行职责，2000～2010年，中央财政累计安排农村税费改革专项转移支付资金

5700 多亿元。此外，近年来政府一直对农民和农业生产给予大量税收优惠，例如，销售自产农产品免征增值税，农业技术服务免征营业税；农业所得免征、减征企业所得税，免征个人所得税；农用土地不征税，农用拖拉机和渔船免征车船税；等等。

三、个人所得税改革对于城镇居民收入分配的影响

个人所得税实行超额累进税率，以居民个人的各类收入净额为税基，是对收入分配最具影响的一个税种。在中国，此税的纳税人主要是达到征税标准的城镇居民，因此，此税的改革对城镇居民收入分配的影响受到最为广泛的关注和期待。

1. 近年来个人所得税改革的主要措施

近年来，个人所得税的改革主要涉及个人储蓄存款利息所得，个人投资者从上市公司取得的股息、红利所得，工资、薪金所得和个人转让限售股所得，主要改革措施如下：

（1）1999 年 8 月 30 日，九届全国人大常委会第十一次会议通过《关于修改个人所得税法的决定》，取消个人所得税法中关于储蓄存款利息免税的规定，对储蓄存款利息征收个人所得税的时间和征收办法由国务院规定。同年 9 月 30 日，国务院规定，自同年 11 月 1 日起，对于从中国境内的储蓄机构取得的储蓄存款利息征收 20% 的个人所得税。2007 年 6 月 29 日，十届全国人大常委会第二十八次会议通过《关于修改个人所得税法的决定》，对储蓄存款利息所得开征、减征和停征个人所得税及其具体办法，由国务院规定。同年 7 月 20 日，国务院规定：自同年 8 月 15 日起，储蓄存款利息所得减按 5% 的税率征收个人所得税。2008 年 10 月 9 日，经国务院批准，财政部、国家税务总局规定：自当日起，储蓄存款利息所得暂免征收个人所得税。

（2）2005 年 6 月 13 日，经国务院批准，财政部、国家税务总局发出通知：个人投资者从上市公司取得的股息、红利所得，暂减按 50% 计入个人

应纳税所得额计征个人所得税。

（3）2005年10月27日、2007年12月29日和2011年6月30日，全国人大常委会三次修改个人所得税法，先后将工资、薪金所得的费用扣除额从每月800元提高到1600元、2000元和3500元。2011年修改税法时还调整了工资、薪金所得和个体工商户适用的税率表。

（4）2009年12月31日，经国务院批准，财政部、国家税务总局和中国证监会发出通知：自2010年1月1日起，个人转让限售股取得的所得，按照财产转让所得，适用20%的比例税率征收个人所得税。

2. 上述改革对于居民收入分配的影响

按照税基的性质，上述改革对于居民收入分配的影响可以分为对于勤劳所得（主要是工资、薪金所得）和财产性所得（主要是利息、股息、红利和财产转让所得）的影响。

（1）在确定工资、薪金所得费用扣除标准时，量能负担是最根本的公平原则。近年来工资、薪金所得费用扣除标准的调整主要有以下考虑：一是以全国城镇居民的平均收支水平为基础，适当兼顾东部地区生活费用水平较高的现实情况；二是此项扣除标准的确定尽可能与城镇居民住房、教育、医疗等改革结合起来考虑。

此项扣除标准调整的效果如何，目前尚无针对性的权威研究，但是从此项政策影响效果尚未明显减退期间财政部的两份报告中或许可以看出一些端倪。

财政部公布的《2008年上半年税收收入的结构性分析》中说：2008年3月此项扣除标准从1600元提高到2000元以后，当年1~6月，个人所得税完成2136.73亿元，同比增长27.2%，增速比去年同期回落了1.3个百分点，占税收总收入的比重为6.8%。其中，工薪所得税收入1308.05亿元，同比增长41.2%，比上年同期加快5.8个百分点。

上述报告中说：2008年上半年，在工资、薪金费用扣除标准大幅度提高的情况下，工资、薪金所得税收入仍然保持了较快的增长速度，主要原因是城镇居民收入大幅增长和加强对高收入群体税收征管的结果。一季度，全国城镇在岗职工工资同比增长18.3%，与此同时，税务机关普遍加强了对个人收入尤其是高收入人群收入的监控，提高了个人所得税的征收率。提高工资、薪金扣除标准的效果更多地表现为全年全国城镇居民人均可支配收入增长了14.5%。

财政部公布的《2009年上半年税收收入的结构性分析》中说：1~6月，个人所得税完成2136.73亿元，同比增长0.7%，比去年同期增速回落了26.5个百分点；其中，6月份个人所得税完成312.43亿元，同比增长15.9%。1~6月个人所得税收入占税收总收入的比重为7.29%。

上述报告中说：2009年上半年个人所得税收入增速明显回落的主要原因：一是企业效益明显下滑，职工工资和奖金增长放缓，导致工资、薪金收入增速回落，一季度全国城镇在岗职工平均工资为7399元，虽然同比增长了13.4%，但比去年同期增幅回落了4.9个百分点。二是上半年股市上涨较快、入市资金增多，分流了一部分居民储蓄存款；同时受到2008年10月9日起对储蓄存款利息所得、个人投资者取得的证券交易结算资金利息所得暂免征收个人所得税政策调整的影响，储蓄利息所得税减收明显。

另据财政部测算：2011年9月此项扣除标准从2000元提高到3500元以后，工薪收入纳税人的税负将普遍减轻，纳税人的比例将从28%下降到7.7%（据国家统计局统计，2010年全国城镇非私营单位在岗职工年平均工资为每月3096元），纳税人数将从8400万人减少到2400万人，即6000万人将不再为工资、薪金所得缴纳个人所得税。此次提高工资、薪金所得费用扣除标准和调整工资、薪金所得适用税率表级距减少的个人所得税收入，按照2011年的情况测算，1年为1440亿元，相当于2010年工薪所得个人所得税收入的46%。据我们测算，一位月薪5000元的职工，按照法定标准缴纳社会保险费和住房公积金以后，只需要就其当月的薪金收入缴纳10.5元的个人所得税，比这次个人所得税调整以前少纳149.5元，税负从3.2%下降到0.2%，降幅为93.4%。由此可见，中低工薪收入者的工薪个人所得税负担大幅度减轻，减税效应明显。

总体上看，2008 年以来历次对工资、薪金所得费用扣除标准的调整，都对城镇居民个人收入水平和结构的变动产生了一定的影响，但是这些影响由于和当时的其他政策所产生的同向或反向作用相交织，表现得并不十分明显和清晰。

（2）财产性所得的税收调整效应分析如下：

一是储蓄存款利息所得的税收调整。1999 年对储蓄存款利息征收个人所得税，收入主要来自少数拥有大额储蓄存款的富人的利息所得，就此而言，对于收入分配具有一定的调节作用。但是，由于按照 20% 的比例税率征税，对于高额利息所得的调节力度不大，大量仅有小额储蓄存款的穷人的利息所得税负相对偏重，所以，逆向调节的作用也难以避免。2008 年暂停对储蓄存款利息征收个人所得税以后，一年减少税收收入 400 多亿元（按照2006 年的水平计算），相应增加了等额居民收入。但是，如前所述，由于储蓄存款结构的原因，此项措施的受惠者主要是少数拥有大额储蓄存款的富人，而大量仅有小额储蓄存款的穷人所得不多。储蓄存款利息所得属于非劳动所得，对其征收个人所得税是各国通行的做法。从社会分配公平的角度考虑，各国都非常重视通过税收手段调节包括利息所得在内的个人收入。无论是美国、法国、英国、日本等经济发达的国家，还是巴基斯坦、印度尼西亚等经济欠发达的国家，都把储蓄存款利息所得纳入个人所得税的征收范围。因此，中国是否应当恢复对储蓄存款利息所得征收个人所得税，以及如何对储蓄存款利息所得征收个人所得税的问题，似乎值得研究。

二是股息、红利所得个人所得税的改革对收入分配的影响及其与企业所得税的协调。股息、红利所得属于资本性收益，对其征税有助于鼓励通过诚实劳动获取收入，对提高劳动报酬在国民收入初次分配中的比重也有间接助益，同时可以鼓励企业用净利润再投资。

但是，对股息、红利所得征收个人所得税显然存在经济性重复征税的问题。近年来，经济合作和发展组织（OECD）的一些成员国对公司所得税和个人所得税的一体化改革日益重视。综合来看，除了以"法人实在说"为基础，认为公司和股东是两个不同的经济利益主体，因而无论是纳税主体还是纳税客体，都不存在双重征税的古典制征收模式理论以外，其他观点均认为重复征税是存在的。可以采用的减少或者免除重复征税的措施，主要有改进的古典制、部分计征制、股东免税制、归集制、股息扣除制和分率制等征税模式。

目前，中国的所得税收入占全国税收总额的比重比较低；同时，既要配合国家提出的以"提高居民收入在国民收入分配中的比重，提高劳动报酬在初次分配中的比重"为目标的收入分配格局调整，又要鼓励投资创业。因此，股息、红利个人所得税的调整必须统筹考虑减少重复征税、改善收入分配和鼓励投资创业等方面的因素。我们认为：中国当前和今后较长时期内的经济发展的主要任务是扩大内需，包括投资和消费。目前使用部分计征制对股息、红利所得征收个人所得税，可以在一定程度上兼顾缓解重复征税和扩大内需，因此应当继续使用。是否需要改变这种征税方法以及如何改变，应当根据国内外经济形势的变化情况而定。

三是个人转让限售股征收个人所得税对收入分配的影响。2005年中国股权分置改革以后，股票市场不再有非流通股和流通股的划分，只有限售流通股与非限售流通股之别，限售流通股解除限售以后都将进入流通。为进一步完善股权分置改革以后的相关制度，更好地发挥税收对高收入的调节作用，促进资本市场长期健康发展，增加税收收入、堵塞税收漏洞，完善股票转让所得个人所得税制度，平衡个人转让限售股与个人转让非上市公司股份以及企业转让限售股之间的税收政策，国务院决定：自2010年1月1日起，个人转让上市公司限售股取得的所得，按照20%的税率征收个人所得税。这一规定一方面有助于避免限售股解除限售以后通过股票市场套现所造成的短期内流动性大量急剧流失，从而引发A股市场的剧烈波动；另一方面，由于这些限售股都不是通过上市公司公开发行和转让市场取得的，成本比较低，数量比较大，解除限售以后在二级市场转让获益很高，却与个人投资者从上市公司公开发行和转让市场购买的上市公司股票转让所得一样享受个人所得税免税待遇，加剧收入分配的不平衡，社会反应比较强烈，征税以后可以缓解上述矛盾。

总之，按照加大对高收入税收调节力度的要求，通过对限售股转让所得征税，加强主要针对高收入的股权转让所得，股息、红利所得，房地产转让所得，拍卖所得等资本性、财产性所得的征管措施，收到了较好的效果。自2005~2010年，来自财产转让所得的个人所得税收入增长近25倍。在日常的税源监管方面，积极推行全员全额明细申报和年所得12万元以上自行纳税申报，全员全额明细申报人数、自行申报人数和纳税金额逐年增加。据国家税务总局2011年统计，全国申报缴纳2010年个人所得税年收入12万元以上者已经达到315万人，他们缴纳的个人所得税为1710亿元，占全国个人所得税收入的35.4%，人均纳税5万多元。而全国申报缴纳2006年个人所得税年收入12万元以上者只有162.9万人，缴纳个人所得税810亿元，占全国个人所得税收入的33.0%，人均纳税不足5万元。此外，通过加强私营企业投资者个人所得税征管和高收入者的个人所得税专项检查，也在一定程度上减少了税收流失，促进了收入分配的改善。

在充分认识、积极发挥个人所得税调节居民收入分配作用的同时，也应当看到：个人所得税只是在国民收入初次分配的基础上，按照个人所得多寡实施再次调节，适当缩小在国民收入初次分配环节业已经形成的个人之间的收入差距，不可能主要依靠个人所得税解决个人收入差距过大的问题。要缩小个人收入差距，从根本上说，还是应当从个人收入的源头——国民收入初次分配环节入手，采取有效措施，如解决劳动报酬在国民收入初次分配中比重过低和个人收入分配隐性化的问题，调节垄断行业企业的高额利润，建立健全城乡低收入者的社会保障体系，通过提高农副产品价格等措施增加农民收入，通过提高职工工资等措施增加城镇居民收入，取缔各种非法所得，等等，以形成合理的国民收入分配体系。就税制而言，应当随着经济发展，逐步提高直接税收入特别是个人所得税收入占税收总额的比重，完善直接税制度特别是个人所得税制度，从而加大直接税特别是个人所得税调节居民收入分配的力度。

3. 居民个人所得税税前收入与税后可支配收入的比较

根据上文表1和表2数据计算，从1994～2008年的15年间，居民部门可支配收入占国民收入比重的加权平均值与初次分配收入占国民收入比重的加权平均值相比较，提高了0.4个百分点。其中，2000～2008年的9年间仅仅从60.1%上升到60.7%，提高了0.6个百分点。由于上述两表数据的差异仅仅源自收入税，居民收入变化只是来自个人所得税，因此我们可以得出初步结论：个人所得税对于居民收入分配变动的影响微乎其微。究其原因：首先，个人所得税的纳税人比较少，缴纳的个人所得税也比较少。以2008年为例，当年居民部门获得的国民收入初次分配收入为180970.2亿元，而居民部门的收入税只有3637.5亿元，占居民部门初次分配收入和国内生产总值的比重分别为2.0%[①]和1.2%。其次，在国民收入初次分配中，居民收入主要来自工资性收入和利息、红利等财产性收入。据财政部公布的数据，2008年中国城镇居民人均可支配收入中，工资、薪金收入所占比重高达71.6%。同时，来自工资、薪金所得的个人所得税收入占个人所得税收入总额的比重连续多年保持在50%左右。与此同时，个人所得税对高收入阶层的主要收入来源——资本性收入和财产性收入的税收调节明显不足。

另外，有些人认为：中国税制的累退效应对于收入分配调整具有一定的负面影响。所谓税制的累退效应，指间接税在居民消费过程中引起的税收负担逆向调节效应，主要表现在增值税等普遍征收的间接税的转嫁和负担上。在中国，销售货物要征收增值税，税负通常在销售环节转嫁，与商品的供给弹性和需求弹性直接相关。一般来说，生活必需品的需求弹性比较小，奢侈品的需求弹性比较大，这就决定了生活必需品的购买者必须承担大部分的间

---

① 根据统计指标的定义，此处的"收入税"指"收入税净额"。而根据财政决算数据，当年个人所得税收入总额为3722.3亿元，占当年居民部门初次分配收入总额的2.1%，占当年税收收入总量54223.8亿元的6.7%。

接税负担。由于低收入阶层恩格尔系数比较高，其收入用于生活必需品的份额比较大；高收入阶层恩格尔系数比较低，其收入用于生活必需品的份额比较小，征收增值税的实际结果是：贫者的负担率高，富者的负担率低。消费税税目和税率的设置通常以取得财政收入和调节消费（主要是奢侈性消费）为目的，所以应税消费品的需求弹性比普通商品大，高收入阶层对于消费税的贡献程度也会高于增值税，但是此税并没用调节消费者收入的功能。营业税与此类似，税目中既有普通劳务（如服务业），也有奢侈性消费（如高尔夫）。因此，从居民消费环节的税收负担来说，关于中国税制累退效应的认识有其一定的合理性。但是，严格说来，上述认识并不确切。这里首先必须明确：出现上述问题的原因不在于个人所得税等直接税。其次，需要说明：间接税的累退效应实际上指的是居民可支配收入用于消费支出的税收负担问题，严格地说已经从分配领域进入流通和消费领域，即在相同收入水平下，随消费额增加引起间接税税负上升；在相同消费水平下，随收入额增加引起间接税税负下降。借用经济学中的价格变动引发的"收入效应"概念，我们似乎可以将这一现象称为间接税带来的"负收入效应"。事实上，这并非可支配收入形成以前的收入分配过程中税收产生的影响，所以将税制的累退效应纳入收入分配领域讨论似乎不是很恰当。

事实上，间接税在居民消费过程中产生的税收负担累退效应的影响程度因税制结构的不同而异：实行以间接税为主的税制，其影响就比较显著；实行以直接税为主体的税制，其影响就比较微弱。总之，由于间接税固有的性质，上述税负累退效应问题已经不是具体税种（特别不是所得税）设计所能彻底解决的问题，而是需要通过税制结构调整才能解决的问题，而税制结构的改变不能脱离本国的经济发展水平。如前所述，目前中国的税制结构正在逐步优化，但是短期内不可能发生重大变化。所以，只能通过一些局部调整，适当减小间接税累退性的影响，同时积极推进直接税改革。

四、财产税改革对于居民收入分配的影响

财产税通常包括房地产税和财产转移税。财产转移税主要指遗产税和赠与税，也有一些国家对于遗产和赠与征收个人所得税、印花税等税收。

1. 房地产税对于居民收入分配的影响

通过所得税和财产税调节个人收入分配，进而增进社会福利的代表性理论是西方经济理论中的"牺牲说"和"边际均等牺牲说"。但是，到目前为止，这种理论还不能在具体的税制设计中得到充分的体现。同时，20世纪60年代至70年代，"最优所得税"理论得出了几乎完全相反的结论。关于这方面的理论问题，本文不准备探讨。但是，可以确知的是，当今社会财产存在的形式丰富多样，金融资产、知识产权、艺术品、贵金属等有形财产、无形财产在富人拥有的财产中所占的比例越来越大，富人拥有的房产价值只是其全部资产的一部分甚至可能只是其中的一小部分。更何况，国际上以美国为代表的房地产税的实践表明，只有在非常严格的条件下，例如作为最基层政府的地方税，且存在有效机制确保当地居民参与该税的政策决定、居民能够获得该税征收和税款使用的完整信息、居民可以自由迁移和购置房地产等，该税的预期作用才能得到比较充分的发挥。即便如此，由于房地产税的收入规模比较小，也难以在调节居民收入分配方面发挥比较大的作用。因此，对于房地产税调节居民收入分配的作用，一直存在不同观点，并有待继续研究。

中国的房产税改革试点已经在上海和重庆开展，其中重庆房产税改革方案的主要着眼点是完善收入分配。该方案对于一般房产交易没有影响；它从占有资源较多的高档住房拥有者手中获得一部分资金用于公租房建设，具有一定的合理性。但是，该方案仅仅以面积为标准确定房产所有者的收入水平高低或者财产存量多寡的做法存在不合理的因素。此外，将这部分税金用于公租房建设，能否起到收入再分配的作用，还要取决于建设公租房的数量、质量和公租房使用者资格的界定标准等因素。

进一步说，如果中国将房产税改进为房地产税并普遍推行，暂不考虑能

否对居民收入分配产生多大影响，首先会遇到土地供应垄断、土地批租抬高短期地价却丧失未来巨额土地级差收益、开发商垄断制度和房地产登记制度的建立、健全等问题。其次是能否将土地批租改为年租且并入税收的争论，而这一争论的背后所隐含的真正问题是地方政府能否承受由于无法再依靠"土地财政"而引发短期收入锐减的压力，进而涉及现行分税制财政管理体制的改革等重大问题。即使上述税制、财政体制等问题得以解决，全面推行房地产税在税收征管实现上也存在不少困难：一是房地产登记制度还很不完善；二是房地产的评税技术总体上支持不足；三是征收此税无法依靠源泉扣缴实现，征税成本和纳税成本可能都比较高。此外，对于可能由此引起的金融风险以致政治风险也需要认真评估。由于上述诸多因素的制约，"彻底的"房地产税似乎离我们还比较遥远，而单纯以调节居民收入分配为目标开征房产税显然不得要领。因此，对于房产税调节居民收入分配的作用应有清醒的认识，必须统筹考虑，慎重推进，切不可陷入税收万能论的陷阱。

2. 遗产税和赠与税对于居民收入分配的影响

对于为什么要开征遗产税，通常认为主要有 6 种理论依据，即权利说、没收遗产说、追税说、均富说、享益说和能力说。这些理论几乎涵盖了西方理论界在税收依据方面的大部分内容，包括国家对于个人财产的部分支配处置权、征税权和利益共享权等。与这些理论相对应，开征遗产税的目标归纳起来主要有两个方面，一是经济方面，即遗产税可以适当增加政府的财政收入；二是社会方面，即遗产税可以适当调节社会成员的收入，缓解贫富不均的矛盾。

各国的遗产税制模式通常与本国的经济、政治发展历史和社会财富积聚过程等紧密相关，各国征收遗产税的思路和税制设计也不尽相同。总体来看，现在各国征收的遗产税主要有三种模式，即总遗产税制、分遗产税制和总分遗产税制。赠与税主要有两种征税模式，即总赠与税制和分赠与税制。由于赠与税是遗产税的辅助税种，所以，上述两种赠与税分别对应于总遗产税制和分遗产税制。采用总分遗产税制的国家则通常选择分赠与税。与所得税类似，考虑到此税的税基比较广泛，流动性比较强，而且涉及不同国家的税收管辖权，各国通常将其作为中央政府税收。近年来，一些国家和地区出于鼓励投资创业和减少资产外流等方面的考虑，已经陆续取消遗产税和赠与税，或者以不同方式、不同程度减征遗产税和赠与税（如加大税前扣除、降低税率等）。

与房地产税类似，遗产税和赠与税都是对于存量财产征收的税种，其对于收入流量的影响是间接的。同时，根据外国征收遗产税和赠与税的经验，这些税种的纳税人人数很少，收入规模很小，征收管理工作难度很大，征税成本和纳税成本都很高，不能指望通过征收这些税种对于居民收入分配产生很大的影响。

根据上述情况，同时考虑到目前中国税制改革的主要任务是完善增值税、消费税、营业税、个人所得税和房地产税制度，是否需要开征遗产税和赠与税的问题，似乎可以留待以后适当的时候研究。

总之，我们认为：从税收原理来看，财产税作为对于存量财产征收的税收，对于居民收入分配的调节作用十分有限，不可夸大。就税收规模而言，无论是遗产税和赠与税收入及其占中央政府财政收入的比重，还是房地产税收入及其占政府财政收入的比重，都是很有限的，也不可能发挥很大的调节作用。

促进收入分配更加公平的税制改革建议

经济学意义上的公平，指有关经济活动的制度、权利、机会和结果等方面的平等和合理。经济公平具有客观性、历史性和相对性。经济公平绝非纯粹的心理现象，也不能视为一般的永恒范畴，在不同的经济制度和历史发展阶段有特定的内涵。不仅马克思主义认为收入分配只是生产条件分配的结果，萨缪尔森在分析贫穷的原因时也认为收入的差别最主要是由拥有财产的多寡造成的；与财产差别相比，工资和个人能力的差别是微不足道的。因此，促进收入分配公平的首要途径在于促进国民收入初次分配的合理化。

税收公平原则，指政府征税要使纳税人承受的税收负担与其经济状况基本适应，并使不同纳税人之间的税收负担水平保持大体均衡：一是经济能力或者纳税能力相同的人应当缴纳数额相同的税收，即以同等的方式对待条件相同的人，通常称为"横向公平"；二是经济能力或者纳税能力不同的人应当缴纳数额不同的税收，即以不同的方式对待条件不同的人，通常称为"纵向公平"。因此，税收公平是相对于纳税人的纳税条件来说的，而不是税收本身的绝对负担问题。或者说，税收公平问题不能孤立地看税负本身，而要联系纳税人的经济能力或者纳税能力来分析。

综合上述对经济公平和税收公平的认识，结合目前中国市场经济运行机制的状况，我们拟提出下列促进居民收入分配更加公平的相关税制改革建议。

一、货物和劳务税制改革

货物和劳务税是目前中国税收收入中无可争议的第一大税类，包括增值税、消费税、车辆购置税、营业税和关税四种税收。作为间接税，它们虽然不能对居民收入分配产生直接的影响，但是，由于目前中国的税制结构以货物和劳务税为主体，此类税收的调整则无疑会在国民收入初次分配中产生的重要作用，并延伸至收入分配确定以后的消费领域，对居民的实际福利增长和调整产生直接的影响。下一步货物和劳务税改革的重点是营业税改征增值税，同时完善消费税。

1. 增值税

增值税是中国现行税制中的第一大税种，也是中国现行货物和劳务税中的第一大税种。由于增值税是对货物和劳务普遍征收的税种，所以，从税收理论上讲，在社会经济调控中，它具有一定的累退性，通常难以防止税负转嫁。但是，它率先参与国民收入初次分配，由企业先行缴纳，直到零售环节才由最终消费者以其可支配收入负担。这样，从总量上说，它就具有从宏观层面调节政府、企业和居民三个部门收入的功能。从这个意义上看，增值税对于国民收入分配具有战略性的调节作用。

虽然增值税一般不具有直接调控个人收入分配的作用，但是，可以通过其税制要素的调整削弱其累退性。例如：在税率调整方面就有很大的操作空间。在中国现行增值税制度中，农业产品、粮食复制品、食用植物油、食用盐、自来水、暖气、煤气、图书、报刊等货物适用13%的低税率，这些货物多属于初级产品，具有需求弹性小、价格低廉和生产链条简短等特点。增值税的主要作用之一在于促进专业化协作发展和生产、经营结构的合理化。由于上述货物价格低廉和生产链条简短，降低其增值税税率甚至免征其增值税也不会对这些初级产品生产部门的协作关系和生产、经营结构产生多大的影响。此外，按照恩格尔定律，随着收入的增加，居民用于消费上述商品的支出占其总收入的比重将不断下降。因此，对于生活必需的初级产品适当减征乃至免征增值税，将有利于直接减少低收入阶层的间接税负担，从而相对增加其实际收入和福利。

另外，随着消费型增值税进一步完善和扩大征收范围，从发展趋势来看，中国将逐步实现货物与劳务征税的统一，消除由于现行增值税、营业税交叉征收引起的税制、税负和管理等方面的问题，这也有利于降低间接税负担总额及其占税收总额的比重，为增加所得税收入和提高所得税收入占税收总额的比重让出空间，加大直接税调节国民收入分配的力度，促使各部门的合理可支配收入的最终形成。

具体来说，完善增值税的主要措施可以考虑扩大征收范围、税率和征收率，清理税收优惠等内容。

（1）扩大征收范围。将增值税的征收范围扩大到营业税的征收范围，对货物和劳务统一征收增值税，主要目的是解决现行增值税与营业税的交叉征收和税负失衡的问题，促进经济发展和经济结构转变。同时，可以简化税制，有利于完善税收管理。考虑到现行增值税、营业税税制、征收管理和收入归属的现状，这项改革需要逐步推进，如选择部分地区、行业率先试行；

同时，需要采取相应的配套措施，如合理调整相关税务机关的职能、机构和人员，加大增值税收入地方分享的比例或者中央财政对地方财政的转移支付等。2011 年 11 月 16 日，经国务院批准，财政部、国家税务总局印发《营业税改征增值税试点方案》，并于同日发出《关于在上海市开展交通运输业和部分现代服务业营业税改征增值税试点的通知》，自 2012 年起执行，力争在"十二五"期间将这项改革逐步推广到全国。此外，印花税的部分税目（如与货物和劳务有关的购销合同等）可以并入增值税。

（2）调整税率和征收率。根据 171 个开征增值税的国家和地区资料，2011 年，在上述国家和地区中，有 93 个国家和地区（其中大多数是发展中国家）增值税的基本税率低于 17%，占 54.4%。在中国周边的 18 个开征增值税的国家和地区中，有 15 个国家和地区增值税的基本税率不超过 15%，占 83.3%。相比之下，中国增值税 17% 的基本税率偏高，可以逐步降低到一般发展中国家的水平（15% 以下），也可以先行降低普通食品、服装和药品等生活必需品的税率，甚至免征这些货物的增值税。为了平衡税负，在调整增值税征收范围和税率的时候，增值税小规模纳税人的征收率也应当做出相应的调整。

（3）继续清理优惠。及时清理过时的和其他不适当的优惠，因为它们不仅不符合增值税的原理和基本原则，而且不利于加强征收管理。

（4）实行免征额制度。为了适当照顾收入微薄的个体经营者，促进就业和平衡税负，应当尽快将增值税的起征点改为免征额，并根据经济发展情况和工资、物价等因素适时适当提高。

2. 营业税

营业税的改革方向是改征增值税。但是，上述改革是渐进式的。在上述改革完成以前，完善营业税的主要措施可以考虑调整征税范围、税目、税率、税基和清理税收优惠等内容。

（1）调整征税范围。随着第三产业的发展，应当适当增加营业税的征税项目（如营利性的育儿、养老、教育、培训、医疗、保健、殡葬等服务，宠物服务业，各种无形资产转让等）。按照各国通行的做法，逐步减少直全取消对于银行的利息收入征收的营业税。

（2）简化税目、税率。从事第三产业的大部分企业的税负应当相同，并与增值税的税负适当协调，以利于平等竞争。同时，为了保持对于某些特殊行业和特殊项目（如餐饮业、娱乐业、服务业等行业和营利性的培训、医疗等项目）的税收调节，可以对它们实行幅度比例税率。奢侈性消费（如高尔夫球、高级保健、宠物服务等）和高档消费（如高档宾馆、饭店、娱乐场所等）项目，税率应当从高。

（3）完善税基。税基的确定应当更加科学、规范，既要体现普遍征税的原则，又要避免或者减少重复征税，适当增加差额征税项目可能是一种比较简易可行的办法。在处理跨地区经营项目收入征税问题的时候，也应当充分考虑相关地区的利益。

（4）清理优惠。及时清理过时的和其他不适当的优惠。例如，某些过去免税的非营利项目改为营利项目以后，应当适时取消其原来的免税待遇。

（5）实行免征额制度。为了适当照顾收入微薄的个体经营者，促进就业和平衡税负，应当尽快将营业税的起征点改为免征额，并根据经济发展情况和工资、物价等因素适时适当提高。

3. 消费税

随着经济与社会的发展，中国人的消费水平和结构已经发生了根本性的变化，现行消费税制度存在的一些问题已经严重影响了其调控功能的发挥，其主要问题是征收范围偏小，税率设计不够合理。因此，一是要适当扩大消费税的征收范围，将一些特殊的消费品纳入消费税的征收范围。一般来说，当收入达到一定水平以后，对于高收入者而言，高档消费品消费支出在其总支出中所占的比例将日益提高，而相应的支出水平一旦确定将不会轻易改变，即高收入群体对此表现出比较低的需求弹性。因此，如果供给条件不变，经营者在国民收入初次分配环节缴纳的这部分税收中的绝大部分将倾向于最终由高收入者负担。二是要根据目前中国的社会经济状况调整消费税的税率结构，使其更加符合政府的调控目标。对于一些限制型消费品，应当考虑到其消费特性，进一步提高其适用税率；对于一些原来属于奢侈品范围，但是随着经济发展转变为一般消费品的，应当降低其税率。例如，目前对于高档珠宝首饰征收的消费税与对于普通金、银首饰征收的消费税没有区别，既不利于促进形成合理的消费习惯，也不利于实现政府的调控目标。所以，应当将高档应税消费品与普通应税消费品区别对待，设立更高的消费税税率。对于普通应税消费品，则可以考虑适当降低其消费税税率。

具体来说，完善消费税的主要措施可以考虑调整征税范围、税率和税额标准、征税环节等内容。

（1）调整征税范围。非消费品（如酒精、汽车轮胎等）应当停止征税，未征税的各类奢侈品和高档消费品（如私人飞机和高档家具、电器、服装、食品、饮品等）都应当征税，并从资源和环境保护的角度增设一些征税项目（如电池、一次性塑料制品等）。车辆购置税也可以并入此税。

（2）调整税率（税额标准）。为了加大税收调节力度，适当提高某些奢侈品、高档消费品和不利于资源、环境保护的消费品（如烟、酒、化妆品、首饰、鞭炮、焰火、成品油、摩托车、汽车、高尔夫用品、高档手表、游艇、实木地板等）的税率（税额标准）。近年来各国普遍提高烟、酒类消费品和某些奢侈品的消费税税率（税额标准）的做法可以借鉴。对于汽油、柴油等价格不断上涨的消费品，改从价定额征税为从价定率征税。

（3）调整征税环节。可以根据征管条件成熟的情况，逐步将此税由生产环节征收改为零售环节征收，由价内税改为价外税，目前可以先对贵重首饰和珠宝玉石、成品油、摩托车、小汽车、高档手表、游艇等消费品试行零售环节征税。

（4）开征地方消费税或者消费税地方附加。由于各地区之间收入水平和消费水平差异很大，可以允许各地在某些应税消费品的零售环节征收一定比例的地方消费税或者消费税地方附加。

二、所得税制改革

所得税是对法人和自然人的净收益征收的税类，其改革主要集中在企业所得税和个人所得税两个税种上，具体的改革措施主要是规范税基、调整税率和税收优惠等内容。同时，个人所得税的征税模式需要彻底改变。

1. 企业所得税

完善企业所得税的主要措施可以考虑建立法人所得税、规范税基、调整税率和税收优惠等内容。

（1）建立法人所得税。随着法人制度的逐步建立和完善，企业所得税最终应当改为法人所得税，与个人所得税一起构成完整的所得税体系。

（2）规范税基。新的企业所得税法及其实施条例和一些配套文件已经陆续公布实施，但是关于税基的若干具体规定还需要制定，已经出台的法规也有待于在实践中完善。这里应当特别注意处理好下列问题：一是企业所得税制度应当与通行的企业财务、会计制度适当衔接，同时，为了保证国家的财政收入和体现国家的某些特定政策（如鼓励科学技术进步、环境与资源保护、节能减排、特定区域和行业发展、安置就业等），两者的处理也可以有一些必要的区别；二是企业所得税制度内部的严密衔接，包括税法及其实施条例和各项配套文件之间的衔接，每项法规的各项条款之间的衔接等；三是企业所得税法规与其他税收法规和相关法规（如个人所得税法、增值税暂行条例、公司法和会计法等）之间的衔接；四是积极借鉴外国企业所得税制度建设的有益经验，并结合中国国情，更好地适应对外经济往来的需要。

（3）降低税率。根据215个开征企业所得税的国家和地区资料，2011年，在上述国家和地区中，有69个国家和地区的企业所得税税率低于25%，占32.1%。在中国周边的27个开征企业所得税的国家和地区中，有11个国家和地区的企业所得税税率低于25%，占40.7%。鉴于越来越多的国家和地区为了提高本国企业的竞争力和吸引外资，将降低或者继续降低其企业所得税税率，中国的企业所得税税率也应当酌情适当降低。

（4）妥善处理优惠待遇问题。虽然新的企业所得税制度已经规范了税收优惠，但是，随着经济、社会的发展，新的情况和问题会不断出现，需要适时采取相应的对策（例如，近年来为了支持四川、青海等地的抗灾救灾和灾后重建工作，国家规定了大量的企业所得税优惠措施）。原有的大量税收优惠措施执行期满以后，其中的不少措施也可能需要继续执行，甚至长期执行（如涉及农业、城镇就业、残疾人、文化、宣传、西部开发的措施）。

2. 个人所得税

个人所得税被普遍认为是对于调节个人收入作用最强的税种。但是，由于中国个人所得税的纳税人比较少，个人所得税收入占税收总额的比重很低（近年来只有6%左右），从而限制了其应有的收入调节作用的发挥。特别是自2011年9月起修改个人所得税法以后，个人所得税的纳税人数量急剧下降，个人所得税收入占税收总额的比重也很可能明显下降。而且，在有限的个人所得税收入中，主要税源是工资、薪金所得，而高收入者的主要收入来源并不限于工资、薪金所得，还有经营所得、劳务报酬所得、投资所得、财产所得等其他所得，因而现行个人所得税制度未能充分发挥调节个人收入分配的作用。要改变上述状况，根本的出路在于向综合征收为主、分类征收为辅的征税模式转变。

具体来说，完善个人所得税的主要措施可以考虑扩大征税范围、改变征税模式、调整税基和税率、加强个人所得税与企业所得税的协调、清理税收优惠等内容。

（1）扩大征税范围。首先，应当参照目前多数国家的做法，将认定居民纳税人的时限"在中国境内没有住所而在中国境内居住满1年"的期限改为183天，以更好地维护中国的税收权益。其次，应当根据经济发展的情况和税收征管能力，逐步将各类应当纳税的个人所得纳入个人所得税的征税范围。

（2）改变征税模式。应当参照目前多数国家的做法，将按照不同所得分项征收的征税模式改为综合征收与分项征收相结合、以综合征收为主的征税模式，以平衡税负、保障低收入者的生活和加大对高收入者的收入调节力度。但是，在现行的个人所得税由地方税务局征收管理的税务机构管理体制、个人所得税收入由中央政府与地方政府共享的财政管理体制下，综合征收制度难以操作。

在税务机构管理体制和财政管理体制调整以前，也可以先采取一些过渡性的措施，如将按月对工资、薪金征收的个人所得税改为按年征收，按月预征，年终汇算清缴；将某些征税项目合并起来按年征收；合理调整税前扣除和税率；进一步完善年收入 12 万元以上者按年申报个人所得税的制度和管理工作；等等。这些做法既可以合理地调整大多数个人所得税纳税人的个人所得税负担，也可以完善个人所得税的管理制度，为以后个人所得税采用综合征收与分项征收相结合、以综合征收为主的征税模式做准备。

（3）合理确定税基。应当合理确定纳税人及其赡养人口生活的基本费用，保险、住房、医疗和教育（培训）等专门费用，儿童、老人、残疾人和艰苦地区、危险职业（岗位）人员的特殊费用等的扣除标准，并适时根据工资、物价和汇率等因素适当调整。为了提高工作效率，可以请全国人民代表大会授权国务院按照税法规定的原则定期调整上述费用扣除标准。但是，在现行的个人所得税分项征收的征税模式下，费用扣除的细化难以操作，只能酌情适当普遍提高基本生活费的扣除标准。

（4）适当调整税率。根据 174 个开征个人所得税的国家和地区的资料，2011 年，在上述国家和地区中，有 142 个国家和地区的中央、地区政府个人所得税的最高税率不超过 40%，占 81.6%；中国周边的 26 个开征个人所得税的国家和地区的个人所得税的最高税率均不超过 40%。相比之下，中国个人所得税 45% 的最高边际税率明显偏高。同时应当注意到，越来越多的国家和地区正在准备降低或者继续降低个人所得税的最高边际税率。在中国现行的个人所得税分项征收的征税模式下，不同项目所得的适用税率和税负、取得多项所得的纳税人的总体税负，都难以平衡。此外，中国对工资、薪金所得征收的个人所得税实行 7 级超额累进税率，税率档次与其他国家和地区相比明显偏多。因此，中国的个人所得税改革以后，对综合所得可以采用5％、10％、20％、30％和40％五级超额累进税率，并合理设计各级税率的级距。

（5）加强个人所得税与企业所得税之间的协调。个体工商户、个人独资企业和合伙企业的所得税待遇应当与法人企业的所得税待遇基本一致。可以采用多种方法解决企业所得税和个人所得税重复征收的问题。

（6）清理税收优惠。应当及时清理过时的和其他不适当的税收优惠，免税、减税的重点应当是鼓励为社会做出突出贡献的人才和照顾生活困难的低收入人员。

三、财产税制改革

财产税在理论上包括有财产保有环节和转移环节课征的一系列税种，主要有房地产税、遗产税和赠与税等。在中国，我们把资源税也纳入其中。通过征税，一方面可以对社会的财富存量及其转移进行调节；另一方面，在市场经济条件下，收入被认为是资产（财产）孳生而来，而对收入的源泉——各类财产征税，就同时具有了一定的间接调节收入分配的作用。就目前情况而言，中国财产税制改革的重点应为资源税和房地产税。

1.资源税

就资源产品的定价而言，在很长时期内，中国资源产品的定价没有充分考虑到获取成本，且没有将资源使用或者开采所造成的环境成本考虑在内，更没有将由于资源的不合理使用对后代产生的影响因素考虑在内，即没有考虑到资源的可持续利用问题。这样，没有反映到价格里面的资源租金自然就会转化为资源开采者的超额利润，导致开采国有资源的经营者通过超额利润的形式获取了大量本应当由国家收取的租金收益。这种不合理的定价模式既不利于资源的合理利用，也造成了收入差距的扩大，引起了国民收入初次分配结果的不公平。自2006年3月26日起，国家对石油开采企业销售国产原油因价格超过一定水平所获得的超额收入征收特别收益金，这是合理调节石油开采企业收益的一项重要措施，但是调节的力度有限，而且仅限于石油开采企业。

另外，由于目前大部分资源税税目仍然采用从量定额的征税办法，使得这部分资源税的收入未能随着相关资源产品价格的不断上升而逐步增加，从而导致这部分资源开采企业获取大量超额利润，不利于初次分配阶段的国民收入分配调整。因此，应当尽快改革资源税的征收办法，实施从价定率征税与从量定额征税相结合的征税办法。同时，提高资源税的税率和税额标准。针对某些国有资源开采企业利润过高的现象，可以进一步考虑采取增加来自这些企业的国有资本收益上缴和限制这些企业工资、福利增长的措施。

具体来说，完善资源税的主要措施可以考虑调整纳税人、征税范围、计税依据和税负等内容。

（1）扩大纳税人范围。应当对开发、利用应税国有自然资源的中外纳税人统一征税。

（2）扩大征税范围。可以逐步将土地、森林、草原和水源等自然资源纳入征税范围，进一步体现国有自然资源有偿使用的原则。

（3）结合资源产品价格调整和收费制度改革，适时取消不适当的减税、免税，并适当提高税率和税额标准，以利于节约资源和保护环境，调节资源开采企业的资源级差收入，增加财政收入。

（4）对部分价格变化比较频繁、幅度比较大的应税资源产品，改从量定额征税为从价定率征税，以保证税负的均衡和财政收入的稳定。

此外，为了简化税制，避免资源税对于资源产品价格的不利影响和资源产品及其加工产品销售过程中的重复征税，还可以考虑参考某些国家的做法，对资源开采企业实行特殊的所得税。

2. 房地产税

完善房地产税的主要措施可以考虑简化税制、扩大税基、合理设计税率和适当下放税权等内容。

（1）简化税制。应当逐步将现行的房产税、城镇土地使用税、耕地占用税、契税和印花税中的有关征税项目以及房地产方面的某些合理的、具有税收性质的政府收费合并，建立统一的、与各国普遍开征的房地产税基本一致的房地产税。

（2）扩大税基。房地产税的征税范围应当逐步扩大到个人住宅和农村地区，并按照房地产的评估值征收。同时，通过规定适当的免税项目和免征额（价值或者面积，或者同时规定价值和面积标准）的方法将低收入阶层排除在纳税人以外。

（3）合理设计税率。房地产税的税率应当根据不同地区、不同类型的房地产分别设计，由各地在规定的幅度以内掌握，如中小城市房地产的适用税率可以适当从低，大城市房地产的适用税率可以适当从高；普通住宅的适用税率可以适当从低，高档住宅和生产、经营用房地产的适用税率可以适当从高，豪华住宅和高尔夫球场之类还可以适当加成征税。

（4）下放税权。应当将房地产税作为地方税的主体税种精心培育，使之随着经济的发展逐步成为市（县）政府税收收入的主要来源，并且在全国统一税制的前提下赋予地方政府较大的管理权限（包括征税对象、纳税人、计税依据、税率、减免税等税制基本要素的适当调整），以适应国家之大、各地经济发展水平不同的实际情况，促使地方因地制宜地通过此税增加财政收入和调节经济。

房地产税涉及大量城乡企业、其他单位和个人的房地产登记、房地产价值评估，因此新的房地产税征收制度的建立和完善需要一个过程。所以，房地产税的改革应当逐步推进，可以考虑先从大城市起步，取得经验以后在中小城市推广；也可以考虑选择一些大、中、小城市同时试点，取得经验以后在同类城市推广。

参考文献

［1］全国人民代表大会常务委员会、国务院、财政部、国家税务总局和海关总署网站。

［2］《中华人民共和国税收基本法规》，1994～2011年各卷，国家税务总局编辑，中国税务出版社。

［3］《国家税务总局公报》，国家税务总局编辑、出版。

［4］《人民日报》、《经济日报》、《中国财经报》、《中国税务报》、《经济研究》、《财政研究》、《税务研究》、《涉外税务》、《财贸经济》、《中国统计年鉴》、《中国财政年鉴》和《中国税务年鉴》等报刊。

［5］国家统计局编.中国国民经济核算体系（2002）.北京：中国统计出版社，2003

［6］白重恩，钱震杰.谁在挤占居民的收入——中国国民收入分配格局分析.中国社会科学，2009（5）

［7］贾康.财政体制改革与收入分配结构调整.上海国资，2010（12）

［8］岳树民，李静.对我国劳动、资本、消费课税的比较及分析.涉外税务，2011（6）

［9］刘怡，聂海峰.增值税和营业税对收入分配的不同影响研究.财贸经济，2009（6）

教育改革对收入分配的影响

赖德胜　陈建伟

（北京师范大学经济与工商管理学院）

教育具有重要的社会功能。由教育和培训累积起来的劳动者的知识、技能等人力资本，是促进国民经济增长和劳动收入提高的重要因素。教育也是重要的社会公平调节器，在缓解社会不平等方面发挥着重要的作用。著名经济学家舒尔茨认为，"相对于非人力资本投资，教育投资的增长会使总工资收入的增幅超过全部财产收入的增幅，而财产收入分配造成的不平等比个人劳动收入分配的不平等严重得多，因而教育投资的增长会减少个人收入分配方面的不平等，各级教育的发展已经成为降低个人收入分配不等的手段"[①]。改革开放30多年来，伴随着教育体制的巨大变化，财政对教育投入的持续增加，中国各级教育取得了重大的发展成就，居民受教育机会迅速扩展，社会总体受教育水平逐年提高。然而，值得关注的是，近年来中国社会整体收入分配差距不断拉大，已经严重威胁到社会的和谐稳定。那么，在中国收入分配差距不断扩大的过程中，教育的改革与发展究竟起到了一种怎样的作用，目前研究还没有统一的认识。对这一问题的回答很重要，它关系到我们如何认识改革、发展与收入分配的关系，以及研究进一步的干预对策，以降低收入差距。本研究的主要目的，是利用相关数据和事实，评估教育改革和发展对收入分配的影响。收入分配有广义和狭义之分，广义上的收入分配是

[①]　西奥多·舒尔茨：《论人力资本投资》，北京经济学院出版社1990年版，第104~105页。

指国民总收入在政府、企业、个人之间的分配，狭义的收入分配是指个人之间的收入分配。因此，本文将分别从个人收入分配和要素收入分配两个维度来进行考察。

本研究的主要结构安排如下：第一部分是文献综述；第二部分对 1990 年以来我国教育体制的改革变迁过程进行简单的回顾；第三部分主要利用相关数据和事实评估教育改革对个人收入分配的影响；第四部分主要分析教育扩展对要素收入分配的影响；最后是本文的结论和政策建议。

文献述评

一、教育与个人收入分配

研究发现，经济中人口总体受教育水平、教育本身的分配状况、教育收益率等都会对个人收入分配产生重要影响。研究者们也主要从这些角度出发，分析中国的教育发展对收入分配的影响。

1. 教育扩展与收入不平等

在舒尔茨（1990）看来，教育扩展有利于降低收入不平等。但也有研究认为，教育扩展无助于缩小收入分配差距（Todaro，1989）。还有研究认为，教育扩展对收入分配的影响是不确定的（Knight & Sabot，1983；Ram，1989）。这些结论看似相互矛盾，实际上反映出教育扩展与收入分配之间的一种非线性关系。赖德胜（1997）利用 49 个国家的经验数据研究发现，教育扩展与收入不平等变动之间存在倒 U 型关系，这种倒 U 型关系是扩张效应和抑制效应共同作用的结果。在教育的扩展初期，教育的供给小于需求，产生扩张效应，导致不同教育水平劳动者之间工资差距的扩大；随着教育进一步扩展，劳动力市场上受过良好教育的劳动者越来越多，它会通过一系列效应缩小收入不平等。类似的，白雪梅（2004）利用 1982~2000 年中国的数据进一步证实，平均受教育年限与收入不平等之间存在倒 U 型关系。孙百才（2005）也利用中国的数据证实了上述关系。

教育发展与收入分配之间的非线性关系表明，在教育发展的初期阶段，社会整体的收入分配差距扩大可能是无法避免的现象，而随着教育的进一步发展与普及，教育缩小收入分配差距的作用也将逐渐发挥出来。只不过，收入分配差距扩大到何种程度、收入分配差距何时缩小，则依赖于更多的制度性条件。

2. 教育不平等与收入不平等

教育发挥社会公平调节器的一个重要前提，是居民能够平等地接受教育，即教育本身的公平，教育的不平等使得教育与收入分配之间的关系更趋复杂化。杨俊、黄潇、李晓羽（2008）就发现，由于存在人力资本传导机制的偏差，中国教育不平等的改善并没有带来收入不平等的改善。该研究还发现，收入不平等的降低会显著地改善教育不平等；收入差距扩大是造成教育不平等的直接原因。

3. 教育收益率的变化与收入不平等

张车伟（2006）发现，中国教育收益率呈现边际递增的趋势，即教育程度越高，教育的边际回报也越高。在这种情况下，高等教育的不平等将进一步加大收入分配的不平等。作者利用分位回归法进一步发现，最低收入5%人群的教育回报率只有2.7%，而最高收入95%的人群其教育回报率高达6.53%。也就是说，收入越高者，其教育收益率越高，反过来高的教育回报率又会进一步提高其收入，教育和收入水平的变化共同加强了收入差距的变化，呈现出一种"富有者更富有、贫穷者更贫穷"的"马太效应"。这样一来，教育收益率的变化呈现出一种不利于低收入群体的变化趋势。

周金燕、钟宇平（2010）利用1991～2006年的CHNS数据发现，中国教育收益率的变化对收入不平等的作用表现为倒U型。具体来说，1990年以来教育收益率的上升，一定程度上扩大了收入不平等，这一效应在2000～2004年间达到了最大。随后，教育收益率不再提高，其对收入不平等的影响也开始逆转。

二、教育与要素收入分配

要素收入份额反映了国民收入在资本、劳动等生产要素之间的分配，对要素收入份额变化的研究构成了收入分配研究领域的一个重要分支。因为要素分配中的劳动收入份额的高低及其变化，关系到广大劳动者的收入状况与福利水平。数据显示，我国劳动收入占比自 1996 年开始逐年下降，显示要素收入分配状况不断恶化，正引起研究者们的高度重视。研究者们围绕如何解释中国劳动收入占比的下降这一问题，展开了广泛而热烈的讨论。从我们掌握的文献来看，主要的解释包括以下几个方面：一是产业结构向非农产业转型，三次产业中劳动收入占比最高的第一产业比例逐渐缩小，客观上导致了劳动收入占比的下降（罗长远、张军，2009a）。持类似观点的还有白重恩、钱震杰（2009a）；二是技术因素，要素积累的过程中发生了不利于劳动者收入份额提高的技术进步（黄先海、徐圣，2009；王永进、盛丹，2010）；三是为吸引外国直接投资（FDI）而采取的优惠政策产生不利于劳动者的副作用（罗长远、张军，2009b，邵敏、黄玖立，2010）。除此之外，还有政府税收的因素（白重恩、钱震杰，2009b，郭庆旺、吕冰洋，2011），工资率及其增长的因素（李稻葵等，2009；龚刚等，2010；伍山林，2011），资本积累（翁杰、周礼，2010），以及被众多研究所证实的体制改革、垄断等因素。

从这些文献来看，已有研究对教育扩展与收入分配之间关系的认识取得了重要进展。但是，我们认为还有两个方面需要进一步加强。首先，有关教育本身的改革与发展对收入分配的影响的研究还不多见。跨国研究表明，政府的教育支出有助于降低收入分配的不平等程度（Kevin Sylwester，2002），但对于这一结论在中国是否成立还需要更进一步的研究。而且，从美国的经验来看，教育体制改革可能导致贫穷的地区的收入分配差距拉大（Raquel Fernández and Richard Rogerson，1998）。那么，中国的教育改革是否产生了相类似的政策效果呢？其次，我们也注意到，已有研究更多分析了教育对个人收入分配和地区收入分配的影响，但教育对要素收入分配的影响还没有受到足够的重视。有鉴于此，本文将重点关注中国教育改革与发展过程中个人收入分配与要素收入分配的变化。

我国教育改革历程的简单回顾

　　1985 年颁布的《中共中央关于教育体制改革的决定》，正式拉开了中国教育改革的大幕。1993 年 2 月 13 日，国务院颁布实施了《中国教育改革和发展纲要》，提出了要对办学和管理体制、教育经费筹集机制、招生和毕业生就业管理制度等方面进行立体式改革。这些改革和发展措施，与居民的受教育机会、成本分担、教育回报等密切相关，因而是本部分关注的重点。

一、学前教育与义务教育

　　学前教育经历了从公办向以公办为骨干、社会力量办学为主体的办学管理格局转变，公办与民办、正规与非正规学前教育相结合的办学体制逐渐成形；由于学前教育不属于义务教育范围，办学体制改革后，适龄儿童入园需要缴纳适当学费。在 1989 年颁布实施的《幼儿园管理规定》中，幼儿园主要由地方各级人民政府依据相关法律法规举办，同时政府也鼓励和支持企事业单位、社会团体、居委会和村委会以及公民个人举办幼儿园或捐资助园。举办幼儿园实行登记注册制，各幼儿园的直接主管单位为所在辖区内的教育行政部门。此后的改革中，继续坚持了这一办学方针。2003 年中央发布的相关文件明确要求，地方政府加强对公办幼儿园的建设与经费投入，各企事业单位可以继续举办幼儿园，也可实行联办、承办、国有民办等多样化形式，同时积极鼓励社会力量采取多种形式举办幼儿园；非公办幼儿园与公办幼儿园具有相同的地位，但不得以营利为目的。政府文件同时还规定，幼儿园不得收取与幼儿园挂钩的赞助费与支教费；公办幼儿园收费要经价格主管门审核报省级政府批准，民办幼儿园则根据国家规定和办学成本合理确定，报有关部门备案并公示。2010 年颁布实施的《国务院关于当前发展学前教育的若干意见》要求，城镇小区要配套建设幼儿园，新建小区配套幼儿园要与小区同步建设和同步交付使用，未安排建设的小区规划不予审批。尔过，由于幼儿园主要由地方主办，在一些欠发达地区，地方政府财政收入严重不足，严重制约了当地学前教育的发展。近年来，国家开始高度重视农村学前教育的发展，将其纳入新农村公共服务建设体系并进行统一规划，中央财政重点支持和推进中西部地区农村学前教育。

义务教育体制改革确立了以政府为主、社会办学力量为辅的办学体制；筹资和管理机制经历了由乡镇办学到"以县为主"，再到"省级统筹、县级管理"的体制转变；改革后的义务教育招生入学体制，以免试就近入学为原则；义务教育负担机制，由家庭承担为主到政府承担为主，最终转变为免费义务教育。1986年颁布的《义务教育法》规定，年满6周岁（部分条件不具备的地区可推迟到7岁）的儿童必须接受义务教育，经费保障由地方各级人民政府负责筹措，地方可以依法开征教育费附加。随着中央提出要在20世纪末实现"两基"——基本普及九年制义务教育、基本扫除青壮年文盲，义务教育体制改革和发展的步伐开始加速。然而，二十世纪八九十年代财政体制发生了较大变化，特别是分税制改革的实施，地方财权逐渐上移，省市级政府逐渐将义务教育的事权下放，遂形成了三级办学、两级管理的义务教育筹资和管理体制，即村办小学、县乡办中学。由于乡镇和村两级政府财力有限，在普及九年制义务教育的过程中出现了大量的欠债问题，地方政府财力不足，加之法律没有明确哪一级政府承担责任，导致普及义务教育的过程中地方政府特别是县乡两级政府大量欠债，择校行为、乱收费、义务教育办学资源不均衡问题也广泛存在。中央政府逐渐意识到义务教育发展过程中问题的严重性，于1998年发布《关于义务教育阶段办学体制改革试验工作的若干意见》，提出义务教育体制改革要以政府为主、社会办学力量为辅；政府要办好公办学校，确保公办学校满足适龄人口就近入学的需求。2000年开始试点的农村税费改革，对村办小学、乡镇办中学的义务教育筹资管理体制产生了极大的冲击。随后政府开始将义务教育的事权上移，变为"在国务院领导下，由地方政府负责、分级管理、以县为主"，省级财政加大了对落后地区的支持力度。各地中小学管理权限上收到县级政府（县级市、区等），农村义务教育经费投入由农民承担为主转向以政府承担为主。2005 年国务院颁布实施了《国务院关于深化农村义务教育经费保障机制改革的通知》，进一步深化义务教育经费保障机制的改革，要求自 2006 年开始，逐步免除农村中小学学生全部学杂费和教科书费，并对贫困家庭学生进行补贴，即"两免一补"。到 2008 年，全国城乡实现了义务教育免费，真正体现了义务教育的政府责任。

二、高中阶段教育

高中阶段教育（包括高中教育与中等职业教育）在改革中实现了由政府包办向公办与社会力量办学协同的方向转变。高中教育与中等职业教育不属于义务教育范畴，因而改革后国家规定，允许学校在合理范围内收取学费，提高学费在高中培养成本中的比例。考虑到 20 世纪末年我国基本实现普及九年制义务教育的目标，国民对高中阶段教育的需求大大增加，国家必须通过改革相关办学体制和经费投入机制，扩大高中阶段教育供给，以满足日益增长的需求。1999 年出台的《教育部关于积极推进高中阶段教育事业发展的若干意见》，则为高中阶段教育的改革和发展提出了指导方向。《意见》要求各地高中阶段教育发展与义务教育的发展相适应，有条件的地区应逐渐普及高中阶段教育。同时，国家积极鼓励高质量的公办高中采取多种方式与其他学校和社会力量合作举办民办高中，有条件的高校也可以举办附属高中和外语、体育、艺术等特色高中。

中等职业学校办学体制改革也经历了较大的变化，一方面，过去那种由政府包办的局面得以扭转，另一方面，国家也鼓励各个行业企业举办各类学校，面向社会扩大招生。计划经济时代的职业教育由国家一手包办，中央各行业部门、大型企业等都是办学主体。20 世纪 90 年代，职业教育管理权限开始下放至地方，社会力量也有了办学自主权。然而在国务院各部门单位向地方划转中等职业学校的过程中，出现了一系列问题，导致职业教育办学规模和质量无法满足居民的需求。2000 年开始，教育部将原先各中央部委所属的已下放的中专学校进行了调整，将学校的管理权限统一调整到省级教育行政部门或相关部门单位，并要求省级政府明确具体归属。2002 年以来，国务院先后颁布实施了《国务院关于大力推进职业教育改革与发展的决定》和《国务院关于大力发展职业教育的决定》，明确了"分级管理、地方为主、政府统筹、社会参与"的办学管理体制，强化政府的责任，加大了教育经费的投入。在招生方面，办学质量较高的重点职业学校可以自主确定招生名额，并在全省（自治区、直辖市）范围内招生，部分学校和专业可按国家规定跨省招生；农村职业学校可免试招收农村应届初中，有条件的成人中等专业学校可扩招。国家规定，中等教育属于非义务教育阶段，学校可向学生收取学费，学费根据培养成本确定。基本上，国家大力鼓励和支持社会力量办中等职业学校，给予招生学校相当大的自主权，要求东部发达地区的职业学校适当地向中西部落后地区生源倾斜，积极吸引落后地区学生入读中等职业学校，并采取设立专项资金、奖贷学金、发放教育券、减免学费等，减轻贫困家庭学生的负担，提高贫困地区高中阶段入学率。在中等职业学校毕业生就业制度方面，主要以学员自主择业为主，学校积极协助就业；政府要求学校建立健全招生与就业机构，并要求由一把手负责招生和就业，切实提高毕业生的就业率，从而拉动中等职业教育的发展。

三、高等教育

基础教育在 90 年代初的扩张，在 90 年代末给高等教育带来了巨大的压力。而且，随着我国开始转向市场经济体制，高等教育领域的那种过于集中、条块分割等问题日益凸显。90 年代中期以来，中央先后召开多次高等教育管理体制改革座谈会，积极推进高等教育体制改革。随后，按照"共建、调整、合作、合并"的方针，对各部委所属院校进行了三次大的调整，逐渐形成了中央和省两级管理、以省为主的新的高校管理体制。

高等教育办学和管理体制改革，在 1985 年中央颁布《中共中央关于教育体制改革的决定》后，就已经拉开了序幕。改革之前的高等教育体制，是计划经济时代的产物，高等教育由国家集中计划、中央和地方政府分别办学并直接管理，各部委、省（自治区、直辖市）都有办学权，这实际上是一种混乱的条块分割的模式。国家确立向市场经济转轨的总方向以后，集中计划的高等教育开始不适应形势的发展和社会的需要。1993 年颁布的《中国教育改革和发展纲要》提出，"要进行高等教育体制改革，主要解决政府与高校、中央与地方、国家教委（现教育部）与中央各业务部门之间的管理，逐步建立政府宏观管理、学校面向社会自主办学的体制"。1995 年，国家教委发布《关于深化高等教育体制改革的若干意见》，开始全面推进高等教育体制改革。此后，高校办学和管理体制逐渐由原先多部门、条块分割的办学管理状态转变为少数几个部门办学和管理。除国防类院校以外，全国性重点高校基本上划归教育部管理，其他部委或者将其所办院校移交地方，或者实行"部省共建、以省为主"的管理体制。

与办学和管理体制调整集中同步的是，高等教育经费筹集制度逐渐由国家全部承担转变为国家和学生共同承担，国家对高校实行财政拨款，学生上学需要缴纳一定的学费。80 年代中期，我国高等学校开始在公费生和定向生之外招收属于市场调节成本的自费生和委培生，在此之前我国高等教育一直实行免费制。1989 年开始高校对所有学生收费，不过公费生的收费与自费生有较大差别。据统计，最初收费是每学年学费 200 元，是当年中国城镇居民年均收入 1376 元的 1/7[①]。如果考虑生活费和其他相关杂费开支，平均以每年需要 650 元算，上大学每年花费居民收入的近 50%。

同样地，高等教育招生和就业制度在改革中发生了较大的变化。1989年高校对所有学生实行收费（公费生和自费生有较大差别），招生与毕业生就业的"双轨制"正式确立。在高校扩招之前，从考试科目到考试内容，

---

① 马国川，赵学勤：《高考年轮：高考恢复三十年的民间观察》，新华出版社 2007 年版，第 102 页。

从试卷设计到分数统计都进行了一系列的改革。而当前引起社会广泛议论的高校自主招生制度，也是从90年代起实施的。1994年高等教育的国家计划招生和调节招生录取分数差距消除，取而代之的是"并轨"招生。1999年，国家在进行高考科目考试改革的基础上，开始扩大招生数量。进一步地，2001年取消了"不超过25岁"和"未婚"这一对高考考生在年龄和婚姻状况上的限制。在改革以前，我国高校招生计划的制定以及下达受到隶属单位、办学地点、出资方、生源地等多方面多因素的影响，而决定招生计划的因素更多地来自体制内教育管理者和出资者，而较少地考虑生源的地域分布等公平性因素。例如，过去部委所办高校大都具有行业特殊性质，以为本行业培养专业性人次，如农业、林业、水利、石油、矿业等专业院校，虽然招生计划的制定是面向全国的，其招生计划不免要受其主管部门的影响，并根据产业结构向部分地区倾斜。当然，这种招生制度是与国家分配的毕业生就业制度相适应的。随着招生制度的改革，高校毕业生就业制度也发生了变化，到2000年前后，全国大部分高校都取消了就业分配政策，实行毕业生和用人单位之间的双向选择。

教育改革对收入分配影响的评估

从前文的分析中我们可以看到，20世纪90年代以来的教育体制改革主要体现了效率导向，如办学体制的调整以及引入社会力量办学，将教育事权下放到地方政府，扩大和平等化居民入学机会，贯彻九年制义务教育等等。这些措施都与居民的受教育权益密切相关。就改革措施本身来讲，我们还难以判断教育体制改革是否对缩小收入差距产生了积极影响或者消极影响。结合我国经济转轨背景以及社会制度等因素，我们会发现不一样的故事。接下来部分首先将从总体上对我国的教育体制改革及其对收入分配的影响进行初步评估，然后再结合义务教育新机制改革与高等教育招生体制改革，具体分析不同的政策所产生的不同效果。

一、教育改革影响收入分配的总体评估

1. 教育改革的总量效果

自 20 世纪 90 年代开始，中国教育制度进行了全方位的改革，涉及基础教育、职业教育、高等教育的办学体制、筹资制度以及教学内容等。改革最直接的目标，就是适应新增人口以及收入提高后对更高质量的教育需求。统计数据显示，进入 21 世纪以来，中国各级教育办学规模显著提升。

图 1 是我们根据各级教育的毕业生数绘制而成（数据来源于《中国统计年鉴 2010》）。图 1 显示，自 1996 年以来，各级教育发展提速。初级中学毕业生人数在 2005 年达到 2106.51 万人的顶峰，而这一数字在 1996 年的时候是 1279 万人。高中教育也是如此，2000 年高中毕业生为 301.5 万人，到 2008 年上升到 836 万人。更值得关注的是，职业中学和高等教育毕业生自 2003 年后开始大幅度上升。其中，高等教育毕业生自 2002 年以来，仅用 7 年时间便完成了近 400 万人的增量，扩招的效果可见一斑。而职业中学教育在 2000 年前后经历短暂的调整后，自 2004 年开始，毕业生大幅度增加。这些变化显然是教育制度改革的直接效果。

2. 教育改革与收入分配

教育体制改革对收入分配的影响更多的是间接形式，因为教育系统给个人提供一种人力资本投资的渠道，而决定个人收入的因素是多方面的。我们根据对收入差距作用的不同，总结出三类措施，分别是缩小收入分配、扩大收入分配以及对收入分配影响模糊的政策和措施。

值得指出的是，学前教育改革后建立起来的收费制度，是不利于缩小收入分配差距的，这是因为学前教育收费出现了严重的倒挂现象：公立幼儿园收费低于民办幼儿园，幼儿园收费高于小学学费。学前教育办学改革以后，企事业单位主办的幼儿园开始撤销，加之政府对学前教育的财政投入严重不足，使得各地的幼儿园数量大大减少，少数公立幼儿园人满为患，居民不得不寻求民办幼儿园。由于学前教育不属于义务教育，改革后允许办学单位收取学费以补偿办学成本，民办幼儿园收费都比较高，因而出现了正规幼儿园

（万人）

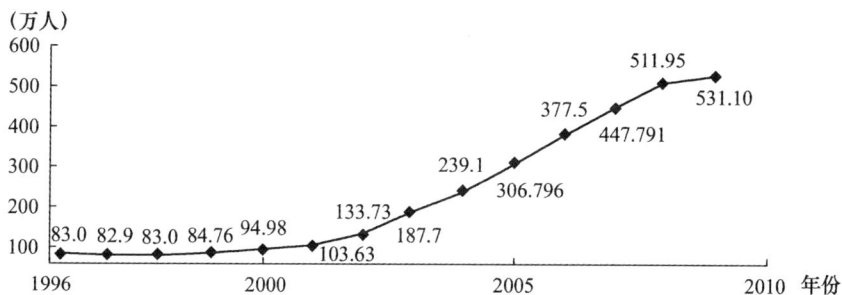

普通高等学校毕业人数

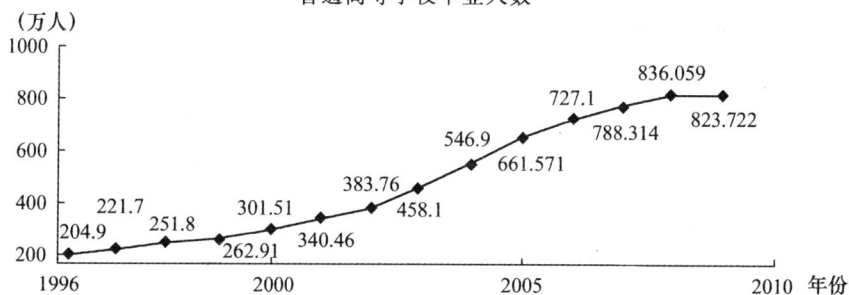

高级中学毕业人数

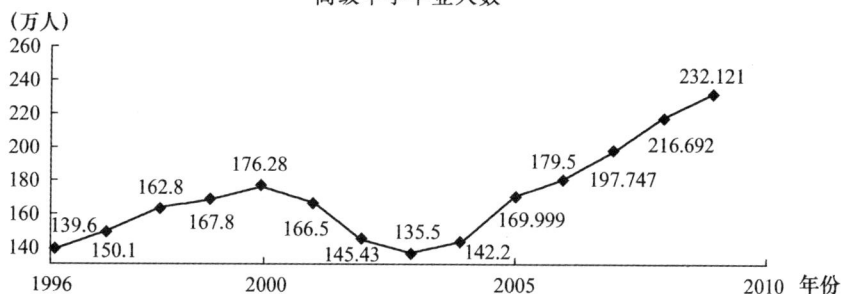

职业中学毕业人数

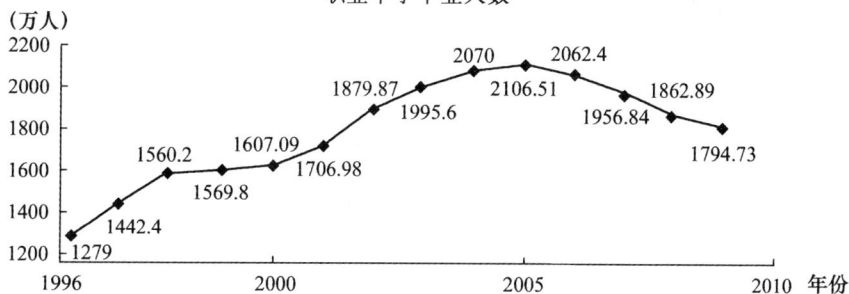

初级中学毕业人数

图1　各级各类学校毕业生数

收费高，无证幼儿园又无法让家长放心的现象。据报道，部分地区私立幼儿园半年收费都要上万元，这大大超过了当地居民的负担能力，引发全社会的关注。① 由于政府投入少，部分幼儿园收费高，甚至高过了上大学的学费（当前大学学费5000元左右）。高昂的学前教育收费使得低收入家庭不堪重负，从而影响低收入家庭的人力资本投资与收入水平的提高，间接导致社会收入差距扩大。

表1　　　　部分教育改革与发展的措施及其对收入分配的影响

政策措施	具体内容	对收入分配差距的影响
免费义务教育	自2006年开始，逐步免除西部地区农村义务教育阶段学生学费	缩小
贫困生资助政策	每年由政府财政拨出一定经费资助各级教育阶段贫困家庭子女	缩小
学前教育收费办学	学前教育收费出现了严重的倒挂现象：公立幼儿园收费低于民办幼儿园，幼儿园收费高于小学学费	扩大
基础教育由地方政府主办	经济发展水平较好的城镇地区，政府对教育的投入也相对较多，办学条件、师资力量也相应较好，从而其教育发展进入一种良性循环；而经济发展落后地区则全面落后。基础教育发展极不均衡	扩大
高校扩招	自1999年开始，高等教育办学规模快速扩张	先扩大后缩小
高校自主招生	部分学校在招生方面有一定的自主选拔权	扩大
毕业生自主择业	毕业生不再由国家统一分配工作，由毕业生和用人单位双向选择	不确定

另外，基础教育由地方政府主办的体制，客观上导致了城乡和区域之间的不平等。地方分级办学体制下，教育发展受当地政府的财力的影响很大。

---

① 据媒体报道，在长沙的某个小区，3岁以上幼儿园日托每月1500元，全托每月1700元，3岁以下幼儿园一期（一般是5个月）收费高到10450元，折算为全年两期，学费高达20900元。来源：人民网，《幼儿园为何这么贵，长沙月收费高达3200元?》更多内容请参阅人民网"关注幼儿园收费问题"的专题报道。

经济发展水平较好的城镇地区，政府对教育的投入也相对较多，办学条件、师资力量也相应较好，从而其教育发展进入一种良性循环。对于那些经济发展落后的地区，政府财力勉强维持其自身运转，称之为"吃饭财政"，这样的地区教育发展水平自然较差，加之我国义务教育实行就近入学的制度，处于落后地区的学生所能接受的教育的质量自然要低于经济发达地区。目前，经济发展的区域差距、城乡差距巨大，导致城乡与区域间的教学条件，包括硬件和软件设施差别非常大，义务教育发展严重不均衡。为此，教育部连年发出通知，要求各地做好义务教育均衡发展的工作。其次，实行免费义务教育之前，义务教育阶段出现了乱收费、择校现象严重等问题，严重影响了教育公平。优质的公立小学、初中收取较高的学费与择校费，实际上是一种以资源条件排斥低收入阶层接受优质教育，贫困家庭子女缺乏接受优质教育的机会，因而其未来收入的提高会非常有限。长此以往，便形成了贫穷的代际转移。

还有一些改革措施，虽然表面上是可取的，但在实际执行过程中出现了偏差，导致不公平结果的出现，后文我们将选取一些有代表性的改革案例，来说明中国教育改革与发展的措施对收入分配的影响。

二、教育改革对收入差距的影响：免费义务教育与城乡收入差距

国务院 2005 年颁布的《关于深化农村义务教育经费保障机制改革的通知》，要求自 2006 年起逐步免除中小学义务教育学费，并对贫困家庭子女提供相关补贴，这标志着义务教育经费保障新机制的正式实施。此次改革补贴的金额比较高，范围也比较宽，对提高居民收入水平、缩小收入分配差距有积极作用。具体从以下两个方面来分析。

一是义务教育经费保障新机制改革确立的免费教育，保障了低收入家庭子女的平等受教育权，有利于改善社会收入分配状况。据教育部相关数据统计，全国初中毛入学率自 2006 年以来稳步提高，2007 年达到 98%，2009 年更是上升至 99%。到 2011 年，全国约有 1.3 亿名农村义务教育阶段学生从

免费义务教育政策中获益，约 3000 多万农村学生在学校免费寄宿，并有 1228 万的中西部农村贫困家庭的学生得到了生活补助①。据统计，义务教育经费保障新机制实施的第一年（即 2006 年），西部地区就有近 20 万农村贫困家庭的失学学生重返校园。免除学杂费的政策每年为西部地区每个小学生减负 140 元、初中生减 180 元；"两免"（免学杂费、免教科书费）为家庭经济困难的小学生年减负 210 元，初中生减负 320 元；同时，享受"两免一补"（寄宿生生活费补助）的贫困家庭学生，小学生平均每年减负 510 元，初中生达 620 元②。2007 年新机制进一步扩大到中部和东部农村地区。统计数据显示，2007 年新机制使得全国 14233 万中小学生受益（小学 9191 万人、初中 5042 万人），其中东、中、西部地区受益人数分别为 3823 万人、5716 万人、4693 万人③。到 2008 年，全国全面实现城乡义务教育免费，全国 1.6 亿学生从中受益。新机制实施后，各级政府不断加大对农村地区义务教育的支持。如四川省决定从 2011 年秋季学期起，对省内藏区中小学寄宿生生活补助标准提高到每生每学年 1450 元，这一新标准将使得四川藏区中小学每天得到 5.8 元的生活费补助④，而 2010 年四川农村居民纯收入约为 5000 元，补助标准达到年收入的近 30%。

二是针对贫困在校学生的各种资助与补贴，使得这部分学生能够顺利完成学业，提高其社会竞争力，从而有助于改善社会收入分配不平等。据统计，2007 年中央和地方财政至少出资 154 亿元用于支持大中专学校贫困学生，此后每年政府用于资助家庭经济困难学生的支出逐年增长。2010 年，财政部与教育部共同发出《关于建立普通高中家庭经济困难学生国家资助制度的意见》，提出由中央和地方共同出资建立国家助学金制度，覆盖 10% ~

---

① 新华网，《万千气象满目新——国家中长期教育改革和发展规划纲要实施一周年纪实》，2011 年 7 月 28 日。

② 教育部、国家发改委、财政部关于《国家西部地区"两基"共建计划（2004 ~ 2007 年）》完成情况的报告。

③ 教育部网站，《截至 2007 年 4 月农村义务教育经费保障机制改革月报表反映的主要情况通报》。

④ 教育部网站，《四川提高藏区寄宿生生活费补助》，2011 年 7 月 26 日。

30% 不等的高中学生群体，并且给予特殊困难家庭实施学费减免。这一系列资助措施的出台，无疑都有利于缓解教育不平等及其导致的收入不平等的问题。

为了进一步验证 2006 年开始实施的义务教育新机制对缩小西部地区城乡收入差距有明显的作用，我们选取了 2004～2010 年的省际面板数据，进行计量分析。

首先，我们建立如下基本模型：

$$y_{it} = \alpha_0 + \alpha X_{it} + \theta Dum^* X_{it} + \sum \beta Z + \lambda_i + \gamma_t + \varepsilon_{it} \quad (1)$$

其中，y 代表收入差距指标；X 是我们重点关注的政策变量；Dum 是地区虚拟变量；Z 是一组控制变量，控制经济发展水平等因素对因变量的影响；λ_i 表示无法观测到的个体效应；γ_t 表示时间效应；ε_{it} 表示随机干扰项；i，t 分别表示省份和时间；α，β，θ 是一组参数。

鉴于数据的可得性，我们利用各省城镇居民可支配收入与农村居民纯收入的比作为衡量城乡收入差距的指标；政策变量方面，我们重点关注自 2006 年开始在西部地区实行的"两免一补"的义务教育新机制。根据国务院出台的相关通知，2006 年西部地区率先免除义务教育阶段学费，2007 年再扩展到中部和东部地区农村。因而我们将政策变量 X 在 2004 年、2005 年设置为 0，2006 年时西部地区省份设置为 1，其余省份设置为 0，2006 年以后设置为 1；考虑到我国地区间发展的差异性问题，我们将 31 个省（自治区、直辖市）划分为东、中、西部三大地区，设置两个虚拟变量，即西部虚拟变量 west（西部省份为 1，其余为 0）和东部虚拟变量 east（东部省份为 1，其余为 0）。我们选取了省级人均 GDP、第一产业增加值占 GDP 的比重、GDP 增长率作为控制变量。部分变量的统计描述见表 2。

表 2　　　　　　　　　　变量的统计描述

变　量	观测数	均　值	标准差	最小值	最大值
收入差距	217	2.789161	0.5714534	1.948392	4.709316

续表

变 量	观测数	均 值	标准差	最小值	最大值
人均 GDP（万元）	217	2.271935	1.518017	0.4297643	7.832613
农业增加值占比	217	0.126712	0.0635666	0.0067685	0.3489298
GDP 增长率（%）	217	13.08065	2.152624	5.4	23.8
政策变量	217	0.6267281	0.4847918	0	1

资料来源：中经网数据库，时间跨度为 2004～2010 年。

鉴于数据的特点，我们采用固定效应的估计方法，但为了比较分析，我们同时给出了 OLS 的估计结果，报告在表 3。

表 3　　　　　　　　　　　　模型估计结果

解释变量	估计结果	
	固定效应	OLS
常数项	1.535（7.64）***	0.568（4.79）***
城乡收入差距（滞后一期）	0.520（9.33）***	0.854（33.85）***
政策变量	0.054（1.51）	0.027（-1.98）
政策变量×西部地区虚拟变量	-0.108（-3.00）***	-0.081（4.79）***
人均 GDP	0.118（1.86）*	-0.104（-2.87）***
人均 GDP 的平方	-0.004（-1.00）	0.007（2.00）**
第一产业比重	-1.51（-1.83）*	-0.603（-2.85）***
R - sq	Within = 0.6658 Between = 0.4507 Overall = 0.4492	0.97
Obs	186	186
F - stat	23.74	415.64
Prob（>F）	0.00	0.00

注：*、**、***分别表示 10%、5%、1% 的显著性水平，括号内为对应回归系数的 t 值。

如表 3 所示，模型估计结果表明，无论是 OLS 估计结果还是固定效应估计结果，政策变量的系数为正但不显著，政策变量与西部地区虚拟变量的交互乘积项显著为正。这说明，就全国总体而言，免费义务教育对缩小城乡收入差距的作用不大；但就西部地区而言，这项政策对改善西部地区城乡收入差距的作用无疑是积极有效的。实际上，西部地区人均收入普遍偏低，义务教育新机制实施后，西部地区许多贫困家庭子女的学费不仅免除，还能得到政府的生活补助，前面的分析指出，补助金额占当地居民收入的比重相当高。因而，免费义务教育对全国总体城乡收入差距的作用不是很大，但对缩小西部地区内部城乡收入差距有正向作用。从这个意义上讲，免费城乡义务教育有利于缩小收入分配差距。未来，随着新机制的进一步实施，中央和地方政府投入的不断增加，农村居民特别是贫困家庭从中受益更多，此举必将缓解城乡收入差距日益扩大的问题。

三、教育改革对收入差距的影响：高等教育改革的效应分析

与义务教育经费保障新机制改革对缩小城乡收入分配差距的积极作用不同的是，近年来的高等教育体制改革则在一定程度上拉大了收入差距。

最近，一则报道引发了社会的广泛议论[1]，报道指出，中国一流大学如北大、清华等学府中来自社会最底层家庭子女的比例正越来越少。出身越底层，上的学校越差，这似乎成为教育体制改革以后明显加强的趋势。报道中引述的数据指出，以湖北省为例，2002～2007 年 5 年间，专科学校中农村生源比例从 39% 提高到 62%，军事、师范等方向为主的提前批次录取的比例也从 33% 推高到 57%，而重点高校，特别是"211"高校和"985"高校中，来自城镇中产家庭子女则是农村家庭、城乡失业家庭子女的数倍。刘云杉等（2009）的研究发现，80 年代北大新生中农村学生所占比例在 30% 以上，1985 年农民家庭出身的学生占新生的比例更是高达 38.9%。而自 20 世纪 90 年代中期以来，农村学生所占比例开始逐年下降，到 21 世纪的第一个五年里，这一比例下降到 10%～15%。到 2005 年，新生中农民户籍学生占 14.3%，城镇户籍学生占 85.7%。考虑到北大实行按省分配录取名额、省内

---

① 《穷孩子没有春天？——寒门子弟为何离一线高校越来越远》，《南方周末》，2011 年 8 月 4 日。

按分数择优录取的原则，实际上北大的农村新生多来自高考高分省，如传统的山东、河南等教育大省；而高考低分省份的新生中，城镇家庭比例比较大，如北京、天津、上海等地。具体可以从以下几个方面来看。

一是高考招生的指标计划制度。通过考试选拔人才，高分者胜出，人人都可以通过自己的努力取得好成绩，这一制度本身并没有带来不公平。然而，我国的高等学校招生是分省计划招生与自主招生相结合。计划招生是由学校确定，报相关部门审核批准。虽然20世纪90年代以来的改革极大地改变了政府对学校招生办学的高度干预的状况，但学校招生计划仍然需要经过政府相关部门的批准，学校自主权相对较小。各个高校在我国31个省（自治区、直辖市）招生计划指标的确定，除生源分布外，还出于地域等因素。反映在各个高校的计划分配上，如几所著名的大学清华、北大在北京的招生名额最多，复旦、上海交大在上海的招生名额最多。我国的优质高等学府，一般集中在东部发达省份，这些学校的招生计划都在学校所在省份的招生计划最多。这样一来，那些中西部经济发展落后、高等教育不发达地区的学生自然受到影响，同等条件下，处在教育发达省份的学生被优秀大学录取的概率更高。从这个角度说，高等教育招生计划政策，一定程度上导致了地域之间的教育不公平。考虑到高等教育对个人收入的重要影响，地域之间教育差距的拉大也会导致地区之间收入差距扩大。

二是各种高考加分和保送政策，无法保证公平，成为限制底层家庭子女向上流动的新障碍。如全国青少年科技创新大赛，获二等奖以上就可取得保送资格。据调查，获得加分的学生和具有保送资格的学生群体中，来自低收入阶层家庭的学生只占很少一部分。有限的高等教育资源，正日益失去其消除收入差距代际传递的功能。

最近几年来，关于教育收益率的研究，也能从侧面佐证受教育群体内部的收入差距扩大问题。一方面，接受高等教育的收益率处于较高的水平，并表现出上升的趋势。李雪松、赫克曼（2004）认为，我国大学教育年回报率约为11%。也就是说，上大学比不上大学（高中及以下）的平均收入高 55%①。罗楚亮（2007）发现，"大学及以上"教育水平的劳动者的平均收入水平相对于初中文化程度要高出 136%，即使在控制父母背景、教育质量与就业特征等变量的影响后，这一比例降低为 70.8%，仍然处于较高的水平。高等教育收益率的提高，表明接受高等教育和不接受高等教育之间的收入差距在拉大。另一方面，在接受高等教育的群体内部，其工资差距也逐渐拉大。施新政、李宏彬等（2011）就发现，名牌大学与非名牌大学毕业生的工资存在显著差异。在中国，名牌大学工资溢价高达 22.3%，平均来看，名牌大学生的月工资会比普通大学高出 22.5%，即使控制学生能力和家庭背景因素，溢价仍然高达 10.7%。考虑到名牌大学中来自中下阶层和农村的学生数的减少，低收入群体与高收入群体之间的收入差距正通过高等教育过程不断拉大。

教育扩展与劳动收入份额

中国近 30 年来的教育改革与发展，使得社会人力资本积累的存量水平极大增加，高素质劳动者比例不断提高。根据人力资本理论的相关研究，由人力资本积累所带来的人力资本回报增加，将使得劳动者的收入逐步提高。反映在要素收入分配份额上，人力资本存量的增加，劳动收入份额也会提高。然而，与理论预期相反，中国在人力资本积累的过程中，劳动收入份额并没有显著提高，反而是逐年下降。本节将利用一个简单的模型解释这一预料之外的结果出现的原因。

一、中国劳动收入份额的变化

首先，我们以国内生产总值收入法中的劳动者报酬占 GDP 的比重来衡量劳动者收入份额，见图 2。

---

① 计算方法为 $\exp(0.11 \times 4) - 1 = 0.55$。

图 2 显示，1996～2002 年间，我国劳动收入占比稳中有降，但下降的幅度不是太大。然而 2003 年以来，情况显然发生了改变，劳动收入占比从 2003 年的 0.4962 直接下降到 2007 年的 0.3974，下降了 10 个百分点。虽然 2009 年的劳动收入份额有所回升，但目前为止还不能确定这种回升的趋势能够一直维持下去。对照我国教育制度改革以来的教育扩展情况，有一点我

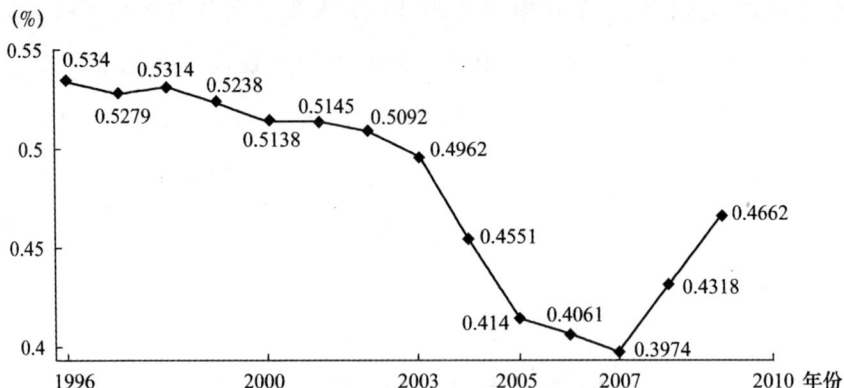

图 2　1996～2009 年中国劳动收入占比的变动

资料来源：各年份的《中国统计年鉴》。

们是可以明确的，就是改革的当期并没有显著改善劳动要素收入份额。

二、基本模型

从微观的角度来讲，劳动收入份额是劳动者工资占其产出的比例。因此，本文试图建立一个模型，从微观的角度来阐释劳动收入占比的决定因素。目前来看，劳动力市场的搜寻与匹配模型，很好地解释了劳动力市场的摩擦及其均衡的结果，以及摩擦条件下工资和劳动收入的形成。因此，根据 Pissarides（1985）与 Mortensen and Pissarides（1998）的分析框架，本文建立了一个代表性的搜寻与匹配模型进行分析。

搜寻与匹配模型主要描述了一个带摩擦成本的劳动力市场匹配问题，失业劳动者以一定的成本搜寻工作，企业以一定的成本提供空缺的岗位以搜寻劳动者。这两类市场主体，在各自的约束条件下寻求最大化目标。劳动力市

场在雇佣双方的搜寻和匹配的过程中形成了市场均衡。自从引入搜寻摩擦后，对诸如失业与企业岗位空缺同时存在的现象的理解取得了重大进展。匹配不是瞬时间达成的，而是需要经历一个过程，劳动者与雇主之间也要就如何分享由工作匹配带来的收益进行讨价还价。在这一讨价还价过程中，博弈双方的要价能力便成为决定剩余分享的关键。

企业有两种选择，即设置工作岗位以搜寻工人、岗位与工人成功匹配，两种状态下的收益分别为 V 和 J，如式（1）式（2）所示：

$$V_t = -k_t + E_t \frac{1}{1+r_t} \left[p_t J_{t+1} + (1-p_t) V_{t+1} \right] \tag{1}$$

$$J_t = (1-\tau_t)(y_t - w_t - k_t) + E_t \frac{1}{1+r_t} \left[(1-q_t) J_{t+1} + q_t V_{t+1} \right] \tag{2}$$

企业设置工作岗位，无论该工作岗位是否已经匹配了工人，都有一定的维持和运营成本，即 k；企业设置空缺的岗位的收益来自于对未来工作与工人匹配后的工作的预期收益流的贴现值。一旦岗位完成匹配，企业获得的岗位收益等于当期的生产利润（$y-w-k$），以及未来工作状态延续下去的收益现值。r 是完全资本市场上的利率。τ_t 表示当期对企业征收的利润税税率。

$p_t = \frac{m(v_t, u_t)}{v_t}$ 表示在市场摩擦条件下匹配成功的概率。$m(v, u)$ 是匹配函数，表示市场上存在数量为 v 的空缺岗位以及数量为 u 的失业者情况下，匹配成功的工作 – 工人数。令 $\theta = v/u$，表示劳动力市场竞争程度，θ 越大表明岗位空缺越多，劳动力的供给越紧俏，则匹配函数可变形为 $m(v, u)/v = m(\theta, 1)/\theta$。$q_t$ 表示自然分离率，即自然状态下工人可能辞去工作的概率。

工人有两种状态选择，即失业和工作，两种状态下的收益分别为 U 和 W，如式（3）和式（4）所示：

$$U_t = -b_t + E_t \frac{1}{1+r_t} \left[p_t W_{t+1} + (1-p_t) U_{t+1} \right] \tag{3}$$

$$W_t = (1-\eta_t) w_t + E_t \frac{1}{1+r_t} \left[(1-q_t) W_{t+1} + q_t U_{t+1} \right] \tag{4}$$

工人失业状态下的收益一方面来自于失业保障金、各种失业补贴，即 b_t，相当于工人就业的机会成本，另一方面来自未来参加工作后预期收益的现值。工人在工作状态下的收益，由当期的工资收入以及未来继续工作的期望收益的现值构成。η_t 表示当期对劳动者征收的工薪税。

工人与工作实现匹配之后，企业获得的剩余为 $J_t - W_t$，工人获得的剩余为 $W_t - U_t$，决策者面临的最优化问题为选择工资水平，使得社会福利最大化：

$$\underset{w_t}{Max} \ \left\{ \ (W_t - U_t)^{\beta_t} \ (J_t - V_t)^{1-\beta_t} \right\}$$

其中，为工人的讨价还价能力。上述最优问题的一阶条件为：

$$\frac{(1-\eta_t) \ \beta_t}{W_t - U_t} - \frac{(1-\tau_t) \ (1-\beta_t)}{J_t - V_t} = 0$$

变形得：$(1-\tau_t) \ (1-\beta_t) \ (W_t - U_t) \ = \ (1-\eta_t) \ \beta_t \ (J_t - V_t)$

由工作成功匹配给社会带来的总剩余为 $S_t = J_t - V_t + W_t - U_t$；劳动者获得的剩余为 $LS = W_t - U_t$，则劳动者收入份额如式（5）：

$$s_t = \frac{LS_t}{S_t} = \frac{W_t - U_t}{J_t - V_t + W_t - U_t} = \frac{(1-\eta_t) \ \beta_t}{1 - \tau_t + \ (\tau_t - \eta_t) \ \beta_t} \tag{5}$$

由式（5）可知，在初次分配领域，劳动者的收入份额受两大类因素影响，一是政府参与初次分配的力度，即对劳动者工薪收入所征税率 η_t 和对企业净利润征税率 τ_t；二是劳动者本身的要价能力。在一定时期内，政府税率保持不变，因而劳动者整体要价能力的变动会引起劳动收入份额的变动。

我们对式（5）进行静态分析：$\frac{\partial s}{\partial \beta} = \frac{(1-\eta) \ (1-\tau)}{[1 - \tau + \ (\tau - \eta) \ \beta]^2} > 0$，$\frac{\partial}{\partial \beta} \frac{\partial s}{\partial \beta} = \frac{\partial^2 s}{\partial \beta^2} = \frac{2 \ (1-\eta) \ (1-\tau) \ (\eta - \tau)}{[1 - \tau + \ (\tau - \eta) \ \beta]^3}$，也就是说，不考虑其他条件的情况下，劳动者要价能力与劳动收入份额成正相关关系。

式（2）－式（1）得：

$$J_t - V_t = \ (1-\tau_t) \ (y_t - w_t) \ + \tau_t k_t + E_t \frac{1 - p_t - q_t}{1 + r_t} \ [J_{t+1} - V_{t+1}]$$

式（4）－式（3）得：

$$W_t - U_t = (1 - \eta_t) \, w_t - b_t + E_t \frac{1 - p_t - q_t}{1 + r_t} \left[W_{t+1} - U_{t+1} \right]$$

由式（5）知：$(1 - \tau_t)(1 - \beta_t)(W_t - U_t) = (1 - \eta)\beta_t(J_t - V_t)$

均衡条件下，期望形式成立：

$(1 - \tau_t)(1 - \beta_t) \, E_t(W_{t+1} - U_{t+1}) = (1 - \eta_t)\beta_t E_t(J_{t+1} - V_{t+1})$

重新整理，得到工资方程：

$$w_t = \frac{1 - \tau_t - (1 - \tau_t)\beta_t}{(1 - \eta_t)(1 - \tau_t + \tau_t\beta_t)} b_t + \frac{\tau_t\beta_t}{1 - \tau_t + \tau_t\beta_t} k_t + \frac{(1 - \tau_t)\beta_t}{1 - \tau_t + \tau_t\beta_t} y_t$$

工资方程表明，搜寻与匹配模型均衡下的劳动者工资收入主要起源于三个因素。其一，劳动者放弃失业状态而就业的机会成本，即 b_t；其二，雇主的固定成本投入，即 k_t；其三，劳动者的生产率，即 y_t。但是，这三种因素仅仅是构成工资支付的基础，最终劳动者的工资水平还要取决于工资的讨价还价机制，以及劳动者与雇主就工资进行要价的能力，即 β_t。谈判机制之所以存在，主要原因有三：一是因为劳动者可以选择失业，二是由于雇主存在固定成本的支付，三是由于劳动者自身的劳动生产率，产出越高得到的支付也应当越高。存在工资谈判机制的前提下，工人谈判势力的决定因素则显得至关重要。

对劳动收入份额和工资方程的推导，我们可以发现，劳动者的收入高低与其要价能力有很强的关联性。但是，这一推导还远远不够，我们还无从得知劳动者要价能力决定因素，因而也无法理解劳动收入份额的最终影响因素。为了简单起见，我们不考虑政府税收的影响，即令 $\tau = 0$ 以及 $\eta = 0$，式（5）可进一步变形得到 $s = \beta$，亦即劳动收入份额直接取决于劳动者的要价能力。那么，劳动者的要价能力又是如何决定的呢？接下来，我们将借助一个 Shaked and Sutton（1984）的讨价还价框架来进行分析。

在 Shaked and Sutton（1984）的分析中，假定雇佣双方的贴现率为 ρ，雇主更换工人所需的时间为 T（$T \geq 1$），那么在工资要价行为中（假定工人的保留工资为0)，雇佣双方的要价能力分别为：

雇员的要价能力：$\beta = \dfrac{\rho - \rho^T}{(1+\rho)(1-\rho^T)}$

雇主的要价能力为：$1-\beta = \dfrac{1-\rho^{T+1}}{(1+\rho)(1-\rho^T)}$

当 $T \to 1$，$\beta \to 0$，其含义为，如果雇主在工资谈判的一开始就能找到替代工人，那么此时工人的要价能力为 0（前面我们假定工人的保留工资为 0）。一般来说，工人在与企业讨价还价的过程中，工人的要价能力取决于企业能够在多长时间内找到一名替代工人（单位产出所需支付的报酬更低的工人），极端短的时间条件下，工人只能获得保留工资。

为分析的方便，我们令 $\rho \to 1$，此时 $\beta = \dfrac{T-1}{2T}$。微分得：

$$\frac{\partial \beta}{\partial T} = \frac{1}{2T^2} > 0, \ \frac{\partial^2 \beta}{\partial T^2} < 0$$

上述的研究使我们了解到，劳动者的要价能力取决于雇主寻找替代工人的时间长度，也就是劳动者自身可替代程度。我们可以合理假定，企业雇主寻找替代工人所需的时间取决于三种因素：劳动者人力资本水平 h、劳动力市场状况 θ（岗位空缺对求职者的比值）以及政府对劳动者保护程度 e。三者通过影响雇主找到替代工人的时间，来对劳动者的要价能力产生影响。以下我们将逐一进行讨论。

一般的，工人的人力资本水平越高，雇主找到替代工人所需的时间越长，工人的要价能力则越强。这是因为，随着工人的人力资本积累，特别是工人在企业的专用性人力资本积累，提高了工人的不可替代性。举个例子，一位经验丰富的工程师是一个企业不可或缺的生产要素，企业在劳动力市场上寻找一位类似的工程师，可能需要较长的时间，甚至付出较高的成本。另外，人力资本水平越高的工人在劳动力市场上寻找到一份替代工作的时间也越短，这使得工人在与雇主谈判的过程中占据更加主动的地位，相应的要价能力也越强。

在不考虑工人的人力资本的前提下，劳动力市场的供求状况直接影响变量 T 和劳动者要价能力 θ。θ 值越大，劳动力市场上既定规模的求职者所对应的雇主提供的岗位越多，表明岗位供给形势对工人越有利，雇主寻找到合适工人所需的时间也越长，从而劳动者的要价能力也越高。

另外，雇主辞退工人的行为也可能受到政府管制的影响。假如政府规定企业解雇工人必须经过法定程序，并设定一个最低的解雇期限，此类的政府管制必然会限制雇主寻找替代工人的行为和延长 T，从而提高劳动者的要价能力。

以上仅仅是对三种因素的比较静态分析，实际上三种因素可能相互影响，限于篇幅，不展开讨论。

基于以上分析，根据 $\beta = \beta\ (h,\ \theta,\ e)$，$\beta = s$，得到 $s = s\ (h,\ \theta,\ e)$，并且有：$\dfrac{\partial s}{\partial h} > 0$，$\dfrac{\partial s}{\partial \theta} > 0$，$\dfrac{\partial s}{\partial e} > 0$。由此，我们得到全微分形式：$ds = \dfrac{\partial s}{\partial h}dh + \dfrac{\partial s}{\partial \theta}d\theta + \dfrac{\partial s}{\partial e}de$。

从长期来看，劳动要素收入的变化，是人力资本积累、劳动力市场波动、劳动力市场制度等因素共同作用的结果。单就人力资本因素来讲，教育扩展带来的人力资本增加，通过提高劳动者的要价能力，从而提高劳动收入份额。但是，这一结论的成立需要满足一定的条件，一是劳动力市场的供求状态不会朝不利于高人力资本劳动者的方向转变，二是政府对劳动者实施恰当的保护。

三、教育扩展背景下对劳动收入份额下降的解释

通过一个工作搜寻—工资讨价还价模型我们发现，工人的要价能力与劳动收入占比正相关，并且人力资本通过影响工人的要价能力从而影响劳动收入份额。只要满足一定的条件，人力资本积累能够提高劳动收入份额。中国教育扩展带来的人力资本存量增加，之所以没有提高劳动收入份额，原因在

于人力资本提高劳动者要价能力的作用机制不健全，相关条件不满足，具体可以从以下几个方面来分析。

首先，中国教育改革和发展的力度大、速度快，由此带来人力资本积累增量大、速度快，使得劳动力市场上高教育水平劳动者的供给的发展速度超过了需求的发展速度，教育的快速扩展在一定程度上导致高教育水平劳动者面临恶化的需求条件，从而导致劳动者的要价能力降低，劳动收入份额下降。近年来中国的大学生失业问题可以说明高教育水平劳动者面临的劳动力市场条件恶化问题。研究发现，高校毕业生就业率从 1996 年的 93.7% 下降到 2003 年的 70%[①]，此后虽有所回升，但从没能够回到 90% 以上的高位，这给中国带来了较严重的"知识失业"问题。大学生"就业难"，使得中国劳动力市场上高教育水平劳动者在与雇主就生产剩余的分享进行讨价还价时处于不利的地位，从而出现教育扩展的同时劳动收入份额下降的尴尬境地。

其次，劳动力市场制度不健全，政府对劳动者的保护措施不完善，间接导致了劳动者要价能力的下降。中国向市场经济转轨的过程中，资本的活力得以极大的释放，资本的流动性大大增强。然而，劳动者却受到了政策的压制，处于不利的境地，这使得劳动者在与雇主进行讨价还价的时候处于天然的弱势地位。直到近几年，随着《劳动合同法》的颁布实施，工资集体协商制度的推出，劳动者的不利境地才有所好转。但相比欧美发达国家对劳动者的严格保护，从寻找工作到签订劳动合同再到劳动关系的解除，都有一系列法律制度规范，中国的劳动力市场制度建设还远远不够。前文的分析表明了劳动收入份额对要价能力的依赖关系，如果连工资讨价还价的机制都不存在，劳动者仅是工资的被动接受者，那么即使劳动者人力资本存量增加，也无法实现劳动收入份额的提高。

第三，劳动力市场分割也不利于劳动收入份额的提高。本文所构建的搜寻模型，没有讨论市场分割对搜寻和匹配过程的影响。实际上，中国的劳动

---

① 赖德胜、田永坡：《对中国"知识失业"成因的一个解释》，《经济研究》2005 年第 11 期。

力市场一直存在着制度性分割，特别是与劳动者流动有关的制度障碍，阻碍了工作搜寻效率的提高。中国大学生的失业问题，除了供给在短期内的迅速扩张外，劳动力市场的制度分割也是一个重要原因（赖德胜、田永坡，2005）。劳动力市场分割加剧了大学生失业问题，导致受过高水平教育劳动者的要价能力无法提高，甚至有所下降，从而导致劳动收入份额无法提高。

结论与政策建议

一、本文分析的主要结论

过去的 20 年里，中国政府为满足居民不断扩大的教育需求，消除因教育机会缺乏而导致不平等的问题，进行了大刀阔斧的教育体制改革。本文所分析的教育改革，主要是以 1993 年颁布的《中国教育改革和发展纲要》为起点。改革涉及的面非常广，但与受教育者个人联系密切的，要数办学体制、招生制度、经费筹集和拨款制度、中高等教育毕业生就业制度等方面。历经多年改革，我国教育体制逐步形成了基础教育以地方政府为主，高等教育以中央、省（自治区、直辖市）两级政府办学为主、社会各界力量共同参与办学，职业技术教育和成人教育主要依靠行业、企事业单位办学和社会力量办学相结合的体制。经费筹集方面，除义务教育实行全国免费以外，各级教育都需要受教育者负担一定的教育成本；招生制度也变得越来越具有公平性和开放性，就业则以自由择业为主。

一些改革措施和制度有利于缓解社会收入差距。如义务教育经费保障新机制，在免费的基础上对贫困家庭实行补助，虽然对缩小全国总体的收入差距作用甚微，但就西部地区内部来讲，还是能够起到缓解区域城乡收入差距进一步扩大的作用。除此之外，各种针对贫困家庭学生的资助政策，都有一定的政策效果。

然而，也有一些改革措施，客观上扩大了教育不平等，从而拉大了收入差距。正如前文分析所指出，许多名牌大学内来自低收入家庭子女的比例正在逐年下降。这一现象不是偶然发生，反映出我国教育体制存在一些深层次的弊端。由于基础教育主要由地方主办，即使在同一个省份内部，教育资源的分布极不均衡。这既有历史的原因，又有体制的原因。抛开历史因素不谈，地方分级办学的体制，是出现区域和城乡间教育资源配置不均衡的关键性因素。由于我国经济发展的城乡和区域差异巨大，自然导致不同地区政府财力的不均等。分税制改革后的很长一段时间内，针对落后地区的转移支付还没有制度化，各地区的财力差异导致了各地区公共产品和服务的差异。而且，政府在学校布局调整和建设的过程中，区别大中城市、县镇和乡村三类学校，分别制定标准进行建设，无形中进一步扩大了教育资源的不平等分配。同样能力的学生，由于城乡地域的差别而接受质量高低各异的教育，经过义务教育（一般是九年）和高中教育（一般是三年）的 12 年，最终导致了巨大的结果差异，亦即我们所看到的重点高校中来自农村和城市低收入阶层家庭子女的比例大大降低。除此之外，我们的分析也发现，高等教育的各种加分与保送政策，也在无形中造成新的不平等。由体制导致的教育结果的不公平，使得低收入阶层无法通过教育途径实现收入的向上流动，社会分层开始固化，高收入群体与低收入群体之间的差距将逐渐拉大。

中国 20 世纪 90 年代开始的教育制度改革，对要素收入分配有着深远的影响。教育改革增加了社会教育供给，满足了居民对多样化、高层次教育的需求，从而使得进入劳动力市场的劳动者具有越来越高的教育水平，经济中劳动要素发生了从量到质的飞跃。本文的理论分析表明，教育扩展带来的人力资本提升，将会提高劳动者在工资谈判中的要价能力，从而提高劳动收入份额。然而，中国的经验事实却与理论分析相反，近年来教育的快速发展和劳动者受教育水平的提高，没有带来劳动收入份额的相应提高。其原因在于，教育在短期的快速扩张使得高教育水平劳动者面临着一个竞争更加激烈的求职环境，不完善的劳动力市场制度使得劳动者在与企业进行工资谈判时处于弱势地位，劳动力市场的制度分割加剧了大学生失业问题，这些因素都不利于劳动者要价能力的提高。

二、政策建议

前文的分析指出，虽然我国教育体制改革取得了重大的突破，但是改革后的体制正成为社会不平等的一个重要来源。教育是人力资本投资的重要形式，劳动者受教育程度越高，预期未来所获得的收入也越高。但是，一些家庭因经济条件与入学机会的限制而无法使其子女接受更多的教育，或者是接受低质量的教育，使得这部分群体与其他群体的收入差距迅速拉开。未来，要继续发挥教育对促进社会公平和提高低收入群体的收入的作用，缓解社会收入分配差距问题，应从以下几个方面加以改进。

首先，要以公共服务均等化建设为契机，切实加强经济欠发达地区各级教育办学条件建设。地方分级办学的体制比中央集中办学的体制更有效率，而问题在于地区间经济发展差距会导致教育发展差距。因而需要在地方分级办学的基础上，加强省和中央两级政府的调控作用，加大对落后地区的转移支付，充分保障地方政府办教育所需财力。当前，中央政府对中西部地区的义务教育转移支付规模较大，经费保障水平也较高。但考虑到贫困地区教育的低水平发展已经持续一段时间，当前的高投入更多的是弥补差距。未来，可以考虑以结果公平为导向的转移支付拨款机制，即以教育质量和结果为标准，测算出达到区域内平均教育质量需要的标准硬件和软件投入，根据这一标准建设好欠发达地区的各级学校，确保农村地区的学生不因户籍和地域等原因而无法获得良好的教育。

其次，要进一步完善各种对贫困家庭子女的资助措施。目前，我国政府对贫困家庭子女的资助措施已初成体系，义务教育阶段、高中阶段都实行了资助，对中职农村家庭困难学生和涉农专业免费，高校中的国家奖学金、助学金，国家贷款等措施。然而，对职业教育的资助投入还不够。在普及义务教育之后，要进一步大力发展职业教育，以使的中低收入家庭子女除上大学外，还有更多的选择空间。而且，职业教育的发展也是关系到我国未来经济转型升级的重要一环。

第三，要切实解决好流动人口子女的受教育问题。据统计，全国义务教育阶段在校生中流动人口随迁子女达到 1167.17 万，比上年增加 170.07 万人。① 这部分义务教育适龄儿童的入学问题，随着人口由农村向城市的迁移而变得严重起来。当前，国家正在花大力气解决流动人口的受教育问题，基本原则是以公办学校为主、以流入地为主，加大教育经费预算，在教育上对进城务工人员子女一视同仁。但实际上，不同的流入地有不同的政策措施，一些地区依然存在着对农村流动人口子女的教育歧视。因而，要继续加大中央政府对义务教育的统筹力度，建立教育经费随学生学籍的流动机制，减轻流入地政府的财政负担。同时，打破城乡户籍制度的藩篱，让每一个学龄儿童都享有平等的受教育权。

第四，要进一步完善高等教育招生体制。目前，高考加分制度和保送制度受到了社会的广泛质疑，原因之一是各项政策的操作不透明，导致出现新的不公平。未来，应当对加分和保送政策进行调整，适当降低加分和保送的范围和比例，加强执行过程中的公开度和透明度，确保招生过程的公平。

第五，要继续加强劳动力市场制度建设。分析表明，劳动者在工资谈判中的要价能力与劳动收入份额正相关，而政府对劳动者的制度保护是劳动者要价能力提高的重要来源。与此同时，破除劳动力市场的制度性分割，深化经济结构转型升级，继续坚持扩大就业的发展战略，提高各级教育毕业生的就业率，有利于增强劳动者的要价能力，提高劳动收入份额。

参考文献

[1] 白重恩，钱震杰 . 国民收入的要素分配：统计数据背后的故事 . 经济研究，2009（3）

[2] 白重恩，钱震杰 . 谁在挤占居民的收入——中国国民收入分配格局分析 . 中国社会科学，2009（5）

[3] 白重恩，钱震杰，武康平 . 中国工业部门要素分配份额决定因素分析 . 经济研究，2008（8）

[4] 白雪梅 . 教育与收入不平等：中国的经验研究 . 管理世界，2004（6）

[5] 龚刚，杨光 . 论工资性收入占国民收入比例的演变 . 管理世界，2010（5）

[6] 郭庆旺，吕冰洋 . 论税收对要素收入分配的影响 . 经济研究，2011（6）

---

① 教育部：《2010 年全国教育事业发展统计公报》。

［7］ 黄先海，徐圣. 中国劳动收入比重下降成因分析—基于劳动节约型技术进步的视角. 经济研究，2009（7）

［8］ 赖德胜. 教育扩展与收入不平等. 经济研究，1997（10）

［9］ 赖德胜. 教育、劳动力市场与收入分配. 经济研究，1998（5）

［10］ 赖德胜，田永坡. 对中国"知识失业"成因的一个解释，经济研究，2005（11）

［11］ 李稻葵，刘霖林，王红领. GDP 中劳动份额演变的 U 型规律. 经济研究，2009（1）

［12］ 李雪松，赫克曼. 选择偏差、比较优势与教育的异质性回报：基于中国微观数据的实证研究. 经济研究，2004（4）

［13］ 李煜. 制度变迁与教育不平等的产生机制—中国城市子女的教育获得（1966～2003）. 中国社会科学，2006（4）

［14］ 刘云衫，王志明，杨晓芳. 精英的选拔：身份、地域与资本的视角-跨入北京大学的农家子弟（1978～2005）. 清华大学教育研究，第30卷，2009（5）

［15］ 陆铭. 工资和就业的议价理论—对中国二元就业体制的效率考察. 上海：上海三联书店，上海人民出版社，2004

［16］ 罗长远，张军. 经济发展中的劳动收入占比：基于中国产业数据的实证研究. 中国社会科学，2009（4）

［17］ 罗楚亮. 城镇居民教育收益率及其分布特征. 经济研究，2007（6）

［18］ 罗长远，张军. 劳动收入占比下降的经济学解释—基于中国省级面板数据的分析. 管理世界，2009（5）

［19］ 任太增. 劳动份额、制度羁绊与劳动者讨价还价能力. 改革，2010（5）

［20］ 邵敏，黄玖立. 外资与我国劳动收入份额-基于工业行业的经验研究. 经济学（季刊），2010（4）

［21］ 施新政，李宏彬，孟岭生，吴斌珍. 名牌与非名牌大学毕业生的起薪差异分析. 经济研究工作论文，2011（http：//www.erj.cn/cn/swfFile/20110808160607090238.swf）

［22］ 孙百才. 中国教育扩展与收入分配研究. 统计研究，2005（12）

［23］ 王永进，盛丹. 要素积累、偏向型技术进步与劳动收入占比. 世界经济文汇，2010（4）

［24］ 王善迈，袁连生，刘泽云. 我国公共教育财政体制改革的进展、问题及对策. 北京师范大学学报（社会科学版），2003（6）

［25］ 翁杰，周礼. 中国工业部门劳动收入份额的变动研究：1997～2008 年. 中国人口科学，2010（4）

［26］ 杨俊，黄潇，李晓羽. 教育不平等与收入分配差距：中国的实证分析. 管理世界，2008（1）

［27］ 张车伟. 人力资本回报率变化与收入差距："马太效应"及其政策含义. 经济研究，2006（12）

［28］ 周明海，肖文，姚先国. 企业异质性、所有制结构与劳动收入份额. 管理世界，2010（10）

［29］ 周金燕，钟宇平. 教育对中国收入不平等变迁的作用：1991～2006. 北京大学教育评论，第8卷，2010（4）

[30] Ahluwalia, M. S., 1990: "Policies for Poverty Alleviation", Asian Development Review, 8 (1).

[31] Hendel, Shapiroc and Willen, 2005: "Educational opportunity and income inequality", Journal of Public Economics 89 (2005) 841 ~ 870.

[32] Kevin Sylwester, 2002, a: "A Model of Public Education and Income Inequality with a Subsistence Constraint", Southern Economic Journal, 69 (1), 144 – 158.

[33] Kevin Sylwester, 2002, b: "Can education expenditures reduce income inequality?", Economics of Education Review 21 (2002) 43 – 52.

[34] Knight, J. B., and Sabot, R. H., 1983: "Educational Expansion and the Kuznets Effect", The American Economic Review, 73 (5), pp. 1132 ~ 1136.

[35] Mortensen, T. D. and Pissarides A. C. (1998), "Technological Progress, Job Creation and Job Destruction", REVIEW OF ECONOMIC DYNAMICS 1, 733 ~ 753.

[36] Pissarides, 1985, A. C, "Short – Run Equilibrium Dynamics of Unemployment, Vacancies, and Real Wages", The American Economic Review, Vol. 75, No. 4, pp. 676 ~ 690.

[37] Raquel Fernández and Richard Rogerson, 1998, "Public Education and Income Distribution: A Dynamic Quantitative Evaluation of Education – Finance Reform", The American Economic Review, Vol. 88, No. 4, pp. 813 ~ 833.

[38] Ram, R., 1989, "Can Eduction Expansion Reduce Income Inequality in Less – Developed Countries", Economics of Education Review, 8 (2).

[39] Todaro, 1989: "Economic development in the Third World", Longman ? (New York), 4th edition.

[40] Yashiv, E., 2003: "bargaining, the value of unemployment, and the behavior of aggregate wages", Unpublished manuscript, Tel Aviv University.

拉丁美洲的市场、国家和包容性增长

——阿根廷、巴西、墨西哥和秘鲁个案研究

Nora Lustig [①]

（美国杜兰大学）

前　言

拉丁美洲收入分配非常不平等，据称在全球居首，而且这种状况已经持续了数 10 年。在过去的 25 年里，拉丁美洲的收入分配表现出两次显著的变化趋势。在 20 世纪 80 年代——即所谓"失落的十年"——以及 90 年代初的结构改革时期，据可比数据表明，绝大多数国家的收入不平等持续恶化[②]。自 90 年代后半期开始，不平等的差距开始缩小（见图 1）。在 2000～2009 年间，尽管全球部分地区的不平等水平有所上升，但根据现有的可比数据来看，17 个拉丁美洲国家中有 13 个国家的不平等水平下降，且下降的平均速度接近每年 1%（见图 2）。

为什么拉丁美洲国家的不平等状况在本世纪头十年有所缓和？市场力量以及国家行为在多大程度上能解释不平等状况的演进过程？为了解答这些问

---

① Nora Lustig（nlustig@ tulane. edu）是美国杜兰大学研究拉丁美洲经济学的 Samuel Z. Stone 教授，兼任全球发展中心（Center for Global Development）和与美洲对话（Inter – American Dialogue）的特邀研究员。

② 参见 Altimir（2008）及 Londoño 和 Szekely（2000）的文章。下文将提到，在 20 世纪 80 年代，仅有 6 个拉丁美洲国家拥有全国性数据，剩下 7 个国家只有城市地区的数据（某些国家甚至只有大城市的数据）。

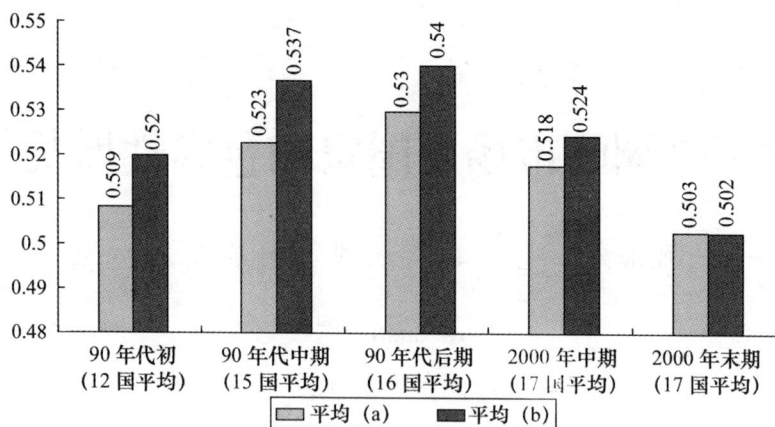

图 1 20 世纪 90 年代至本世纪头十年拉丁美洲的不平等状况（用基尼系数表示）

注：相关数据为各国未加权平均值。（a）表示所有 17 个国家；（b）表示 21 世纪以来收入分配出现下降的国家。

资料来源：Lustig et al.（2011a），图 2。

题，本文综合分析了阿根廷、巴西、墨西哥和秘鲁等四国的个案研究结果。在解释不平等的变迁时，特别强调了教育的回报和政府转移支付所发挥的作用。此外，本文还展示了静态财政归宿分析（static fiscal incidence analysis）的初步结果，以展示财政转移对减少"在采取财政政策之前"的不平等和贫困水平的相关性。

本文的结构如下：第一节总结了这四个国家的主要研究结果。第二节深入探讨了教育升级对于所观察到的不平等变化趋势的影响。第三节根据静态归宿分析简短地讨论了政府的财政转移及其在降低不平等和贫困方面发挥的作用。第四节总结了全文的研究结果。

拉丁美洲在本世纪头十年的不平等变迁趋势：
阿根廷、巴西、墨西哥和秘鲁的个案研究

在本世纪头十年，阿根廷、巴西、墨西哥和秘鲁在收入和非劳动收入方面的不平等水平开始下降。收入不平等的缓解似乎与高等教育回报率的下降

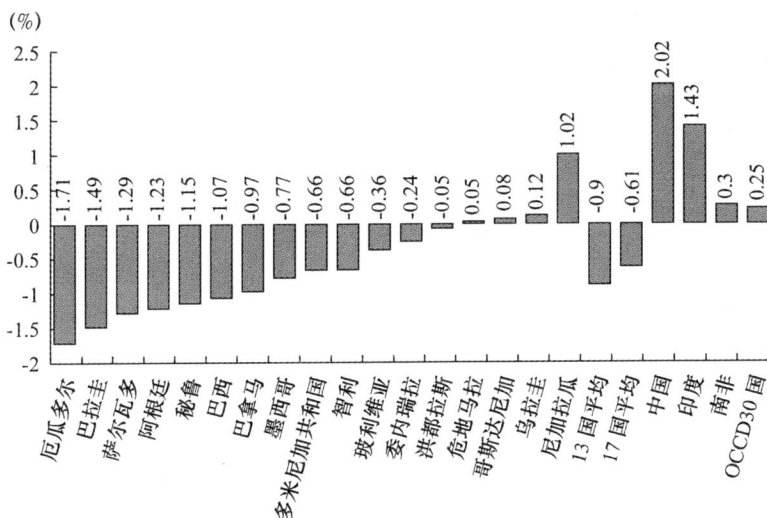

图 2　2000 ~ 2009 年间拉丁美洲各国不平等水平的下降情况（用基尼年均变化的百分比表示）

注：根据 SEDLAC 的估算结果，其不平等变化情况具有统计显著性的国家。阿根廷和乌拉圭只有城市地区的数据。在乌拉圭，所调查的城市代表了总人口的 80%；在阿根廷，所调查的城市代表了总人口的 66%。计算各国基尼系数的平均变化幅度时，用最后一年与第一年之间的百分比差除以年数。所有国家的总平均值是各国变化幅度的简单平均值（其中有 13 个国家的不平等水平下降）。用来计算百分比差的年份情况如下：阿根廷（2009 ~ 2000 年），玻利维亚（2007 ~ 2001 年），巴西（2009 ~ 2001 年），智利（2009 ~ 2000 年），哥斯达黎加（2009 ~ 2001 年），多米尼加共和国（2009 ~ 2000 年），厄瓜多尔（2009 ~ 2003 年），萨尔瓦多（2008 ~ 2000 年），危地马拉（2006 ~ 2000 年），洪都拉斯（2009 ~ 2001 年），墨西哥（2008 ~ 2000 年），尼加拉瓜（2005 ~ 2001 年），巴拿马（2009 ~ 2000 年），巴拉圭（2009 ~ 2002 年），秘鲁（2009 ~ 2001 年），乌拉圭（2009 ~ 2000 年），委内瑞拉（2006 ~ 2000 年）。使用自助法（bootstrap method）并将统计分析的显著性水平确定为 0.05 后，以下国家的不平等变化情况不具备统计显著性，即玻利维亚、哥斯达黎加、危地马拉和洪都拉斯。非拉丁美洲国家使用的统计年份如下：中国（1993 ~ 2005 年左右），印度（1993 ~ 2005 年左右），南非（1993 ~ 2008），OECD30 国（20 世纪 80 年代中期至 2005 年左右）。

资料来源：Lustig et al.（2011a），图 3。

息息相关。高等教育回报率降低了收入不平等，但对就业模式的影响很小，或者说几乎没有。[①] 与 20 世纪 90 年代不同的是，技能溢价下跌。供求力量似乎已经在发挥作用。特别是在巴西、墨西哥和秘鲁，劳动供给的构成出现

———————————

① 参见 Manacorda 等（2010）的文章。

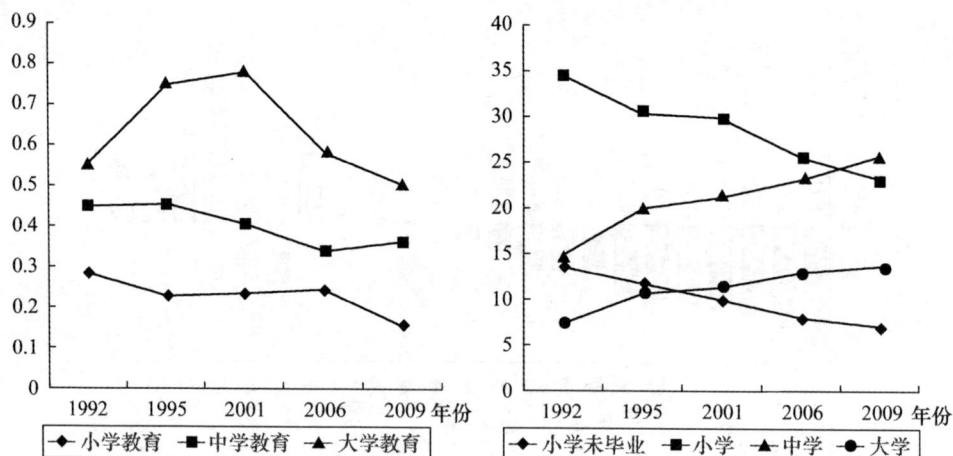

阿根廷的教育回报率（1992～1999 年）　　阿根廷成年人口不同教育水平的比例（1992～1999 年）

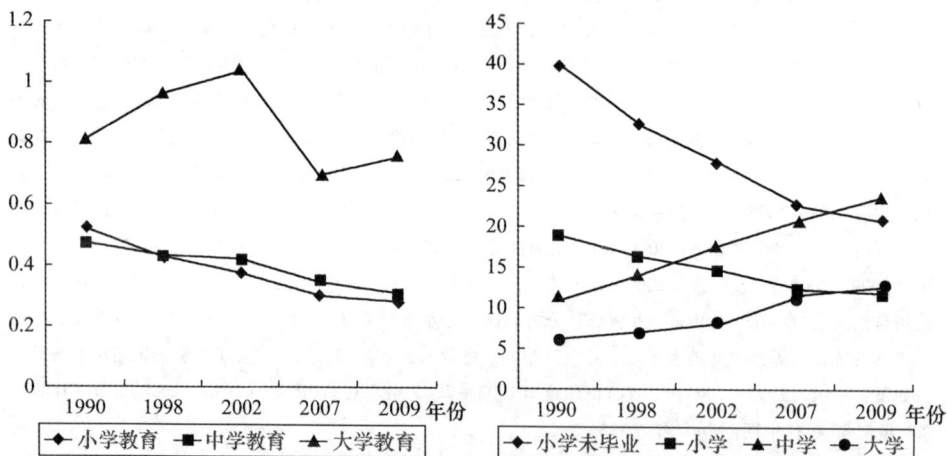

巴西的教育回报率（1990～2009 年）　　巴西成年人口不同教育水平的比例（1990～2009 年）

图 3　阿根廷、巴西劳动力组成（用教育水平划分）和教育回报

注：本图中的技能分类通过正规教育的水平来划分。这里的教育水平分别对应小学、初中、高中和高等教育。图中的数据只是城市地区的数据。阿根廷对城市的调查覆盖了总人口的 66%。在阿根廷，7 年级以前为小学，7～12 年级为中学，16 年以上的正规教育为高等教育。如果所接受的正规教育不足 6 年，或未曾接受过教育，被视为未完成小学教育。在巴西，4 年级以前为小学，4～11 年级为中学，15 年以上的正规教育为高等教育。以上内容只计算了成人的教育比重（年龄组从 25～65 岁）。

资料来源：Lustig 等（2011a），图 6。基于 SEDLAC（CEDLAS 和世界银行），2011 年 3 月（http：//sedlac. econo. unlp. edu. ar/eng/）。

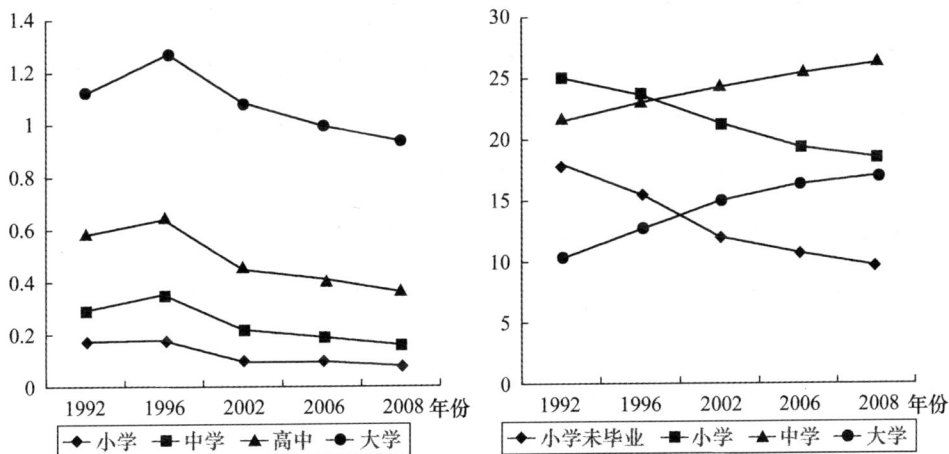

墨西哥的教育回报率（1992～2008年）　　墨西哥成年人口不同教育水平的比例（1992～2008年）

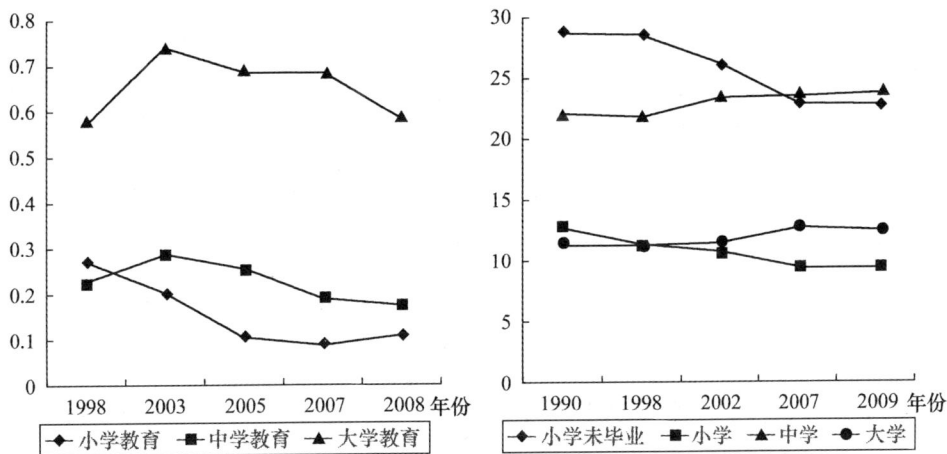

秘鲁的教育回报率（1990～2009年）　　秘鲁成年人口不同教育水平的比例（1990～2009年）

图3　墨西哥和秘鲁的劳动力组成（用教育水平划分）和教育回报

注：本图中的技能分类通过正规教育的水平来划分。这里的教育水平分别对应小学、初中、高中和高等教育。图中的数据只是城市地区的数据。在墨西哥，6年级以前为小学，6～9年级为初中，8～12年级为高中，15年级以上的正规教育为高等教育。所接受的正规教育不足5年或未曾接受过教育时，被视为未完成小学教育。在秘鲁，5年级以前为小学，5～11年级为初中，16年以上的正规教育为高等教育。所接受的正规教育不足4年或未曾接受过教育时，被视为未完成小学教育。以上内容只计算了成人的教育比重（年龄组从25～65岁）。

资料来源：Lustig等（2011a），图6。基于SEDLAC（CEDLAS和世界银行），2011年3月（http：//sedlac. econo. unlp. edu. ar/eng/）。

显著变化。随着基础教育的扩张①，低技能劳动力相对稀缺，因此可能会要求提高回报/工资（见图3）。在阿根廷，技能溢价下降不仅源于技能构成的改变，而且源于以下两种效应：经济繁荣的就业效应；倾向于工会的政府所采取的积极劳动力市场政策产生的工资抑制效应。

教育水平之所以能大幅提升，其原因可能是生均的基础教育（即小学和中学）投入提高，以及农村地区教育覆盖面的扩大。这两项措施都降低了劳动力供应侧的限制。此外，有条件转移支付项目（如巴西的 Bolsa Familia 和墨西哥的 Progresa/Oportunidades）为贫困家庭支付了儿童入学的成本以及儿童不上学而去从事劳动的机会成本，从而降低了需求侧的限制。②

劳动收入不平等的下降情况（特别是技能溢价的下跌）与数十年前的情况截然不同。当时技术工人的教育回报（即技能溢价）在增速上超过了非熟练工人的教育回报。有证据显示，技能溢价的上升幅度取决于该经济体对国际贸易和外国投资的开放程度以及由此引发的技能偏向型技术进步。在20世纪90年代末和本世纪初，技能溢价下降，这暗示着技能偏向型技术进步发挥了显著的非均等化影响。因此，劳动力市场的动态发展日益受到劳动力供给构成（以教育水平划分）变化所带来的影响。教育水平大幅上升促使熟练工人在总体劳动力中的相对规模扩大（这里的熟练工人指完成高中学业及以上的工人）。

非劳动收入的不平等水平下降，是拉丁美洲国家不平等状况有所缓解的第二个重要原因。非劳动收入的来源种类繁多，如资本回报（利息、利润和租金）、私人转移（如汇款）和公共转移。资本回报对不平等下降的贡献较小，而且不具备均等化的作用。在私人转移方面，汇款已经被证实能发挥均等化的作用，而且在本世纪初表现得尤为明显，这是因为汇款缩短了城乡居民人均收入之间的差距（其效果在墨西哥最为显著）。然而，本世纪初出现

---

① 阿根廷和墨西哥的基础教育指 1~9 年级，巴西的基础教育指 1~8 年级，秘鲁的基础教育为 1~11 年级。基础教育涵盖了各国自己确认的初级教育和中等教育。

② 如需了解更多关于 Bolsa Familia 和 Oportunidades 的信息，请参见 Fiszbein et al.（2009）。

的新问题是，政府转移对于均等化的重要作用强势崛起。巴西的 *Bolsa Familia* 和墨西哥的 *Progresa/Oportunidades* 等大规模（主要指其覆盖面）有条件转移支付项目都发挥了显著的再分配效果。这些项目在政府的社会总支出中占比不大，但是使位于分配底层的人群享受到收入再分配，对他们大有裨益。①

本文作者在下文综合分析了导致各国不平等状况出现动态变化的决定性因素。

一、阿根廷②

在 1990～2000 年初，阿根廷城市地区的不平等状况急剧恶化，但在经历了 2001～2002 年的宏观经济危机后又开始下降。这一时期包括了两个迥然不同、几乎是完全相反的经济政策体系。在 90 年代，阿根廷在劳动力市场机制疲软和社会保障有限的背景下推行了具有深远意义的市场化改革。在本世纪初，政府对经济的干预日益普遍。劳动力市场的机制得到加强，社会保障体制也针对非熟练工人和半熟练工人发挥了收入再分配的功效。

在 1991～2002 年间，阿根廷的基尼系数从 0.47 上升到 0.53。在 20 世纪 90 年代，导致不平等水平上升的一个因素是教育回报急剧上升，即熟练工人和非熟练工人之间的工资差距拉大。和其他拉丁美洲国家一样，阿根廷的技能溢价上升与生产结构和组织架构的现代化进程息息相关。相应的，阿根廷的贸易自由化和投资自由化也促进了这种技能偏向性技术变化。另外一个促使收入不平等拉大的原因是工会的作用被削弱。有证据表明，工会的会员数量及其活动在 1991～2000 年间大幅缩水，当时恰逢 90 年代的私有化、

---

① 除了定向转移支付以外，政府的社会支出在本世纪头十年里进展显著。在卫生、教育、营养和基础设施（如水电和环境卫生）方面的支出日益倾向于贫困人口。不过，尽管它们的进步很明显，但是从分配的角度来看，公共支出仍然有一大部分在益贫性方面处于中立甚至表现出倒退的倾向。此外，拉丁美洲地区存在为数众多的超级富豪。鉴于这个特点，税收（特别是个人所得税）作为再分配工具的利用情况严重不足。附表 A 详细描述了各政府的现金转移项目。

② 本节基于 Gasparini and Cruces（2010）的文章。

贸易自由化和价格稳定等改革。这些改革通过消耗国有企业的租金、采取保护性关税和通胀引发的租金等措施削弱了工会的权力。因此，工会活动在90年代收缩，同期恰好出现了工资不平等恶化的状况，这完全是在意料之中。

在2002年的危机后，阿根廷的基尼系数从2002年的0.53下降到2009年的0.45。在此期间，劳动收入和非劳动收入的不平等水平下降。对基尼系数的变化情况进行分解后发现，在家庭人均收入不平等的下降幅度中，有67%是由劳动收入不平等缓和所造成的①。促使劳动收入不平等下降的原因如下：经济快速复苏推动就业扩张、阿根廷比索贬值导致非熟练工人密集型产业兴起、90年代技能偏向型技术进步的效果逐步淡化、工会的影响力再次崛起。这些因素导致技能溢价下跌（见图3）。这一时期的特点是，人均GDP的增长速度创下历史纪录（除了2009年爆发全球经济危机以外，阿根廷的人均GDP增速自2003年起达到每年8%），就业率直线下降（从20%以上下降到8%）②。尽管货币贬值起初对实际工资产生了消极影响，但是当廉价比索刺激劳动密集型产业的产出持续增长时，货币贬值的影响逐渐消失。在本世纪初，大规模的技术升级进入尾声，因此技术工人工资的上行压力减弱（它发挥了非均等化力量），技能溢价下跌。倾向于工会和工人的政府提高了最低工资水平，要求私营部门一次性提高薪酬并且鼓励劳资双方进行集体谈判。自2002年起工资不平等水平开始下降，工会激进主义也在这一时期得到复兴。

更加激进的财政政策促使非劳动收入不平等的情况有所缓和。2002年

---

① Alejo et al.（2009）。从根本上来说，这个方法包括以下内容：将不平等的变化分解为两个因素：一个是最接近决定因素（proximate determinant）的分布变化对于不平等变化的贡献（每次只选择一个因素）；另一个是最接近决定因素之间互动（即相关）的变化对于不平等变化的贡献。在估算它们的贡献情况时采用了一系列序列反事实模拟（sequential counterfactual simulation），并假设利益的最接近决定因素在分布上与基年相当。若想详细了解这个方法论，请参见Barros et al.（2006和2007）。

② 需要指出的是，尽管不平等水平相对于危机时大幅下降，但是即便在人均GDP和就业提高、劳动力机制得到巩固和政府推行大规模现金转移项目的现状下，它与90年代中晚期的水平仍然相差无几。

比索大幅贬值对于"采取财政政策后的"收入不平等产生了间接的均等化影响。货币贬值起初对实际工资产生了消极影响，但对土地租金产生了积极影响，同时伴有全球商品繁荣带来的巨大贸易发展。然而，实际工资受到的消极影响（兼非均等化影响）部分地被激进的出口税扩张所抵消，这些税收都用于资助大规模的反贫困项目。政府利用财政增收来提高社会支出。此外，2002 年的 *Jefes y Jefas de Hogar Desocupados*（"失业家庭户主计划"）等大规模现金转移项目也大幅推高了社会支出。*Jefes y Jefas de Hogar Desocupados* 在 2003 年覆盖了 200 万个家庭。现金转移项目可能是非劳动收入分配发生变化并促进均等化的重要因素。除此以外，消费税也产生了间接的再分配作用，因为它们使贸易商品的国内价格低于其国际价格水平。这对于食品价格来说至关重要。尽管这些政策的益处也会渗透进非贫困人口，引发效率低下的问题，但它们产生了均等化的作用，至少在短期来看是如此。

　　总而言之，促使阿根廷的不平等水平在近期下降的原因是：技术升级的效果渐渐淡化，同时劳动密集型产业增长强劲。国家行为与市场力量相辅相成。倾向于工会和剥夺选举权的政府通过积极的劳动力市场政策以及税收和财政转移重新分配了优越贸易条件带来的"意外之财"（这些优越贸易条件是由全球商品繁荣创造出来的）。

二、巴西[1]

　　在 1998 年之前，巴西的基尼系数变化不大，但自 1998 年开始稳定下降，2000 年之后的降幅最为急剧，从 2001 年的 0.593 下降到 2007 年的 0.552，下降了 4.1 个百分点，相当于每年下降 1.3%[2]（见图 4）。与此同时，尽管巴西的 GDP 增长不甚突出，但是赤贫率和适度贫困率以每年 2.5%

---

　　[1]　本节基于 Barros，de Carvalho，Franco 和 Mendonça（2009b and 2010）的文章。
　　[2]　巴西收入不平等的降幅通过了洛伦茨优势（Lorenz dominance）测试，且具有统计学显著性。参见 Barros et al.（2009）。

的速度稳步下降（见表1）①。

（基尼系数）

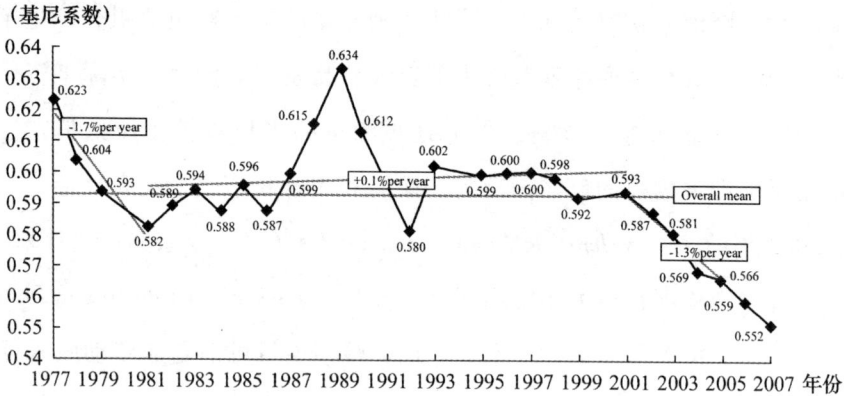

图4　依据巴西家庭人均收入计算的基尼系数变化情况

资料来源：Pesquisa Nacional de Domicilios（PNAD），1997~2007；Barros et al.（2009）.

表1　　　　　　　　　2001~2007年巴西的贫困率和赤贫率　　　　　　　单位:%

指　标	2001	2007	2001~2007年的变化幅度
贫困率[2]			
贫困人口比	39	28	-28
贫富差距[1]	18	12	-34
贫困强度[1]	11	7	-37
赤贫率[2]			
贫困人口比	17	10	-42
贫富差距[1]	7	4	-40
贫困强度[1]	5	3	-37

注：1. 贫富差距和贫困强度用贫困线的倍数来表示。

　　2. 本表利用地区贫困线进行估算。全国的平均贫困线相当于每月175雷亚尔。全国的赤贫线
　　　　为每月88雷亚尔。

资料来源：基于2001~2007年Pesquisa Nacional por Amostra de Domicílios（PNAD）的估算结果。

　　因此，根据其贫困及不平等状况的发展趋势，巴西的增长模式可以定义为"益贫式"增长，即贫困人口的收入增长超过富裕人口的收入增长。在

————————

① 参见Barros et al.（2009）.

2001～2007 年间，最穷的 10% 人口的人均收入增幅为每年 7%，几乎是全国平均水平（2.5%）的 3 倍，而最富的 10% 人口的人均收入增幅仅为 1.1%（见图 5）。由于不平等水平下降，赤贫人口减少了 2/3。

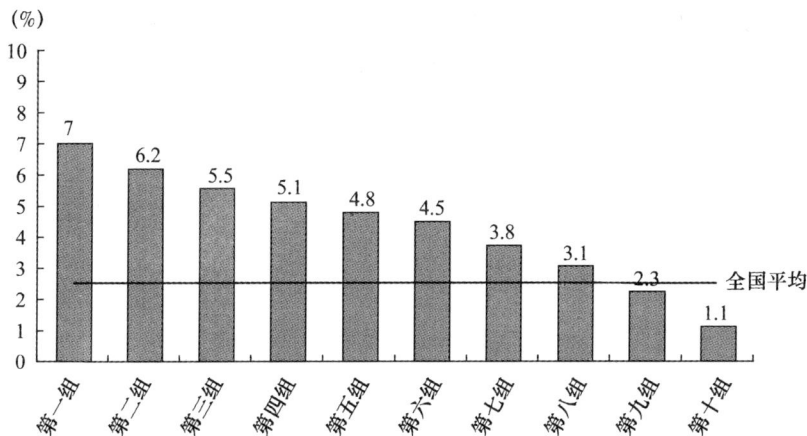

图 5　2001～2007 年的巴西人均收入增幅

注：本图基于 1997～2007 年的 Pesquisa Nacional de Domicilios（PNAD）。

数据来源：Barros et al.（2009）。

以下三个因素促使巴西的不平等水平出现下降：一是通过提高教育水平及降低教育不平等来拉近工资差异；二是促进劳动力市场的空间融合及行业融合，特别是大都市和非都市区的劳动力市场融合；三是加大缴费型和非缴费型政府转移的力度①。如果对家庭收入不平等的变化情况进行分解，那么就可以发现，不平等水平的降幅中几乎有一半归功于劳动收入不平等的下降，而另外一半则归功于非劳动力收入不平等的下降②。

在 20 世纪 70 年代末，人口因素和就业是推动不平等水平下降的重要原因，但它们在本轮不平等下降中的作用并不明显。譬如，贫困人口抚养比的变化情况对不平等水平的影响几乎可以忽略，这与 70 年代末的情况大相径

---

① Barros et al.（2009）。

② 劳动收入包括工资和个体经营者的薪酬。非劳动收入包括财产性收入、自营产业和转移。相应的，转移可以是私人转移（如汇款和馈赠），也可以是公共转移（如退休金和有条件现金转移）。

庭。过去，贫困人口的失业率攀升导致不平等水平无法显著下降。然而，目前失业率对不平等水平的影响不甚明显。总而言之，促使劳动收入不平等下降的主要诱因是工资不平等的水平下降。由于处于分配末端的人群获得教育的机会大大增加，教育不平等的下降也推动了工资不平等下滑（见图6）。自1995年，在各个教育层面上的劳动收入差距全面下降。这一趋势自2002年起表现得更加清晰，特别是在中等教育和高等教育层面。

（标准差）

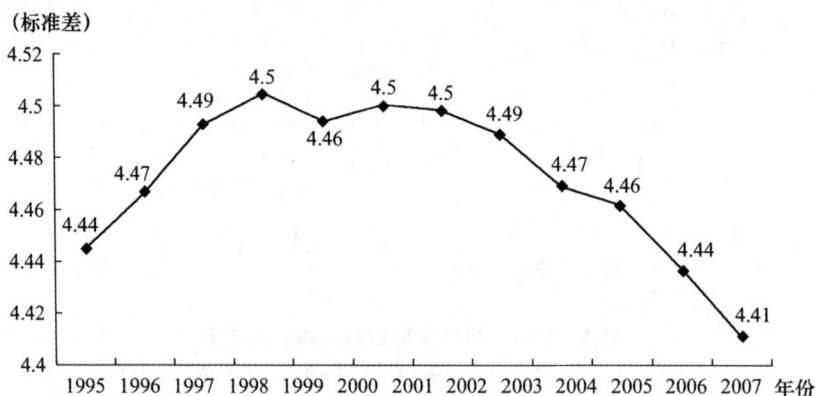

图6　1995～2007年巴西工人的教育不平等状况

资料来源：Barros et al.（2009）。

另外一个促使劳动收入不平等下降的因素是，劳动力特殊分割的情况有所缓和。图7表明大都市和小城市以及大都市和中等城市之间的劳动收入差距在缩小。至于哪些因素可以解释这种趋势，目前仍然没有找到答案。可能是某些生产性部门在巴西"内地"的扩张超过它在都市区的发展，从而提升了中小城市对劳动力的需求并推高工资水平。而与此相对的是，正规和非正规劳动力之间的收入差距不但没有缩小反而拉大，这意味着在1997～2007年间，此类劳动力市场的分割状态发挥了非均等化的作用。劳动力歧视方面的变化不足以有效地解释劳动收入不平等下降的现象。劳动力歧视指在生产力相同的情况下，不同劳动力（如性别和肤色不同）在劳动收入方面存在差异。

正如上文所述，非劳动收入不平等持续下降也是解释家庭收入不平等的

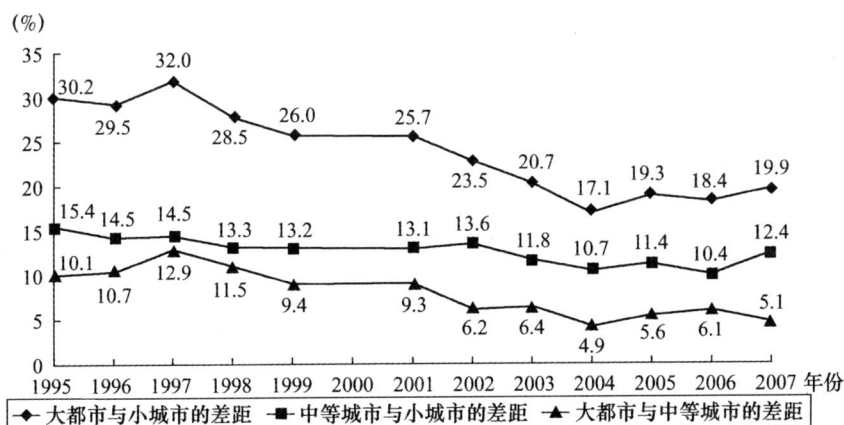

图7　1995～2007年巴西的都市区和非都市区之间劳动收入差异的演变过程

注：本图基于1997～2007年的 Pesquisa Nacional de Domicilios（PNAD）。

资料来源：Barros et al.（2009）。

总体水平下降的重要因素。尽管其贡献大小取决于采取何种方法论，但是为了保持前后的连贯性，我们采用了估算劳动收入不平等变化时所用的方法，并展示其结果[①]。这个分解过程试图将各个来源对不平等总体变化的贡献分离出来。这些来源包括：资产（包括租金、利息和红利）、私人转移和公共转移。

公共转移在家庭非劳动收入中的比重超过了80%[②]。自2001年起，至少有一人享受到公共转移的家庭在总人数中的比例上升了10个百分点。资产和私人转移对于收入分配带来的变化非常有限。非劳动收入对收入不平等整体下降的贡献主要来源于公共转移的变化，公共转移促使非劳动收入不平等总体下降了49%。尽管缴费型转移和非缴费型转移都是重要的影响因素，但前者发挥了主导作用。特别是社会保障金，对非劳动收入不平等下降的贡献达到30%左右。像 BPC（Benefício de Prestação Continuada）和 Bolsa Família 这样的非收费转移的项目不断扩大覆盖面，也发挥了非常重要的作

① Barros et al.（2009）．

② 家庭调查通常无法精确地掌握处于分配顶层的家庭的收入，因为它们的资产收入相对较多。这种情况在所有国家均是如此。

用（Bolsa Família 是巴西具有代表性的有条件现金转移项目）。尽管非缴费型转移项目所转移的金额在家庭总收入中的占比极低（0.5%），但每个非缴费型转移项目使得非劳动收入不平等的总体水平下降了 10%。

总而言之，巴西的收入不平等水平之所以能够自 2001 年起迅速下降，可能受到以下因素的影响，即扩大教育覆盖面带来丰硕的成果、劳动力供给的空间模式发生变化、部分公共转移扩大了规模而且增长迅猛（社会保障和社会援助都发挥了作用，不过前者的作用更加显著）。然而，正规工人和非正规工人的工资差距仍然在拉大，政府出台的部分政策阻碍了在降低不平等方面取得的进展。特别要指出的是，提高最低工资水平虽然推高了与其联动的社会保障金，但在降低不平等和赤贫方面的效力逊于 Bolsa Família 这样有针对性的项目。

三、墨西哥[①]

在 1984 年至 90 年代中期这一期间，墨西哥的家庭收入不平等持续上升，自 90 年代中期开始下降。特别是在 2000～2006 年间，其基尼系数从 0.53 下降到 0.49，降低了 4 个百分点。这意味着平均每年下降 1.3%，与巴西同期的情况不相上下（见图 8）。

1994～1995 年的比索危机[②]导致墨西哥的贫困率在 90 年代中期达到顶峰，随后其赤贫率[③]持续下降（见图 9）。特别是在 2000～2006 年，赤贫率的下降幅度高达 43%。鉴于同期墨西哥人均 GDP 年增长率只有 2.5%，甚至更低，所以这一成就显得更加突出。后者强调了不平等水平下降对于减贫发挥的作用。

---

① 本节内容基于 Esquivel，Lustig 和 Scott（2010）.
② 使用 2005 年的数据时应该慎之又慎，因为当年的调查与其他年份的调查没有可比性。
③ 贫困发生率通常用贫困人口比来衡量。墨西哥用官方的"食品贫困"线作为衡量赤贫的尺度。

（基尼系数）

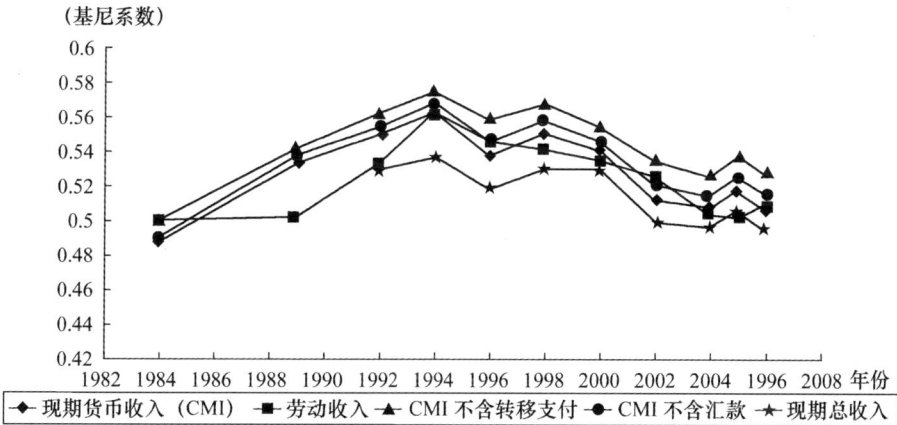

图 8　1984～2006 年墨西哥的基尼系数

数据来源：Esquivel（2009）。

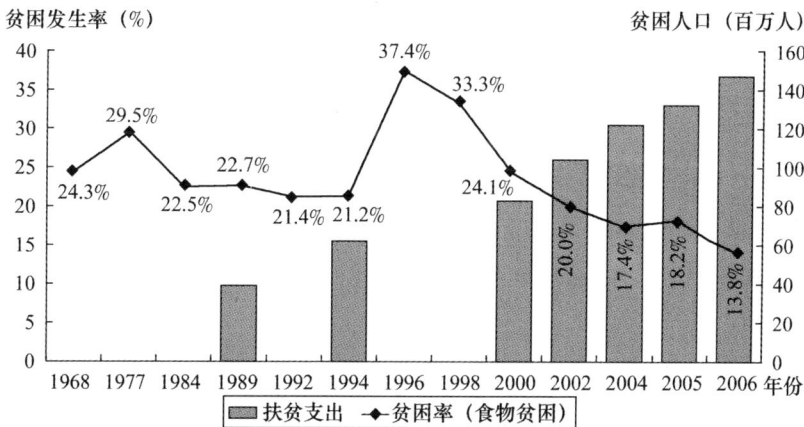

图 9　1968～2006 年墨西哥的赤贫发生率（左轴）

数据来源：Scott（2009）。

图 10 所示，2000～2006 年的增长发生曲线[①]表明，最穷的 40% 人口的收入增速超过整个分配的增速值，即图 10 中两条水平线中较高的那条[②]。由此可以判断，墨西哥在这一时期经历了"益贫式"增长。那么接下来的问

---

①　"增长发生曲线"描绘了从最穷家庭到最富家庭中，每个收入十分位的家庭人均收入（或支出）的变化情况。其分位数通常为百分位或百分位以下的单位。

②　整个分配增长率的中值略高于 2.5%。

题是，哪些因素能解释这个增长模式：人口变化、就业模式的变化、工资不平等的变化，还是政府转移方面的变化？

年均增长率（%）

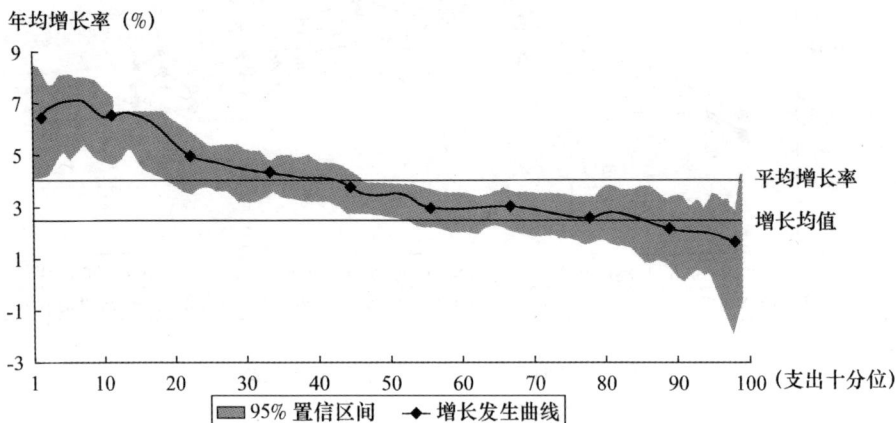

图10 2000～2006年墨西哥的增长发生曲线

数据来源：Esquivel（2009）。

对2000～2006年不平等变化的分解研究得出了以下结果：通过成年人比重衡量的人口变化以及就业成年人的比重发挥了均等化作用。这意味着贫穷家庭的抚养比和每家的就业成年人数量在增幅上"高于"富裕家庭。劳动收入和非劳动收入的分配不平等下降，均有助于家庭收入不平等的总体水平下降。劳动收入包括工资和自营收入。非劳动收入包括财产收入、自有商业的收入和转移。相应的，转移可以是私人转移（如汇款和赠款）或公共转移（如退休金和有条件现金转移）。

劳动收入不平等下降是促使家庭收入不平等总体下降的最重要因素。在2000～2006年之间，基尼系数下降了3.07个百分点（即下降了5.8%）。假设在2000～2006年之间唯一变化的因素是劳动收入的分配，那么基尼系数会下降3.19个百分点，即超过不平等的总体降幅[1]。

劳动收入不平等的下降反映出熟练工人与非熟练工人之间的工资差距在拉近。图11展示了这一差距在80年代中期的贸易自由化之后逐步拉大。它

---

① Alejo et al（2009）。

是导致收入不平等的总体水平在80年代中期至90年代中期上升的重要因素之一。然而,自90年代中期起,劳动收入不平等的上行趋势开始逆转。由于1994年推行的北美自由贸易协定(NAFTA)恰好与这一趋势重合,所以人们非常关心相对工资的均等化趋势在多大程度上算是NAFTA的产物。目前这一问题尚未得到解答。随着NAFTA的落实,来料加工业对低技能工人的需求上升。然而,与此同时,具有中学以上学历的工人比重相对高于那些不具备此类教育背景的工人。低技能工人的比重从1989年的55%下降到2006年的32%(低技能工人指学历水平为中学以下的工人)。

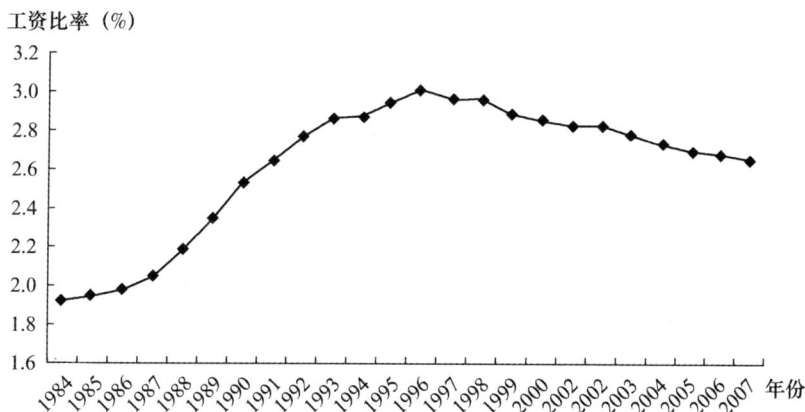

工资比率(%)

图11　1984～2007年墨西哥熟练工人与非熟练工人的工资差距

资料来源:Esquivel(2009)。

因此,供需这两方面的因素都拉近了熟练工人和非熟练工人之间的工资差距,如需求因素包括来料加工业的就业机会增加;供给因素包括低技能工人相对充裕程度有所变化。图12展示了在1996～2006年间,教育水平较低且缺乏经验的工人(即低技能工人)的工资上升,而高技能工人的工资略微下降。这与增长发生曲线的形状以及劳动收入不平等下降对家庭收入不平等下降的贡献基本一致。

总而言之,墨西哥家庭收入不平等的下降取决于以下两个因素:对低技能工人的需求相对上升;此类工人的供给相对下降。后者必然是教育大发展

（对数平均工资）

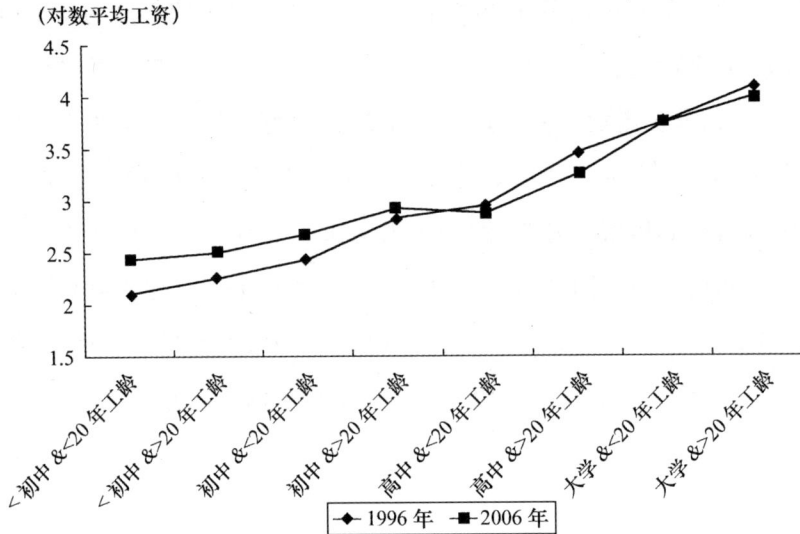

图 12　墨西哥男性工人的对数平均工资（按教育背景和工作经验划分）

资料来源：Esquivel（2009）。

的成果，因为越来越多的人在学校接受了更多教育（工人在校学习的年限稳步上升可以证实这一点）。劳动力需求侧的因素与 NAFTA 息息相关，因为自从推行 NAFTA 后，北美的生产流程日益整合，来料加工业对低技能工人的需求也相应上升。

其他因素也促进了对处于分配底层的工人需求上升，如汇款增加、Progresa/Oportunidades 提供现金转移、墨西哥政府推出具有代表性的反贫项目。然而，由于这些项目多多少少算是前后脚推出，所以汇款和现金转移的直接效果虽然影响了收入不平等的水平，但是不一定能影响其发展趋势。其间接效果可能更重要，即汇款和现金转移对贫困地区的地方就业所带来的溢出效应。收到汇款的家庭通常会用这些钱来盖新房或扩建整修现有住房。这确保了本地经济对建筑工人的需求，相应的制造出了这些工人对其他货物和服务的需求等。人们可以将汇款和现金转移看做无数个推动贫困社区发展的"刺激草案"。

由此看来，墨西哥似乎是 GDP 和全要素生产率增长乏力的案例，因为它的新增就业机会多半集中在低生产率和低工资行业，而不是高工资和高生产率行业。然而，即使如此，此类工人所得到的工资（或报酬）仍然高于低技能工人在 2000 年前的工资水平。从这个角度来说，墨西哥的增长模式属于"益贫式"增长。尽管 Progresa/Oportunidades 等旨在反贫困的有条件现金转移项目加大了政府公共支出的力度，但是大多数转移并不具备"益贫性"，如退休金[①]。估算结果显示，如果政府没有实施 Oportunidades 项目，那么基尼系数可能会增加一个百分点[②]，可见其作用相当显著。然而，大多数公共支出并没有倾向于贫困人群，而且在很多情况下甚至有所倒退。因此，虽然墨西哥最近的不平等水平有所下降且意义深远，但其成果仍然有限，因为其社会政策仍然存在不足之处，且未能保持连贯性。不过，由此也可以得出一个好消息：这种现状意味着仍然存在进一步显著减贫和降低不平等水平的机遇。

四、秘鲁[③]

在 1997～2009 年间，秘鲁的基尼系数从 0.54 下降到 0.49，即下降了 4.6 个百分点。这一变化不仅具有统计学显著性，而且满足"洛伦茨占优（Lorenz-dominance）"的标准。与阿根廷、巴西和墨西哥不同的是，秘鲁的基尼系数并没有稳步下降，而是起伏不定。与阿根廷一样，秘鲁的不平等水平下降恰逢经济快速增长期，这与巴西和墨西哥的情况截然相反。

如果对家庭人均收入基尼系数的变化情况进行分解，那么研究结果表明非劳动收入的分配变化为不平等下降总量贡献了 90%，而且每个工人的劳动收入的分配变化具有强烈的非均等性[④]。因此，从表面上来看，秘鲁的情况与其他三个国家迥然不同。不过，如果对秘鲁进行更深入的研究，我们就会发现实际情况并非如此。尽管在家庭层面，每个工人的收入分配变化具有

---

① ②　Scott（2009）。

③　基于 Jaramillo and Saavedra（2010）。

④　Alejo et al.（2010）。

非均等性，但是工人个体在收入不平等方面的变化则具有均等性。

对劳动收入不平等的变化进行参数分解后，我们可以看到劳动力教育结构的变化具有均等性（劳动力的教育结构相当于人力资本的分布情况）[1]。教育回报的变化（见图3）在工人的个体层面产生了均等化的影响，但在家庭层面则表现出非均等化的效果。这意味着，家庭收入的非均等化效果与择偶匹配之间的联系超过了其与劳动力市场动态变化之间的联系。如果妇女的教育程度提高，那么男性与高学历且高薪的妇女结婚的情况就可能更普遍，而且/或者这些女性结婚后参与劳动力市场的几率高于其他妇女[2]。教育的数量效应（具有均等化效果）可以追溯到90年代政府开始大规模推广基础教育。教育的价格效应（具有均等化效果）——即技能溢价下降——则是以下两个因素共同作用的结果：高学历工人的供给增加，对熟练工人的需求未能超过其供给。

事实上，具有中学教育背景的工人比重在此期间有所上升（见图3）。劳动力的教育水平显著提高，这是过去数十年里国家政策和家庭决策的结果。在1970～2000年间，基础教育的入学率每年提高3%，其增长率超过了处于标准在校年龄的人群的增长速度。这意味着超过标准入学年龄的儿童正在努力弥补教育方面的差距。教育不平等的状况迅速下降。然而，尽管儿童的入学率在上升，但生均支出在下降，而且教育质量长期恶化，抵消了入学率的均等化效果。秘鲁公立学校的生源多为贫困学生，因此教育质量逊于私立学校。如果对教育质量上的差异进行修正后，通过国际测试显示的学习成果表明，秘鲁教育体系的不平等性在拉丁美洲位居前列[3]。

---

[1]　Jaramillo and Saavedra（2010）借鉴了Bourguignon *et al.*（2005）使用的方法论。该方法论不同于前文研究巴西和墨西哥时使用的方法论，前者模拟了分配的总体情况，而后者则对具体的指标进行了分解（如基尼系数和泰尔指数等）。它每次只改变一个因素，将其他因素控制为常量后模拟了虚拟分布。这种方法论具有多种优势，其中之一是它能够从一个因素的分布或市场回报的变化情况入手，鉴别它对不平等变化趋势的影响。譬如，我们可以将教育成就的分布变化对不平等变化的贡献从教育回报的变化中分离出来（教育成就可代表人力资本，教育回报指技能溢价等）。

[2]　这个问题需要深入研究，但这超出了本文的范畴。

[3]　Jaramillo and Saavedra（2010）。

正如前文所述，促使秘鲁不平等水平下降的主要原因是非劳动收入不平等的水平下降，而促成后者的潜在原因是政府对公共转移的规模及分配进行了调整——这与阿根廷、巴西和墨西哥的情况相似。在过去十年里，人均社会支出上升了近50%，针对贫困人口的社会支出比重也水涨船高。针对贫困人口的转移多采取非货币型转移①和公共服务的形式，而最近几年更倾向于货币型转移的形式，并推行了有条件现金转移项目 *Juntos*。对社会支出的归宿分析显示，非货币型转移在家庭人均收入中的比重平均上升了0.8个百分点。在收入最低的十分位上，该比重上升了6.5个百分点，对于第二个、第三个和第四个收入最低的十分位上，该比重分别上升了5.5、4.3和2.6个百分点。特别是食物转移，成为社会支出力度加大的主要原因。尽管政府转移的益贫性日益清晰，但是在分配重点上仍存在一些问题。譬如，尽管在收入的第八个和第九个十分位中，非货币性转移在家庭人均收入中的比重下降，但是在第十个十分位上，该比重又上升了（只不过其上升幅度低于平均水平而已）。

总而言之，秘鲁与阿根廷、巴西和墨西哥一样，基础教育的拓展以及劳动力需求模式的潜在变化促使技能溢价下跌。然而，由于在家庭层面每个工人的劳动收入分配更加集中，产生非均等化效果，因此抵消了教育和劳动力需求的均等化效果。导致家庭劳动收入不平等恶化的诱因仍然有待调查，但是择偶匹配以及妇女劳动参与模式的变化是最有可能的两个因素。政府针对贫困人口扩大了公共转移，这也在秘鲁发挥了强大的均等化作用。

五、教育提升对于降低拉丁美洲不平等水平的作用

正如前文所示，在本文分析的四个国家中，促使不平等水平下降的关键因素之一是技能溢价下降（"技能溢价"也被称做"高学历工人的相对教育回报"）。这是由劳动力供给侧或是需求侧的变化造成的，还是供需关系共同发挥了作用？Cruces et al.（2011）分析了过去20年里，拉丁美洲在教育

---

① 这些主要包括卫生服务和食品转移。

提升和不平等方面表现出来的趋势，他们得出的结论是：导致技能溢价下降的主要原因是用技能划分的劳动供给构成不同于以往。

受教育年限变动（年）

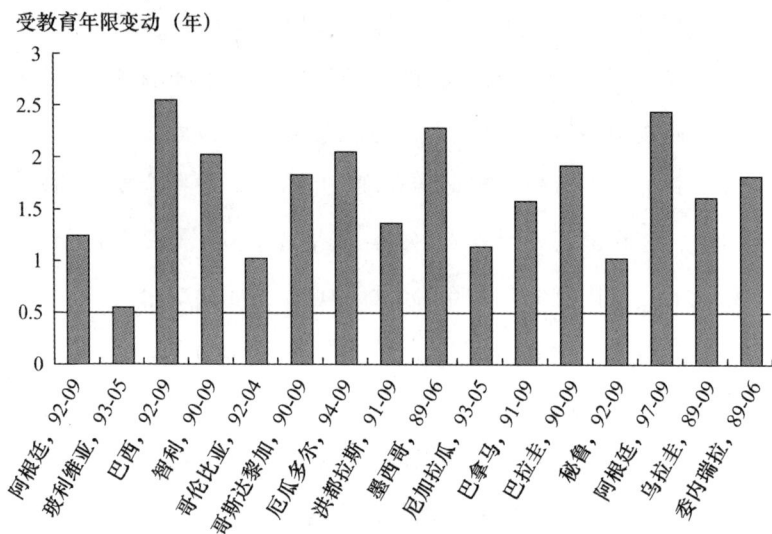

图 13　25～65 岁的成年人教育年限变化情况

资料来源：Cruces et al. （2011），图 2.1。

图 13 表明整个拉丁美洲的教育水平都得到了提升。更重要的是，在本世纪头十年里，最富的 20% 人口与最穷的 20% 人口在青年人教育年限方面的差距已经缩小。然而，由于受到回报凸性的影响（即教育程度越高，回报的增长速度越快），教育存量下降（用在校年限的分布来衡量）并不一定会导致收入不平等下降。事实上，它很可能会诱发相反的效果，即加剧收入不平等。Bourguignon 等人将这种效果称为"进步悖论"。Cruces 等人发现在本世纪头十年里，绝大多数国家都出现了这种效果，只是其强度低于 20 世纪 90 年代而已。换句话说，如果我们假设教育的回报率不变，那么尽管在本世纪头十年里，无论用任何一种衡量方式都表明教育分配更加平等，但用教育程度划分的劳动力构成的变化仍然会导致收入不平等上升①。图 14 清晰地展示了这种现象。教育分配的变化更加平等，却导致了收入不平等在 90 年代和本世纪头十

---

① 我们通过参数分解获得这些结果。如果想了解详细内容，请参见 Cruces et al. （2011）。

年上升（洪都拉斯是个例外，乌拉圭在本世纪头十年也不符合这种情况），不过这种现象在 2000 年没有那么显著。这暗示着教育提升或许到达了转折点，即在校年限的分布具有均等性（即假设教育回报和其他因素为常量）。

（摸拟的工资基尼系数变动）

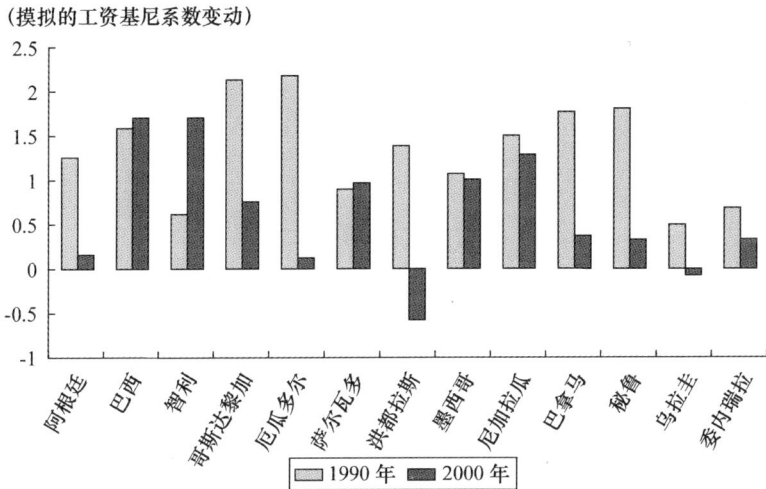

图 14　教育分布对于收入基尼系数的影响（研究结果来源于微观经济计量分解）
资料来源：Battiston et al.（2011），曾被 Cruces et al.（2011）引用，图 3.2。

　　如果在本世纪头十年里，教育不平等的下降仍然不具有均等性，那么收入不平等下降必然是受到技能回报下降的驱动。Gasparini et al.（2011）分析了 1980～2009 年间技能回报对于收入不平等的影响以及驱动拉丁美洲 16 国的技能回报下降的因素。他们的分析表明，在这 30 年间，熟练工人的相对供给持续且显著增加。工资的技能溢价先是在 90 年代保持上升，随后在本世纪头十年下降，其发展趋势呈现出倒 U 形。尽管不可能从经济计量学的角度将技能需求对不平等水平的影响分离出来，但是本文作者认为，我们可以从所观察到的相对供给和相对回报的行为模式来推断出这一点。在 1989～1999 年间，尽管熟练工人的相对供给大幅上升，但相对回报没有太大起色。因此，对熟练劳动的需求必然大幅上升。与此相反，2000～2009 的结果表明，对熟练工人的相对需求在大幅走低。最后，教育提升导致熟练工人的回报相对较低，成为第二节所探讨的劳动收入不平等下降的主要驱动因素。

政府转移在降低拉丁美洲不平等和贫困方面发挥的作用：静态财政归宿分析的初步结果[①]

拉丁美洲政府自 90 年代末起就引入有针对性的有条件现金转移项目（CCT）。在部分国家，这些项目已经覆盖了数百万贫困家庭。其中最著名的两个 CCT 项目为墨西哥的 *Progresa/Oportunidades* 项目（"进步/机会均等项目"）和巴西的 *Bolsa Familia* 项目（"家庭资助计划"）。阿根廷和秘鲁也有自己的标志性 CCT 项目，即阿根廷的 *Asignacion Universal por Hijo* 项目（"儿童普惠分配项目"）和 *Juntos* 项目（"一起来"项目）。除了这些"旗舰"项目以外，这些国家还有其他没有以贫困人口为主体的现金转移项目。

Lustig et al.（2011b）进行了详细的静态归宿分析，以估算这些转移在多个拉丁美洲国家对不平等和贫困的影响，其中也包括本文分析的四个国家。表 2 汇总了主要研究结果。如果用主要支出（除了债务偿还以外的其他所有支出）在 GDP 中的比重来衡量的话，各国的情况不尽相同。阿根廷和巴西的 GDP 占比在 36%～40% 之间，而墨西哥和秘鲁的比重则低得多，仅接近 20%。如果我们将非税收入和省级政府的收入考虑在内，那么用于再分配的财政空间就会相当大：巴西的政府总收入在 GDP 中的占比超过 50%，而这个比重在阿根廷接近 40%。与之相对的是，墨西哥和秘鲁的政府总收入刚刚超过 GDP 的 20%。社会支出[②]在 GDP 中的占比从 17%（巴西）到 5.2%（秘鲁）不等。直接现金转移在 GDP 中的占比也不尽相同，墨西哥和秘鲁位于底层，它们的直接现金转移在 GDP 中的占比约为 0.5%，而阿根廷和巴西的 GDP 占比为 3.1% 和 5.1%。这些国家扩大现金转移项目的规模时

---

① 本节基于 Lustig et al.（2011b）。由于这只是初步研究结果，所以使用该结果时应持谨慎态度。

② 这里提到的社会支出包括：教育、卫生和社会援助方面的公共支出。除了"补贴"性支出以外，其中并不包括缴费型养老金的支出。这里的"补贴"等同于调查当年现收现付型养老金体系的赤字。如果缴费型养老金体系不存在赤字，那么"补贴"即为零。

多半将资金投入各种非缴费型养老金计划，如阿根廷的 *Pension Moratorium*（占 GDP 的 2.3%）和巴西的 *Special Circumstances Pension*（占 GDP 的 2.3%）。一旦取消这些项目，阿根廷和巴西的现金转移项目在 GDP 中的占比会下降到 0.8% 和 0.6%。

　　表 2 中的一个关键性研究结果是，转移能大幅降低收入不平等，但是其结果在各国不尽相同。从这个角度来说，阿根廷的成就足以在再分配国家（redistributionist state）中"拔得头筹"。如果将所有现金转移包括在内，阿根廷的可支配收入基尼系数比转移前下降了 10.3%，其他三个国家的降幅在 2.5% ~ 3.5% 之间。正如我们所预料的那样，再分配的效能①在各国迥然不同。阿根廷是将政府支出最切实地用于再分配的国家，紧随其后的是墨西哥和秘鲁。

　　现有研究往往将关注的重点放在不平等上。然而，如何通过财政政策来实现减贫的问题即使在重要性上没有超过前者，也与其不相上下。我们的分析再次证明，各国的结果不尽相同。无论从绝对值还是相对值来说，阿根廷的财政政策对减少赤贫的作用都最显著②。在阿根廷、巴西、墨西哥和秘鲁，采取财政政策前的赤贫人口比在 13% ~ 15% 之间。阿根廷的直接现金转移将赤贫率降低了整整 63%，即采取直接转移和税收措施后，其赤贫人口比仅为 5%。秘鲁的情况最差，它的直接转移③仅使赤贫下降了 8%。巴西和墨西哥的情况介于两者之间，它们按可支配收入（即直接净转移之后的收入）计算的贫困率比按市场收入计算的赤贫率低了近 22%。然而，由于墨西哥和秘鲁的直接转移项目在针对性上强于阿根廷，所以墨西哥的减贫有效性最高，秘鲁次之，阿根廷名列第三，巴西的情况最糟。巴西的贫困人口比与墨

---

　　①　本文对"效能指标"的定义是税收或转移的再分配效果（分析时用其相对规模除以 GDP），详情参见第二节。

　　②　测量赤贫水平时使用了国际贫困线（即按购买力平价计算，每天消费不超过 2.5 美元）。在拉丁美洲国家，这个赤贫水平相当于国家赤贫线的中值。

　　③　秘鲁的直接转移项目中有相当大一部分是实物转移，采取的主要形式是有针对性的食物补贴。

表2 拉丁美洲的财政政策和再分配情况：阿根廷、巴西、墨西哥和秘鲁个案研究

列　数		市场收入	市场净收入	可支配收入
		1	2	3
阿根廷（城市）	基尼系数	0.479	0.480	0.431
	按市场收入计算的百分比变化	—	0.2%	－10.1%
	按市场净收入计算的百分比变化	—	—	－10.3%
	效能指标	—	0.02	3.33
	人口比指数（按购买力平价4美元）	无可用数据	24.90%	15.70%
	按市场净收入计算的百分比变化	—	—	－36.90%
	效能指数	—	—	11.99%
	人口比指数（按购力平价2.5美元）	无可用数据	14.70%	5.40%
	按市场净收入计算的百分比变化	—	—	－63.30%
	效能指数	—	—	20.54
巴西	基尼系数	0.572	0.56	0.546
	按市场收入计算的百分比变化	—	－2.10%	－4.50%
	按市场净收入计算的百分比变化	—	—	－2.50%
	效能指标	—	0.17	0.6
	人口比指数（按购买力平价4美元）	26.60%	27.30%	24.20%
	按市场净收入计算的百分比变化	—	—	－11.40%
	效能指数	—	—	2.75
	人口比指数（按购买力平价2.5美元）	15.30%	15.60%	12.20%
	按市场净收入计算的百分比变化	—	—	－22.20%
	效能指数	—	—	5.35
墨西哥	基尼系数	0.511	0.502	0.493
	按市场收入计算的百分比变化	—	－1.90%	－3.60%
	按市场净收入计算的百分比变化	—	—	－1.80%
	效能指标	—	0.73	2.88
	人口比指数（按购买力平价4美元）	无可用数据	26.40%	23.50%
	按市场净收入计算的百分比变化	—	—	－10.90%
	效能指数	—	—	17.87
	人口比指数（按购买力平价2.5美元）	无可用数据	13.50%	10.40%
	按市场净收入计算的百分比变化	—	—	－22.80%
	效能指数	—	—	37.5

续表

列　　数		市场收入	市场净收入	可支配收入
		1	2	3
秘鲁	基尼系数	0.504	0.495	0.492
	按市场收入计算的百分比变化	—	− 1.70%	− 2.50%
	按市场净收入计算的百分比变化	—	—	− 0.80%
	效能指标	—	0.3	2.15
	人口比指数（按购买力平价 4 美元）	无可用数据	28.80%	28.10%
	按市场净收入计算的百分比变化	—	—	− 2.40%
	效能指数	—	—	6.71
	人口比指数（按购买力平价 2.5 美元）	无可用数据	15.10%	13.90%
	按市场净收入计算的百分比变化	—	—	− 7.90%
	效能指数	—	—	21.7

注：效能指数是指税收或者转移的再分配效果，分析时将它们的相对规模用于计算。效能指数的具体定义如下：市场净收入的基尼系数介于市场收入和市场净收入基尼系数在市场收入基尼系数占比之间，除以直接税收和从业人员对社会保障的贡献（即 GDP 占比）。可支配收入基尼系数和人口比指标，是指市场净收入和可支配收入基尼系数/人口比指标之间的差值，作为市场净收入基尼系数/总人数指标的百分比，由 GDP 中直接转移的比重来划分。而最终收入基尼系数，是市场净收入和最终收入基尼系数的差值，作为最终收入基尼系数的百分比，由 GDP 中直接转移，教育支出、健康支出和（分析中所包含的）房屋和城市支出百分比来划分。

表 2 中的人口比指标用百分比来表示。

"无可用数据"指无法根据现有的家庭调查来估算出相关数据。"数据不可用"指玻利维亚没有市场收入，因为在调查当年，玻利维亚的收入没有征收直接税或其金额可以忽略不计，社保也无需缴费或其金额可以忽略不计。

阿根廷的财政转移后收入基尼系数只能用五分位来计算，因为间接税取决于次级来源。本表利用五分位计算的"财政转移后"基尼系数是 0.421（忽略了五分位之间的不平等），相对高于用五分位计算的可支配收入基尼系数（0.408）。

在巴西、墨西哥和秘鲁，支出百分比的绝对值变化非常显著。它包括了补贴在缴费型社保养老金中的比例。在巴西，支出百分比的变化还与不包括健康支出在内的数据相对应。如果纳入健康支出，该数字是 29.2%。

社会支出包括教育、健康、社会救助和补贴型社会保障的公共支出。除了巴西的卫生支出以外，本表列出了不涵盖 CEQ 社会支出的集中度。在本研究中，巴西是唯一一个没有在调查中涉及卫生服务或者卫生覆盖面的国家。因此，本表采用了次级来源（IBGE, 2009）来确定卫生支出的分配。不过，这一来源没有将卫生支出细分出次级目录。

阿根廷和墨西哥的基尼系数忽略了十分位间的不公平，而巴西和秘鲁的基尼系数将十分位间的不公平考虑在内。

以上国家所用的调查如下：阿根廷：Encuesta Permanente De Hogares，2009 年第一期；玻利维亚：Encuesta De Hogares，2007 年；巴西：Pesquisa de Orcamentos Familiares，2008 - 2009 年；墨西哥：Encuesta Nacional de Ingresoy Gasto de los Hogares，2008 年；秘鲁：Encuesta de Hogares，2009 年。

西哥采取财政政策前的赤贫率很接近，前者为 15.6%，后者为 13.5%。虽然巴西的直接现金转移在 GDP 中的占比比墨西哥高出 8 倍，但是其财政政策降低赤贫的效果与后者相同，均为 22%。

从以上分析结果（以及 Lustig et al.，2011b 进行的广泛分析）得出的初始结论为：无论所推行的现金转移项目是有条件转移还是无条件转移，此类项目对贫困人口的针对性越强，对贫困人口的覆盖面越大，国家在减贫和降低不平等方面的成果就越显著。当然，在针对性和覆盖面相同的情况下，国家在此类项目上的支出越高，它所发挥的再分配效果和减贫效果就越明显。由于这些研究结果都基于静态的归宿分析上，所以也受到不少质疑。特别要指出的是，本文的分配没有考虑行为反应或再分配政策的财政可持续性。就阿根廷而言，人们非常担心当前的政策刺激了非正规性，且财政可持续性不强。后者并不是由于向贫困人口再分配资源所造成的，而是全部财政再分配导致的结果，其中也包括了对工业和非贫困人口的众多补贴。

结　语

自 2000 年左右起，拉丁美洲绝大多数国家的不平等水平开始下降。本文分析了不平等动态变化的潜在原因，将研究重点放在阿根廷、墨西哥、巴西和秘鲁这四个国家的个案分析上。前文的分析结果表明，市场力量和国家行为都是解释不平等动态变化的重要因素。特别是阿根廷、巴西、墨西哥和秘鲁的不平等下降，似乎都与教育水平划分的时薪差异之间存在显著相关（这种薪酬差异也可以理解为技能溢价或教育回报的下降）。此外，不平等下降与教育不平等下降之间也存在清晰的联系，只是没有前者那么显著[1]。相应的，促进薪酬差距缩小的部分原因是政府在过去数年里提高了教育的普

---

[1]　阿根廷和智利也能观察到相似的劳动力市场动态发展，详情请参见 Gasparini 和 Cruces（2010）及 Eberhardt 和 Engel（2008）。

及程度，使得完全没有接受过教育或者没有完成小学教育的劳动力数量大大减少。

在阿根廷、巴西、墨西哥和秘鲁，国家行为主要通过以下三种途径降低不平等。首先，巴西、墨西哥和秘鲁政府花大力气提高了基础教育的覆盖率（阿根廷的教育不平等原本就相对较小）。其次，政府的（净）转移规模和力度日益加大。巴西的 Bolsa Familia 和墨西哥的 Oportunidades 等具有标志性的大规模有条件现金转移项目，使得家庭人均收入不平等降低了 10% ~ 20%。第三节通过静态财政归宿分析表明，转移对于降低财政政策前不平等和减贫所发挥的作用不容小觑。第三，人们可以通过积极的劳动力市场政策来感知阿根廷和巴西的国家行为。这两个国家的最低工资水平较高，压缩了工资的分布情况。

这里展示的结果似乎支持了这样一个观点，即在过去 30 年里，拉丁美洲的不平等动态变化存在"丁伯根过程"（Tinbergean process）（Tinbergen，1975）。这种观点认为在其他因素平等的情况下，不平等的演进过程（特别是收入不平等的演进）介于教育发展和技术发展之间。新技术的发展需要工人拥有特别技能，而且在一段时间内，熟练工人的技能溢价会导致收入不平等上升。同时，技能溢价又相应的刺激了技能提升。随着熟练工人在劳动力中的比重不断上升，技能溢价和收入不平等相应下降。需要指出的是，在许多国家里，教育升级主要通过压低技能溢价（即熟练式人和低技能工人之间的工资差距缩短）来发挥其均等化效果。与此相反，在许多国家，通过技能划分的劳动力收入构成的变化（即所谓的"数量效果"）仍然具有均等化作用，这证明 Bourguignon et al.（2005）提出的"进步悖论"仍然盛行。这种"悖论"表现为"……（教育回报保持常量时）教育平均水平上升后会推高收入不平等的水平，即使在教育分布不平等下降时亦是如此。这种相关只是教育的收入功能凸性造成的结果"（Bourguignon et al.，第 397 页）。在 20 世纪 80 年代和 90 年代，Bourguignon 等人在阿根廷、哥伦比亚、印尼、马来西亚和墨西哥等国发现了

"进步悖论"的佐证。与此相反，巴西、中国台湾和中国内地没有发现这类证据。最近的研究表明，即使在不平等下降的时期，"进步悖论"在拉丁美洲仍然非常普遍（Cruces et al.，2011）。

当人们很难获得高等教育时，正是丁伯根过程之类的因素使收入分配不再发挥均等化效果。推广基础教育相对比较容易，因为生均成本和机会成本相对较低。然而对于高等教育来说，生均成本要高得多。更重要的是，人们到达工作年龄后，他们的机会成本急剧上升。最后但同样重要的是，人们获得高等教育的主要障碍或许是低劣的高等教育质量。虽然基础教育已经相对普及，但是穷人所能接受的教育在质量上仍然存在巨大差异。如果政府没有采取补救措施来全面提升基础教育的质量，并且使更多贫困人口接受高等教育，那么劳动力市场的均等化效果会消失，甚至可能出现倒退。

事实上，有证据表明，导致美国收入不平等飙升的原因是中学辍学率上升，来自低收入家庭的年轻人的"大学准备度"下降。Goldin an Katz（2008）在其精彩而且佐证丰富的著作中展示了，具备大学学历的工人增长率降低在很大程度上解释了美国的不平等程度为何在过去30年里大幅攀升。关于这个主题的其他研究还有很多[1]。它们传达的信息非常清晰：使人们接受高质量教育所发挥的非均等化效果会很快导致收入不平等水平上升。它们还会降低代际流动和整体的社会包容性。然而，除了学费成本上升以外，有证据表明不仅是针对大学入学年龄的年轻人的人力资本投资欠缺，在儿童早期发展阶段的投资也不足。此外，还有证据指出学前教育的质量不尽如人意，成为低收入家庭的年青人"大学准备度"不足的主要决定因素。美国在教育提升方面的失败为拉丁美洲敲响了警钟。而且，拉丁美洲和美国的经验都提醒了亚洲应该解决哪些问题以实现包容性增长。

---

① 参见 Carneiro 和 Heckman（2003）以及该书引用的书目。

参考文献

［1］ Alejo, Javier, Marcelo Bergolo, Fedora Carbajal, and Guillermo Cruces. 2009. "Cambios en la desigualdad del ingreso en América Latina. Contribución de sus principales determinantes. (1995 – 2006). Informe Final." Background paper prepared for the UNDP project *Markets, the State and the Dynamics of Inequality in Latin America* co – ordinated by Luis Felipe Lopez – Calva and Nora Lustig. (http: //undp. economiccluster – lac. org/).

［2］ Altimir, Oscar. 2008. "Distribución del ingreso e incidencia de la pobreza a lo largo del ajuste." *Revista de la CEPAL* no. 96 (December).

［3］ Alves, Guillermo, Verónica Amarante, Gonzalo Salas and Andrea Vigorito. (2011). "The Evolution of Inequality in (Urban) Uruguay in the Last Three Decades (1986 – 2009)." Discussion paper prepared for the UNDP Project *Markets, the State and the Dynamics of Inequality: How to Advance Inclusive Growth*, co – ordinated by Luis Felipe Lopez – Calva and Nora Lustig.

［4］ Barros, Ricardo, Mirela de Carvalho, Samuel Franco, and Rosane Mendonça. 2009b. "Markets, the State and the Dynamics of Inequality: Brazil's Case Study," prepared for the project *Markets, the State and the Dynamics of Inequality*, UNDP.

［5］ Barros, Ricardo, Mirela de Carvalho, Samuel Franco, and Rosane Mendonça. 2010. "Markets, the state and the dynamics of inequality in Brazil." In Luis F. López Calva and Nora Lustig (eds.), *Declining Inequality in Latin America: A Decade of Progress?* Chapter 6. Washington DC: Brookings Institution and UNDP.

［6］ Barros, Ricardo, Francisco H. G. Ferreira, José R. Molinas Vega, and Jaime Saavedra Chanduvi. 2009. *Measuring Inequality of Opportunities in Latin America and the Caribbean*. Washington, DC: World Bank.

［7］ Bourguignon, Francois and Francisco G. H. Ferreira. 2005. "Decomposing changes in the distribution of Household Incomes: Methodological Aspects." In Bourguignon, Francois, Francisco G. H. Ferreira and Nora Lustig (eds.). *The Microeconomics of Income Distribution Dynamics in East Asia and Latin America*. New York: Oxford University Press.

［8］ Carneiro, Pedro and James J. Heckman. 2003. "Human Capital Policy." *Working Paper* 9495, National Bureau of Economic Research.

［9］ Cruces, Guillermo, Carolina Garcia and Leonardo Gasparini. 2011. "Inequality in Education. Evidence for Latin America," CEDLAS, Universidad Nacional de La Plata, Argentina. Paper presented at WIDER workshop "The New Policy Model, Inequality and Poverty in Latin America," August.

[10] Esquivel, Gerardo. 2009. "The Dynamics of Income Inequality in Mexico since NAFTA." Background paper prepared for the UNDP project *Markets, the State and the Dynamics of Inequality: How to Advance Inclusive Growth*, co – ordinated by Luis Felipe Lopez – Calva and Nora Lustig. (http: //undp. economiccluster – lac. org/) .

[11] Eberhard, Juan and Eduardo Engel. 2008. "Decreasing Wage Inequality in Chile." Discussion paper prepared for the UNDP Project *Markets, the State and the Dynamics of Inequality: How to Advance Inclusive Growth*, co – ordinated by Luis Felipe Lopez – Calva and Nora Lustig. (http: //undp. economiccluster – lac. org/) .

[12] Esquivel, Gerardo, Nora Lustig, and John Scott. 2010. "A Decade of Falling Inequality in Mexico: Market Forces or State Action?" In Luis F. López Calva and Nora Lustig (eds.), *Declining Inequality in Latin America: A Decade of Progress?* Chapter 6. Washington DC: Brookings Institution and UNDP.

[13] Gasparini, Leonardo and Guillermo Cruces. 2010. "A distribution in motion: the case of Argentina." In Luis F. López Calva and Nora Lustig (eds.), *Declining Inequality in Latin America: A Decade of Progress?* Chapter 5. Washington DC: Brookings Institution and UNDP.

[14] Gasparini, Leonardo, Sebastian Galiani, Guillermo Cruces and P. Acosta. 2011. "Returns to Skills, Supply and Demand Factors in Latin America During the 1990s and the 2000s." *Working Paper*, Social Protection, LCR, World Bank.

[15] Lerman, R. and S. Yitzhaki. 1985. "Income Inequality Effects by Income," *The Review of Economics and Statistics*, MIT Press, vol. 67 (1), pages 151 – 56.

[16] Londoño and Szekely. 2000. "Persistent Poverty and Excess Inequality: Latin America, 1970 – 1995." *Journal of Applied Economics* (May) no. 1: 93 – 134.

[17] López – Calva, Luis F. and Nora Lustig. 2010. *Declining Inequality in Latin America: A Decade of Progress?* . Washington, DC: Brookings Institution.

[18] Lustig, Nora. 2010. "Is Latin America Becoming Less Unequal?" in *Vision for Latin America 2040. Achieving a More Inclusive and Prosperous Society*, prepared for CAF (Andean Development Corporation) by Centennial Group, Washington DC.

[19] Lustig, Nora, Luis F. López – Calva and Eduardo Ortiz – Juarez. 2011a. "The Decline in Inequality in Latin America: How Much, Since When and Why." Working Paper no. 1118, Tulane University.

[20] Lustig, Nora (coordinator) . 2011b. "*Fiscal Policy and Income Redistribution in Latin America: Challenging the Conventional Wisdom. Argentina (Carola Pessino), Bolivia (George Gray – Molina, Wilson Jimenez, Veronica Paz and Ernesto Ya? ez), Brazil (Claudiney Pereira and Sean Higgins), Mexico*

(*John Scott*) *and Peru* (*Miguel Jaramillo*)," *background paper for Corporacion Andina de Fomento* (*CAF*) *Fiscal Policy for Development: Improving the Nexus between Revenues and Spending/Política Fiscal para el Desarrollo: Mejorando la Conexión entre Ingresos y Gastos.* 2012. This paper is an output of *Commitment to Equity*, a joint initiative of the Inter – American Dialogue and Tulane University's CIPR and Department of Economics (Working Paper 1124 http: //econ. tulane. edu/workingpapers. shtml)

[21] Scott, John. 2009. "Gasto Público y Desarrollo Humano en México: Análisis de Incidencia y Equidad." Working Paper for *Informe de Desarrollo Humano de México* 2008/2009. México: PNUD.

[22] SEDLAC (Socio – Economic Database for Latin America and the Caribbean), CEDLAS y Banco Mundial. La Plata, Argentina y Washington DC. http: //www. depeco. econo. unlp. edu. ar/cedlas/sedlac/.

[23] Tinergen, Jan. 1975. Income Differences: Recent Research. Oxford, U. K. : North – Holl.